MULHERES AFRICANAS E FEMINISMO

Coleção África e os Africanos

Coordenadores:
Álvaro Pereira do Nascimento – Universidade Federal Rural do Rio de Janeiro (UFRRJ)
José Costa D'Assunção Barros – Universidade Federal Rural do Rio de Janeiro (UFRRJ)
José Jorge Siqueira – Universidade Federal do Maranhão (UFMA)

Conselho consultivo:
Alexsander Gebara – Universidade Federal Fluminense (UFF)
Kabengele Munanga – Universidade de São Paulo (USP)
Mariza Soares – Universidade Federal Fluminense (UFF)
Mônica Lima – Universidade Federal do Rio de Janeiro (UFRJ)
Nei Lopes – Universidade Federal Rural do Rio de Janeiro (UFRRJ)
Robert Wayne Slenes – Universidade Estadual de Campinas (Unicamp)
Selma Pantoja – Universidade de Brasília (UnB)

Dados Internacionais de Catalogação na Publicação (CIP)
(Câmara Brasileira do Livro, SP, Brasil)

Mulheres africanas e feminismo : reflexões sobre a política da sororidade / editado por Oyèrónkẹ́ Oyěwùmí ; tradução de Beatriz Silveira Castro Filgueiras. – Petrópolis, RJ : Vozes, 2023. – (Coleção África e os Africanos)

Título original: African women and feminism.
Vários autores.
ISBN 978-85-326-6528-7

1. África – Cultura 2. Antropologia 3. Feminismo – África 4. Feminismo negro 5. Sociologia I. Oyěwùmí, Oyèrónkẹ́. II. Filgueiras, Beatriz Silveira Castro. III. Série.

23-165407   CDD-305.42

Índices para catálogo sistemático:
1. Feminismo negro : Sociologia 305.42

Eliane de Freitas Leite – Bibliotecária – CRB 8/8415

MULHERES AFRICANAS E FEMINISMO

Reflexões
sobre a política
da sororidade

Editado por OYÈRÓNKẸ OYĚWÙMÍ

Tradução de Beatriz Silveira Castro Filgueiras

EDITORA VOZES

Petrópolis

© 2003 Oyèrónkẹ́ Oyěwùmí

Tradução do original em inglês intitulado *African women and feminism: Reflection on the Politics of Sisterhood.*

Direitos de publicação em língua portuguesa – Brasil:
2023, Editora Vozes Ltda.
Rua Frei Luís, 100
25689-900 Petrópolis, RJ
www.vozes.com.br
Brasil

Todos os direitos reservados. Nenhuma parte desta obra poderá ser reproduzida ou transmitida por qualquer forma e/ou quaisquer meios (eletrônico ou mecânico, incluindo fotocópia e gravação) ou arquivada em qualquer sistema ou banco de dados sem permissão escrita da editora.

CONSELHO EDITORIAL

Diretor
Volney J. Berkenbrock

Editores
Aline dos Santos Carneiro
Edrian Josué Pasini
Marilac Loraine Oleniki
Welder Lancieri Marchini

Conselheiros
Elói Dionísio Piva
Francisco Morás
Gilberto Gonçalves Garcia
Ludovico Garmus
Teobaldo Heidemann

Secretário executivo
Leonardo A.R.T. dos Santos

Editoração: Rafaela Milara Kersting
Diagramação: Raquel Nascimento
Revisão gráfica: Lorena Delduca Herédias
Capa: Editora Vozes
Imagem: Máscara de argila pintada, luluwa. Museu Real da África Central. Imagem de HaguardDuNord, disponível em: commons.wikimedia.org.

ISBN 978-85-326-6528-7 (Brasil)
ISBN 0-86543-628-2 (Estados Unidos)

Este livro foi composto e impresso pela Editora Vozes Ltda.

Sumário

"Sororidade", 7
   Nkiru Nzegwu

1 Introdução: feminismo, sororidade e *outras* relações estrangeiras, 9
   Oyèrónkẹ́ Oyěwùmí

2 O fardo da mulher branca: mulheres africanas no discurso feminista ocidental, 45
   Oyèrónkẹ́ Oyěwùmí

3 Feminismo e África: reflexões sobre a pobreza da teoria, 73
   Olúfẹ́mi Táíwò

4 Que mulheres? Desenvolvimento de quem? Uma análise crítica do evangelismo reformista sobre as mulheres africanas, 105
   Mojúbàolú Olúfúnké Okome

5 "O" África: imperialismo de gênero na academia, 151
   Nkiru Nzegwu

6 Alice na terra-mãe: uma leitura de Alice Walker sobre a África e uma análise da cor "preta", 239
   Oyèrónkẹ́ Oyěwùmí

7 Possuindo a voz do Outro: mulheres africanas e a "crise de representação" na obra *Possessing the Secret of Joy*, de Alice Walker, 279
Nontassa Nako

8 As raposinhas que destroem a vinha: revisitando a crítica feminista da circuncisão feminina, 293
Leslye Omede Obiora

9 Ectomias: um tesouro de ficção pelas filhas da África, 337
Chikwenye Okonjo Ogunyemi

10 Em busca de correntes sem ferro: a sororidade, a história e a política do lugar, 377
Abena Busia

Com as contribuições de, 393

Índice, 395

"Sororidade"

irmã branca me disse
todas as mulheres unidas
contra o chau'vismo.
(disculpa meu inglês)
eu sorri
pa...paa
pa...tri...arcado é a cruz
que as mulheres carregam, ela
falou
devemos nos unir
para combatê-lo
com todas as nossas forças.
eu ri...
tomada por um espasmo
minha cabeça se contorceu
e sacudiu loucamente
de um lado para o outro.
irmã mimada
se excita toda
em frenesi
com histórias quixotescas
de 'xploração masculina.
eu...

mulher negra "burra"
ria sem graça
limpando as lágrimas
de dor dos olhos.
eu olhei para cima
interrompendo minha tarefa
no chão da cozinha
onde irmã recém-descoberta
havia me mandado ficar
de joelhos
para esfregar o chão
pela miséria que ela pagava:
de joelhos
para esfregar o chão
pela sororarquia.

Nkiru Nzegwu
28 de julho de 1990

1

Introdução

Feminismo, sororidade e outras relações estrangeiras

Oyèrónkẹ́ Oyěwùmí

Atualmente, o feminismo como ideologia – ou como um movimento social – é objeto de muitas qualificações. Assim, pesquisadores diferenciam entre feminismo branco, feminismo negro, feminismo ocidental, feminismo do Terceiro Mundo e feminismo africano. Essas distinções refletem os questionamentos que se tornaram parte da história e do desenvolvimento mundial das ideias feministas. Este livro enfoca a relação controversa entre o feminismo e as mulheres africanas. Como seu título indica, as mulheres africanas e o feminismo estão em desacordo, porque, apesar dos adjetivos utilizados para qualificar o feminismo, é o feminismo ocidental que inevitavelmente predomina, mesmo quando não se trata dele de maneira explícita. Esse feminismo geralmente circula sem nenhum adjetivo, mas leva consigo muita bagagem.

Este volume dialoga com o feminismo ocidental tal como ele foi articulado na Europa e na América do Norte e, posteriormente, transportado em uma marcha imperial por todo o mundo. É preciso fazer uma distinção entre o substantivo "feminismo" e o adjetivo "feminista". De um modo geral, o termo "feminismo" se refere a um movimento social europeu e norte-americano historicamente recente, fundado para lutar pela igualdade feminina. Nessa designação, o "feminismo" se tornou um projeto político global. Mas o adjetivo "feminista" tem um alcance mais amplo, na medida em que ele não precisa ser circunscrito pela história; com efeito, ele descreve uma série de comportamentos que implicam a agência e a autodeterminação femininas. Em muitas sociedades africanas tradicionais, certo grau de autodeterminação era considerado um valor, sendo exercido como algo natural e como um modo de vida para todos os adultos, homens e mulheres. Na década de 1980, Filomina Steady (1981) chamou a atenção para esse valor africano quando descreveu a África como o berço original dos princípios feministas. Nesse sentido, então, falar de feminismo africano é uma tautologia.

No entanto, essa mesma tradição de autodeterminação africana – individual, cultural e política – foi truncada por sucessivos processos históricos globais, em particular o tráfico transatlântico de escravos e a colonização europeia. Nos últimos cinco séculos, esses processos tornaram a África política, econômica e culturalmente dependente da Europa Ocidental e da América do Norte. Em consequência, a África se tornou receptáculo de ideias e mercadorias de valor duvidoso e, muitas vezes, nocivo. De modo a enfrentar os muitos tipos de degradação e de dependência que os povos africanos enfrentam hoje, devemos estar cientes dessa história complexa e de seus efeitos duradouros, bem como das múltiplas formas de opressão que os povos africanos continuam a sofrer.

O foco do feminismo é, essencialmente, a libertação das mulheres. Dados os processos históricos citados e o fato de que, em muitas sociedades africanas, não é possível isolar a categoria "mulher", levanta-se a questão da relevância e do valor do feminismo ocidental. Em grande parte da África, a "condição da mulher"* não constitui um papel, uma identidade, uma posição ou um lugar social. Isso se deve ao fato de que cada indivíduo ocupa uma multiplicidade de posições que se sobrepõem e se entrecruzam, com relações diversas de privilégio e desvantagem. Além disso, as

---

* No original, *"womanhood"* [N.T.].

próprias circunstâncias locais são inconstantes, dada a influência excessiva de agentes externos na vida africana. No contexto africano, seria contraproducente isolar o gênero, cuja elaboração, até o momento, se limita a uma categoria biologizante – uma identidade fundada no corpo – como a fonte primária e o foco da mobilização política. Como Oyèrónkẹ́ Oyěwùmí observou em seu livro *The Invention of Women: Making an African Sense of Western Gender Discourses*, apesar das muitas alegações feministas de que o gênero é uma categoria socialmente construída, na realidade, "na conceituação ocidental, o gênero [a suposta categoria social] não pode existir sem o sexo [a categoria biológica], uma vez que o corpo está fundamentalmente na base de ambas as categorias" (Oyěwùmí, 1997, p. 8). Assim, no Ocidente, a distinção entre gênero e sexo não se sustenta. Não obstante, em muitas sociedades africanas, existem diversas categorias sociais que não se baseiam nas distinções corporais de gênero. Um bom exemplo é a "mulher marido" da cultura igbo (cf. Amadiume, 1987).

No entanto, não podemos ignorar a presença crescente da consciência de gênero e a reafirmação contínua da superioridade masculina desencadeadas pelo encontro da África com a Europa e com o mundo árabe, e pelas práticas atuais de gênero de instituições como o Banco Mundial, as Nações Unidas e diversas organizações governamentais e não governamentais que promovem os princípios do feminismo ocidental no restante do mundo. Em suas várias formas e disfarces, o feminismo continua a ser o produtor mais ávido da consciência de gênero e das categorias de gênero, inevitavelmente, em detrimento de categorias locais como etnia, senioridade, raça e geração que podem ser mais importantes localmente.

Portanto o feminismo com o qual dialogamos de modo abrangente neste livro é o feminismo ocidental, um feminismo entrelaçado com a história e a prática do imperialismo europeu e norte-americano e com a colonização europeia da África, da Ásia e das Américas. Desde o século XV, as nações europeias se engajaram em empreendimentos imperialistas que lançaram as bases da globalização. Assim, o feminismo global é parte da Europologia – a elaboração de um fenômeno distintamente europeu como um universal humano que é, então, imposto a todas as culturas. O gênero como ontologia essencializada é um desses pseudouniversais derivados da cultura ocidental e exportado para todo o mundo. Desse modo, o papel do feminismo na projeção da cultura e das formas culturais ocidentais na contemporaneidade não deve ser subestimado.

Este volume, portanto, também discute o imperialismo – definido como um conjunto de relações hierárquicas entre nações, povos, culturas e regiões. A coletânea aborda o imperialismo como um *metascript* de dominação e opressão, com manifestações diversas nos domínios da cultura, da nacionalidade, da raça, da etnia, do gênero e da classe. O imperialismo também se manifesta nas relações interpessoais. Ele incorpora, produz e se constitui em múltiplas dimensões das relações sociais, incluindo a raça e o gênero. Esta antologia também abarca, fundamentalmente, o imperialismo cultural. Para esta introdução, escrita de modo complementar ao livro, a pergunta seguinte é central: quais são as consequências, para as mulheres africanas, de adotar como suas, acriticamente, as categorias, as preocupações e as interpretações sociais da realidade vindas do Ocidente? O apagamento da história e a desconsideração de normas e instituições culturais estão em jogo aqui.

Com base no discurso da sororidade – um mantra que pressupõe uma vitimização comum a todas as mulheres –, examinamos os efeitos da adoção irrefletida da linguagem ocidental e sua terminologia cultural. Não obstante a igualdade e a homogeneização da posição das mulheres em todo o mundo que o conceito de sororidade busca transmitir, a realidade é que as mulheres estão conectadas por uma variedade de relações desiguais, ideia expressa de forma eloquente no poema de Nkiru Nzegwu (cf. p. 7). Nzegwu nos adverte que é um mito que "irmãs" sejam sempre iguais, porque a sororidade é, de fato, sempre uma "sororarquia".

Irmãs no gueto global

A sororidade emergiu como o modelo dominante para as relações feministas intercomunitárias. Um termo de solidariedade política, "sororidade" designa o ativismo das mulheres. O significado que ele carrega para a feminista branca – que passou a utilizá-lo em mais uma onda do feminismo norte-americano – é o de opressão compartilhada, solidariedade, vitimização comum, comunidade de interesses e ativismo político. Quer se refira a relações inter-raciais, internacionais, transglobais ou interculturais, o ideal promovido se expressa na retórica do parentesco e dos laços familiares. No entanto muitas feministas criticam esse uso do termo. As feministas afro-americanas, por exemplo, apontam a hipocrisia e a desonestidade das feministas brancas ao defenderem o amor e a solidariedade incondicionais entre todas as mulheres, mesmo exercendo seus privilégios de raça e de classe à custa de mulheres não brancas. Face a essa crítica perspicaz da sororidade como um modelo para as relações inter-raciais, surpreende que o termo ainda seja utilizado em certos círculos feministas. Ao contrário da palavra "feminismo", que motivou a elaboração de novos conceitos como mulherismo, por exemplo, a "sororidade" não suscitou termos alternativos para a solidariedade política.

Em particular, as feministas afro-americanas ressaltam as limitações do termo "sororidade", buscando reformulá-lo de modo a incorporar o peso das experiências de outras mulheres, não apenas das mulheres brancas. Audre Lorde (1984) escreve sobre a "irmã *outsider*", um oxímoro que sugere que o problema não é propriamente a noção de sororidade, mas a forma como ela é utilizada no movimento das mulheres. Outra feminista negra, bell hooks (1995), fala da "falsa sororidade", apontando que os significados iniciais do termo não foram concretizados na vida das feministas contemporâneas. Ela escreve:

> A sororidade se tornou mais um escudo contra a realidade, mais um sistema de apoio. Sua versão de Sororidade [das feministas brancas] se baseava em

pressupostos racistas e classistas sobre a condição da mulher branca, de que a "dama" branca (isto é, a mulher burguesa) deve ser protegida de tudo o que possa aborrecê-la ou incomodá-la, e poupada de realidades negativas que possam gerar conflitos (Hooks, 1995, p. 296).

A sororidade entre mulheres racial e culturalmente diversas é possível, conclui hooks, mas apenas com muita dedicação e trabalho incansável contra todos os tipos de divisões, principalmente a raça. Assim, para hooks, o problema com o conceito de sororidade é que ele supõe a solidariedade política como um dado, e não como uma meta a ser trabalhada e alcançada.

Desde as suas origens, uma crítica recorrente ao feminismo branco – expressa também no trecho de hooks citado anteriormente – é a de que as feministas brancas tomam a sua experiência da condição da mulher, em sua cultura, como a experiência feminina prototípica e se baseiam nela para definir o feminismo. Eu argumento que a articulação da sororidade como um marco para as relações feministas transfronteiriças está intimamente associada à adoção das experiências de mulheres brancas como base para a mobilização feminista. Se o perigo do "solipsismo branco" – isto é, a tendência a "pensar, imaginar e falar como se a branquitute descrevesse o mundo" (Rich, 1979, p. 299) – for levado a sério, então o próprio conceito de sororidade, criado por mulheres brancas, precisa ser questionado.

Estão em questão aqui a política da cultura, o significado cultural de sororidade e a necessidade de investigar a viabilidade dessa relação em face das experiências culturais diversas. Devemos questionar o próprio alicerce da sororidade, como um conceito e como uma relação almejável. Certamente, uma perspectiva cultural está expressa na escolha de "sororidade", em detrimento de outros termos, para descrever as relações entre mulheres brancas e negras. A raça foi a primeira fronteira a ser cruzada antes da sororidade se tornar global. É preciso indagar: o que é sororidade e como ela se tornou uma ideologia em função da qual as relações inter-raciais, transculturais e transnacionais devem ser negociadas? O termo é transcultural?

A razão para a escolha de "sororidade" em detrimento de outros termos de solidariedade – como "amiga", "camarada" ou "compatriota" – não é óbvia. Mesmo se admitirmos que "sororidade" é melhor do que "camarada" e "amiga" – pois é um termo que remete ao parentesco, sugerindo laços familiares, amor incondicional e lealdade –, por que não utilizarmos um termo derivado de maternidade ou suas variantes? Digo isso porque há dois modelos imediatamente evidentes de solidariedade feminina derivados da família: um baseado na maternidade e o outro, no vínculo entre irmãs.

Leitoras ocidentais dirão prontamente que a maternidade introduz uma brecha entre gerações, o que, por si só, indica desigualdade, exatamente o que o feminismo foi fundado para combater. Sem dúvidas, essa reação está intimamente associada ao contexto social da maternidade nas culturas ocidentais contemporâneas, nas quais ela é uma experiência solitária, um papel social que se considera ocupado por uma única pessoa no interior da família nuclear. Para uma leitora africana (ou mesmo uma *chicana*), o modelo da maternidade é absolutamente natural, porque se há uma coisa que une as mulheres na experiência coletiva é a maternidade e a dedicação às crianças e, consequentemente, o cuidado da comunidade. Dada a tradição de múltiplas mães, as relações "de irmãs" entre mulheres africanas são mais prováveis de ocorrer na maternidade compartilhada. Mães estiveram presentes em todas as gerações dentro e fora do lar e da família, e a maternidade, em certo sentido, é um grande nivelador das mulheres, na medida em que é considerada uma experiência igualadora.

No entanto, para além da geografia cultural dicotômica implícita em uma comparação entre culturas africanas e ocidentais, a tradição da maternidade múltipla e não exclusiva também está presente nas culturas afro-americanas e *chicanas* nos Estados Unidos e em diversas sociedades afro-caribenhas. Patricia Hill Collins (1990) escreve sobre a tradição das Outras Mães na prática social afro-americana. A socióloga Denise Segura destaca que o termo *comadre*, em espanhol – "comãe" –, é uma expressão de irmandade entre as *chicanas*. Em um artigo sobre a estrutura familiar *chicana*, Denise Segura e Jennifer Pierce chamam atenção para as múltiplas figuras maternais como uma característica da vida familiar, pois mãe e tias "trabalham juntas tanto para fazer as refeições quanto para cuidar da família e umas das outras" (Segura; Pierce, 1993, p. 62). Em diversas ilhas do Caribe, incluindo Trinidad, Santa Lúcia e Haiti, o termo *MaComère* é utilizado para expressar a amizade entre mulheres. Esse termo abarca, essencialmente, um tipo particular de relação entre as mulheres baseada na confiança e na expectativa de apoio mútuo – material ou de outra natureza –, particularmente no que diz respeito à criação da prole, a responsabilidade mais importante e duradoura das mulheres. Em Santa Lúcia, uma amiga íntima é uma *macoum*.

Segundo o prefácio da primeira edição do *MaComère* (*The Journal of the Association of Caribbean Women Writers and Scholars*), *MaComère* é um termo

> amplamente utilizado por mulheres no Caribe para designar "a minha melhor amiga e confidente íntima", "minha dama de honra ou outra integrante de uma festa de casamento da qual fui dama de honra", "a madrinha da criança de quem também sou madrinha", "a mulher que, em virtude da profundidade de sua amizade, tem direitos e privilégios sobre minha prole e a quem considero como sua segunda mãe" (Brice-Finch, 1998, p. ix).

Nesse contexto, devemos indagar novamente: por que a "sororidade" foi escolhida como a base das alianças feministas? Por que não "comadre"? A questão é que não há nada inerente ao conceito de sororidade que descreva as relações inter-raciais, interculturais ou qualquer relação social. O privilégio da ideologia da sororidade em detrimento de uma ideologia do cuidado compartilhado simbolizado na instituição da maternidade, por exemplo, deve ser buscado na cultura e na história específicas das mulheres euro-americanas. Meu objetivo, neste artigo, é analisar a base cultural da sororidade como um termo que remete ao parentesco, como uma metonímia para família, uma ideologia da solidariedade e um modelo político usado como ponte entre comunidades. Em síntese, se a sororidade é associada ao parentesco e deriva da lógica da família nuclear – um formato de família especificamente euro-americano –, é necessário se perguntar por que mulheres africanas e de outros lugares – cujos sistemas familiares podem ter uma lógica diferente e, assim, articular e privilegiar um outro conjunto de relações entre parentes e não parentes – deveriam adotar esse termo.

O conceito de sororidade, assim como o termo "feminismo", precisam ser reexaminados à luz do fato de que, embora suas origens estejam intimamente ligadas a uma cultura específica, seu uso pretende ser, em última análise, transglobal. Que significado o termo carrega ao cruzar fronteiras, se é que de fato as cruza? Ele deveria ter o mesmo significado? É possível que tenha o mesmo significado, dado que seu conceito se baseia em premissas e histórias culturais específicas? Quais são exatamente as implicações do uso transcultural de sororidade se o seu significado muda por uma série de fatores? Também cabe questionar se a relação almejada na adoção da sororidade pelas mulheres brancas corresponde ao desejo de outras mulheres de se relacionarem com elas e com outras dessa maneira.

Sororidade: um legado da família nuclear branca norte--americana

Coube às mulheres brancas, norte-americanas e de classe média o privilégio de nomear o modelo para uma pretensa relação transfronteiriça entre mulheres, independentemente de raça, cor, cultura e geografia. Seu primeiro convite foi estendido às mulheres afro-americanas. De que tipo de irmandade as mulheres negras estavam sendo convidadas a participar? O que, na experiência familiar das mulheres brancas norte-americanas, fez com que elas privilegiassem a sororidade em vez de outros termos de solidariedade política? A filósofa feminista María Lugones (1995) indaga por que as feministas brancas norte-americanas recorreriam à instituição da família nuclear patriarcal para eleger um modelo de solidariedade feminina. A autora pondera esse comportamento estranho e questiona se há realmente algo a ser resgatado dessa instituição opressora. Lugones (1995, p. 136) então sugere que, talvez, o modelo de sororidade proposto pelas feministas brancas norte-americanas não derivava de sua situação familiar, mas havia sido tomado de outro lugar.

Eu argumentaria, no entanto, que não há nada de estranho no uso feminista branco da sororidade como um modelo para a solidariedade feminina. Com efeito, um dos lugares em que o modelo de sororidade faz sentido é na organização social da família nuclear branca norte-americana e nas ideologias que derivam dela. As distinções de gênero são fundamentais para as instituições da cultura ocidental nas quais a família branca norte-americana se baseia, e a família como instituição está na linha de frente da atribuição e da construção de gênero. Com o desenvolvimento de uma forma distinta de família nuclear nos Estados Unidos, no século XIX, o gênero se tornou ainda mais importante como a linha de fratura no interior da família, visto que a família se tornou menor e mais isolada, e a diferença geracional que era a marca registrada da família estirpe de tipo europeu não foi transposta para os Estados Unidos. Assim, o gênero constituía o princípio organizador fundamental da família nuclear, e as distinções de gênero eram a fonte básica da hierarquia e da opressão no seu interior. Da mesma forma, a semelhança de gênero é vista como a principal fonte de identificação e solidariedade nesse tipo de família. Assim, as filhas se identificam como mulheres com a mãe e as irmãs (cf. Chodorow, 1978).

De fato, a relação mãe-filha é a chave para entender as motivações das mulheres brancas no início da segunda onda do feminismo. Essas feministas enxergavam a família nuclear em sua dimensão mais patriarcal, focando em como ela infantilizava suas mães e as despojava de autonomia. Escrevendo sobre a relação mãe-filha e seu impacto no ativismo feminista entre as mulheres brancas, Jill Lewis (1986) apontou as raízes das atitudes feministas negativas em relação à maternidade:

> O medo de nos tornarmos nossas mães, nossa recusa em imitá-las [...], é um medo das condições específicas da maternidade e da condição da mulher, que demandam a nossa opressão. Trata-se de uma rejeição da separação patriarcal inviável entre cuidado afetivo e autonomia, zelo familiar e realização pessoal, amor e poder. O medo decorre do nosso entendimento de que, por meio da nossa relação com as nossas mães, somos ciclicamente parte dessas condições [...] (Joseph; Lewis, 1986, p. 139-140).

Na família nuclear, a identificação de gênero das crianças com suas mães ressalta o fato de que a mãe é, sobretudo (mesmo para sua prole), a esposa do patriarca. A divisão de poder baseada no gênero no interior da família nuclear relegou permanentemente a mãe ao papel impotente de vítima. Não surpreende, portanto, que a maternidade nunca tenha sido um laço de parentesco ou um papel a que aspiravam as feministas brancas norte-americanas de classe média. Por outro lado, elas conseguiam se identificar com as suas irmãs que não apenas cresceram sob a sombra aterrorizante do pai patriarcal, mas também compartilham a mesma identificação difícil de gênero com a mãe impotente, e a necessidade de se distanciarem dela. As relações entre irmãs emergiram da herança familiar como o único modelo viável: a relação mãe-filha era hierárquica, mas as irmãs eram iguais. A sororidade, desenvolvida para marcar a exclusividade de gênero necessária para as mulheres brancas escaparem do controle masculino, também simbolizava a vitimização comum e a opressão compartilhada, engendrando relações de igualdade e solidariedade. Essas são as raízes históricas e culturais da sororidade.

A conexão afro-americana

Qualquer debate sobre as relações feministas inter-raciais e transculturais deve começar pelos Estados Unidos, onde as relações entre negras e brancas constituíram o campo de testes da "diferença", servindo também de ensaio geral para a sororidade global. Como mencionei anteriormente, algumas das intérpretes mais perspicazes da experiência feminista afro-americana não rejeitam a sororidade, elas apenas buscam reformulá-la para torná-la mais honesta. A recusa em subverter o conceito de sororidade pode estar relacionada ao fato de que as feministas afro-americanas se reconhecem no uso do termo. Os termos de parentesco "irmã" e "irmão" são centrais para a experiência negra nos Estados Unidos. Legado permanente da escravidão nas plantações, esses são termos políticos que estabelecem, instantaneamente, a solidariedade e um senso de conexão e comunidade entre a população negra. Pat Alake Rosezelle destaca:

> A experiência da escravidão é a origem de "irmã" e "irmão". Quando um povo é barbarizado, estuprado e apartado de suas famílias, tem de criar uma família. Assim, é um ato político chamar aqueles que não são do seu sangue, mas que são do seu povo, de "irmão" e "irmã" (Rosezelle, 1995, p. 139).

A autora sugere que o feminismo branco se apropriou dessa noção de "irmandade" a partir da experiência negra, após a participação de muitas mulheres brancas na luta pelos direitos civis. Está bem documentado o fato de que a segunda onda do movimento feminista surgiu e se desenvolveu no marco do movimento negro pelos direitos civis. Rosezelle argumenta que as mulheres brancas que participaram do movimento, tendo tido uma experiência tão positiva nessa comunidade de resistência, naturalmente tentaram tomar de empréstimo a linguagem da experiência negra, da qual o termo "irmã" era parte. Mas a autora ressalta que, por causa do seu racismo, elas foram incapazes de reproduzir o significado e a função que o termo possuía na comunidade negra (cf. Rosezelle, 1995, p. 141).

Uma análise atenta de como esses modelos de parentesco são adotados na comunidade negra e pelas feministas brancas revela um abismo entre o que esses termos simbolizam e o significado atribuído a eles nesses dois contextos. Essa diferença de uso sugere que a interpretação deve derivar de diferentes experiências culturais e históricas. O uso de termos de parentesco nas comunidades afro-americanas difere muito do seu uso pelas feministas brancas. Por um lado, os afro-americanos fazem uso de ambos os termos de parentesco, "irmão" e "irmã" – sempre o par. Por outro, "sororidade", um substantivo coletivo, é o termo predominante para expressar a noção de parentesco no feminismo branco. Sororidade é uma metáfora que designa uma coletividade e opera em um nível mais abstrato e generalizado do que os termos "irmã" e "irmão" entre pessoas negras norte-americanas, mais frequentemente usados de forma personalizada e pessoal.

Fundamentalmente, "sororidade" ou termos de parentesco específicos de gênero são utilizados no feminismo para designar uma comunidade exclusivamente feminina. Para a população afro-americana, apesar de esses termos serem específicos de gênero, tanto "irmão" quanto "irmã" transcendem a solidariedade de gênero e são adotados para simbolizar a comunhão racial. Na comunidade negra, o termo "irmã" não implica o desejo de uma comunidade (de interesses) apenas feminina, o que justamente está na base do feminismo branco. Não surpreende, portanto, que o uso do substantivo coletivo "sororidade" seja pouco comum na experiência afro-americana. Mesmo quando as "irmãs" – em oposição ao "irmão" – são destacadas na comunidade negra em alguma distinção especial, trata-se do reconhecimento do fardo específico de gênero que as mulheres negras carregam historicamente, muito além das outras formas de opressão que elas compartilham com os homens negros. O senso de comunidade que o uso de termos de parentesco buscava transmitir foi uma das estratégias que pessoas negras norte-americanas empregaram em seus esforços para resistir à supremacia branca e aos seus efeitos debilitantes sobre a psique e a comunidade durante e após o período de escravização.

África e diáspora: uma (des)conexão

A noção de inclusividade de gênero que está presente no uso afro-americano de "irmã" e "irmão" – termos que aparentemente sugerem vínculos e interesses específicos de gênero – precisa ser mais bem analisada. Embora o uso afro-americano de irmão/irmã pareça ser, linguisticamente, quase idêntico ao uso dado pelas feministas, o significado e a função desses termos de parentesco parecem derivar mais de uma noção africana de família e parentesco. Na organização social africana, lar e família não são idênticos ou coincidentes; desse modo, sempre há membros primários da família que residem em outro lugar. Sem negar as consequências da escravidão na experiência afro-americana, pode ser que o uso inclusivo de gênero do par irmão/irmã seja derivado das culturas da África Ocidental, origem de muitas pessoas negras norte-americanas. As línguas que muitos dos africanos escravizados da África Ocidental trouxeram para as Américas não tinham equivalentes linguísticos para os termos de parentesco "irmão" e "irmã", porque muitas línguas africanas não expressam distinção de gênero na designação da relação entre irmãos. Embora não seja possível estabelecer o momento exato em que os africanos escravizados começaram a utilizar esses termos nas Américas, está claro que tal uso se desenvolveu com a experiência da escravidão e da aculturação. A consciência do vínculo racial como base da solidariedade deve ter se desenvolvido assim que os africanos escravizados foram colocados todos no mesmo barco, na companhia de brancos traficantes de escravos. Naquele momento, a raça tornou-se a expressão do parentesco. A consciência das distinções de gênero na experiência social deve ter sido reforçada também pela prática dos traficantes de escravos de colocar homens e mulheres escravizados em partes diferentes do navio. A linguagem então se desenvolveu para reconhecer a especificidade de gênero na experiência da escravidão, mas não o interesse exclusivo de um gênero, separado do interesse de todo o grupo.

No entanto, é significativo o fato de que, para muitos africanos escravizados, o gênero não era codificado linguisticamente em seus idiomas originais. Com efeito, as categorias de parentesco "irmão" e "irmã" não existem em iorubá, igbo, efik, wolof, songhai, benin, mandinga e fulani, para citar algumas das línguas e nacionalidades da África Ocidental, origem de muitas pessoas negras norte-americanas. Em um livro que documenta a herança africana nas ilhas da Geórgia, nos Estados Unidos, temos um indício de como um norte-americano negro, neto de uma mulher africana escravizada, navega pela língua inglesa sem muita atenção à natureza específica de gênero dos pronomes. Ben Sullivan, um dos homens mais velhos que viviam na ilha na década de 1940, disse o seguinte aos pesquisadores sobre suas raízes africanas: *"Muh granmothuh Hettie, duh mothuh uh muh Bella,* **he** *come from Africa too an* **he** *huzbun come frum Africa"* (Savannah Unit Georgia Writers' Project, 1940, p. 181 – grifos meus). Seu discurso, reminiscente de vários *pidgins* da África Ocidental, utiliza o pronome masculino em inglês para se referir a ambos os gêneros, como se ele fosse equivalente aos pronomes sem gênero de muitas línguas africanas. Ele também remonta à experiência de Mary Kingsley, a exploradora inglesa do século XIX que foi constantemente chamada de "senhor" pelos africanos ocidentais durante sua viagem pela região. Essa forma de se referir a Kingsley era um indicativo não de que ela havia sido transformada em um homem honorário, mas da não distinção de gênero em muitas línguas africanas e, de fato, da ausência de noções de poder e hierarquia de gênero nas culturas africanas em geral. A forma como os conceitos de irmão e irmã emergiram na experiência afro-americana remete a uma perspectiva africana, embora a própria desinência de gênero na língua inglesa tenha imposto uma limitação. Em qualquer discussão da sororidade para mulheres africanas, a questão da língua é ainda mais central do que de costume.

Mãedernidade*: uma ideologia e um ideal comunitário africano

No que diz respeito à África, o ponto mais importante em análise levanta a questão do imperialismo cultural. Em que medida os conceitos feministas, desenvolvidos a partir de categorias sociais ocidentais, são transferíveis ou exportáveis para outras culturas que têm uma organização social e uma lógica cultural diferentes, e quais as implicações disso? Uma história e uma desconstrução cuidadosas do conceito de sororidade remonta à família nuclear patriarcal euro-americana, com todos os seus impactos negativos bem conhecidos sobre as mulheres. Que relevância ou interesse uma organização social com distinções tão profundas de gênero, cujas categorias sociais e lógicas culturais são diferentes, tem para a África? Apesar do grande impacto do cristianismo, da institucionalização de um sistema jurídico colonial de origem europeia e das práticas atuais das instituições globais modernas, a família nuclear continua sendo uma ilusão no continente africano.

Mais significativo é o fato de que muitas línguas da África Ocidental não contêm termos de parentesco específicos de gênero, como já apontei. Em certo sentido, irmã é, de fato, uma relação "estrangeira". Em muitas culturas da África Ocidental, a categoria comparável em sentimento ao conceito de "irmã" na cultura ocidental – isto é, como filhas da mesma mãe que têm um interesse comum em função da experiência e da posição social compartilhadas e cujo amor e lealdade seriam incondicionais – é uma categoria que se traduz, literalmente, como "filho/a(s) da minha mãe". Em iorubá, é *omoya*. Outros exemplos do termo em algumas línguas da

---

* No original, "*Mothernity*" [N.T.].

África Ocidental são: *Nwanne* (igbo), *Omwiyemwen* (benin), *Doo mi ndey* (wolof), *N ba den* (bamana), *Gna'izo* (songhai-hombori), *Eyen-eka* (efik), *Badenya* (mandinga), *Biddo yaya'm* (fulani).

Os termos *omoya* e "irmã" nos dão pistas de quais categorias são consideradas mais importantes nos diferentes contextos culturais em que se desenvolveram. Já explicitei o contexto cultural de "irmã" no Ocidente, onde o gênero é uma categoria fundamental e, portanto, primária. Assim, era imperativo que os membros da família fossem categorizados como homem ou mulher, menino ou menina, uma vez que isso determina seu lugar e sua função na família. Dada a matrifocalidade de muitos sistemas familiares africanos, a mãe é o eixo em torno do qual as relações familiares são definidas e organizadas. A categoria *omoya* transcende o gênero; às vezes, é utilizada para se referir a um indivíduo, mas abrange a coletividade. Ela localiza o indivíduo no interior de um grupo socialmente reconhecido e destaca a importância dos laços entre uma mãe e sua prole na definição e na consolidação do lugar da criança na família. Essas relações são primárias e privilegiadas, e entende-se que elas devem ser resguardadas acima das demais. *Omoya* é a categoria primária no sentido de que ela é a fonte primeira e fundamental de identificação da criança no lar. *Grosso modo*, na família tradicional iorubá, a primeira coisa que você precisa saber não é se você é um menino ou uma menina, mas quem são seus irmãos/suas irmãs-*omoyas* com quem você compartilha a mesma mãe. Simbolicamente, *omoya* significa amor incondicional, união, unidade, solidariedade e lealdade.

No lar e na família, o tratamento a qualquer indivíduo e o comportamento em relação a essa pessoa são sempre filtrados pelo conhecimento de quem é a sua mãe e seus/suas *omoya*. Dada a importância social da categoria *omoya*, uma pessoa que é filha única é desfavorecida no interior da família, não apenas pela desvantagem numérica em relação a algum outro grupo, mas porque há um papel social definido para irmãos/irmãs. Há certas coisas que não podem ser feitas, experimentadas ou desfrutadas ao longo da vida, exceto entre os/as *omoya*, de forma individual, uns com os outros, e coletivamente como um grupo de interesse. Além disso, a categoria *omoya* se estende para além da patrilinhagem (domicílio), na medida em que a categoria inclui primos/primas de alguém por parte de mãe. Como *omoya*, primos/primas matrilineares são considerados tão próximos quanto irmãos/irmãs, mais próximos que os meios-irmãos e as meias-irmãs que compartilham o mesmo pai e que, muitas vezes, moram na mesma residência. Assim, a experiência comum mais importante que *omoya* expressa e reafirma é o fato de que aquele grupo de irmãos e irmãs compartilhou o ventre da mãe. São os chamados irmãos uterinos. A experiência do útero da mãe não tem gênero – ela carrega bebês do sexo masculino e feminino; portanto, o grupo social *omoya* não pressupõe nenhuma semelhança de gênero entre os seus membros, e a construção de seu vínculo emocional também não se baseia nela. A sororidade, por sua vez, é definida apenas pelo gênero em comum e pela suposta semelhança na experiência social em função de ter o que a cultura ocidental classifica como um corpo inferior – o feminino.

O que emerge dessa organização doméstica e familiar africana é a importância da maternidade, o fato de que os laços derivados da mãe são os mais significativos culturalmente e que as mães têm agência e poder. Fundamentalmente, a maternidade não é construída em relação ou em oposição à paternidade; ela é concebida de forma independente. As mães são consideradas particularmente poderosas – em sentido literal e místico, no que se refere ao bem-estar da criança. Elas são, portanto, o eixo em torno do qual se estrutura a vida familiar e que rege a vida da criança.

Diferentemente da família nuclear, nesse sistema familiar, a maternidade é a fonte e o modelo mais importante de solidariedade, e ser mãe é visto como um objetivo atraente e almejado. O privilégio da maternidade na organização familiar africana contrasta com a ambivalência acerca da maternidade no feminismo e a exaltação deliberada da sororidade como o único modelo positivo de relação entre mulheres. Como apontei anteriormente, a própria definição de sororidade parte de uma premissa do gênero como uma categoria essencial na sociedade, e da necessidade de solidariedade feminina frente a essa opressão fundada no corpo. Dadas essas diferenças fundamentais na organização social da família e do parentesco na África, em contraste com o parentesco na família nuclear euro-americana, por que as africanas deveriam adotar a sororidade como um modelo de solidariedade, ou de qualquer outra coisa? Sobretudo, que normas culturais estão sendo introduzidas nas formas africanas? Com que finalidade e com quais impactos?

Em muitas sociedades africanas, não há "irmandade" sem a maternidade. As relações fraternas mais profundas entre mulheres se dão na maternidade compartilhada, a essência da construção da comunidade. A maternidade compartilhada como um ideal comunitário e uma prática social não se reduz à maternidade biológica; ela a transcende. O fato de a prole de *omoya* de alguém ser considerada como sua própria prole ilustra esse ideal. Além disso, na família africana consanguínea, a realidade é que as crianças convivem com muitas mães. Apesar da literatura extensa sobre a "coesposa" que antropólogos ocidentais utilizam para definir o casamento africano, "comãe" é o termo preferido em muitas culturas africanas para expressar a relação entre mulheres casadas na mesma família. Na cultura iorubá, por exemplo, todas as mulheres que entram na família pelo casamento – ainda que casadas com irmãos diferentes – se relacionam como se tivessem o mesmo e único marido, porquanto o casamento é um ato coletivo celebrado não entre dois indivíduos, mas entre dois clãs. Uma esposa mais jovem se refere a uma mais velha como *iyale* – literalmente, mãe da casa.

Sororidade: ponte ou obstáculo

Antes de qualquer discussão sobre os modelos africanos de solidariedade, a questão de como as associações de mulheres africanas têm sido interpretadas por algumas feministas negras no Ocidente requer alguma atenção. Diversas pesquisadoras afro-americanas interpretam equivocadamente uma série de instituições e práticas sociais das sociedades da África Ocidental como evidências de formas de lesbianismo culturalmente aprovadas e institucionalizadas. O fato de eu ser compelida a abordar essa questão é indicativo do quanto a África continua sendo, para muitas pessoas no mundo ocidental, uma tábula rasa a respeito da qual qualquer coisa pode ser escrita. O fato de as expressões africanas não serem levadas em consideração – mesmo entre algumas feministas negras, cuja política se centra em seus laços consanguíneos com a África – diz muito sobre a complexidade do imperialismo cultural e de seus diversos praticantes.

Talvez não surpreenda que a busca pela África siga estruturando as questões da identidade negra nos Estados Unidos. Essa busca pela África – muitas vezes articulada como um "paraíso perdido" – é uma ideia cuja ressonância se baseia, em parte, na plasticidade e na maleabilidade infinitas da África no imaginário negro norte-americano. "O que é a África para mim?", indaga o poeta Countee Cullen. Para parte da população afro-americana, a África realmente não possui nenhuma realidade ou significado independentes do que ela significa para eles, como indivíduos e como membros de subgrupos particulares. Com demasiada frequência, a única participação da África nesse discurso sobre a identidade negra é na sua adequação à imagem de qualquer grupo político que a evoque no interior da comunidade da diáspora.

Recentemente, as feministas negras emergiram como um grupo de interesse ao qual a África serve como referência tanto positiva quanto negativa. Seu discurso sobre a identidade feminista negra oscila entre o que eu caracterizaria como as noções de "paraíso reconhecido" e "paraíso demonizado" – conceitos que não são mutuamente excludentes. Um exemplo claro do segundo é discutido, neste volume, em meu artigo intitulado "Alice na terra-mãe: uma leitura de Alice Walker sobre a África e uma análise da cor 'preta'", no qual analiso a representação de Alice Walker da África como a fonte suprema da misoginia.

Minha preocupação aqui, no entanto, é a representação da África pelas feministas lésbicas negras como um paraíso em que o lesbianismo não é apenas aceito, mas também institucionalizado nas relações cotidianas entre as mulheres. Audre Lorde (1983), até onde sei, foi a primeira a afirmar que os "casamentos entre mulheres" praticados em algumas sociedades africanas são, na verdade, uniões lésbicas, uma afirmação que ela utiliza para validar a sua própria identidade como lésbica negra. Lorde faz alusões enigmáticas às *ahonsi* (popularmente representadas no imaginário ocidental como Amazonas), um regimento militar de mulheres soldados do exército de Daomé no século XIX, como um exemplo de irmandade lésbica africana tradicional (Lorde, 1983). Com todo o respeito à obra pioneira e perspicaz de Lorde sobre feminismo, raça e diferença, a sua representação dessas instituições africanas é completamente sem fundamento. Vale ressaltar que a questão aqui não é se a homossexualidade existe ou não na África. Para mim, esse debate (se é que já houve algum) é irrelevante, pois a homossexualidade é parte da condição humana. A questão relevante aqui não é a homossexualidade, mas a cultura de deturpação que permeia a representação dos povos, das instituições e das formas africanas, especialmente por pessoas que vivem no Hemisfério Norte. Essa cultura de deturpação se baseia na desvalorização das experiências africanas e leva ao silenciamento das vozes africanas na articulação de suas próprias realidades.

Tanto a organização do "casamento feminino" quanto as *"ahonsi"* – as "esposas do rei" na sociedade de Daomé – revelam o significado amplo e complexo do casamento como uma instituição social (não necessariamente sexual) nas sociedades africanas. O papel de "esposa" abarca a relação das mulheres que entram em uma linhagem por meio do casamento, em oposição a seus maridos – definidos como homens, mulheres e crianças (tanto meninos quanto meninas) –, que passam a ser membros da linhagem por nascimento. A definição de casamento não depende da existência de uma relação sexual entre duas pessoas. Em vez disso, trata-se, muitas vezes, de uma relação social, não sexual, que indica o lugar de um indivíduo na família. Assim, em ainda outro contexto, uma mulher se casa com outra mulher para que a "mulher marido" tenha uma prole que ela possa reivindicar como herdeira. A "mulher esposa" é uma esposa para a "mulher marido" no sentido de que ela (o marido) tem direitos legais sobre a esposa e a prole gerada no casamento, apesar do fato de elas não terem relações sexuais. Um homem escolhido pela "mulher marido" engravida a esposa. De modo similar, as *ahonsi* são chamadas de esposas do rei de Daomé, apesar de o rei não necessariamente ter relações sexuais com elas.

Em muitas sociedades africanas, o casamento se baseia em um acordo contratual, consagrado pelo pagamento do dote da noiva à família da esposa pela família do marido. O que esses dois exemplos revelam não é o casamento entre pessoas do mesmo sexo, mas que a categoria "esposa" nas sociedades africanas patrilineares abrange, por um lado, as relações entre aqueles que são parentes de sangue (homens e mulheres) e, por outro, as mulheres que entram na família mediante o casamento. As esposas são mulheres incorporadas à família por meio de relações afins e outros laços não consanguíneos. Consequentemente, em muitas sociedades da África Ocidental, incluindo os povos iorubá e igbo, as mulheres que se casam na família não são apenas esposas de homens, elas também são esposas de mulheres. O ponto é que o casamento "entre duas mulheres" não é o único exemplo de uma forma socialmente reconhecida de casamento que não envolve relações sexuais. No contexto da África Ocidental, onde essas práticas ainda existem, não há nenhuma evidência de que elas estejam associadas à homossexualidade, na teoria ou na prática.

Vale também ressaltar que muitas das práticas sociais africanas discutidas aqui não estão ultrapassadas, elas são tradições vivas e já bem documentadas por pesquisas africanas; portanto, as autoras e os autores que as distorcem não podem alegar que seus significados se perderam no tempo. Vejamos o exemplo dado pela antropóloga nigeriana formada em Harvard, Felicia Ekejiuba (1995), sobre a experiência de sua família com o casamento entre mulheres em Ibolândia, no período contemporâneo: "Minha tia materna, por exemplo, superou um casamento 'fracassado' e sem filhos para restabelecer sua 'linhagem' [...] Então, ela se tornou uma 'mulher marido' [...] ao 'casar' com sua própria esposa, que aumentou a 'linhagem' gerando mais quatro filhos para ela" (Ekejiuba, 1995, p. 48). Infelizmente, o problema não é a realidade das instituições sociais e das práticas culturais africanas, mas sim as diversas agendas da "negritude" e do "mulherismo" às quais a África é evocada a servir, nos Estados Unidos e em outras partes da diáspora africana. Essas pautas não podem definir as instituições africanas; elas precisam ser articuladas em seus próprios termos.

Além do uso original da África por Lorde para justificar a sua própria homossexualidade, em um artigo mais recente sobre mulheres da classe trabalhadora afro-surinamesa, a antropóloga Gloria Wekker (1997) discute a instituição do "trabalho *mati*" – uma prática social que, segundo ela, envolve relações lésbicas. Wekker sugere que o trabalho *mati* é uma elaboração da herança surinamesa da África Ocidental e que, "embora a origem do trabalho *mati* seja frequentemente associada à partida dos homens para o trabalho migrante [...], na minha opinião, não há nenhuma razão para supor que o trabalho *mati* já não estivesse presente na África Ocidental [...]" (Wekker, 1997, p. 338). A antropóloga – assim como, anteriormente, Lorde – não fornece nenhuma evidência que corrobore essa afirmação além do trabalho de dois pais fundadores da antropologia africana: Herskovitts e Evans-Pritchard. Ambos conduziram pesquisas nas décadas de 1940 e 1960, quando a disciplina da antropologia, como parte do empreendimento colonial, estava imbricada na exotização da África, orientação que se mostrou útil para justificar a exploração e o domínio europeu. Wekker ignora os estudos mais recentes de antropólogas africanas como Ifi Amadiume, que escreveu sobre o casamento entre mulheres e outras formas de família na sociedade igbo, do sudeste da

Nigéria. A pesquisa de Amadiume (1987) revela que o casamento entre mulheres não se trata de relações sexuais entre pessoas do mesmo sexo, mas se baseia em relações sociais de formação e manutenção da família. A questão não é mais se existem registros dessas instituições de perspectivas africanas; em vez disso, é uma questão de quais argumentos são privilegiados – os de antropólogos e antropólogas do Ocidente em detrimento de intelectuais da África, muitos dos/das quais conhecem pessoalmente essas instituições. A frase enigmática "não há nenhuma razão para supor", na citação de Wekker anterior, é um clássico de Evans-Pritchard que, em seu artigo sobre o que ele afirma ser a homossexualidade Azande, escreve que "não há nenhuma razão para supor que ela tenha sido introduzida pelos árabes" (Evans-Pritchard, 1970, p. 1429).

Modelos africanos de solidariedade

A organização – associar-se em torno a um propósito – é o processo por meio do qual os povos africanos tradicionais tecem o próprio tecido de suas sociedades. Dado o forte senso de comunidade e o fato de que a experiência individual pode ser mais satisfatória no interior de um grupo, as organizações formais se tornaram um modo de vida. Além das organizações de parentesco, são também características da vida comunitária africana os grupos etários, as associações profissionais e as organizações religiosas, sociais e políticas. Em Iorubalândia, por exemplo, as associações eram chamadas de *egbe*, que também significa "grupo de pares". Os membros de um grupo *egbe* se referiam uns aos outros como *oore*-amigo. De fato, na sociedade iorubá, ninguém, homem ou mulher, pode passar pela vida sem os *oore*, como uma categoria formal. Durante as celebrações – especialmente aquelas associadas a ritos de passagem ou outros eventos importantes da vida –, a pessoa depende do apoio de seus *oore*. O sociólogo N. A. Fadipe, analisando a função do *egbe*, escreveu:

> No caso de falecimento de algum membro na família, ele ou ela recebia o apoio dos demais membros do

> *egbe*. Eles ajudavam a cumprir as tarefas que precisavam ser feitas, bem como a tornar a ocasião grandiosa com dança, canto e festa [...]. Durante o período de namoro, um jovem recebia o apoio e a ajuda de membros do seu *egbe* em todos os trabalhos e tarefas que, segundo os costumes, ele tinha que prestar aos seus sogros (Fadipe, 1970, p. 258).

No caso de uma mulher recém-casada, são suas amigas de infância, membros de seu *egbe*, que se juntam a ela para entoar os *ekun iyawo* (cânticos nupciais, quando ainda era costume fazê-lo) e que a acompanham até a casa do noivo. Posteriormente, novas amigas também são feitas, e grande parte da amizade entre mulheres gira em torno das experiências de maternidade compartilhada e de apoio mútuo contínuo entre amigas que vivem uma fase semelhante do ciclo da vida. A amizade baseada no interesse mútuo, socialmente definido, é o modelo para as relações entre não parentes. Ainda que uma amizade duradoura seja muitas vezes expressa com termos de parentesco, esse nunca é o ponto de partida. A experiência da antropóloga afro-americana Niara Sudarkasa em Aawe, uma cidade iorubá onde ela realizou pesquisas no início dos anos 1960, é reveladora:

> Para a maioria das pessoas em Awe [Aawe], eu era conhecida apenas como pesquisadora [...]. Um grupo relativamente pequeno de mulheres, com idades entre 25 e 40 anos, tornaram-se minhas amigas. Usávamos o termo *ore* [*oore*] (literalmente, "amiga") como se usaria um nome pessoal [...]. Este era o grupo de mulheres com quem eu muitas vezes trocava visitas e presentes, a quem eu fazia favores especiais [...], com quem eu fofocava, a quem eu ia pedir conselhos [...] (Sudarkasa, 1981, p. 205-206).

María Lugones, em sua discussão sobre por que a amizade, e não a sororidade, deveria ser o modelo para as relações intergrupais feministas, escreve: "Ao contrário de 'irmãs', que pressupõe a instituição da família e toma como modelo uma relação particular [...], a amizade não é uma relação institucional [...]. Não há regras que especifiquem os deveres e direitos de amigos" (Lugones, 1995, p. 141-142). Esse argumento não se sustenta nem mesmo na sociedade americana – especialmente após a novela entre Lewinsky/Linda Tripp. A observação de Lugones não se aplica a muitas sociedades africanas. Para seguir com nosso estudo de caso, na sociedade iorubá, a amizade é institucionalizada e envolve direitos e obrigações específicos. A título de exemplo, vejamos a experiência de Sudarkasa em Aawe como um indício das expectativas prevalecentes sobre a amizade. Ela escreve que era para o seu grupo *oore* que

> relatava a maioria dos meus movimentos, e, sempre que estava fora da cidade, era para elas que as pessoas faziam perguntas sobre meu paradeiro. As ore [*oore*] eram as únicas pessoas na cidade que sempre me chamavam de lado para me dar conselhos sobre assuntos pessoais. Se eu quisesse informações diretas a respeito de qualquer coisa que estivesse acontecendo na cidade, eu procurava [...] minha amiga especial. Sempre que acontecia algo que elas achavam que eu ainda não sabia, elas mandavam alguém para me contar (Sudarkasa, 1981, p. 206).

Outro exemplo de amizade institucionalizada no contexto africano é *Chinjira*, uma relação entre mulheres não parentes no sul do Malawi. Trata-se de uma amizade especial que envolve obrigações sociais, rituais e econômicas, e essa relação é especialmente acionada em momentos de crise na vida de uma mulher. Nesses momentos, a *anjira* (amiga) é obrigada a oferecer apoio emocional, material e ritual – o que a ocasião exigir (cf. Vaughan, 1983, p. 275-283).

Tão importante quanto os grupos de amizade e os clubes de convívio cotidiano são as associações formadas em torno a algum propósito específico. Tradicionalmente, isso inclui as guildas comerciais, que estabelecem os preços dos produtos e os padrões das mercadorias. Durante o período colonial, vários movimentos anticoloniais constituídos por mulheres surgiram no sul da Nigéria. Os três movimentos de resistência mais importantes ocorreram em Aba, Lagos e Abeocutá; nessas três cidades, as mulheres se organizaram para lutar contra muitas políticas coloniais opressivas com foco na tributação injusta, no controle de preços e na imposição colonial de autoridades masculinas ditatoriais. Embora essas organizações tenham sido rotuladas como organizações de mulheres, está claro que elas foram constituídas por mulheres, mas não por mulheres *enquanto* mulheres. Em Lagos e Abeocutá, esses grupos não derivavam de alguma noção de condição feminina ou de consciência de gênero, mas do fato de que essas mulheres iorubá eram comerciantes: a ocupação em comum, não o gênero, era a base fundamental da solidariedade.

Mesmo no caso da Guerra das Mulheres no sudeste do país, fruto do sistema político tradicional de "sexo dual" dos povos igbo e ibibio, não foi a consciência inerente de gênero como identidade que informou a constituição das organizações, mas a posição social das mulheres *esposas* como estranhas em uma determinada aldeia. Segundo Kamene Okonjo (1976, p. 51), como o casamento igbo era "exogâmico e patrilocal", quase todas as mulheres adultas de uma aldeia seriam esposas, e, assim, a *inyemedi* é, na verdade, uma organização de esposas, não de mulheres no geral. Como corolário, as *umuada* (filhas da linhagem) tinham a sua própria organização, e o seu *status* era superior ao das esposas. Vale enfatizar que toda mulher adulta desempenhava os dois papéis – o de esposa e o de filha –, embora em aldeias diferentes. Nenhuma dessas organizações políticas poderia ser caracterizada como uma sororidade, no sentido feminista contemporâneo de uma organização solidária baseada no gênero. Com efeito, em muitas sociedades africanas, qualquer noção de uma sororidade feminina universal imediatamente chocaria com os interesses diferentes – e muitas vezes conflitantes – das mulheres como filhas e das mulheres como esposas, na linhagem e na sociedade em geral. O gênero não é visto como uma fonte de identidade política, e, nos casos em que ele parece ser relevante, essa política se refere à posição social, reconhecendo que as identidades são situacionais e emanam de posições sociais múltiplas. A maternidade é outra base para a ação política em muitas sociedades africanas, porém a compreensão dessa instituição na África transcende considerações limitadas de gênero.

Nas sociedades africanas, a questão da organização para alcançar um objetivo político remete à questão da formação de alianças políticas, não à sororidade, uma vez que a identidade do grupo é constituída socialmente e não se baseia em nenhum elemento da anatomia compartilhada popularmente chamada de gênero. Em consequência, seria irrealista e contraproducente abordar a construção da comunidade e a luta por uma sociedade justa como projetos que se baseiam em uma sororidade exclusiva do corpo. A política de coalizão parece ser o sistema tradicional e funcional de promover o interesse de um grupo – desde que, é claro, o grupo tenha identificado um interesse comum. Nesse sentido, as mulheres não constituem um grupo de forma inequívoca ou contínua. Nas palavras eloquentes e muito citadas de Bernice Reagon (1983, p. 359), "uma coalizão não é um lar". Então, se uma coalizão não é um lar, por que estamos buscando irmãs dentro dela?

A ordem das coisas: um panorama

Vários ensaios neste volume discutem o papel do imperialismo na construção do conhecimento sobre a África. Oyèrónkẹ́ Oyěwùmí dá o tom do livro em "O fardo da mulher branca: mulheres africanas no discurso feminista ocidental", ao destacar as consequências para a África do predomínio de pessoas viajantes/pesquisadoras ocidentais na produção de conhecimento. Ela aponta como certas imagens da África surgiram ao longo dos quatro séculos de discurso africanista; imagens que, de tempos em tempos, são remodeladas e reapresentadas. A transformação atual é obra dos estudos recentes de feministas ocidentais, retratando as mulheres africanas meramente como vítimas abjetas. Essas vítimas são postas em contraste direto com o eu emancipado das feministas que estão, segundo elas próprias, em posição de assumir um papel messiânico mundial. Oyěwùmí insiste que os Estudos Africanos são compostos, em sua maioria, de histórias de viagem de pessoas europeias e norte-americanas; as inflexões no *corpus* não refletem os interesses e as realidades africanas, mas a identidade, as preocupações e as predileções de intelectuais "de safári".

Em seu artigo "Feminismo e África: reflexões sobre a pobreza da teoria", Olúfẹ́mi Táíwò aborda o tema da deturpação. O autor destaca os custos dessa cultura de deturpação para pessoas africanas, que precisam gastar tempo e energia lutando contra ela (como fazemos neste volume) em vez de produzir conhecimento sobre as especificidades da condição humana na África e estabelecer diálogos com outras civilizações do mundo. Táíwò examina, então, as diversas formas do que ele chama de "a pobreza da teoria no feminismo", destacando seu papel na marginalização da África e na construção de estereótipos das mulheres africanas. Embora os artigos de Oyěwùmí e Táíwò tenham sido escritos há mais de uma década e meia, decidimos incluí-los neste volume porque as questões que eles levantam, infelizmente, permanecem atuais nos estudos sobre a África e as mulheres africanas. Nossa decisão é corroborada pelas conclusões da análise de Mojúbàolú Olúfúnké Okome da literatura mais recente. Em "Que mulheres? Desenvolvimento de quem? Uma análise crítica do evangelismo feminista reformista sobre as mulheres africanas", Okome questiona o discurso e a prática do desenvolvimento internacional em relação à África e às mulheres africanas. A autora refuta a prática imperial do que ela chama de "evangelismo feminista" e questiona a credibilidade das "mulheres africanas" fictícias inventadas por ele. Okome argumenta que, a despeito da sororidade, o retrato das mulheres africanas como objetos e vítimas é inevitável nesse campo de estudos, dada a hegemonia das mulheres ocidentais na representação das mulheres africanas. Okome então questiona o próprio significado e o propósito do conhecimento se ele não guarda qualquer relação com a realidade, mesmo destacando o fato de que tais pesquisas, inevitavelmente, operam como uma ferramenta de dominação.

Em "'O' África: imperialismo de gênero na academia", Nkiru Nzegwu nos fornece uma análise detalhada e extremamente rica do funcionamento do imperialismo no sistema acadêmico. A crítica de um catálogo de arte escrita por uma estudante de pós-graduação desconhecida oferece uma porta de entrada para a política invisível e sutil da diferença racial e sexual, e para as estratégias de "silenciamento" utilizadas para apagar o Outro e reafirmar privilégios. Escrito em múltiplas vozes intercaladas, o artigo analisa os efeitos sociais, psíquicos e políticos da "branquitude" na academia e as diversas formas de imperialismo de gênero que emergem dela. A definição lúcida de "branquitude" de Nzegwu reflete a maneira como algumas das outras autoras (Oyěwùmí, Okome) empregam o termo "Ocidental": "A branquitude se refere a uma visão de mundo euroétnica [...], ela compreende uma gama variável de atitudes e crenças [...]. Ela é um sistema de crença supremacista que encarna a sua própria lógica, cujo objetivo final é preservar o poder, a visão de mundo e os privilégios das pessoas brancas". Certamente, embora as noções de "branquitude" ou de "Ocidente" possam ter se originado com povos euroétnicos, esses conceitos já não se restringem mais a eles. Sem dúvida, a dominação cultural do Ocidente se reafirma quando o ponto de partida das relações intercomunitárias feministas é enquadrado no marco da sororidade, um conceito que privilegia as experiências euro-americanas e convoca "Outras" mulheres a aderirem aos seus termos de amor incondicional entre as integrantes dessa suposta sororidade global.

Em "Alice na terra-mãe: uma leitura de Alice Walker sobre a África e uma análise da cor 'preta'", Oyěwùmí argumenta que a jornada de Walker de volta à África, embora apresentada como um retorno afetuoso à terra-mãe, na verdade segue uma trilha imperial. Ao analisar a representação da África feita por Walker, Oyěwùmí expõe a dívida da autora com o discurso racista europeu do século

XIX acerca do primitivismo africano. Utilizando as mesmas e antigas estratégias imperiais de Outramento, patologização, homogeneização, excepcionalização e colorização das culturas africanas, a imagem da condição feminina africana que Walker concebe é uma das ficções imperiais do nosso tempo. Embora Walker invoque uma relação consanguínea duplamente privilegiada da raça e do gênero em comum com as mulheres africanas, o que ela traz de novo para esse velho discurso do primitivismo africano nada mais é do que uma reformulação dissimulada daquelas alegações estereotipadas sob a rubrica de uma política "progressista", como o feminismo.

Em direção similar, "Possuindo a voz do Outro: mulheres africanas e a 'crise de representação' na obra *Possessing the Secret of Joy*, de Alice Walker", de Nontsasa Nako, analisa a autoimagem de Walker, o seu retrato da África e a representação das mulheres africanas como o Outro no livro *Possessing the Secret of Joy*. A leitura de Nako é uma bela análise literária das duas posições, mutuamente excludentes, de Walker: a de "possuir a voz do Outro" e, ao mesmo tempo, apresentar-se como o veículo por meio do qual o Outro ganha voz. Ela nos mostra que, apesar da abordagem textual aparentemente polifônica de Walker e da estratégia narrativa supostamente democrática, a visão de mundo ocidental é o critério de medida de todas as coisas. No contexto da África do Sul, de onde Nako escreve, um lugar em que ambas as categorias – africanas e negras – coexistem e são parte do cotidiano, o seu questionamento a respeito dessas categorias ressalta a complexidade e a fluidez das identidades sociais.

A jurista Leslye Amede Obiora, em "As raposinhas que destroem a vinha: revisitando a crítica feminista da circuncisão feminina", argumenta que a sororidade feminista não deve ser desculpa para a marginalização dos esforços de autodeterminação próprios das mulheres africanas. Confrontando o discurso da circuncisão feminina, ela analisa as implicações práticas e políticas da intervenção ocidental na luta para erradicar a prática. Obiora adverte contra uma campanha equivocada e imposta por agentes externos que não apenas põe em xeque a ilegitimidade e a eficácia, mas também ergue muros em vez de pontes na tentativa de construir um diálogo intercontinental.

Chikwenye Okonjo Ogunyemi também explora o discurso sobre a circuncisão feminina ao abordar, em seu artigo "Ectomias: um tesouro de ficção pelas filhas da África", as questões da sororidade, do patriarcado, do privilégio e da exclusão na construção do conhecimento. Ela emprega o termo "ectomia" como uma metáfora e como uma lente para interpretar tanto as obras ficcionais de "filhas da África" quanto o que ela vê como o seu ostracismo nos centros de poder locais e globais. Tomando a noção ocidental de excisão como exclusão, a autora afirma que o imperialismo é a forma suprema de ectomia. Sua justaposição dos textos ficcionais de mulheres africanas e afro-americanas como filhas da África lança luz sobre uma série de questões, principalmente sobre a maternidade como instituição social e a maternidade simbólica que a África representa para todas as suas filhas, onde quer que elas estejam.

Ogunyemi, ao aproximar as mulheres africanas e afro-americanas como filhas da África, antecipa a defesa de Abena Busia de que, apesar da história trágica da escravidão e da diáspora, esses dois grupos de mulheres continuam sendo irmãs. Em "Em busca de correntes sem ferro: a sororidade, a história e a política do lugar", Busia "expressa"*, de forma contundente, a atormentada história pessoal e política da sororidade entre mulheres norte-americanas brancas, norte-americanas negras e africanas. A partir de uma série de histórias pessoais, ela explora o significado da sua identidade como mulher africana ao se deslocar de um lugar para outro e as suposições que cada grupo faz com base em perspectivas particulares da história. Abrimos a coletânea com um poema sobre o

---

* No original, *"brings 'home'"*. A expressão *"to bring home"* significa "explicar", "esclarecer". Mas, ao destacar a palavra *"home"* ("lar"/"casa"), a autora quis enfatizar o caráter íntimo e pessoal dessa análise [N.T.].

significado real da sororidade em um mundo desigual; e fechamos com o poema de Busia reivindicando de forma enérgica a maternidade como a fonte de agência a partir da qual novas relações devem ser forjadas e novas histórias, construídas.

Todas as colaborações neste volume são africanas. Apenas um dos artigos não foi escrito por uma mulher. Esse fato ressalta o argumento presente, de diferentes formas, em todos os artigos acerca da necessidade de autorrepresentação como um primeiro passo na construção do conhecimento sobre qualquer grupo social específico. Aqui, demos esse passo como indivíduos e como um grupo; temos a esperança de que nós, enquanto africanas e africanos, possamos nos definir – bem como definir nossos interesses e nossas preocupações em nossos próprios termos – e superar, de uma vez por todas, uma cultura de deturpação e marginalização que absorve tanto da nossa energia criativa. Continuaremos definindo a nós mesmas e as nossas inquietações em nossos próprios termos.

Obras citadas

AMADIUME, I. *Male Daughters, Female Husbands: Gender and Sex in an African Society*. Londres: Zed, 1987.

APPIAH, A. In My Father's House. *Hypatia*, 11.12, p. 175, 1996.

BRICE-FINCH, J. (ed.). *MaComère – The Journal of the Association of Caribbean Women Writers and Scholars*. Pittsburgh: James Madison University, 1998. vol. I.

CHODOROW, N. *The Reproduction of Mothering: Psychoanalysis and the Sociology of Gender*. Berkeley: University of California Press, 1978.

COLLINS, P. H. *Black Feminist Thought: Knowledge, Consciousness, and the Politics of Empowerment*. Boston: Unwin Hyman, 1990.

EKEJIUBA, F. I. Down to Fundamentals: Women-centered Hearth--holds in Rural West Africa. *In*: FAHY-BRYCESON, D. (ed.). *Women Wielding the Hoe*. Oxford: Oxford University Press, 1995.

EVANS-PRITCHARD, E. E. Sexual Inversion among the Azande. *American Anthropologist*, 72, p. 1428-1433, 1970.

FADIPE, N. A. *The Sociology of the Yoruba*. Ibadan: Ibadan University Press, 1970.

HERSKOVITS, M. J. A Note On "Woman Marriage" in Dahomey. *Africa*, 10, p. 335-341, 1937.

hooks, b. Sisterhood: Political Solidarity between Women. *In*: WEISS, P. A.; FRIEDMAN, M. (ed.). *Feminism and Community*. Filadélfia: Temple University Press, 1995.

JOSEPH, G. I.; LEWIS, J. *Common Differences: Conflicts in Black and White Feminist Perspectives*. Boston: South End, 1986.

LORDE, A. *Sister outsider: Essays and Speeches*. Nova York: Crossing, 1984.

LORDE, A. *Zami, a new spelling of my name*. Nova York: Crossing, 1983.

LUGONES, M. C. Sisterhood and Friendship as Feminist Models. *In*: WEISS, P. A.; FRIEDMAN, M. (ed.). *Feminism and Community*. Filadélfia: Temple University Press, 1995.

MIKELL, G. (ed.) *African Feminism: The Politics of Survival in Sub-Saharan Africa*. Filadélfia: University of Pennsylvania Press, 1997.

NZEGWU, N. Questions of Identity and Inheritance: A Critical Review of Kwame Anthony Appiah's *In My Father's House*. *Hypatia*, 11.1, p. 175-202, 1996.

OKONJO, K. The Dual-Sex Political System in Operation: Igbo Women and Community Politics in Midwestern Nigeria. *In*: HAFKIN, N. J.; BAY, E. G. (ed.). *Women in Africa: Studies in Social and Economic Change*. Stanford: Stanford University Press, 1976.

OYĚWÙMÍ, O. *The Invention of Women: Making an African Sense of Western Gender Discourses*. Minneapolis: University of Minnesota Press, 1997.

REAGON, B. J. Coalition Politics: Turning the Century. *In*: SMITH, B. (ed.). *Home Girls: A Black Feminist Anthology*. Nova York: Kitchen Table – Women of Color, 1983.

RICH, A. *On Lies, Secrets, and Silence*. Nova York: Norton, 1979.

ROSEZELLE, P. A. Sisterhood and Friendship as Feminist Models. *In*: WEISS, P. A.; FRIEDMAN, M. (ed.). *Feminism and Community*. Filadélfia: Temple University Press, 1995.

SAVANNAH UNIT GEORGIA WRITERS' PROJECT. *Drums and Shadows: Survival Studies among the Georgia Coastal Negroes*. Athens: The University of Georgia Press, 1940.

SEGURA, D. A.; PIERCE, J. L. Chicana/o Family Structure and Gender Personality: Chodorow, Familism, and Psychoanalytic Sociology Revisited. *Signs*, 19.1, p. 62-91, 1993.

STEADY, F. C. The Black Woman Cross-Culturally: An Overview. *In*: STEADY, F. C. (ed.). *The Black Woman Cross-Culturally*. Cambridge: Schenkman, 1981.

SUDARKASA, N. Female Employment and Family Organization in West Africa. *In*: STEADY, F. C. (ed.). *The Black Women Cross-Culturally*. Cambridge: Schenkman, 1981.

VAUGHAN, M. Which Family?: Problems in the Reconstruction of the History of the Family as an Economic and Cultural Unit. *Journal of African History*, 24, p. 275-283, 1983.

WEKKER, G. One Finger Does Not Drink Okra Soup: Afro-Surinamese Women and Critical Analysis. *In*: ALEXANDER, M. J.; MOHANTY, C. T. (ed.). *Feminist Genealogies, Colonial legacies, Democratic Futures*. Nova York: Routledge, 1997.

2

O FARDO DA MULHER BRANCA[1]

Mulheres africanas no discurso feminista ocidental[2]

Oyèrónkẹ́ Oyěwùmí

> Pela reiteração persistente, uma maneira de
> falar pode se tornar a substância
> daquilo que é dito (Hammond; Jablow, 1970,
> p. 14).
>
> Viajantes com mentes fechadas nos dizem
> muito pouco, exceto sobre si mesmos
> (Achebe, 1978, p. 12).

Não há dúvidas de que, para investigar a construção do gênero em qualquer sociedade africana contemporânea, o papel e o

---

1. Este artigo foi originalmente apresentado na conferência "In search of new paradigms in African development" (Isenpad), realizada em Nairóbi, Quênia, em junho de 1988. Recorri ao poema de Rudyard Kipling sobre o fardo do homem branco como fonte de uma frase apropriada para descrever a forma como as intelectuais feministas ocidentais conduziam os seus negócios na África, na Ásia e na América Latina. Claro, para torná-la mais apropriada, adaptei o gênero. Uma versão deste artigo é o primeiro capítulo da minha dissertação (*Mothers not women: making an African Sense of Western gender discourses*, apresentada no Departamento de Sociologia da Universidade da Califórnia, em Berkeley, 1993). Embora o artigo tenha sido escrito catorze anos atrás, as questões que ele examina permanecem atuais.

2. Este discurso é de origem euro-americana; portanto, excessivamente determinado por seus interesses e preocupações. No entanto, vale ressaltar que as visões eurocêntricas do mundo não estão mais limitadas aos povos europeus. Como este artigo se concentra na gênese desse discurso, seu foco é analisar as implicações do fato de que os estudos feministas sobre a África foram criados e continuam a ser dominados por mulheres euro-americanas.

impacto do Ocidente precisam ser analisados, não apenas porque a maioria das sociedades africanas foi subjugada ao domínio europeu no final do século XIX, mas também por causa do domínio contínuo do Ocidente na produção do conhecimento. Nos estudos africanos – no passado e no presente –, a criação, a constituição e a produção do conhecimento continuam sendo privilégios do Ocidente. Nas últimas três décadas, o feminismo desempenhou um papel importante na perpetuação de certos mitos sobre a África. No entanto, ao contrário dos quatro séculos anteriores de estudos africanistas – focados nos homens –, o discurso feminista contemporâneo está centrado nas mulheres africanas.

Desde já, é preciso deixar claro que o feminismo é uma das abordagens mais importantes para a interpretação da sociedade ocidental, desenvolvida nos últimos tempos. Ele é fundamental para uma compreensão total das sociedades euro-americanas; e, nesse sentido, amplia a nossa compreensão da colonização e de outros processos desencadeados pelo Ocidente na África. O feminismo, sem dúvida, ilustra a visão de mundo europeia e as organizações e os processos sociopolíticos decorrentes dela. Não obstante, em relação à África, os estudos feministas de um modo geral não representaram nenhuma inflexão significativa do "Outramento" africano que caracteriza os escritos ocidentais sobre o continente. Portanto minha preocupação neste artigo não é com o feminismo em sua terra de origem *per se*, mas com o feminismo em sua relação com a África e seus povos.

Anterior ao pensamento feminista, o discurso africanista secular já foi bem documentado por diversos pesquisadores, incluindo Winthrop Jordan (1968), Hammond e Jablow (1970), Philip Curtin (1974) e Christopher Miller (1985). O consenso entre esses estudiosos é que os escritos ocidentais sobre a África são racistas e etnocêntricos, projetando os povos africanos, dentre outras coisas, como selvagens, subumanos, primitivos e hipersexualizados. O meu argumento é o de que essas imagens são re(a)presentadas no discurso feminista sobre a África atual. Assim, é possível traçar paralelos entre as imagens da África no discurso africanista tradicional e as dos textos feministas mais recentes. Com efeito, há uma continuidade evidente nos temas, nas imagens e nas motivações declaradas dos intelectuais nessas duas fases do discurso africanista. Nesse sentido, apesar da virada epistemológica supostamente "radical" que o feminismo representou no pensamento ocidental, no que tange à representação dos povos africanos, essa mudança radical não é patente. O feminismo é, em essência, uma continuação do pensamento africanista tradicional.

O contexto histórico de surgimento do discurso africanista foi um período de expansão europeia sem precedentes e de dominação de povos não europeus. Na África, trata-se do período em que o tráfico transatlântico de escravos floresceu, o imperialismo prosperou e a estrutura para a dominação colonial subsequente foi instituída. Não surpreende que o tom, o conteúdo e o formato dessa literatura fossem imperialistas e racistas, destinados a justificar e racionalizar a pilhagem e a dominação europeias. Os povos africanos eram retratados como inferiores para provar que necessitavam da "orientação" dos europeus. Notavelmente, eles eram retratados de forma homogênea por escritores europeus, independentemente de sua posição. Como Hammond e Jablow observaram:

> O que é mais significativo é que essa linguagem [racista] teria imperado em tantos outros escritores sobre a África. Comerciantes, colonos, garimpeiros e turistas tendiam a ter sentimentos igualmente imperialistas. É como se, para eles, o século XIX nunca tivesse acabado (Hammond; Jablow, 1970, p. 117-118).

As feministas ocidentais, como "herdeiras" dessa tradição, não são exceção. Ao que parece, o século XIX é especialmente longo, seus preconceitos ainda perduram até o início do século XXI.

O objetivo deste artigo é explicitar um certo modo de apropriação e codificação do conhecimento. Examinarei as imagens das mulheres africanas retratadas no discurso feminista ocidental e analisarei as implicações do fato de que esse campo é dominado por mulheres brancas, muitas das quais não foram capazes de evitar o racismo e o etnocentrismo que caracterizam os escritos ocidentais sobre a África de um modo geral. A intenção não é discutir o suposto *status* das mulheres na África. Em vez disso, abordo a questão de como os escritos ocidentais afetam os sujeitos sob análise. Mais precisamente, o objetivo é demonstrar como a forma em que as mulheres africanas são constituídas, concebidas e teorizadas nos estudos ocidentais cria a sua própria realidade. Literalmente, a imagem não apenas cria a mulher; a imagem se torna a mulher. O que está em questão é a dominação discursiva do Ocidente. Em sua discussão sobre como a antropologia – como o estudo do Outro – evoca o seu objeto, Minh-ha escreve:

> O que "estamos buscando" é, infelizmente, aquilo que vamos encontrar. A pessoa que é antropóloga, como já sabemos, não descobre as coisas; ela as constrói. E as inventa. A estrutura, portanto, não é um dado puramente externo à pessoa que a elabora, mas uma projeção dos modos daquela pessoa de lidar com as realidades (Minh-ha, 1989, p. 141).

Essas palavras também refletem como os estudos feministas criaram a sua própria mulher africana.

Universalizando a derrota das mulheres

A "derrota histórica mundial" das mulheres, teorizada por Engels (1891), não se deu em nenhum grande campo de batalha, mas no ato da declaração da subordinação universal das mulheres, no início dos anos 1970, por grupos de intelectuais feministas. O capítulo introdutório de *Women, Culture and Society* (1974), de Michele Rosaldo e Louise Lamphere – coletânea amplamente considerada seminal dos estudos feministas –, ilustra como a derrota das mulheres foi arquitetada. Em grande medida, o patriarcado foi criado por um processo de circulação de uma sociedade para outra, pelo mundo todo, sem qualquer referência à região, à nação, à raça, às fronteiras culturais ou mesmo à história. Ignorando as especificidades locais, Rosaldo e Lamphere (1974, p. 3) afirmaram que "a assimetria sexual é, hoje, um fato universal da vida social humana". Embora as editoras da coletânea argumentem que a literatura antropológica ignora as mulheres e, portanto, "nos diz relativamente pouco sobre as mulheres", e apesar da alegação de que padeciam com a "falta de materiais e teorias" (Rosaldo; Lamphere, 1974, p. vi), elas ainda foram capazes de chegar à sua grande conclusão acerca da situação das mulheres de todo o mundo, em todos os tempos. Mas as autoras só conseguiram essa façanha recriando todas as mulheres à imagem da mulher ocidental, que se via em uma sociedade dominada pelos homens. A falta de dados transculturais não parece constituir um problema para essas pesquisadoras. Karen Sacks identificou duas linhas de argumento por meio das quais esse universo de desigualdade das mulheres é criado:

> A primeira se manifesta ao definir ou conceber a igualdade de uma maneira escorregadia, qualquer carência das mulheres é o marcador crucial. A segunda faz uso de argumentos *ad hoc* para explicar as condições subjacentes às posições sociais de homens e mulheres: se os dados não se encaixam na teoria, alguma circunstância incomum se sobrepôs à biologia [...]. Assim [...], de alguma forma necessariamente não elaborada, as mulheres são sempre subordinadas aos homens. Trata-se de uma teoria que não pode ser refutada por dados contraditórios (Sacks, 1979, p. 94).

A ideia de que a mulher branca (ou o homem branco) constitui a norma – a medida de todas as coisas – é etnocêntrica e predomina na produção acadêmica ocidental pelo menos nos últimos dois séculos. Em consequência, os estudos feministas transculturais têm se concentrado, em grande medida, em identificar o patriarcado e decidir quais estratégias as feministas ocidentais podem utilizar para libertar as mulheres da África, da América Latina e da Ásia de seus grilhões. Poucas são as tentativas acadêmicas genuínas de descobrir e analisar o papel e a importância das diferenças de gênero em outras sociedades e culturas. Pesquisadoras e pesquisadores simplesmente assumiram que, se o gênero é relevante no Ocidente, ele há de ser relevante em todas as sociedades no tempo e no espaço.

O movimento feminista do início dos anos 1970, na Europa e na América do Norte, forneceu o contexto histórico em que o discurso feminista foi produzido e disseminado. Com efeito, a disciplina dos Estudos Feministas se caracteriza como o braço acadêmico do movimento feminista (cf. Farnham, 1987, p. 1). Essa combinação entre pesquisa acadêmica e ativismo político significava que as intelectuais feministas não se contentavam apenas em identificar e descrever a desigualdade de gênero; elas também buscavam erradicá-la onde quer que mostrasse a sua cara feia. Assim, as teorias feministas são, ao mesmo tempo, uma descrição da assimetria de gênero e uma prescrição para eliminá-la. Discutindo a sua própria pesquisa, Alison Jaggar e Paula Rothenberg observaram que elas, assim como outras feministas, eram

> motivadas por nossa profunda crença, como feministas, de que eram necessárias mudanças urgentes na posição das mulheres [...]. Isso veio do nosso reconhecimento, como ativistas, de que não apenas nossa atividade política deve ser guiada pela teoria, mas também de que nossa teoria deve ser avaliada por seu sucesso na prática (Jaggar; Rothenberg, 1978, p. xii).

No entanto, o ativismo político e a teorização acadêmica são, muitas vezes, um "relacionamento" a longa distância, conduzido na forma de estudos antropológicos e projetos sobre "mulheres e desenvolvimento" em sociedades africanas, asiáticas e latino-americanas. Assim como o imperialismo, o feminismo descobriu a sua missão social, de alcance global; e tal qual o fardo do homem branco do século XIX, nasceu o fardo da mulher branca do século XX. Do ponto de vista dessas feministas, o fardo consistia em resgatar a mulher africana explorada, desamparada, brutalizada e oprimida da selvageria do homem africano e de uma cultura primitiva simbolizada por costumes bárbaros.

Em seu zelo passional, para algumas mulheres brancas, era inconcebível que pudesse haver qualquer sociedade no mundo em que as mulheres tivessem uma vida melhor do que no Ocidente. Para elas, o Ocidente representava o auge da civilização. Isso se alinhava às ideias europeias tradicionais acerca dos estágios evolutivos do progresso humano, postulando que a posição das mulheres em qualquer sociedade estava intimamente ligada à posição da sociedade na hierarquia evolutiva. Curtin (1964, p. 64) cita Millar, que, em 1777, construiu um esquema do lugar das mulheres em quatro estágios, como forma de determinar a posição de uma sociedade: quanto mais "liberadas" as mulheres, mais civilizada a sociedade. Como as mulheres europeias supostamente desfrutavam de um *status* muito alto, sua sociedade era considerada a mais civilizada. Previsivelmente, nessa formulação, as mulheres africanas se encontravam na posição mais baixa.

Dada essa forma de pensar a África no Ocidente, não surpreende que os estudos feministas a respeito das mulheres africanas geralmente confirmassem a sua condição "infeliz". As premissas desses estudos resumiam as suas conclusões; como resultado, nenhuma "descoberta" nova era possível. Além disso, o próprio fato de as mulheres ocidentais serem as pesquisadoras estudando outras mulheres era visto como uma prova de que elas estavam em uma situação melhor, manifesta em sua recém-descoberta posição como produtoras de conhecimento. Essa "superioridade posicional" – tomando emprestado o termo de Edward Said (1978) – as coloca em uma posição de poder em relação a africanos, asiáticos e latino-americanos, homens e mulheres. No entanto, as feministas ocidentais não justificavam seu *status* privilegiado em função de sua raça e da internacionalização de um sistema capitalista de origem ocidental; elas o naturalizavam como o resultado de todo o progresso que haviam feito como mulheres em sua própria sociedade. O que as mulheres brancas não entenderam é o fato de que, se a subordinação das mulheres em sua própria sociedade era a sua motivação para estudar "Outras" mulheres, o seu predomínio econômico e racial no sistema global era o que tornava isso possível. Afinal, elas estavam em uma posição igualmente privilegiada em relação aos homens africanos. Sua superioridade posicional é reforçada por sua capacidade de produzir conhecimento a respeito da África e dos povos africanos. Edward Said, discutindo a relação entre poder e saber, observou que "[…] o objeto de tal saber é inerentemente vulnerável ao escrutínio. Ter um tal conhecimento de alguma coisa é dominá-la, ter autoridade sobre ela" (Said, 1978, p. 32) e, consequentemente, recriá-la em uma imagem que se encaixa em sua imaginação pessoal, devo acrescentar.

"Reflexões" acadêmicas ou o espelho na parede

Para o feminismo ocidental, a África representava o lugar por excelência para a concretização tanto do projeto acadêmico de teorizar o gênero quanto da missão social de libertar as mulheres. Segundo Basil Davidson (1964, p. 37), historicamente, no discurso africanista, "a África era representada como uma espécie de reserva humana em que a natureza e a condição do homem antigo podiam ser estudadas em toda a sua simplicidade e inocência selvagem: uma reserva, aliás, na qual os negros ocupavam o lugar mais baixo na hierarquia de progresso". Nesse caso, o progresso – ou a falta dele – por parte dos africanos (leia-se, dos homens africanos) era que eles oprimiam as "suas" mulheres. Essa visão de uma África atemporal, sem acontecimentos e sem mudanças, tão bem resumida por Davidson, é evidente nos escritos feministas. Em uma etnografia sobre os !Kung, um povo do sul da África, Shostak escreve:

> A cultura deles, ao contrário da nossa, não era constantemente afetada por grupos sociais e políticos [...]. Embora os !Kung estivessem passando por uma mudança cultural, ainda era algo bastante recente e sutil e, até o momento, seu sistema de valores tradicional permanecia praticamente intacto. Um estudo que descreva como é a vida das mulheres !Kung hoje pode refletir

como foram as suas vidas por gerações, possivelmente até por milhares de anos (Shostak, 1983, p. 6).

A autora pressupõe a inércia do povo !Kung, apesar de eles terem sido a base de um projeto antropológico da Universidade de Harvard por anos, o que deve ter sido um evento e tanto para esse povo (se não para os antropólogos). A ideia de que o Ocidente pudesse aprender sobre si mesmo e, portanto, de que as feministas pudessem se encontrar na África não era nova. Desde os exploradores cujas (des)aventuras na África serviam para provar sua masculinidade, passando pelos missionários cristãos fazendo proselitismo em prol da própria salvação até as feministas em busca de si mesmas, a África representava um espelho para os ocidentais se enxergarem. Rosaldo e Lamphere (1974), resumindo as questões que refletem as suas inquietudes transculturais a respeito das mulheres, concluíram: "Em última análise, é claro, todas essas questões giram em torno da necessidade de reexaminar as maneiras como *nós* pensamos sobre nós mesmas" (Rosaldo; Lamphere, 1974, p. v – grifo meu). E Shostak (1983) explica o seu interesse pelas mulheres !Kung: "O Movimento das Mulheres tinha apenas começado a ganhar força, motivando a crítica aos papéis que as mulheres ocidentais tradicionalmente haviam assumido. Eu esperava que a viagem de campo pudesse *me* ajudar a esclarecer algumas das questões que o movimento levantava" (Shostak, 1983, p. 5). Em certo sentido, a pesquisa transcultural era, fundamentalmente, um empreendimento narcisista.

A noção de uma África estática e imutável é claramente a-histórica. Uma das principais críticas feitas pelas antropólogas feministas contra a sua disciplina é a abordagem a-histórica (cf. Leacock, 1981, p. 33-81), ilustrada pela tendência a tratar as circunstâncias atuais das chamadas culturas tradicionais como se fossem idênticas às circunstâncias passadas. Nesse sentido, Duley e Edwards compreendem o problema inerente a esse tipo de pensamento:

> Não podemos pressupor, como muitos fizeram, que a configuração atual das relações entre homens e

mulheres seja necessariamente a mesma do passado, e os esforços de análise das origens da estratificação de gênero podem ser gravemente distorcidos ao não reconhecer esse fato (Duley; Edwards, 1986, p. 29).

No entanto, na declaração de uma subordinação universal das mulheres e na busca pelas origens da dominação masculina, muitas feministas ocidentais não fazem qualquer referência à história – a história da escravidão, do imperialismo, da colonização e da dominação racial de povos não ocidentais, e da emergência da hegemonia ocidental em todo o mundo. Nas palavras de Gayatri Spivak, eles negam a "mundialização" do Terceiro Mundo – o que é uma negação do impacto do Ocidente no resto do mundo. Segundo a autora, "a abordagem da coleta de dados em relação aos povos não ocidentais sugere que, apesar de séculos de imperialismo e exploração colonial, os não ocidentais ainda possuem uma herança cultural rica e intacta esperando para ser recuperada, interpretada e curricularizada em benefício do Ocidente" (Spivak, 1985, p. 262). Esta curricularização das mulheres africanas na literatura feminista é o que ponho em questão aqui.

A opressão das mulheres "sob medida"

A ideia de uma África primitiva onde os seres humanos permanecem há eras em seu estado original, um estado de natureza, é inerente à noção de estagnação cultural. Com efeito, a caracterização da África como o continente escuro está fundamentada nessa noção. Hammond e Jablow (1970, p. 20) postulam que duas imagens contraditórias dos povos africanos derivam dessa caracterização – o Bom Selvagem e o Mau Selvagem. Mas, em relação às "suas" mulheres, o homem africano só poderia ser retratado como um mau selvagem. Nesse sentido, a poligamia foi destacada e representada como um mal particular, simbolizando a degradação das mulheres africanas e, logo, a condição inferior dos povos africanos. De modo similar, a poligamia também é um foco de atenção das intelectuais feministas. Talvez as duas perguntas mais feitas por ocidentais às mulheres africanas sejam as que Shostak (1983, p. 18/5) fez às mulheres !Kung: "Como é dividir um marido com outra mulher?" e "Cônjuges se amavam?". Sem dúvida, as pessoas estrangeiras muitas vezes ficam obcecadas com as curiosidades que encontram em outras culturas. No entanto, o problema é que, no discurso feminista, essas perguntas são retóricas; não porque elas não exijam respostas, mas porque elas têm respostas predefinidas como, por exemplo, que a monogamia é a única forma "normal" (leia-se "civilizada", "verdadeira") de casamento, e que a poligamia e o amor se excluem mutuamente. Para muitas feministas ocidentais, a poligamia é um costume bárbaro, que degrada e oprime as mulheres e que é estranho às sociedades civilizadas (leia-se "ocidentais") de onde elas vêm. Nenhuma atenção é dada aos sentimentos e às perspectivas daquelas que o vivenciam como a única forma de casamento, e nenhuma análise é feita de suas implicações para a organização social. Por exemplo, embora muitas feministas defendam o trabalho das mulheres fora de casa, elas não reconhecem que, em algumas sociedades africanas, as mulheres são capazes de obter renda com o trabalho fora de casa em função da divisão do trabalho entre as mulheres que a poligamia possibilita. O cuidado com as crianças, por exemplo, pode ser partilhado entre as mulheres, permitindo-lhes exercer diferentes ocupações sem serem limitadas pelas necessidades de sua prole. Apesar de décadas de estudos feministas sobre a África, as interpretações da poligamia e do dote da noiva permanecem etnocêntricas – se não racistas –, reforçando a imagem do animal de carga como manifestação da "tradição" africana.

A violência desempenha um papel importante na representação de imagens negativas da África. Ela tem sido poderosa no retrato da África como o "continente escuro" e não é menos importante na representação da mulher no "coração das trevas". De acordo com Brantlinger (1985), as imagens negativas são criadas pela associação reiterada da África com o mal, a doença e a brutalidade. Ele observa como, nos escritos europeus do século XIX – da propaganda abolicionista aos relatos de viajantes –, a violência é retratada em detalhes torturantes para alimentar a imaginação europeia. Sinais desse tipo de preocupação "explícita" são evidentes nos textos feministas. Por exemplo, a escolha de Shostak (1983) por Nisa como a mulher !Kung a ser estudada foi determinada, em parte, pela suposta história de que ela havia cometido infanticídio. Outro exemplo é a obsessão das mulheres ocidentais e o sensacionalismo em torno da circuncisão feminina – prática encontrada em algumas comunidades da África. Sua preocupação com essa prática ficou evidente durante a conferência da Década das Nações Unidas para as Mulheres, realizada em Copenhague em 1980. A insistência, por parte das mulheres ocidentais, em rotular de "mutilação" o que as mulheres africanas chamam de circuncisão feminina foi o primeiro sinal visível das profundas divisões entre elas e muitas de suas colegas africanas. Embora muitas delegadas africanas tenham manifestado o seu interesse em acabar com a prática, "elas enfatizaram que a abolição de tais práticas não é uma prioridade para elas – comida suficiente e água potável são muito mais importantes" (Minority Rights Group, 1983, p. 10)[3]. Para as feministas ocidentais, a posição assumida pelas mulheres africanas era inaceitável e, tal como as carpideiras que choram mais no funeral do que os enlutados, elas continuam a focar na circuncisão feminina como o principal problema das mulheres africanas. Essa presunção por parte das mulheres ocidentais em definir o significado e os objetivos da vida de "Outras" mulheres não foi um bom presságio para a sororidade que estava sendo defendida nessas conferências internacionais. O conflito, inevi-

---

3. A questão levantada aqui pelas delegadas africanas é que, em relação a prioridades, colocar a questão da erradicação da circuncisão feminina acima de necessidades básicas – como comida e água – equivale a reorganizar as cadeiras no convés do Titanic. Acima de tudo, elas estão afirmando os seus direitos à autodefinição.

tavelmente, chegaria a um impasse, como de fato aconteceu nas reuniões internacionais posteriores.

Outras instituições africanas que os ocidentais consideram bárbaras incluem os casamentos arranjados, o levirato e o noivado de crianças. Essas práticas são deturpadas como misóginas e não são inseridas em seus contextos culturais e sociais, o que permitiria aos ocidentais compreender o seu significado na perspectiva das sociedades africanas. Solange Falade (1963), ao comentar sobre os casamentos arranjados, condena a atitude hipócrita de pessoas da Europa e dos Estados Unidos e nos diz que, na sociedade senegalesa:

> De fato, são pais e mães que escolhem cônjuges. Eu não acho que seja necessário considerar isso apenas como algo cruel, ou motivado por razões egoístas, por parte dos pais. Não se trata apenas de uma união entre dois indivíduos, mas de uma união entre duas famílias (Falade, 1963, p. 220).

Na verdade, este é o momento para muitas feministas fazerem uma análise crítica da alternativa aos casamentos arranjados – os chamados casamentos por escolha pessoal ou por "amor" – predominantes no Ocidente hoje e, de fato, na África, onde é dito às mulheres, como indivíduos, que escolham os seus próprios parceiros. Livros populares com títulos reveladores – como *Mulheres inteligentes, escolhas insensatas* e *Homens que odeiam suas mulheres e as mulheres que os amam* – sugerem que a escolha individual de um cônjuge não garante, necessariamente, segurança pessoal, autorrealização ou felicidade eterna no casamento. O contexto institucional e social do casamento é fundamental para a avaliação do bem-estar de homens e mulheres.

A criação do patriarcado ou o "feminismo" centrado no homem

A estratégia do discurso feminista ocidental de destacar as mulheres sem dar a atenção correspondente aos homens é utilizada para criar uma impressão de que as sociedades africanas são dominadas por homens e contra as mulheres. Por exemplo, Nancy Folbre (1988, p. 64), ao definir o patriarcado entre os xonas do Zimbábue, afirma que "não era necessário o consentimento de uma mulher para o casamento e muitas meninas eram prometidas em tenra idade, em troca de uma parte do pagamento do dote da noiva". O que ela não mencionou é que o casamento era arranjado para ambos, meninos e meninas. O dote da noiva é retratado como "comprar uma esposa", mas nenhuma atenção é dada ao serviço de noiva, em função do qual os homens podem ter de prestar serviços a seus sogros por toda a vida. Em grande parte dos textos feministas sobre a África, a falta de atenção aos homens produziu distorções grosseiras e equívocos na compreensão das relações de gênero. Christine Oppong observou esse desdobramento infeliz e, buscando evitá-lo em um livro que editou, escreve:

> Ao organizar este volume, procuramos evitar uma armadilha neossexista atualmente disseminada: o estudo de mulheres, por mulheres, para mulheres! Em vez disso, buscamos reunir relatos masculinos e femininos e observações de relações femininas e masculinas (Oppong, 1983, p. xv-xvi).

Por outro lado, a definição do patriarcado pela negação do poder e da agência feminina também é muito difundida na literatura feminista. Uma consequência dessa prática é a imagem de uma mulher africana fraca e indefesa que precisa ser salva de costumes bárbaros e de um grupo de homens brutal, todo-poderoso e misógino. Jean Henn (1988, p. 47), no processo de atribuir um modo de produção patriarcal a todo o continente africano, desconsidera os papéis que simbolizam a importância e o poder feminino: "Esses papéis femininos podem ser interpretados de várias maneiras como os meios pelos quais a classe patriarcal coopta as mulheres especialmente hábeis e potencialmente rebeldes". Em uma única frase, Henn se apropria da evidência contrária, e voltamos à imagem da mulher africana fraca, indefesa e subjugada. Essa prática discursiva demonstra, de forma muito clara, como a "pesquisa" pode constituir o seu próprio objeto.

Talvez as perspectivas racistas e etnocêntricas presentes em alguns estudos feministas sobre a África não surpreendam, uma vez que são parte de um discurso africanista mais amplo que, sistematicamente, inferioriza os povos africanos. No entanto, surpreende o androcentrismo do discurso feminista, principalmente uma vez que o viés masculino tem sido o fundamento da crítica feminista do pensamento e das obras ocidentais tradicionais. O androcentrismo de quatrocentos anos de discurso africanista é evidente pela ausência das mulheres como objetos de estudo. Nos estudos feministas, as mulheres são representadas, mas, assim como os homens africanos, são representadas como objetos. Os homens estão ausentes, mas a sua presença é mantida como uma força *má*-sculina*, todo-poderosa e onipresente rotulada de "patriarcado", que comanda tudo o que as mulheres fazem. Assim, essas análises têm um viés masculino. As mulheres são representadas, mas silenciadas. Sua experiência não é validada, perpetuando, desse modo, a marginalização das mulheres. Assim, embora um corpo de conhecimento tenha sido produzido sobre as mulheres africanas, em grande medida, as novas pesquisas reproduzem o mesmo viés masculino presente no pensamento ocidental tradicional. De fato, até mesmo conceitos neutros como "anciãos" e "parentes afins" são masculinizados. Alguém pode se perguntar se mulheres africanas não envelhecem ou não mantêm qualquer relação com cônjuges e famílias de sua prole.

Como consequência desse androcentrismo, muito poder é atribuído aos homens africanos, mesmo em situações em que eles próprios são vítimas. Um bom exemplo é o artigo de Folbre (1988) sobre as relações de gênero no Zimbábue colonial, no qual ela alega a existência de uma aliança patriarcal entre homens africanos e senhores coloniais brancos em prejuízo das mulheres africanas. Mas

---

* No original, "*malevolent*" [N.T.].

ela não explica por que essa "aliança profana" entre homens brancos e homens africanos (na qual eles eram supostamente "parceiros") mantinha as mulheres brancas em um estado de ócio permanente e os homens africanos como seus empregados domésticos. Outras pesquisadoras também apontaram a negação generalizada da raça como uma categoria importante nas análises feministas ocidentais (cf. Davis, 1982; Hooks, 1982; Amadiume, 1987).

O estereótipo dos povos africanos no pensamento ocidental como pessoas servis e infantis que precisam ser salvas e protegidas por um ou outro grupo de ocidentais é uma prática diuturna. Ao longo das diferentes fases do encontro entre a África e o Ocidente, essa imagem foi utilizada para justificar a dominação europeia tanto no continente como em sua diáspora. No processo de construção das mulheres africanas como objetos de discurso, algumas feministas focam os grupos mais oprimidos, deixando a impressão de que as mulheres africanas são todas iguais – igualmente oprimidas, igualmente miseráveis e igualmente necessitadas de libertação. Ao conceber essa massa homogênea e oprimida, as diferenças e as distinções de idade, classe, posição social, parentesco, estado civil e senioridade são ignoradas como se não existissem. Amadiume (1987, p. 5) ressalta que "a imagem das mulheres negras como universalmente desfavorecidas apenas reforça o racismo".

Com efeito, o racismo se manifesta no debate sobre o impacto da colonização sobre as mulheres africanas; há uma tendência a identificar todas as mudanças sociais positivas como derivadas do exterior e todas as práticas ocidentais como boas. A antropóloga Jane Guyer (1984), cujo trabalho é relativamente mais sensível às questões de representação transcultural, também manifesta essa tendência. Reiterando o impacto positivo da dominação europeia sobre as mulheres beti, de Camarões, ela traz este lamento que um informante nativo do sexo masculino teria feito a outro antropólogo anteriormente:

> Por que os brancos nos fizeram vestir nossas esposas? Eu costumava ter vinte esposas. Quando elas ficavam

nuas, bastava eu resmungar aqui da minha *abaa* (casa dos homens) para elas pararem de falar em suas vinte cozinhas. Com seus vestidos e túnicas, eu resmungo aqui em vão, e elas continuam a conversar como se nada estivesse acontecendo (Guyer, 1984, p. 6).

A autora não contextualiza nem questiona essas afirmações. Deixadas sem interpretação, suas implicações são bastante claras: as mulheres africanas têm muito a agradecer ao Ocidente, inclusive a sua assertividade moderna (e, é claro, as suas roupas). A agência das mulheres africanas é mais uma vez negada; a missão social do imperialismo feminista será frustrada caso lhes seja atribuído o poder de autodeterminação. O imperativo das mulheres brancas de se engajarem em uma operação de resgate certamente se torna mais urgente com essa imagem das mulheres africanas nuas e vitimizadas.

O animal de carga

Em contraste com a imagem da mulher africana fraca, há a imagem de uma imensa força física. Embora muitas feministas ocidentais glorifiquem a força física das mulheres em suas próprias sociedades como um sinal de igualdade com os homens, em seus escritos sobre a África, o conceito de força é usado de forma negativa para construir a imagem de um animal de carga para a mulher africana. Claramente, as mulheres brancas como as representantes do animal de carga têm uma tarefa mais difícil do que seus pares homens do século XIX. Nos "sistemas agrícolas femininos" e no estereótipo da "prostituição por sobrevivência" de Boserup (1970), a mulher africana é retratada como uma mula e uma escrava. Poucos estudos sobre as mulheres africanas fogem a essa regra, principalmente ao destacar o que as mulheres fazem e omitir o que os homens fazem, ou concentrando-se no que os homens africanos não fazem – tarefas definidas como trabalho masculino com base na experiência europeia. Essa imagem reiterada da mulher africana sobrecarregada complementa a imagem dos homens africanos como preguiçosos e indolentes no discurso africanista tradicional. Curtin (1964, p. 223) observa que, na construção do que os povos europeus chamavam de temperamento africano no século XIX, a preguiça e a indolência encabeçavam a lista. É claro que, nesse discurso do "masculino como norma", "africano" significava o homem africano, salvo indicação em contrário. Logicamente, então, se os homens eram tão preguiçosos, "suas mulheres" – vistas como escravas pelos europeus – eram quem fazia todo o trabalho. Além disso, para muitos ocidentais, homens e mulheres, o trabalho remunerado das mulheres africanas sugere a indolência do homem africano. Desse modo, o próprio engajamento ativo e visível das mulheres foi objeto de interpretações negativas sobre as sociedades africanas como um todo.

Sintetizando a imagem das mulheres africanas na literatura popular do século XIX, Hammond e Jablow (1970, p. 150) concluem que "o pressuposto de que ela, a mulher africana, não passa de uma serva, totalmente subjugada, senão de fato escravizada, é reforçado pelo conhecimento superficial sobre o dote da noiva e a poligamia". Curiosamente, o próprio continente africano é retratado por diversos autores como uma mulher, enfatizando sua fecundidade, desamparo, sexualidade e sobrecarga. Reade, um escritor inglês popular do século XIX, exorta os leitores a "olhar para o mapa da África. Não se parece a uma mulher com um enorme fardo nas costas?" (apud Hammond; Jablow, 1970, p. 72). Nessa imagem, o ambiente selvagem e a sua vítima indefesa e infeliz se unificam.

Condição da mulher e prostituição

Uma das imagens recorrentes da condição da mulher africana nos escritos feministas é a de prostituta. No que Amina Mama (1984) chamou apropriadamente de uma análise centrada na virilha, Cutrufelli afirma que, "seja de forma aberta ou discreta, a *prostituição* ainda é a principal, senão a *única fonte de trabalho* para as mulheres africanas" (Cutrufelli, 1983, p. 33 – grifo meu).

Na conclusão de um trabalho sobre o setor informal e as mulheres, Stichter e Parpart escrevem: "É difícil imaginar o setor informal na África ser eliminado em um futuro previsível, a *distribuição local de alimentos* e os *serviços sexuais* em particular, as *duas áreas de maior especialização das mulheres*" (Stichter; Parpart, 1988, p. 20 – grifo meu). De modo similar, em um artigo sobre mulheres e mudança social no cinturão de cobre da Zâmbia, Parpart afirma: "Jogando com sua escassez, as mulheres logo aprendem a barganhar com os homens; *a troca de parceiros se tornou uma forma aceita de melhorar o seu padrão de vida*" (Stichter; Parpart, 1988, p. 115 – grifo meu). Na mesma direção, MacGaffey afirma: "As mulheres em Kinshasa ganham dinheiro principalmente de duas formas: por meio do *pequeno comércio* e da *prostituição*" (MacGaffey, 1988, p. 164 – grifo meu). Por outro lado, há pouquíssimos estudos sobre a prostituição como uma categoria ocupacional distinta nas sociedades africanas. Na literatura, a impressão que se cria é a de que as mulheres africanas, além de camponesas, comerciantes, esposas, atendentes, cuidadoras de crianças ou o que for, também são sempre prostitutas.

Essa imagem da prostituta não pode ser isolada da associação dos povos africanos com um desejo sexual intenso, que remonta a séculos de fantasia europeia. A poligamia era interpretada como um sinal de luxúria inata e de indisciplina sexual por parte do homem africano, e considerada evidência de seu primitivismo. Na mentalidade europeia, a civilização se baseia na repressão dos instintos (sexuais e outros), mas o primitivismo era associado à sexualidade desenfreada. A rotulação das mulheres africanas como primitivas – e, portanto, mais sexualmente intensas – se contrapunha ao retrato da mulher europeia como sexualmente passiva. Em um ensaio esclarecedor sobre a sexualidade feminina na Europa do século XIX, Sander Gilman (1985, p. 248) argumenta que a figura do povo negro se fundiu com a da prostituta: "O primitivo é negro e as qualidades da negritude, ou pelo menos da mulher negra, são as da prostituta". É significativo que as prostitutas europeias durante esse período fossem retratadas visualmente com esteatopigia, como se fossem negras. A esteatopigia era vista como a manifestação física da hipersexualidade das mulheres negras; logo, elas eram definidas como prostitutas. Essa imagem foi muito difundida na época e ainda persiste, fazendo parte de uma realidade particular escrita tanto por homens quanto por mulheres brancas.

A invenção das mulheres ou ideias estéreis

O etnocentrismo de algumas feministas ocidentais ia desde a ideia de que existe uma mulher universal – branca (como elas) – até a imposição de conceitos e valores ocidentais para interpretar as experiências de "Outras" mulheres. Com base em sua própria experiência limitada, elas declararam a subordinação das mulheres como um fato universal e chegaram a uma conclusão sobre como erradicá-lo. Nas palavras de Amadiume,

> esse tipo de pressuposto global é, em si mesmo, etnocêntrico. Além disso, a dicotomia doméstico/público – que as levou à conclusão de que as funções materna e doméstica eram as responsáveis pela suposta subordinação universal das mulheres – era uma característica de sua classe e cultura particulares (Amadiume, 1987, p. 4).

O conceito de público/privado tem sido adotado de forma acrítica em relação à África, apesar de várias pesquisadoras e pesquisadores terem observado que, na África, a divisão do trabalho por gênero não se baseia em nenhuma distinção entre público e privado. De fato, a redução das relações de gênero à economia da falta de acesso das mulheres à terra, ao trabalho, aos homens e aos empregos é resultado tanto da transposição do conceito de público/privado quanto do monismo econômico do Ocidente. A noção de público/privado carece de uma definição clara; ela é transposta de forma arbitrária, perseguindo as mulheres e definindo a esfera feminina – onde quer que se suponha que ela esteja – como privada. Em contraste, a posição dos homens é sempre definida como pública. Assim, a preocupação da literatura é tirar as mulheres de sua esfera privada e levá-las para a esfera pública dos homens como forma de abolir a sua subordinação. Um novo vocabulário se desenvolveu em torno desse conceito na literatura sobre "mulheres e desenvolvimento"; integrar as mulheres ao desenvolvimento é um código para tirá-las da produção de subsistência (mundo privado) para o cultivo comercial (mundo público) dos homens. Outras versões da dicotomia público/privado em termos diferentes – como moderno/tradicional ou formal/informal – também designam espaço masculino/feminino, respectivamente. Com base nesse uso do conceito de público/privado, não seria exagero sugerir que uma mulher chefe de Estado, de qualquer país, esteja atuando na esfera privada das mulheres, já que, por definição, é a presença das mulheres que define a esfera (uma interpretação muito radical do *kitchen cabinet**).

Outro conceito muito utilizado na literatura sobre "mulheres e desenvolvimento" – herdado diretamente da experiência euro-americana – é o de famílias chefiadas por mulheres. No Ocidente, essas famílias são vistas como anormais e carentes de homens, e, como resultado, assoladas por uma série de problemas. O conceito pressupõe que os núcleos familiares são, normalmente, organizados em torno de uma figura de autoridade masculina que comanda todos os outros membros do núcleo familiar. Em muitas sociedades na África, esse não é o caso; a autoridade é mais dispersa nos lares de base consanguínea e multigeracional nos quais as esferas de controle para diversos indivíduos – pais e mães, irmãos e irmãs, esposas – são delineadas. Além disso, o fato de as mulheres ocuparem posições de autoridade no interior do núcleo familiar não implica, necessariamente, a ausência masculina ou as patologias associadas, no Ocidente, a lares chefiados por mulheres. Nesse

---

* Sem um bom equivalente em português, a expressão designa o gabinete informal de assessores próximos a um chefe de Estado. Em tradução literal, "gabinete de cozinha" [N.T.].

contexto, o conceito de "núcleo doméstico"*, de Felicia Ekejiuba (1984), formulado para descrever as famílias africanas organizadas em torno de uma mãe e de sua prole em famílias polígamas, é especialmente apropriado. É preciso examinar os conceitos de forma crítica, levando em consideração a experiência africana, pois todos eles têm a sua bagagem – algumas delas alheias às culturas nas quais os utilizamos. Outros conceitos como casamento, família, esposa e marido carregam a marca do "Ocidentalismo"**[4] em seu uso; portanto, ao adotá-los, é importante sempre defini-los.

No contexto dessa visão de mundo etnocêntrica, a organização familiar ocidental na contemporaneidade é vista como igualitária, e esse é o resultado que se defende para os africanos. Sharon Stichter, em um estudo sobre famílias de classe média no Quênia, apresenta a sua principal preocupação da seguinte forma:

> A questão comparativa de base é se relações mais igualitárias e mais "recíprocas" estão surgindo no domínio doméstico, como afirma-se existir nas famílias de classe média europeias e norte-americanas contemporâneas [...]. Mudanças nas relações de gênero na família podem ser vistas como parte da questão mais ampla de se há uma transição para a família "burguesa" ocidental em curso na África urbana (Stichter, 1988, p. 178).

Além de ser discutível a alegação de que a família de classe média ocidental é igualitária, o pressuposto de que relações conjugais recíprocas são necessariamente igualitárias não é um fato comprovado, nem mesmo no Ocidente. A imposição de conceitos e valores ocidentais ao contexto africano não passou despercebida

---

* No original, *"hearthhold"*. Seguimos aqui a tradução de wanderson flor do nascimento [sic], na edição brasileira de *A invenção das mulheres: construindo um sentido africano para os discursos ocidentais de gênero* (Rio de Janeiro: Bazar do Tempo, 2021), de autoria de Oyèrónkẹ́ Oyěwùmí [N.T.].

** No original, *"Westocentricity"* [N.T.].

4. Dada a supremacia da América do Norte, senti a necessidade de uma palavra que designasse não apenas a Europa, mas incorporasse também outros centros da cultura ocidental.

por outros autores africanos. Wole Soyinka, por exemplo, comentando essa prática infeliz, escreve:

> Nós, negros africanos, fomos gentilmente convidados a nos submeter a uma segunda época de colonização – desta vez pela abstração universal humanoide definida e conduzida por indivíduos cujas teorias e prescrições são derivadas de sua história, de suas neuroses sociais e de seus sistemas de valores (Soyinka, 1972, p. x).

Definitivamente, o projeto feminista se encaixa na definição de Soyinka de uma segunda época de colonização.

Essas imagens do continente africano no pensamento ocidental são possibilitadas pela projeção de um poderoso mito da África como um estado homogêneo e unitário de primitivismo. A caracterização de um continente vasto, de diversas nações e povos, como se fosse uma única aldeia pode ser chamada de "aldeização da África". O "Outramento" dessa coletividade homogeneizada é feito em oposição binária ao Ocidente. Na medida em que o continente africano é projetado como aquilo que o Ocidente não é, torna-se absolutamente necessário impor uma identidade adequada à massa homogeneizada. Certamente, existem semelhanças entre as culturas, as nações, os estados e os povos da África; no entanto, as fontes de diversidade são tantas que pesquisadoras e pesquisadores deveriam ter muito cuidado ao fazer generalizações excessivas. No que diz respeito às relações de gênero e à estrutura familiar, mesmo práticas aparentemente comuns – como a poligamia e o dote da noiva – têm significados variados em diferentes épocas históricas e contextos culturais. No entanto, abundam as generalizações excessivas sobre essas práticas sociais.

Uma questão de poder

A hegemonia do Ocidente e o monopólio dos estudos sobre a África – tradicionalmente por homens brancos e, mais recentemente, por mulheres brancas – são os grandes responsáveis pela persistência dessas imagens e deturpações. Em certo sentido, o discurso feminista, como a cara-metade do discurso africanista, completa a imagem da África iniciada há centenas de anos. É impressionante como, em quatro séculos de "progresso", "esclarecimento", descobertas científicas e exploração espacial, com avanços tecnológicos na coleta e na difusão de informações, as imagens do continente africano (pelo Ocidente e para o Ocidente) pouco mudaram. A informação gerada por pesquisas e codificada como conhecimento é uma ferramenta importante de dominação. Em tempos de estudos de políticas, o impacto dos pressupostos e das práticas acadêmicas é imediatamente sentido pelos objetos da pesquisa. Os estudos sobre "mulheres e desenvolvimento" e a sua implementação como política por organizações internacionais e governos são exemplos disso. Barbara Rogers (1980) conduziu um estudo ilustrativo a respeito de como os pressupostos ocidentais de gênero embutidos nas políticas de desenvolvimento afetaram negativamente as mulheres africanas.

Em relação às mulheres, a maioria das feministas concebe o gênero como uma construção social, em oposição aos construcionistas biológicos, que definem as mulheres como inferiores por natureza. Paradoxalmente, a universalidade atribuída à assimetria de gênero pelas feministas ocidentais sugere uma base biológica e não cultural, dado que a biologia humana é universal, mas as culturas são muito diversas. Com efeito, a categorização das mulheres como um grupo homogêneo, sempre visto como impotente e vitimizado, não reflete o fato de que as relações de gênero são relações sociais e, portanto, enraizadas na história e vinculadas à cultura.

O meu argumento é o de que mulheres não são apenas mulheres; fatores de raças, classes, origens regionais, idades e laços de parentesco são centrais para a compreensão das relações inter e intragênero, nos níveis local e global. Já foi demonstrado que a semelhança biológica de todas as mulheres não pode ser naturalizada como a base da solidariedade (sororidade), diante da infinidade de diferenças que emergem contextual e situacionalmente. Quanto à produção de conhecimento, em particular, as mulheres brancas ocupam uma posição de poder, e isso tem sérias implicações na sua relação com mulheres de outras sociedades. Nas palavras de Saddeka Arebi (1986, p. 17), "em um discurso sobre outras culturas, questões acerca de quem fala, o que é e o que não é discutido, como é discutido, que perguntas podem ser feitas, quem define a realidade e o que é verdadeiro ou falso assumem nova importância". Essas questões foram centrais neste estudo; no entanto, tais questões não têm recebido muita atenção no discurso feminista ocidental, embora intelectuais de diferentes partes do mundo continuem a chamar atenção para elas, questionando as posições e os pressupostos das mulheres ocidentais (cf. Mohanty, 1984; Amadiume, 1987; Ong, 1988; Minh-ha, 1989). Resta saber se a presença crescente de intelectuais da África, da Ásia e da América Latina resultará em retratos mais precisos e contextualizados das pessoas de diferentes culturas e sociedades.

Obras citadas

ACHEBE, C. An Image of Africa. *Research in African Literatures*, 9, p. 2/12, 1978.

AMADIUME, I. *Male Daughters, Female Husbands: Gender and Sex in an African Society*. Londres: Zed, 1987.

AREBI, S. Field Statement on the Anthropological Study of Gender. Department of Anthropology, University of California at Berkeley, 1986. Não publicado.

BOSERUP, E. *Women's Role in Economic Development*. Londres: St. Allen's, 1970.

BRANTLINGER, P. Victorians and Africans: The Genealogy of the Myth of the Dark Continent. *In*: GATES JR., H. L. (ed.). *"Race", Writing and Difference*. Chicago; Londres: University of Chicago Press, 1985.

CURTIN, P. *The Image of Africa: British Ideas and Action, 1780-1850*. Madison: University of Wisconsin Press, 1964.

CUTRUFELLI, M. R. *Women of Africa: Roots of Oppression*. Londres: Zed, 1983.

DAVIDSON, B. *The African Past: Chronicles from Antiquity to Modern Times*. Nova York: The Universal Library, Grosset & Dunlap, 1964.

DULEY, M.; EDWARD, M. *The Cross-cultural Study of Women*. Nova York: The Feminist Press at the City University of New York, 1986.

EKEJIUBA, F. Contemporary Households and Major Socio-economic Transitions in Eastern Nigeria. Paper presented at the Workshop on Conceptualizing the Household: Issues of Theory, Method and Application. Cambridge, 1984.

ENGELS, F. *The Origin of the Family, Private Property and the State*. Moscou: Foreign Languages, 1891.

FALADE, S. Women of Dakar and the Surrounding Urban Area. *Women of Tropical Africa*. Berkeley; Los Angeles: University of California Press, 1963.

FARNHAM, C. (ed.). *The Impact of Feminist Research on the Academy*. Bloomington; Indianapolis: Indiana University Press, 1987.

FOLBRE, N. Patriarchal Formation in Zimbabwe. *In*: STICHTER, S.; PARPAT, J. (ed.) *Patriarchy and Class: African Women at Home and in the Work Force*. Boulder; Londres: Westview Press, 1988.

FOUCAULT, M. *The History of Sexuality*. Nova York: Vintage, 1980. vol. 2.

GILMAN, S. White Bodies, Black Bodies: Toward a Iconography of Female Sexuality in Late 19th Century Art, Medicine and Literature. *In*: GATES JR., H. L. (ed.). *"Race", Writing and Difference*. Chicago; Londres: University of Chicago Press, 1985.

GUYER, J. *Family and Farm in Southern Cameroon*. Boston: Boston University, African Studies Center, 1984.

HAMMOND, D.; JABLOW, A. *The Africa that Never Was: Four Centuries of British Writing About Africa*. Nova York: Twayne, 1970.

HENN, J. K. The Material Basis of Sexism: A Mode of Production Analysis. *In*: STICHTER, S.; PARPART, J. (ed.). *Patriarchy and Class: African Women in the Home and the Work Force*. Boulder; Londres: Westview, 1988.

JAGGAR, A.; ROTHENBERG, P. *Feminist Frameworks*. Nova York: McGraw-Hill, 1978.

JORDAN, W. D. *White Over Black: American Attitudes toward the Negro, 1550-1812*. 2. ed. Chapel Hill: Omohundro Institute of Early American History and Culture; University of North Carolina Press, 1968.

MACGAFFEY, J. Evading Male Control: Women in the Second Economy in Zaire. *In*: STICHTER, S.; PARPART, J. (ed.). *Patriarchy and Class: African Women at Home and in the Work Force*. Boulder; Londres: Westview, 1988.

MAMA, A. African Women Fight Back. *West Africa*, p. 10, 1984.

MILLER, C. Theories of Africans: The Question of Literary Anthropology. *In*: GATES JR., H. L. (ed.). *"Race", Writing and Difference*. Chicago; Londres: University of Chicago Press, 1986.

MILLER, C. *Blank Darkness: Africanist Discourse in French*. Chicago; Londres: University of Chicago Press, 1985.

MINH-HA, T. T. *Woman, Native Other: Writing Post Coloniality and Feminism*. Bloomington; Indianapolis: Indiana University Press, 1989.

MINORITY RIGHTS GROUP. Female Circumcision, Excision and Infibulations: The Facts and Proposal for Change. *Report No. 47*. Londres: Minority Rights Group, 1983.

MOHANTY, C. Under Western Eyes: Feminist Scholarship and Colonial Discourses. *Boundary*, 2, 1984.

ONG, A. Feminism and the Critique of Colonial Discourse. *Inscriptions*, 3-4, 1988.

OPPONG, C. (ed.). *Male and Female in West Africa*. Londres: George Allen & Unwin, 1983.

PARPART, J. Sexuality and Power in the Zambian Copperbelt. *In*: STICHTER, S.; PARPART, J. (ed.). *Patriarchy and Class: African Women at Home and in the Work Force*. Boulder; Londres: Westview Press, 1988.

ROGERS, B. *The Domestication of Women Discrimination in Developing Societies* (Reprint). Londres: Tavistock; Methuen, 1983.

ROSALDO, M.; LAMPHERE, L. *Women, Culture and Society*. Redwood City: Stanford University Press, 1974.

SACKS, K. *Sister and Wives: The Past and Future of Sexual Equality*. Urbana; Chicago: University of Illinois Press, 1979.

SAID, E. *Orientalism*. Nova York: Vintage, 1978.

SHOSTAK, M. *Nisa: The Life and Words of a !Kung Woman*. Nova York: Vintage, 1983.

SOYINKA, W. *The Man Died: Prison Notes*. Nova York: Penguin, 1972.

SPIVAK, G. Three Women's Texts and a Critique of Imperialism. *In*: GATES JR., H. L. (ed.). *"Race", Writing and Difference*. Chicago; Londres: University of Chicago Press, 1985.

STICHTER, S. The Middle Class Family: Changes in Gender Relations. *In*: STICHTER, S.; PARPART, J. (ed.). *Patriarchy and Class: African Women at Home and in the Work Force*. Boulder; Londres: Westview, 1988.

STICHTER, S.; PARPART, J. (ed.). *Patriarchy and Class: African Women in the Home and in the Work Force*. Boulder; Londres: Westview, 1988.

3

Feminismo e África

Reflexões sobre a pobreza da teoria

Olúfẹ́mi Táíwò

Pesquisadoras e pesquisadores africanos nas humanidades e nas ciências sociais trabalham sob o fardo imposto pelas deturpações, pelas mentiras e pelas meias-verdades que caracterizam grande parte do pensamento europeu e norte-americano sobre a África. Historiadoras e historiadores africanos passaram as décadas de 1950 e 1960 tentando refutar o argumento racista, por mais ridículo que pareça aos ouvidos contemporâneos, de que os povos africanos não tinham história antes da chegada dos europeus. Não é por acaso, portanto, que uma problemática nacionalista ainda domine grande parte da historiografia africana. Grande parte do pensamento acadêmico substantivo vindo da África é de origem recente. Durante a maior parte da década de 1970, um tempo valioso foi gasto inutilmente na questão de saber se a filosofia africana sequer existia ou não. Um grande número de especialistas da África que residem na Europa e na América do Norte, seja como discentes de pós-graduação ou docentes, se depara com uma cultura de deturpação e gasta seu tempo e sua energia combatendo-a.

Toda vez que pesquisadoras e pesquisadores africanos são compelidos a esses esforços estéreis – mas necessários – para afirmar que *somos* ou que *pensamos*, as tarefas urgentes de identificar e explicar *o que* somos ou *o que* pensamos permanecem inacabadas ou apenas parcialmente cumpridas, e a possibilidade de um diálogo genuíno com outras civilizações do mundo se perde. O mundo – especialmente o mundo ocidental – e nós mesmos perdemos com isso. Devemos denunciar essa situação infeliz e lamentar o fato de que não há um fim à vista. Mas não devemos nos desesperar. Apesar de todos os obstáculos, devemos continuar lutando contra a deturpação de nossa situação nos meios de comunicação, na academia, na política, na história e em outras áreas do pensamento ocidental (isto é, europeu e norte-americano).

Este artigo é uma resposta à manifestação dessa cultura de deturpação na área dos estudos feministas. Ele não seria necessário se eu não tivesse observado que a cultura da deturpação está bem viva – ainda que amplamente ignorada – nos escritos feministas sobre a África[5]. A seguir, citarei evidências para sustentar minha afirmação e denunciar quem perpetua essa cultura. Mas, antes, um esclarecimento.

Qualquer pessoa familiarizada com os estudos feministas deve pensar que há um tom paradoxal no título deste artigo. O paradoxo reside no fato de que, embora o feminismo esteja impregnado de teoria, no que se refere à África e aos escritos feministas sobre as mulheres africanas, vê-se uma pobreza profunda da teoria. Antes de explicar a natureza dessa pobreza, é necessário explicar o que eu entendo por teoria.

Nunca apreendemos a realidade de forma direta ou *imediata*. As categorias com as quais analisamos, organizamos e sintetizamos fenômenos como totalidades interconectadas e internamente coerentes são teorias. Neste artigo, porém, refiro-me à teoria aplicada a

---

5. Algumas reparações foram feitas, mas ainda não vi uma crítica vigorosa de alguns dos piores exemplos, os quais focarei aqui. Não adianta fazer objeções ao que se segue, citando os vários livros e as antologias que tentaram não apenas retratar a África de forma positiva, mas também se esforçaram para apresentá-la em sua complexidade. O fato de tais casos serem poucos e distantes entre si corrobora o meu argumento. Minha esperança ao compartilhar este texto é, sobretudo, identificar as muitas armadilhas presentes nos estudos feministas sobre a África e convocar pesquisadoras e pesquisadores a trabalharem diligentemente no futuro para evitá-las e corrigi-las.

fenômenos inteiros, sintéticos, identificados e individualizados – ou seja, à tarefa de estabelecer padrões de causalidade em fenômenos diversos. Isso é o que os cientistas naturais fazem com a natureza e que os cientistas sociais fazem com os fenômenos sociais. Para relacionar esse conceito com a questão do feminismo e da África, usarei o termo "teoria" para me referir às ferramentas conceituais com as quais identificamos padrões de causalidade nos fenômenos sociais relacionados às mulheres e seu lugar na sociedade – ou seja, vou descobrir os "quês", "como" e "porquês" da situação das mulheres, no nosso caso, na África; as causas, os processos e as consequências das regularidades discerníveis nos fenômenos sociais relacionados às mulheres. Desse modo, espero facilitar a compreensão das realidades das mulheres africanas, condição fundamental para a tarefa mais árdua de mudar para melhor as realidades que requerem transformação.

Pode-se argumentar, contra o meu título, que teorias do tipo que descrevi abundam no feminismo. Então por que falar de pobreza da teoria? Expliquemos a noção de pobreza. A pobreza pode se referir a duas coisas, dentre outras: uma ausência e uma deficiência. Uma ausência deve ser tomada em seu sentido literal: um vazio, um vácuo. No que se refere à ausência, a pobreza da teoria pode significar a inexistência total de teoria. Mas a pobreza também pode se referir a uma insuficiência: não à falta de alguma coisa (teoria), mas à sua insuficiência quantitativa ou pouca fundamentação, por exemplo, com dados. A insuficiência pode ser de dois tipos: pode se referir a uma inadequação ou uma incorreção – em todo caso, o que queremos dizer é que ela não é boa o suficiente; e também pode se referir à irrelevância – isto é, a teoria proposta não é adequada à realidade que pretende explicar. Em outras palavras, há um desajuste, uma disjunção, entre teoria e realidade. Como logo ficará claro, o feminismo, do tipo que discuto aqui, sofre de uma pobreza de teoria nas diversas formas que acabei de esboçar.

Devo ressaltar que meu foco neste artigo são as variantes do feminismo que afirmam estar interessadas na libertação das mulheres de todo o mundo. Na maioria dos escritos feministas que dominam o discurso nos Estados Unidos e no Canadá, prevalece o mesmo provincianismo que aflige o pensamento de suas contrapartes masculinas. Com efeito, pode-se dizer que a pobreza como ausência é a característica dominante dos escritos feministas norte-americanos que afirmam, de modo consciente ou não, uma equivalência entre a experiência das mulheres norte-americanas e a experiência das mulheres *simpliciter**[6]. Aqueles que se preocupam com a África geralmente se enquadram nas categorias socialista-feminista ou marxista-feminista[7]. As diferenças entre elas importam menos, dado o objetivo deste artigo. Meu foco principal é a teoria; a política, embora seja relevante, é secundária.

A distinção entre feministas e marxistas-feministas gira em torno do grau de emergência que cada uma delas confere à luta das mulheres em relação à luta de classes contra o capitalismo. Para as marxistas-feministas, as questões feministas não são colocadas como de urgência primária. A opressão das mulheres é vista apenas como uma forma de opressão, essencial ao capitalismo. Para elas, embora seja necessário lutar contra a opressão das mulheres, a opressão nacional, a opressão racial e assim por diante, essas lutas não devem ofuscar o objetivo final de derrotar a base de toda opressão na época atual: o capitalismo. Para as feministas, no entanto, as questões feministas são a prioridade. Com efeito, as feministas radicais veem "as questões feministas não apenas como a principal

---

* Segundo o dicionário *Houaiss* (versão *on-line*), a palavra deriva de expressão latina e se refere à "falácia do acidente", isto é, "a falácia causada por uma generalização indevida, ou seja, [...] o uso de uma regra geral quando as evidências sugerem que o objeto em análise é uma exceção" [N.T.].

6. Escolha o texto que quiser. Sempre me surpreende que as mulheres que editam muitos desses textos feministas não compreendam a ironia de tomar a experiência das mulheres norte-americanas como a experiência de todas as mulheres, nem a proximidade entre essas feministas e seus colegas homens que fazem exatamente a mesma coisa com elas e com o resto de nós.

7. Omiti as referências desinformadas à experiência africana encontradas em Mary Daly, na obra intitulada *Gyn/Ecology: The Metaethics of Radical Feminism* (1978).

prioridade *das mulheres*, mas também como aspectos centrais de qualquer análise revolucionária mais ampla" (Firestone, 1970, p. 37). As feministas socialistas tentam, por sua vez, combinar o que consideram ser as melhores contribuições do feminismo radical e do marxismo. Nessa perspectiva, não é que a análise marxista de classe esteja incorreta, mas ela é inadequada para os propósitos de libertação das mulheres. A análise de gênero deve estar associada à análise de classe. A luta de gênero e a luta de classes são ambas essenciais e igualmente importantes. Ao combater a opressão das mulheres, não estamos lidando com um único sistema (capitalismo) do qual a opressão das mulheres é uma característica. Temos dois sistemas (capitalismo e patriarcado), o primeiro que oprime a todos pela dominação de classe e o segundo que pode, sozinho, explicar a opressão das mulheres enquanto mulheres. Isso ficou conhecido como a Teoria dos Sistemas Duais (cf. Young, 1981, p. 43-69).

O que tentei fazer nos últimos parágrafos foi resumir, muito brevemente, a distinção entre os dois grupos de feministas que abordo neste artigo. Decidi focar essas duas categorias porque elas são as mais incisivas em suas declarações verbais e escritas de compromisso com a causa da libertação das mulheres na África, na Ásia e na América Latina. As demais simplesmente desconhecem a África ou não estão interessadas. É entre as primeiras que mais encontramos as diversas manifestações de pobreza da teoria. Como diríamos em iorubá, *O n pami, o lo n gbami* (Você está me matando, mas insiste em dizer que está me salvando): ao sucumbir – conscientemente ou não – ao perigo da pobreza da teoria, essas autoras estão, na verdade, humilhando os povos da África, mulheres e homens, alegando representá-los. Como a pobreza da teoria se expressa?

Segundo as feministas socialistas, enquanto o marxismo pode explicar a exploração das mulheres como trabalhadoras, capitalistas e assim por diante, ele não é capaz de explicar a exploração das mulheres enquanto mulheres, pois o responsável pela opressão das mulheres não é o capitalismo, mas sim o *patriarcado*. De acordo com Heidi Hartmann (1981, p. 14), o patriarcado é definido "como um conjunto de relações sociais entre os homens, que têm uma base material e que, embora hierárquicas, estabelecem ou criam uma interdependência e solidariedade entre os homens que lhes permitem dominar as mulheres". O patriarcado é entendido como uma totalidade separada e autônoma de relações independentes das relações econômicas de produção enraizadas no capitalismo. Embora o patriarcado seja hierárquico e, implicitamente, alguns homens sejam dominados por outros, tanto o dominador quanto o dominado estão unidos em seu objetivo comum de dominar as mulheres. De modo a sustentar a independência das relações patriarcais da influência determinante do modo de produção capitalista, as defensoras do feminismo socialista afirmam que o patriarcado tem uma base material que reside, "fundamentalmente, no controle dos homens sobre a força de trabalho das mulheres" (Hartman, 1981, p. 14). Por meio do patriarcado, os homens excluem as mulheres do acesso aos recursos produtivos essenciais da sociedade e canalizam a sua sexualidade na direção da geração e da criação dos filhos. Quando uma teoria que apreende a realidade com apenas duas categorias – "homens" e "mulheres" – se defronta com a África, o resultado é uma ladainha de confusão e despropósito.

A teoria não está preparada para lidar com a complexidade da situação africana, nem de qualquer outra. Falar sobre a diversidade desconcertante da África é uma das verdadeiras fábulas de todos os tempos. O continente é bastante diverso na sua constituição demográfica, nas suas práticas culturais, na sua história etc. Supõe-se que essa diversidade intimidante terá, pelo menos, um efeito moderador em qualquer pessoa que trabalhe com pesquisa e esteja interessada na verdade, fazendo com que ela aborde seu objeto com o devido respeito. Em outras palavras, qualquer pesquisadora ou pesquisador que trabalhe na África terá menos propensão a fazer generalizações e a afirmar regularidades antes de obter conhecimento e informações adequados sobre os povos e as culturas do continente. Esse é um ponto importante. A maioria dos aspectos da vida e do pensamento africanos ainda não foram pesquisados ou foram pouco pesquisados. As razões para isso vão além do escopo deste artigo. Uma consequência é que, na maioria das áreas da vida e do pensamento, mesmo que a pessoa que trabalhe com pesquisa seja muito diligente, haverá de lamentar a escassez de dados úteis e relevantes. Mas a tendência a não generalizar com base em evidências limitadas e o respeito pela diversidade dos fenômenos africanos são raros na teoria feminista aplicada à África. Este é um aspecto da pobreza da teoria de que discuto neste artigo. Darei alguns exemplos, a começar pela divisão sexual do trabalho.

Pode-se dizer que quase toda sociedade humana adotou alguma variante da divisão sexual do trabalho. Ela talvez seja a primeira divisão do trabalho conhecida na história. A divisão sexual do trabalho pode ou não ser baseada na hierarquia e na subordinação. Em todo caso, nunca se deve descartar as exigências de coordenação sempre presentes, mesmo nas divisões de trabalho mais primitivas. Muitas sociedades africanas adotaram variantes da divisão sexual do trabalho, e concordo que algumas podem ter sido estruturas de dominação e outras, apenas técnicas. Isso teria de ser estabelecido para cada sociedade, em dado período de seu desenvolvimento. Entretanto qualquer julgamento sobre o caráter peculiar de uma dada divisão do trabalho só pode advir da conclusão de uma análise, não de seu pressuposto[8]. E não é exagero dizer que sabemos muito pouco sobre a história das diversas formações sociais no continente africano, tanto na antiguidade quanto no período imediatamente anterior à irrupção do colonialismo e do capitalismo europeus[9]. Portanto é preciso estabelecer conclusões com muita cautela e hesitação. Mas cautela é exatamente o que as feministas acham extremamente difícil exercer.

---

8. Algumas pesquisadoras africanas começaram a fazer o tipo de investigação regional que é condição *sine qua non* para qualquer generalização continental significativa. Cf. as obras de Nkiru Nzegwu, Oyèrónké Oyěwùmí, Nakanyike Musisi, dentre outras.

9. Aqui, tenho em mente estudos regionais desses períodos distantes e uma periodização adequada deles, em vez de generalizações suspeitas que são exemplos óbvios da falácia da evidência insuficiente.

Para algumas delas, *a priori*, a divisão sexual do trabalho é claramente opressiva. A razão para essa abordagem é fácil de localizar. Lembre-se de que os dois conceitos da sua teoria são "homens" e "mulheres". Dado que todas as sociedades até o presente foram sociedades patriarcais, é lógico, *ex definitione*, que todas elas oprimiram as mulheres. Quando acrescentamos a essa situação o fato de que, na história, as contribuições das mulheres nem sempre foram plenamente reconhecidas e muitas vezes são ignoradas, começamos a entender a recepção ao livro de Ester Boserup, intitulado *Woman's Role in Economic Development* (1970). Como Lourdes Beneria e Gita Sen (1981) apontaram em sua análise das contribuições de Boserup para os estudos feministas:

> Quando o trabalho de Boserup foi publicado, em 1970, ele representou um esforço abrangente e pioneiro de fornecer uma visão geral do papel da mulher no processo de desenvolvimento. Na literatura sobre desenvolvimento, o papel específico da mulher foi largamente ignorado, em particular a questão de como o desenvolvimento afeta a posição subordinada da mulher na maioria das sociedades (Beneria; Sen, 1981, p. 279).

Boserup (1970, p. 163) argumentou que o papel das mulheres no cultivo de alimentos em todo o mundo geralmente não é reconhecido, uma vez que as "atividades de subsistência, geralmente omitidas nas estatísticas de produção e renda, são em grande medida trabalho das mulheres". A obra de Boserup e seu registro do trabalho predominantemente feminino na agricultura, em grande medida ignorado, tornou-se jargão nos lábios das feministas. Se eram necessários "fatos" para reforçar o seu argumento sobre o patriarcado, Boserup os forneceu[10]. Desde então, temos ouvido homilias e polêmicas sobre os males do patriarcado na África.

---

10. Elas descartam a abordagem mais cautelosa de Boserup e a sua insistência nas diferenças significativas no trabalho das mulheres entre países e regiões. Cf. Beneria e Sen (1981, p. 280).

Todo novo artigo ou capítulo sobre as mulheres na África começa com uma citação de como as mulheres fazem de sessenta a oitenta por cento do trabalho agrícola na África. Ruby R. Leavitt afirma:

> Tendo em vista o importante papel das mulheres em todo o Sudeste Asiático na produção de alimentos básicos essenciais, é surpreendente encontrar uma declaração de uma antropóloga tão ilustre como Margaret Mead afirmando que, em todos os lugares, os homens são os principais produtores de alimentos [...]. De qualquer forma, não há dúvidas de que na África praticamente todas as mulheres rurais se dedicam ao trabalho agrícola "e a força de trabalho agrícola é predominantemente feminina". Na África, especialmente ao sul do Saara – onde a agricultura itinerante é praticada –, os homens geralmente derrubam as árvores para limpar o terreno, mas são as mulheres que removem e queimam as árvores, semeiam e plantam nas cinzas, capinam as plantações, colhem e armazenam os alimentos (Leavitt, 1971, p. 287).

Em um artigo sobre mulheres e desenvolvimento no norte da Zâmbia, encontramos o seguinte trecho:

> Vale ressaltar que minha definição da unidade básica de produção como uma mulher mais seus filhos dependentes se limita à lavoura. Em outras esferas, a unidade muitas vezes é outra; no caso da caça e da pesca, por exemplo, os homens constituem a unidade básica de produção. Mas se, pelo menos no caso da agricultura, as mulheres e seus filhos constituem a unidade básica, onde se encaixam os homens? Os homens devem ser simplesmente incluídos em alguma paródia feminista rancorosa do viés masculino de tantos escritos antropológicos e sociológicos? Não. O ponto-chave é que *os homens obtêm acesso aos produtos da lavoura principalmente por meio de sua relação com as mulheres* (Crehan, 1983, p. 59 – grifo meu).

É curioso que a autora dessa passagem realmente acredite ser diferente das antropólogas que ela critica de forma implícita. Afinal, para ela e para as demais, nessa e noutras áreas, os homens colhem o que não semeiam. Eles se apropriam dos alimentos produzidos pelas mulheres apenas pelo fato de serem homens. Kate Crehan cita as coações ideológicas sobre as mulheres para darem aos homens os produtos de seu trabalho agrícola. Em última análise, essas e outras autoras feministas sobre a África insistem que as mulheres são os pilares da agricultura africana.

Ao ler todas essas afirmações sobre as mulheres e a agricultura na África, muitas vezes nos perguntamos o que os homens fazem enquanto as mulheres estão ocupadas acabando com as suas costas nos campos. Vou deixar algumas dessas autoras falarem por si mesmas, começando por Barbara Deckard:

> Na África, por exemplo, as mulheres utilizavam a enxada para realizar quase toda a produção agrícola, enquanto os homens se limitavam principalmente à caça e à guerra. O advento do colonialismo europeu acabou com as atividades de guerra intertribal entre os homens. Como os homens africanos pareciam ociosos para os europeus, eles usaram todos os meios para forçá-los à lavoura. Para os europeus, a agricultura é, por natureza, um trabalho masculino. Assim, eles nunca se deram conta de que quase a totalidade da agricultura africana era feita por mulheres (Deckard, 1975, p. 239).

Já segundo Leavitt:

> Antes da colonização europeia, as principais ocupações do homem africano eram a guerra, a caça e o corte de árvores. Quando os europeus aboliram a guerra intertribal, os homens pareciam ociosos na maior parte do tempo e os europeus os estigmatizaram de preguiçosos [...]. Para os europeus, "a lavoura é naturalmente um trabalho masculino", e os homens africanos "poderiam se tornar agricultores muito melhores do que as mulheres, se ao menos abandonassem sua 'preguiça' habitual" (citando Boserup) (Leavitt, 1971, p. 287).

Claramente, ambas as autoras extraíram suas evidências de Boserup (1970), usando quase as mesmas palavras. Mas nenhuma delas é convincente. Em primeiro lugar, por indolência intelectual e arrogância imperialista, elas continuam se referindo à "África". Temos a impressão de que a África é tão homogênea quanto os habitantes de uma colmeia. Nenhum sociólogo consideraria Paris ou Toronto uma entidade homogênea, e Toronto tem pouco mais de dois milhões de habitantes. Mas a África é "África", e os povos africanos são considerados todos iguais. As referências à África como se o continente fosse uma aldeia homogênea são claramente absurdas. Talvez seja necessário dizer repetidas vezes que, muito antes dos ancestrais dessas descendentes feministas do Conde de Gobineau sequer saberem da existência do continente africano, esse continente havia gerado culturas com diversos graus de desenvolvimento material e ideológico. Embora algumas delas podem ser semelhantes à descrição das autoras feministas citadas anteriormente, é evidente que nem todas o são.

Em primeiro lugar, é problemático dizer que os homens africanos não se dedicaram à agricultura até serem forçados a fazê-lo pelos europeus. Para um continente que é considerado o berço da agricultura, seria realmente estranho se os homens não participassem dela até o século XIX. Em segundo lugar, apenas uma tendência dolosa à homogeneização levaria alguém a enquadrar um continente da diversidade e da complexidade da África em um marco cultural único ou simplista[11]. Em terceiro lugar, há evidên-

---

11. Existem indicadores prontos para identificar essa tendência em expressões como "Mulheres de outras culturas", que se refere a *todas* as mulheres, exceto àquelas de origem branca europeia e norte-americana; e "A precária posição socioeconômica das mulheres na África rural: o caso dos kaguru da Tanzânia". Os kaguru sequer são o grupo majoritário na Tanzânia. Além disso, eles vivem em uma parte muito pequena do país. Como alguém dá o salto de "kaguru" para "África" permanece algo inexplicado e inexplicável. Ainda, ao objetificar "os kaguru", não há espaço para apreender as diversas formas de vida presentes entre esse grupo.

cias de que os homens praticavam a agricultura. Consideremos o trecho a seguir:

> Embora não houvesse nenhuma proibição real contra as mulheres de capinar e plantar nas hortas no interior das vilas, os iorubá, de um modo geral, não empregavam o trabalho das mulheres em suas lavouras nessas funções. Das mulheres esperava-se apenas que trabalhassem na colheita [...]. A parte mais importante do trabalho das mulheres na lavoura, no entanto, consiste em mudar a forma das várias safras colhidas de modo a aproximá-las um ou dois estágios do ponto de consumo final (Fadipe, 1970, p. 147-148).

Ao ler Boserup (1970) e as demais, alguém que não esteja familiarizado com a história africana provavelmente terá a impressão de que tudo o que os homens africanos faziam antes do colonialismo europeu era brincar de matar (caçar) e apaziguar uns aos outros (guerra intertribal), e que o colonialismo europeu de fato salvou o continente africano de si mesmo. Isso é uma ignorância profunda disfarçada de erudição, e é ainda mais ofensiva porque as pesquisadoras envolvidas não demonstram nenhum sinal de constrangimento[12]. Sua arrogância imperialista, no entanto, é solapada pela pobreza de sua teoria.

Dado o fato de que essas estudiosas não se preocupam em estudar a realidade e permitir que ela guie e discipline seus voos teóricos de fantasia, não é de admirar que elas nem sequer levantem as questões relevantes; muito menos sejam capazes de dar as respostas certas. O problema está na teoria que distingue homens e mulheres em relações antagônicas nas quais as mulheres são sempre as vítimas. Essa teoria tende a ignorar as profundas clivagens – de classe, étnicas, nacionais e assim por diante – entre homens e mulheres africanos enquanto homens e mulheres na luta contra a

---

[12]. Ainda estou para ver uma crítica feminista interna dessas visões. Muito pelo contrário, ao passo que as asiáticas conseguiram em parte combater esse imperialismo intelectual, a África ainda não conquistou o respeito que merece nessa área.

dominação imperialista e neocolonial em vários países africanos. Como nos lembra Achola Pala:

> A posição das mulheres na África contemporânea deve ser considerada, em todos os níveis de análise, como resultado dos mecanismos estruturais e conceituais pelos quais as sociedades africanas continuam a responder e a resistir aos processos globais de exploração econômica e dominação cultural. Estou sugerindo que os problemas enfrentados pelas mulheres africanas hoje, independentemente de suas afiliações nacionais e de classe social, estão inextricavelmente ligados à luta mais ampla do povo africano para se libertar da pobreza e da dominação ideológica nas esferas intra e internacional (Pala, 1977, p. 9).

E Bolanle Awe observa:

> Muitas de nossas suposições sobre a universalidade dos interesses e objetivos das mulheres são questionáveis. Além das distinções de classe, ocupação, ambiente etc., a posição das mulheres difere nacionalmente – e de modo ainda mais significativo – entre o Terceiro Mundo e os países desenvolvidos. Os problemas das mulheres, portanto, devem ser examinados em muitos contextos e com atenção às diferenças (Awe, 1977, p. 314).

São exatamente essas diferenças e especificidades que o feminismo intencionalmente suprime de sua mentalidade teórica. Confrontar essas diferenças é desenterrar o fato desagradável de que as mulheres nunca vivenciam a sua opressão da mesma maneira; a esposa de um camponês rico, por exemplo, pode não ser "uma típica mulher africana rural", e as possibilidades de acumulação podem variar de lugar para lugar e de classe para classe. Essas diferenças causam sérias divergências entre as mulheres africanas quanto à compreensão de sua situação. Essa foi a razão pela qual, por exemplo, alguns países africanos enviaram duas delegações cada para a Conferência de Pequim; e porque, na Nigéria, duas das principais organizações femininas – o National Council of

Women's Societies e a Women in Nigeria – se opõem ideologicamente uma à outra.

A pobreza da teoria tem outra dimensão significativa. Um dos objetivos centrais das feministas é a retomada do poder de nomeação e de linguagem para as mulheres. Esse objetivo político é fundamental. Em geral, a linguagem é a principal ferramenta com a qual os opressores definem aqueles a quem oprimem e o veículo por meio do qual os oprimidos interiorizam as imagens de si mesmos fabricadas por seus opressores. É irônico, portanto, que as feministas possam ser acusadas de se apropriarem do poder de nomeação de outras mulheres. O meu argumento é que, de fato, as feministas negam às mulheres africanas o poder de nomeação e que um dos objetivos dos movimentos de mulheres na África é, e ainda será por algum tempo, recuperar a linguagem e o poder de nomeação das mãos de feministas de teoria hipócrita.

Na economia política internacional vigente, no que se refere às mulheres e aos homens da África, as feministas ocidentais se encontram exatamente na mesma posição que seus pares masculinos. Não há dúvidas de que, nos piores casos, o feminismo é um traço do imperialismo cultural. Assim como os missionários cristãos definiram os nossos antepassados como pagãos antes de forçá-los a se tornarem filhos de Deus, as feministas desejam demonizar os homens africanos em nome da salvação das mulheres africanas. Isso é fácil para elas. As feministas, pelo fato de pertencerem às economias capitalistas dominantes que oprimem o resto de nós, detêm todos os recursos – o capital, as publicações, as conferências e assim por diante – que possibilitam que elas reivindiquem várias porções do continente e afiancem a sua posse* de nossas realidades apenas publicando um ou dois artigos após uma ou duas breves visitas à África, na pior tradição dos estudos "safári". Elas descrevem nossas realidades como atrasadas e subdesenvol-

---

* No original, "*deeds of conveyance*", cujo significado literal é "escritura" (isto é, documento para comprovação de propriedade) [N.T.].

vidas. Dado o que eu disse anteriormente sobre o apriorismo na análise da divisão sexual do trabalho e a opressão *prima facie* das mulheres, às vezes, elas sequer põem os pés na África e se sentem qualificadas para pontificar sobre como as mulheres africanas são oprimidas, mesmo quando a maioria delas não saberia identificar uma mulher africana oprimida se visse uma. Mas elas podem fazer alegações injustificadas de conhecimento sem medo de serem descobertas. Afinal, não estamos em posição de rejeitar suas bolsas de pesquisa como elas podem vetar as nossas, e a maioria do seu público simplesmente não tem a menor ideia[13]. A ignorância se multiplica, e as pessoas que a perpetram obtêm estabilidade no cargo com base em calúnias, meias-verdades e mentiras. Com efeito, a economia política da "sororidade universal" se assemelha aos ingredientes de uma nova corrida do ouro – a diferença, nesse caso, é que quem garimpa não precisa deixar o conforto de seu escritório em Boston, Santa Cruz ou Londres para ser banhado com o pó amarelo da respeitabilidade acadêmica.

Ao falar sobre o etnocentrismo ocidental e as concepções do harém, Leila Ahmed escreve:

> O que nos compele não é apenas o fato de que pessoas norte-americanas, em geral, não sabem absolutamente nada sobre o mundo islâmico, o que realmente é o caso [...]: é, ao contrário, o fato de que "sabem", sem sequer refletir sobre isso, que os povos islâmicos – árabes, iranianos, qualquer que seja seu nome – são atrasados e incivilizados, totalmente incapazes de uma conduta racional [...]. Assim como pessoas norte-americanas "sabem" que os povos árabes são atrasados, também sabem, com a mesma certeza inabalável, que as mulheres muçulmanas são terrivelmente oprimidas e degradadas. E o sabem não

---

13. Esse é um ponto importante. Muitas vezes, sinto-me tentado a coletar os comentários até escandalosos que os pareceristas escrevem sobre os nossos manuscritos enviados e rejeitados. Basta dar uma olhada nos conselhos editoriais dos "principais" periódicos e tentar explicar o que qualifica alguns de seus membros para julgar estudos sobre a África.

por terem consciência de que as mulheres em todo o mundo são oprimidas, mas porque acreditam que, especificamente o islã, oprime as mulheres de forma hedionda (Ahmed, 1982, p. 521-522).

O artigo de Ahmed foi publicado em 1982. Como um sinal de quanta verdade está contida nesse artigo, outro, publicado na *Signs* dois anos depois, por Barbara K. Larson, incluiu o seguinte trecho:

De um modo geral, o papel tradicional de uma mulher árabe é o de subserviência e subordinação aos homens, com alguma variação em grau de acordo com a sua classe, o seu modo de vida e, mais recentemente, o seu grau de ocidentalização. Para a maioria das mulheres, as restrições formais do islã e/ou os códigos predominantes de honra e vergonha reforçam os padrões de subordinação (Larson, 1984, p. 421).

O fato de não haver uma única referência ao artigo de Ahmed no artigo de Larson releva o quanto as feministas ocidentais ouvem as suas colegas (nesse caso, árabes). O artigo de Ahmed foi publicado na *Feminist Studies*. Claramente, Larson não leu a *Feminist Studies*. E também não ocorreu a nenhum dos pareceristas da *Signs* pedir a Larson que demonstrasse familiaridade com o trabalho de Ahmed antes de aceitar o seu artigo para publicação. Nenhuma pesquisadora de origem árabe ou africana é incluída como referência obrigatória ou mesmo indicada.

Eu gostaria de dar outro exemplo. Simi Afonja publicou um artigo na *Signs* em 1981 em que apresentava uma discussão matizada sobre a divisão sexual do trabalho no país Iorubá (cf. AFONJA, 1981, p. 299-313). No artigo, ela se defrontou com a complexidade da vida iorubá e tentou, com mérito, apontar o dinamismo dos processos materiais naquela vida. Jeanne Koopman Henn (1988, p. 27-59) – uma suposta autoridade em mulheres africanas – escreveu um artigo intitulado "The Material Basis of Sexism: A Mode of Production Analysis" (A base material do sexismo: análise de um modo de produção), em que o artigo de

Afonja não consta sequer da lista de referências. Mas ela teve a presença de espírito de citar um artigo de Kate Crehan, sobre o qual voltarei a falar aqui, publicado em 1984, e incluiu também várias citações irrelevantes, mas pseudossofisticadas de obras de Paul Lovejoy, o editor da série em que se inclui o livro, por Ernesto Laclau, Heidi Hartmann e Wally Seccombe; e, finalmente, um livro de Barry Hindess e Paul Hirst, cuja tese os próprios autores já haviam refutado em 1988. Por sua vez, Simi Afonja, apesar de seu extenso trabalho em sociologia industrial, não foi convidada a contribuir. De fato, a única contribuição do continente veio da África do Sul, e isso numa época em que ainda vigorava o *apartheid*! Mais uma vez, *O n pami, o lo n gbamii*. Aparentemente, nem o editor da série, nem os editores da antologia, nem aqueles a quem Henn solicitou comentários ao seu rascunho, nem os autores das resenhas publicadas, ninguém havia lido o artigo de Afonja na *Signs*, ou, se o leram, não consideraram pedir a Henn que o incluísse em seus argumentos. Na minha opinião, a arrogância feminista ocidental, da qual Leila Ahmed se queixou, é especialmente grave no caso da África. Pala protestou contra a deturpação das realidades das mulheres africanas por essas novas agentes da civilização em roupagem feminista:

> Assim como os sistemas educacionais herdados dos tempos coloniais, a indústria da pesquisa continuou a utilizar o ambiente africano como um campo de teste para ideias e hipóteses cujo lócus se encontra em Paris, Londres, Nova York ou Amsterdã. Em função disso, a orientação primária para os problemas do desenvolvimento tende a ser baseada no que possa ser política e/ou intelectualmente importante nas metrópoles. Em um momento, pode ser o planejamento familiar; em outro, o meio ambiente; depois, os direitos humanos e as condições sociais das mulheres [...]. Visitei aldeias onde, enquanto as mulheres locais pediam melhor infraestrutura de saúde e queda na mortalidade infantil, elas recebiam questionários sobre planejamento familiar. Em alguns casos, enquanto as mulheres gostariam de ter água encanada na aldeia, elas se depara-

vam com alguma pesquisadora ou algum pesquisador interessado em investigar o poder e a impotência no lar. Em outra situação, ainda, enquanto as mulheres pediam acesso ao crédito agrícola, alguém conduzia um estudo em campo sobre a circuncisão feminina (Pala, 1977, p. 10).

Na resenha de um livro de uma socióloga marxista-feminista italiana, escrito na pior tradição da antropologia colonial, Amina Mama afirma:

> Cutrufelli [a autora] espelha as realidades das mulheres africanas tão bem como um punhado de vidro estilhaçado, fornecendo um bom exemplo das contradições implícitas no feminismo internacional, na sororidade universal e em outros conceitos vagos difundidos atualmente na cena acadêmica internacional. Recentemente, fomos submetidos a uma enxurrada de livros sobre "mulheres africanas", a maioria dos quais foram pesquisados e escritos por mulheres não africanas. O perigo desses trabalhos é aprofundar nossa objetificação, para usar o termo de Fanon. Com isso, ele se referia ao processo pelo qual a nossa realidade é construída por outros (opressores, nos contextos colonial e neocolonial) para atender às suas necessidades psicológicas e políticas, e depois projetada em nós e internalizada. Em um contexto em que nossas próprias interpretações e relatos ainda não são publicados, outros se tornam especialistas em nós, e esse monopólio do conhecimento a nosso respeito deve ser visto como imperialista. Embora parte desse conhecimento possa ser bem fundamentado, muito dele é parcial e particular, e não serve aos nossos interesses como grupo ou ao nosso desenvolvimento psicológico e intelectual. Tudo o que o feminismo imperial significou aqui é que são as preocupações das mulheres europeias (e norte-americanas), e não mais as dos homens, que estão em voga (Mama, 1984, p. 253).

Nos casos citados por Pala (1977), temos a pobreza como irrelevância da teoria, e, no caso de Mama (1984), tanto uma ausência de teoria como uma apropriação maliciosa das realidades das mulheres africanas. Trata-se de uma nova forma de imperialismo.

Se estou correto ao afirmar que os escritos feministas sofrem de pobreza da teoria em algumas das formas que descrevi, é preciso refletir um pouco sobre as consequências dessa pobreza. Uma consequência é que, invariavelmente, muitas feministas empregam paradigmas e conceitos antropológicos – conceitos que elas não se preocupam em questionar; conceitos que são produto de uma forma racista e etnocêntrica de olhar para os povos africanos e suas realidades. Muitos dos artigos parecem mais relatos de viagem antropológicos do que tentativas sérias de análise. O que encontramos são exemplos de um olhar seletivo, que se manifesta de duas maneiras.

Em primeiro lugar, há uma concentração arrogante – somos tentados a dizer até indecorosa – na África rural. Geralmente, isso é justificado pela apologia de que a maioria dos africanos vive nas áreas rurais. Isso é bastante consistente com a concepção popular de que a maior porcentagem da mão de obra africana se encontra na agricultura. Ainda que os números corroborem essa afirmação – o que está se tornando cada vez mais difícil à luz dos desenvolvimentos atuais no continente –, é correto suspeitar que há mais nessa preocupação do que simplesmente seguir os sujeitos da pesquisa até onde eles vivem. Para começar, estar envolvido com a agricultura não implica, necessariamente, ser rural. Pelo menos, essa associação não é feita nos casos norte-americano ou canadense. Se tomássemos a ausência do que geralmente é considerado como ornamentos urbanos para definir as áreas rurais, poucos lugares na África escapariam da designação "rural". Mas essa conclusão é contraintuitiva. Quem conhece, digamos, a Nigéria Ocidental, também sabe que ela é mais urbana do que Utah, Wyoming, Idaho, as Dakotas, Arkansas ou Mississippi, para citar apenas algumas áreas dos Estados Unidos.

Então por que a fixação com a África rural? Na minha opinião, porque o título se encaixa na concepção *a priori* da África como atrasada e de seu povo ainda imerso em estágios de evolução já superados pelas chamadas sociedades desenvolvidas. Nesse sentido, os "africanos rurais" que falam "línguas 'tribais' estranhas" e têm "crenças pitorescas e culinária engraçada" devem ser mais "autênticos" do que os burgueses sibaritas da cidade africana, que falam inglês, bebem cerveja, citam Hume e adoram Shakespeare. O problema é que só é possível justificar chamar essas áreas de rurais *ignorando* deliberadamente – escolhendo não ver – a corrupção de muitas áreas pelo que é, em geral, associado às populações urbanas. Não é improvável que a "mulher rural", tão importante na erudição feminista de safári, provavelmente tenha concluído o ensino fundamental ou pelo menos alguns anos de escolaridade, que ela passe uma parte do ano praticando o comércio na cidade e possa também vender produtos não rurais na chamada zona rural. Por fim, esses estudos ignoram a complexidade das chamadas áreas rurais, algumas das quais são sedes completas de governos locais com instituições estatais, escolas, hospitais e, mais recentemente, bancos, agências de correios e assim por diante. Ao apresentar essas imagens unidimensionais de grande parte da África rural, nossas feministas simplificam o que é complexo e, ao fazê-lo, deseducam o seu público.

A outra manifestação do olhar seletivo deriva da parcimônia teórica das feministas. As teorias são princípios reguladores que nos encorajam a buscar explicações para os fenômenos sociais em uma determinada direção enquanto nos afastam de outras. Como há muito pouco que um paradigma teórico que só acomoda homens e mulheres possa dizer ao analista, a pressão para preencher as páginas é satisfeita pela tática antropológica colonial comum de enfatizar o exótico em detrimento do estudo genuíno. Nesse sentido, argumento que muitos escritos feministas sobre a África estão em busca do exotismo. Darei alguns exemplos.

Kate Crehan (1983), em seu artigo "Women and Development in North Western Zambia: From Producer to Housewife" (Mulheres e desenvolvimento no noroeste da Zâmbia: de produtora a dona de casa)¹⁴, não resistiu à tentação de nos dizer que os kaonde ainda veem os europeus – qualquer um – como sabichões. Sob o risco de entediar as pessoas que leem este texto, vou fazer uma citação longa. Existe divisão sexual do trabalho em Mukunashi, onde ela conduziu a sua pesquisa. Mas há alguma fluidez no que se refere à posse de certas habilidades.

> A única exceção parcial diz respeito às habilidades de certos indivíduos, tanto homens quanto mulheres, em práticas divinatórias e de cura, embora esses também sejam assuntos sobre os quais a maioria das pessoas tem um grau razoável de conhecimento básico. Isso ficou claro para mim quando cheguei a Mukunashi. Assim que a minha presença se tornou conhecida, as pessoas começaram a vir até mim – muitas vezes caminhando muitos quilômetros – para pedir remédios ocidentais e ajuda médica geral. Como não tenho formação médica e dispunha apenas de um pequeno estoque de remédios, achei irresponsável me colocar como uma espécie de dispensário. Então, correndo o risco de parecer insensível, tentei deixar claro que não era médica e não poderia oferecer tratamento. Embora as pessoas soubessem que eu não era uma fonte de medicamentos, aos poucos percebi que minhas explicações cuidadosas sobre não ser médica e não ter nenhum tipo de habilidade médica não faziam nenhum sentido para os aldeões. Do ponto de vista deles, eu era europeia e, portanto, obviamente, sabia tudo sobre a medicina ocidental, assim como todos eles sabiam o básico da medicina kaonde. Durante toda a minha estadia – em particular após uns copos de cerveja – quando o álcool havia enfraquecido algumas das camadas de polidez habitual, era frequentemente abordada por figuras trôpegas exigindo que eu exercitasse minhas habilidades curativas europeias, e minhas declarações de ignorância médica eram recebidas com sorrisos marotos (Crehan, 1983, p. 54).

---

14. O mesmo citado por Henn.

Eu li esse artigo, publicado na *Review of African Political Economy*[15], várias vezes e não fui capaz de descobrir o objetivo da história que acabei de citar. Se os habitantes de Mukunashi tivessem abordado Crehan porque ela é uma mulher, não haveria nada de valioso na história – afinal, espera-se que todo homem e toda mulher tenham algumas habilidades de cura e adivinhação. Uma explicação alternativa pode ser que eles sempre tiveram acesso a profissionais de saúde europeus. Se for esse o caso, então não há nada de estranho na associação feita pelos moradores de Mukunashi entre ser europeu e praticar medicina. O ponto de Crehan parece ser o fato de que ela foi abordada como europeia enquanto europeia. Se isso estiver correto, como essa história difere das histórias estereotipadas nas quais os nativos atribuem poderes mágicos aos europeus? Se esse é o seu significado, ela não difere muito da antiga antropologia colonial. E Crehan se apresenta como feminista e seu artigo foi publicado em uma revista radical. Aliás, o texto não perderia em nada se essa passagem tivesse sido omitida. Mas a tentação do exótico foi muito grande – mais potente, nesse caso, porque foi claramente inconsciente. E é ainda mais significativo que esse lapso instigante tenha escapado aos editores esquerdistas da *Review of African Political Economy*.

Outro aspecto dessa busca pelo exotismo é a escolha dos objetos de estudo. Os centros urbanos africanos são muito pouco estudados. As formas como o *éthos* do capitalismo e do individualismo ornaram, desafiaram, distorceram e reordenaram a realidade dos povos africanos, rurais e urbanos, raramente são destacadas nos estudos. Isso não surpreende. Falar sobre os equivalentes africanos das instituições capitalistas não desperta curiosidade, e, em todo caso, esse debate terá de incluir cientistas políticos, antropólogos e outros acadêmicos do sexo masculino. Daí o esforço abrangente de despojar diversos fenômenos de sua historicidade. O resultado

---

15. A *Review of African Political Economy* é um periódico que se orgulha – e não sem boas razões – de ser uma importante plataforma radical para estudos alternativos sobre a África.

é que muitas pessoas africanas, ao lerem algumas dessas contribuições, mal reconhecem suas realidades nelas. Por exemplo, Simi Afonja argumenta:

> O que falta nos estudos sobre as atividades econômicas das mulheres iorubá, portanto, é uma explicação de como o comércio se integra a outras áreas de produção e reprodução em uma economia caracterizada por um baixo nível de especialização. Falta também uma análise das relações sociais geradas por essa estrutura econômica integrada e de como essas relações foram alteradas pela mudança para o capitalismo comercial e industrial (Afonja, 1981, p. 300).

Por outro lado, uma teoria cuja aplicabilidade seja muito limitada provavelmente será considerada pobre. Assim, os teóricos são pressionados a tornar suas teorias tão gerais e replicáveis quanto possível. As teóricas feministas não são diferentes, exceto que elas partem de pouquíssimas categorias, e isso inevitavelmente as leva a generalizações cegas e fáceis de refutar. Com efeito, pode-se dizer que a falácia da evidência insuficiente fincou residência na teoria feminista e passa muito bem.

> *Embora os países do Terceiro Mundo tenham diferenças tremendas de cultura e estrutura social – e, portanto, na posição que as mulheres ocupam –, eles se assemelham no fato de serem todos menos desenvolvidos economicamente do que os países discutidos anteriormente (isto é, países capitalistas e socialistas da Europa e da América do Norte).* Eles permanecem muito pobres, rurais, agrícolas, com altas taxas de doenças e analfabetismo – em outras palavras, assemelham-se aos países da Europa Ocidental em 1750 (Deckard, 1975, p. 239 – grifo meu).

De modo similar, Kate Crehan não resistiu ao impulso de incluir o seguinte trecho em sua introdução:

> A pesquisa foi realizada entre 1979 e 1981, período em que vivi por dezoito meses em uma pequena comunidade kaonde, no noroeste da Zâmbia. O prin-

cipal método de pesquisa utilizado foi a observação participante. *Embora o artigo seja em certo sentido específico e particular, os processos subjacentes descritos são semelhantes aos encontrados em muitas áreas rurais da África subsaariana* (Crehan, 1983, p. 52 – grifo meu).

Em um artigo sobre os kaguru, temos o seguinte trecho:

O objetivo deste estudo é examinar as percepções das mulheres sobre como as relações familiares, os costumes de propriedade da terra, as estruturas de poder doméstico e outras realidades sociais e familiares podem estimular ou impedir as oportunidades educacionais e o trabalho doméstico, agrícola e remunerado das mulheres Kaguru rurais. Obter informações das próprias mulheres é essencial para a formulação de políticas e programas que sejam relevantes para as necessidades das mulheres rurais africanas [...]. *Embora a situação das mulheres em outras sociedades possa ser diferente, muitas das questões abordadas pelas mulheres kaguru são relevantes para outras sociedades rurais africanas* (Meeker; Meekers, 1997, p. 36 – grifo meu).

As citações anteriores – especialmente as partes destacadas – tipificam a tendência à generalização sem fundamento que identificamos aqui. Elas seguem o mesmo padrão: o que você nega em uma metade da frase, afirma na outra. Todas essas declarações devem levantar nossa suspeita. Por que é necessário generalizar das mulheres kaonde ou kaguru para as mulheres africanas em geral? O que há nas mulheres kaguru ou kaonde que, magicamente, as transforma em mulheres africanas típicas, a não ser que já tenhamos pressuposto a coerência da frase ou decidido que todas as mulheres africanas são iguais? Já é bastante problemático – dado que se tenha algum respeito pela complexidade do assunto – falar das mulheres kaguru, quanto mais será falar das mulheres da Tanzânia, para não mencionar da África Oriental ou do continente africano. Essa tendência à generalização remonta a uma falta de respeito fundamental pela complexidade da vida africana.

Encontramos o exemplo mais ridículo do ímpeto de generalizar no ciclo a seguir, retirado das páginas da *Review of African Political Economy*.

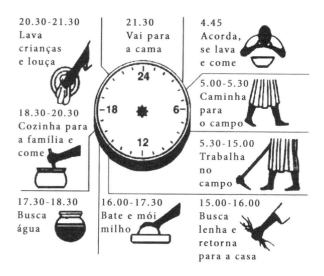

As mulheres tipificadas no ciclo têm amigas? Elas visitam umas às outras? Em algum momento, elas se sentam com amigos e parentes para discutir assuntos familiares ou se envolver em outras atividades que ocupam parte do dia da maioria das famílias? Elas vão à igreja? À mesquita? O fato é que mulheres que levam uma vida normal não são objetos próprios e adequados para saciar a sede de coisas exóticas. O que é uma vida normal para as mulheres em Iorubalândia depende se elas vivem em áreas rurais ou em centros urbanos, se elas são de classe baixa, média baixa, média alta ou alta, e assim por diante[16].

Intimamente relacionados a esse recurso rápido às generalizações estão os conceitos obscuros que muitas vezes substituem um esforço teórico sério e árduo. A maioria das leitoras e dos leitores deste artigo conhecerá expressões como "África tradicional", "valores africanos tradicionais", "mulher africana tradicional", "África pré-colonial" e assim por diante, que são amplamente utilizadas, mas teoricamente vazias. É verdade que pessoas africanas são parcialmente culpadas pela criação dessa saída de emergência para fugir da responsabilidade teórica. Estudiosas e estudiosos africanos começaram a usar essas frases para contestar as descrições anteriores da África como "selvagem" ou "primitiva". Eles mesmos nunca se perguntaram se seus substitutos eram teoricamente férteis. Eles não são. Esses substitutos são conceitos falsos. Por exemplo, quem é uma "típica mulher africana rural"? Na Nigéria, por exemplo – especialmente nas áreas onde o cristianismo e o comércio têm raízes profundas e duradouras –, nem a mais rural das aldeias sustentaria o estereótipo ilustrado em "O trabalho de uma mulher nunca termina". Esse estereótipo era incorreto desde o momento da publicação dessa imagem em 1983, antes do ciclo atual de crise econômica, quando muitas famílias rurais, especialmente no sul da Nigéria, usavam cada vez mais fogões a querosene.

O que é a África tradicional, afinal? É a África antes da chegada dos europeus? Ou antes do colonialismo? É a África do início dos tempos ou a África do século XV? Quem é a mulher africana tradicional? Ela não pode ter nenhuma educação formal para se encaixar no termo? Ela é muçulmana ou cristã? Ela é a mesma pessoa na cultura urbanizada dos hausa e dos iorubá e nas co-

---

16. Para uma descrição rica, que captura em detalhes fascinantes a complexidade da vida em Iorubalândia desde o século XVIII, cf. Fadipe (1970). Sobre a divisão do trabalho e a especialização ocupacional em Iorubalândia, cf. Ilesanmi (1989).

munidades de aldeias em Ibolândia? Claro que é muito mais fácil invocar conceitos vazios como "África tradicional" e afins do que trabalhar de forma séria para estudar a África em seus detalhes mais ricos e consciente da complexidade de suas formações sociais. Formações sociais são fenômenos muito complexos e, com frequência, articulam em seu interior diversos modos de produção. Por certo, geralmente há um modo dominante ao qual os demais estão subordinados. É essa complexidade que noções como "África tradicional" tendem a obscurecer. Um ótimo exemplo de como essas noções vazias podem viciar a análise é o artigo de Simi Afonja (1981), já citado. Nesse artigo, encontramos referências a "modo de produção de subsistência africano", "modos de produção iorubá", "formações econômicas tradicionais", sem tentativas sérias de esclarecer o que exatamente cada uma dessas noções implica. Contudo, ela é ainda melhor do que muitas outras porque, pelo menos, tenta apontar variações no conteúdo e no contexto das experiências das mulheres. A autora ressalta que:

> Para explicar a relação entre a causa e o efeito da subordinação feminina, portanto, é preciso analisar a continuidade entre os padrões históricos e contemporâneos da divisão sexual do trabalho na produção e na reprodução. Isso é imperativo nos estudos africanos porque os rótulos "tradicional" e "moderno", "colonial" e "pré-colonial", traçam linhas arbitrárias ao longo do processo histórico de mudança e, como sugerem Audrey Smock e Alice Schlegel, encorajam o analista a transpor os fenômenos do presente para o passado (Afonja, 1981, p. 300).

O que emerge da discussão até o momento é a necessidade de as feministas levarem a África a sério e pararem de tratar as discussões sobre o continente como se estivessem falando sobre um bairro de Londres. Levar a África a sério significa ouvir atentamente o que as próprias mulheres africanas têm a dizer. As feministas devem devolver às mulheres africanas o poder de nomeação e reconhecer a legitimidade e a competência das vozes das mulheres africanas.

Esforços sérios devem ser feitos para abandonar a pretensão arrogante à teoria e o corolário de que as mulheres africanas não têm ou não conhecem nenhuma teoria. Como reconhece Leacock (1981, p. 491), "cabe às feministas ocidentais ouvir essas mulheres e aprender com elas, em vez de prejulgar ou delimitar as muitas formas que a luta pela libertação das mulheres pode assumir". Levar a África a sério significa abandonar os estudos de "safári" e a atitude que pressupõe conhecimento onde há uma ignorância flagrante e dolosa. Isso significa também que a investigação será adaptada à necessidade real de promover o conhecimento, e não as carreiras individuais. Levar a África a sério significa confrontar as especificidades da opressão das mulheres em diversas partes da África. Se teremos ou não uma teoria que possa ser generalizada entre essas diversas especificidades, esta será a conclusão de nossa pesquisa: não pode ser o começo. Devemos prestar atenção à seguinte advertência de Pala:

> Ao considerar a questão do impacto dos processos socioeconômicos coloniais e/ou neocoloniais sobre as mulheres, é bom ter em mente que, embora esses processos tenham escravizado as mulheres nas reservas e explorado o seu trabalho enquanto deslocam os homens para o trabalho assalariado, na realidade, o salário por si só não pode constituir um argumento de que os homens se beneficiam desses sistemas de opressão. Com efeito, os povos dominados por um regime repressivo, sejam homens ou mulheres, partilham uma posição estrutural semelhante de subordinação face à cultura dominante. O que devemos buscar, então, não é como as mulheres africanas perderam a sua oportunidade de desenvolvimento durante os períodos colonial ou neocolonial contemporâneo (uma vez que nossos homens também sofreram a mesma perda), mas sim o impacto diferencial dessas condições socioeconômicas em homens e mulheres (Pala, 1977, p. 11).

Talvez eu tenha retratado uma imagem muito negativa do campo. Não quero sugerir que as perspectivas sejam sombrias ou que todas as feministas sejam tão insensíveis quanto algumas que citei. Longe disso. Meu otimismo é impulsionado pelo fato de que existem feministas que começaram a abordar algumas das questões levantadas aqui. Além das que eu citei, há o número especial da *FRONTIERS* (v. 8, n. 2, 1983), dedicado à questão do feminismo e o mundo não ocidental, e a introdução bastante revigorante à edição, escrita por Barbara Alpern Engel. Outras contribuições certamente incluem os textos reunidos em Reflections on the Conference on Women and Development, evento realizado em 1976 na Wellesley College (The Wellesley Editorial Committee, 1977, p. 313-329)[17]. O que tentei fazer neste artigo foi focar alguns aspectos dos escritos feministas sobre a África que, acredito, revelam uma pobreza da teoria. Se eu tiver sensibilizado alguém para a necessidade de um pouco de respeito e cautela, minha missão estará cumprida.

Obras citadas

AFONJA, S. Changing Modes of Production and the Sexual Division of Labor Among the Yoruba. *Signs*, 7, n. 2, p. 299-313, 1981.

AHMED, L. Western Ethnocentrism and Perceptions of the Harem. *Feminist Studies*, 8, n. 3, p. 521-522, 1982.

AWE, B. [Título indisponível no original inglês]. *In*: THE WELLESLEY EDITORIAL COMMITTEE (ed.). *Women and National Development: The Complexities of Change*. Chicago: University of Chicago Press, 1977.

BENERIA, L.; SEN, G. Accumulation, Reproduction and Women's Role in Economic Development: Boserup Revisited. *Signs*, 7, n. 2, p. 279, 1981.

BOSERUP, E. *Woman's Role in Economic Development*. Londres: Allen & Unwin, 1970.

CREHAN, K. Women and Development in North Western Zambia: From Producer to Housewife. *Review of African Political Economy*, 27/28, p. 59, 1983.

---

17. Cf. tb. Tadesse (1982, p. 77-111), Urdang (1983), Gaitskell *et al.* (1983) e Seidman (1984).

DALY, M. *Gyn/Ecology: The Metaethics of Radical Feminism*. Boston: Beacon, 1978.

DECKARD, B. *The Women's Movement*. Nova York: Harper & Row, 1975.

FADIPE, N. A. *The Sociology of the Yoruba*. Ibadan: Ibadan University Press, 1970.

FIRESTONE, S. *The Dialectic of Sex*. Nova York: William Morrow, 1970.

GAITSKELL, D. *et al*. Class, Race and Gender: Domestic Workers in South Africa. *Review of African Political Economy*, n. 27/28, 1983.

HARTMANN, H. The Unhappy Marriage of Marxism and Feminism: Towards a More Progressive Union. *In*: SARGENT, L. (ed.). *Women and Revolution: A Discussion of the Unhappy Marriage of Marxism and Feminism*. Boston: South End, 1981.

HENN, J. K. The Material Basis of Sexism: A Mode of Production Analysis. *In*: STICHTER, S.; PARPART, J. (ed.). *Patriarchy and Class: African Women in the Home and the Work Force*. Boulder; Londres: Westview, 1988.

ILESANMI, T. M. (ed.) (Olootu). *Iṣé Ìṣènbáyé*. Nigeria: Obafemi Awolowo University Press, 1989.

LARSON, B. K. The Status of Women in a Tunisian Village: Limits to Autonomy, Influence, and Power. *Signs*, 9, n. 3, p. 421, 1984.

LEACOCK, E. History, Development and the Division of Labour by Sex: Implications for Organization. *Signs*, 7, n. 2, p. 491, 1981.

LEAVITT, R. R. Woman in Other Cultures. *In*: GORNICK, V.; MORAN, B. (ed.). *Woman in Sexist Society*. Nova York: Basic, 1971. p. 287.

MAMA, A. African Women Fight Back. *West Africa*, 10 December, p. 253, 1984.

MEEKER, J.; MEEKERS, D. The Precarious Socio-Economic Position of Women in Rural Africa: The Case of Kaguru of Tanzania. *African Studies Review*, 40, n. 1, p. 36, 1997.

PALA, A. [Título indisponível no original inglês]. *In*: THE WELLESLEY EDITORIAL COMMITTEE (ed.). *Women and National Development: The Complexities of Change*. Chicago: University of Chicago Press, 1977. p. 9.

SEIDMAN, G. W. Women in Zimbabwe: Post-Independence Struggles. *Feminist Studies*, n. 10, 3, 1984.

STICHTER, S.; PARPART, J. L. (ed.) *Patriarchy and Class: African Women in the Home and the Workforce*. Londres: Westview, 1988.

TADESSE, Z. Women and Technology in Peripheral Countries: An Over-view. *In*: D'ONOFRIO-FLORES, P. M.; PFAFFLIN, S. M. (ed.). *Scientific-Technological Change and the Role of Women in Development*. Boulder: Westview, 1982. p. 77-111.

THE WELLESLEY EDITORIAL COMMITTEE (ed.). *Women and National Development: The Complexities of Change*. Chicago: University of Chicago Press, 1977.

URDANG, S. The Last Transition? Women and Development in Mozambique. *Review of African Political Economy*, n. 27/28, 1983.

YOUNG, I. Beyond the Unhappy Marriage: A Critique of the Dual Systems Theory. *In*: SARGENT, L. (ed.). *Women and Revolution*. Boston: South End, 1981. p. 43-69.

4

QUE MULHERES? DESENVOLVIMENTO DE QUEM?

Uma análise crítica do evangelismo feminista reformista sobre as mulheres africanas

Mojúbàolú Olúfúnké Okome

O evangelismo feminista reformista ocidental

O discurso feminista ocidental sobre as mulheres africanas se caracteriza pelo que chamarei de evangelismo feminista reformista. Como tal, ele reproduz o evangelismo missionário dos colonialistas, missionários, antropólogos e uma variedade de aventureiros dos séculos XVII, XVIII e XIX que exploraram, brutalmente "pacificaram", cristianizaram e colonizaram a África. Foram esses europeus que inventaram a noção da África como o continente negro e dos povos africanos como a antítese exótica dos ocidentais esclarecidos e progressistas. Essa invenção ainda permeia tanto o pensamento religioso quanto o secular e permanece arraigada no pensamento ocidental contemporâneo (Mudimbe, 1988, p. 1-23). De um modo geral, os principais estudos feministas tendem a retratar as mulheres africanas como confusas, impotentes e incapazes de determinar por si mesmas as mudanças necessárias em suas vidas e os meios para construir essas mudanças. Assim, agindo como seres superiores que transmitem conhecimentos valiosos, as feministas ocidentais definem quais são as questões relevantes para as mulheres africanas, como essas questões devem ser promovidas e enfrentadas, e qual deve ser o resultado final.

Há paralelos notáveis entre as atividades das feministas contemporâneas e as dos missionários colonialistas na África. Ambos os grupos ativamente buscam convertidos por meio de um proselitismo generalizado que rejeita todas as outras fontes de conhecimento, considerando-as ilegítimas e inferiores. As tendências ocidentais são idealizadas como modernas e desejáveis. De fato, elas são apresentadas como o único celeiro de onde devem ser extraídas soluções viáveis para os problemas humanos. No passado, a literatura feminista destacava a poligamia como um símbolo da dominação masculina. Atualmente, o foco é a circuncisão feminina – sob o argumento de que os homens impuseram a circuncisão às mulheres para impedi-las de desfrutar do sexo, para mantê-las celibatárias, para possuí-las como uma propriedade qualquer. Neste artigo, eu rejeito o uso do termo que se tornou dominante nas discussões sobre a genitália das mulheres africanas: "Mutilação Genital Feminina" (MGF). Em vez disso, utilizo o termo "cirurgias genitais femininas". O uso do termo MGF é rejeitado pela pressuposição clara de que as sociedades africanas que praticam esses procedimentos visam, deliberadamente, desfigurar suas mulheres. Com efeito, a prática de cirurgias genitais femininas foi identificada pelas feministas ocidentais como a expressão máxima do domínio dos homens africanos e da impotência das mulheres. Em resposta, surgiram vários grupos no continente africano e no Ocidente afirmando seu compromisso com a erradicação da MGF. O termo MGF é problemático não apenas porque emerge de uma suposição de que a intenção das sociedades nas quais esses procedimentos são praticados é controlar as mulheres pela violência, mas também porque se presume que essas sociedades desejam massacrar, mutilar, deformar, agredir e espancar suas mulheres em massa – suposição para a qual não há evidências conclusivas.

O termo "cirurgias genitais femininas" também é preferível porque, se a intenção é eliminar essas práticas, pessoas sérias devem se afastar do sensacionalismo e das manchetes, e se empenhar em fazer investigações criteriosas sobre por que elas persistem.

Isso facilitaria a elaboração de soluções apropriadas, relevantes e duradouras. Nessa direção, o estudo de Esther Hicks (1993) sobre a infibulação no nordeste da África islâmica é um exemplo de uma abordagem acadêmica sensata e imparcial. Este trabalho reconhece que, em algumas sociedades, a prática é regra e realiza uma investigação acadêmica séria das razões que a tornam normativa. Segundo Hicks, as cirurgias genitais femininas são apenas um dos laços que unem a comunidade, um dos mecanismos pelos quais as comunidades escolheram definir papéis e identidades. Considerando que isso seja verdade, é essencial fazer análises de gênero lúcidas que expliquem claramente a natureza e a forma do patriarcado e outras formas de relações hierárquicas nessas sociedades. Com uma análise dessa natureza, é possível identificar e compreender as instituições estruturais no interior das comunidades de forma mais concreta. Os tipos de poder e agência que as mulheres possuem nessas sociedades são vistos com mais clareza, e as escolhas que as mulheres fazem sobre como tratar os seus corpos são reveladas, embora dentro das limitações das instituições existentes em suas sociedades. É esse poder e essa agência que devem ser acionados de maneiras culturalmente específicas para assegurar novos entendimentos da identidade e seus desdobramentos nas relações sociais. Assim, o poder e a agência das mulheres podem ser direcionados para a transformação de sua condição na sociedade.

O evangelismo feminista reformista revela as marcas da missão evangelista tradicional que, para Mudimbe (1988, p. 64-83), se caracteriza por uma atitude de "superioridade moral", proselitismo, etnocentrismo e imperialismo (cf. tb. Serequeberhan, 1991). De um modo geral, essas atitudes e práticas são possibilitadas por três fatores: a hegemonia ocidental no discurso acadêmico; o caráter do sistema internacional; e a origem colonial dos estados africanos, que define a natureza e a forma do estado africano contemporâneo. A produção de conhecimento internacionalizou-se a tal ponto que, em congressos, cursos e debates acadêmicos sobre a mulher, há um grau de convergência notável.

Em *The Wretched of the Earth* (Os condenados da terra), Frantz Fanon explora a natureza e o impacto do projeto evangelístico do colonialismo:

> O mundo colonial é um mundo maniqueísta. Não basta ao colono delimitar fisicamente, com o auxílio do exército e da força policial, o lugar do nativo. Revelando o caráter totalitário da exploração colonial, o colono retrata o nativo como uma espécie de quintessência do mal. A sociedade nativa não é apenas descrita como uma sociedade carente de valores. Não basta ao colono afirmar que esses valores desapareceram, ou melhor, nunca existiram no mundo colonial. O nativo é declarado insensível à ética; ele representa não só a ausência de valores, mas também a negação de valores. Ele é, ousemos admitir, o inimigo dos valores e, nesse sentido, ele é o mal absoluto. Ele é o elemento corrosivo, destruindo tudo que se aproxima dele. Ele é o elemento deformador, desfigurando tudo o que tem a ver com a beleza ou a moralidade; ele é o depositário de poderes maléficos, o instrumento inconsciente e irrecuperável de forças cegas. Todos os valores são, de fato, irrevogavelmente envenenados e adoecem, no momento em que entram em contato com a raça colonizada. Os costumes dos povos colonizados, as suas tradições, os seus mitos – sobretudo, os seus mitos – são o próprio sinal dessa pobreza de espírito e de sua depravação constitucional. Por isso, devemos colocar o DDT que destrói os parasitas, os portadores de doenças, no mesmo nível da religião cristã, que combate heresias e instintos embrionários e o mal ainda não encarnado. A Igreja nas colônias é a Igreja dos brancos, a Igreja dos estrangeiros. Ela não chama o nativo para os caminhos de Deus, mas para os caminhos do homem branco, do senhor, do opressor.

> E como sabemos, nesse sentido, muitos são chamados, mas são poucos os escolhidos (Fanon, 1963, p. 40-41).

O feminismo ocidental tem elementos dessa relação colonialista-nativa e do proselitismo missionário-nativo descritos por Fanon. Quando dirige o seu olhar para as sociedades africanas, o feminismo ocidental justifica a sua intervenção invasiva como uma "ajuda" às mulheres africanas a "ajudarem-se" a si mesmas. Em vez disso, a realidade sugere o que é descrito por Rousseau como "obrigar (as mulheres) a serem livres". Assim, as sociedades africanas são retratadas com base em generalizações. Se elas tratam suas mulheres de maneira desumana, elas devem ser mais depravadas, subumanas e cruéis do que se pode imaginar. Toda sociedade que realize cirurgias genitais pratica a "mutilação". Ela deve ser insultada, repreendida e humilhada para que se converta. A força das leis internacionais e domésticas deve ser cumprida para refletir "os princípios das sociedades *civilizadas*" e incluir os povos africanos no mundo contemporâneo moderno ou pós-moderno. Eles devem ser obrigados a adotar normas "civilizadas" de comportamento. É preciso mobilizá-los, portanto, com uma campanha para aumentar a consciência sobre o problema, as soluções e os processos necessários para gerar mudanças. Essa campanha deve, é claro, basear-se na experiência, nos valores e na ética ocidentais. "Todos sabem" que esses são os ideais aos quais todos os seres humanos devem aspirar.

O que esse tipo de pensamento e ação faz é anular totalmente qualquer oportunidade de diálogo entre os "povos africanos mutiladores e primitivos" e as evangelistas feministas ocidentais "progressistas". Claro, há apenas uma perspectiva correta e supõe-se que "todos" saibam qual é. Minha crítica às evangelistas feministas ocidentais não é, de forma alguma, uma defesa da perpetuação das cirurgias genitais femininas. Também não estou sugerindo que as feministas ocidentais estejam sempre erradas e as africanas, sempre certas. Estou questionando a mentalidade que presume que os povos africanos não são capazes de apreender a realidade independentemente da intervenção ocidental, que sempre precisam de ajuda e que as suas mulheres "sem voz" só podem ser representadas pela feminista ocidental "progressista e solidária". Esse tipo de postura é extremamente paternalista. Em essência, ela nega a humanidade dos povos africanos. Ela estabelece uma hierarquia rígida de conhecimento, em que o pensamento ocidental mantém a sua superioridade *ad infinitum*. Eu argumento que as sociedades africanas são capazes de identificar os seus problemas e priorizar os seus objetivos. Se as mulheres na África não estão aderindo em massa ao movimento "antimutilação genital", é preciso repensar por que isso acontece. É um absurdo presumir que as mulheres africanas agem movidas por falsa consciência ou ignorância, ou que são irremediavelmente oprimidas pelo patriarcado masculino.

É curioso que haja debates na África sobre a questão das cirurgias genitais femininas, mas aqui no Ocidente se suponha que, sem a intervenção feminista ocidental, nada foi ou será feito. É incrível que as pessoas apresentem dados espúrios sobre o número de mulheres africanas "mutiladas" e ninguém questione a precisão das estatísticas. O relatório *The Hosken Report* (1994), publicado por Fran Hosken – um dos principais ativistas da milícia anti-MGF –, é um exemplo disso. Esse relatório apresenta informações que afirmam que a esmagadora maioria das mulheres africanas foi submetida a algum tipo de cirurgia genital. O relatório é muito citado, sem ser submetido a uma análise crítica. Surpreendentemente, no interior de um mesmo grupo étnico, os iorubá, alguns subgrupos praticam cirurgias genitais femininas e outros não. Aqueles que não fazem esses procedimentos argumentam, discutem e debatem sobre por que e para que com aqueles que aderem à prática. Aqui no Ocidente, no entanto, parece que há uma complacência generalizada das mulheres africanas, que só uma intervenção "civilizada" e "humanitária" é capaz de abalar para que a mobilização aconteça. A Nigéria tem uma infinidade de grupos nacionais; portanto, a generalização de qualquer fenômeno social é extremamente complexa. Dar sentido à realidade africana precisa deixar de ser o domínio da erudição *kamikaze*, que mergulha no assunto por um período curto, observa os nativos em uma pequena área "fazendo as suas coisas" e tira conclusões amplas que exageram de forma grosseira as próprias descobertas.

Um ótimo exemplo dos estudos *kamikaze* em sua expressão máxima é o diário de viagem de Hanny Lightfoot-Klein, *A Woman's Odyssey into Africa: Tracks Across a Life* (1992). A autora viajou para partes do Sudão, do Egito e do Quênia, mas escreveu um diário de viagem no qual generaliza a experiência africana. Vale recordar que a África é um continente enorme e diverso, onde generalizações são muito difíceis porque, muitas vezes, há tantos exemplos de exceções quanto de fenômenos que confirmam as regras gerais. Lightfoot-Klein fala da "prática bárbara" no "continente negro" – que persiste apesar da intervenção colonial britânica –, da intervenção anterior do profeta Maomé e da intervenção legal do governo pós-colonial. Para a autora, "a prática bárbara" persiste porque:

> Na África, o costume é mais forte que a dominação, mais forte que a lei, mais forte até que a religião. Ao longo dos anos, as práticas tradicionais foram incorporadas à religião e, finalmente, passaram a ser consideradas por seus praticantes como uma exigência dos seus deuses de devoção, seja qual forem. Ao longo dos séculos, traficantes de escravos, saqueadores e bandidos vagaram pelo continente negro. Somente a proteção de um grupo familiar defendido por homens oferecia algum tipo de segurança contra esses predadores para as mulheres desarmadas e seus filhos. Seria um espanto que, nessas circunstâncias, uma mulher [...] voluntariamente se submetesse ao sacrifício de seus órgãos sexuais como prova de sua respeitabilidade subserviente? E seria de se espantar que ela submetesse as suas filhas ao mesmo procedimento para salvaguardar a virgindade delas e habilitá-las a oferecer uma prova viva de sua dignidade? Mas isso é pura especulação. Realmente não importa com quem a prática bárbara teve início. O que importa é que a

mutilação sexual feminina é, até os dias de hoje, onipresente na maior parte da África Subsaariana e da África Central (Lightfoot-Klein, 1989, p. 47).

Como Lightfoot-Klein sabe de tudo isso? Segundo ela, a partir de suas caminhadas por três países da África. E a pesquisadora afirma em seguida:

> O número de mulheres afetadas já foi estimado em trinta milhões, oitenta milhões e mais de cem milhões, e a precisão relativa desses números é bastante debatida. Isso sempre me parece tão inútil quanto os argumentos sobre a exatidão das estatísticas sobre o número de seres humanos destruídos no Holocausto. Uma contabilidade cstatística precisa não é realmente a questão crucial. Tudo o que precisamos saber, em ambos os casos, é que estamos falando da destruição ou da tortura de muitos milhões de seres humanos (Lightfoot-Klein, 1989, p. 49).

A autora está absolutamente certa em um aspecto e totalmente errada em outro. Se isso não fosse apresentado como um estudo acadêmico, "resultado de três anos de longas caminhadas pelo Sudão, pelo Quênia e pelo Egito" e de entrevistas com "mais de quatrocentas pessoas de todas as origens em relação a questões psicológicas, sociológicas, históricas, sexuais, aspectos médicos, religiosos e legais da circuncisão feminina", então alguém poderia se convencer de que as estatísticas são irrelevantes. No entanto, se estatísticas são tão relevantes e necessárias no Ocidente, elas também deveriam ser na África. Esse é o trabalho de uma pessoa que se apresenta como uma pesquisadora e que deveria estar atenta à veracidade e aos perigos da generalização excessiva.

O livro de Lightfoot-Klein é realmente assombroso. Porém seu penúltimo capítulo, intitulado "Karen Blixen Never Returned to Africa" (Karen Blixen nunca mais voltou à África), passa de todos os limites. Trata-se de um relato do momento de passagem de Lightfoot-Klein para um plano superior, um nível mais alto de consciência, após assistir à versão cinematográfica de *Out of Africa* [no Brasil, *Entre dois amores*], de Blixen. É perturbador que essa representação tão racista e paternalista de pessoas africanas seja glorificada de forma tão apaixonada. Para Blixen, assim como para Lightfoot-Klein, as africanas são como uma criança que deve ser conduzida pela mão para saber reconhecer o que é bom para ela. Ngũgĩ wa Thiong'o, em *Moving the Centre* (1993), faz uma crítica concisa e incisiva do tipo de trabalho produzido por Blixen. Para Ngũgĩ wa Thiong'o, o trabalho de Blixen se fundamenta na ideologia racista que presume que o indivíduo africano é uma eterna criança – uma criança irresponsável, às vezes encantadora e inocente – que deve ser conduzida pela mão e orientada a desenvolver bons hábitos de trabalho, a dizer a verdade, a ter um comportamento social responsável. Os povos africanos são apresentados como a quintessência da selvageria – o ser humano no famigerado estado de natureza. Para Blixen, o dever de pessoas europeias esclarecidas é ajudar essas pobres pessoas africanas a se ajudarem. Assim, de uma só vez, justifica-se a colonização, a brutalização e a exploração extrema de povos da África. Essas injustiças grosseiras também são caracterizadas como necessárias para o próprio bem dos africanos. Eu classifico o trabalho de Lightfoot-Klein como um dos exemplos mais flagrantes do colonialismo ocidental e do evangelismo feminista na África.

Em *Warrior Marks* (1996) e *Possessing the Secret of Joy* (1992), Alice Walker faz algo muito semelhante. Com um pé na academia e o outro no reino da pura ficção, ela apresenta os relatos de pessoas africanas fictícias e reais que ela entrevistou para endossar a sua missão de erradicar a desumanidade do homem africano em relação a sua mulher. Para ela, a MGF é tão perigosa que pode causar doenças mentais. Para Walker, se você perde o clitóris, você perde o juízo. Embora eu ache desnecessário que as partes íntimas das pessoas sejam adulteradas de alguma forma, não consigo entender por que as cirurgias genitais femininas são uma questão mais importante do que a mortalidade materna ou a morte por doenças como malária, varíola, febre tifoide ou febre amarela. Não acredito que isso seja mais importante do que o fato de as mulheres permanecerem marginalizadas econômica e politicamente. Alice Walker também acusa as mulheres africanas, mais ainda do que os homens. Elas são apresentadas como traiçoeiras, caprichosas e sem noção de nada. As mais velhas são retratadas como predadoras das gerações mais jovens, a fim de aumentar o seu poder e fortalecer as estruturas do patriarcado masculino. De fato, soluções para a degradação africana devem ser encontradas, mas não pelas Lightfoot-Klein, Walker e outras evangelistas feministas ocidentais. As mulheres africanas, algumas das quais pertencem ao campo evangelista feminista ocidental, precisam levar a sério as suas sociedades como objetos de estudo. Elas precisam descolonizar as suas mentes e considerar as maneiras pelas quais as suas sociedades foram capazes de resolver problemas no passado, e direcionar os seus esforços para encontrar soluções para problemas que elas identificarem como importantes. Elas devem liderar qualquer movimento que exista, delinear as prioridades e as estratégias, e parar de buscar "ajuda" daquelas pessoas para quem o continente africano permanece "escuro" e o seu povo, "bárbaro".

Com frequência, as feministas ocidentais tentam encaixar a África e as africanas à força em teorias e modelos que sequer se aplicam razoavelmente aos próprios ocidentais. Até o momento, o foco desses estudos têm sido a incapacidade do continente e de seus povos de alcançar o progresso e evoluir de uma maneira que reproduza a experiência histórica do Ocidente. O desejo feminista ocidental de "reformar" e "valorizar" a mulher africana se expressa em frases aparentemente inócuas como "a sororidade é global". A sororidade é supostamente global, mas apenas na medida em que as feministas ocidentais podem ditar os padrões aceitáveis, compartilhando as suas "boas notícias de grande alegria" com mulheres em outras partes do mundo. A primeira parte da notícia é que as mulheres são oprimidas pela dominação masculina e pelo patriarcado. A segunda parte é que as suas irmãs mais velhas ocidentais ajudarão a libertar essas mulheres "impotentes" e "sem voz". A terceira parte da notícia diz respeito ao gênero. Claramente, para que o conceito seja significativo, ele deve ser construído socialmente, mas apenas a construção do Ocidente é aceita como válida. As feministas ocidentais, por assim dizer, se apresentam como humanitárias que estão ajudando as suas irmãs africanas, levando os discursos de gênero a um nível superior. A atitude predominante parece ser a de que as feministas ocidentais já superaram esses problemas elementares derivados das relações de gênero em um período histórico anterior ou, como os médicos nos antigos *shows* de medicina itinerante, elas têm aquilo a que os iorubá chamam de *oògùm gbogboònse* – o elixir que cura tudo, a bolsa de truques –, do qual extraem remédios que podem servir para curar todas as doenças relacionadas ao gênero, das quais as suas irmãs desfavorecidas da África padecem.

A literatura sobre *mulheres e desenvolvimento* revela todas as piores características do evangelismo feminista ocidental. Ela generaliza de forma excessiva e grosseira a condição das mulheres nas sociedades africanas, descritas como oprimidas, subjugadas e miseráveis. As mulheres africanas são tratadas como uma massa indiferenciada de seres humanos. Nem a classe nem o *status* são levados em consideração. Mesmo quando há uma tentativa de compreender as implicações de classe e *status*, as mulheres africanas são vistas como objetos da história, e não como agentes ativos. O resultado é a conceituação do gênero feminino na África como uma deficiência geral. Quando essa representação acadêmica é sobreposta à situação das mulheres reais, que vivem e respiram na África, sua natureza unidimensional se revela e, então, se torna relevante perguntar: "Que mulheres?"

Um dos exemplos mais recentes da descrição acadêmica negativa das mulheres africanas, particularmente por pessoas que se consideram "amigas" das mulheres africanas, é o de Catherine Coquery-Vidrovitch, uma respeitada historiadora francesa da África que passou a se dedicar – como muitas fizeram recentemente – aos Estudos Feministas. Para Coquery-Vidrovitch, as mulheres africanas são impedidas de desenvolver um senso de identidade porque elas continuam sendo, essencialmente, "animais de carga": "Elas são tão sobrecarregadas com tarefas de todos os tipos que mal têm tempo para lamentar o seu destino, ou mesmo para refletir sobre ele. A imagem que elas têm de si mesmas permanece nebulosa" (Coquery-Vidrovitch, 1997, p. 1). Por essa razão, a historiadora dirige a sua atenção, "principalmente, a entender por que as mulheres africanas carecem de lazer e, muitas vezes, até do direito de se observarem" (p. 1). O trabalho é apresentado como um esforço acadêmico sério que não apenas descreve a história das mulheres, mas que "destaca uma perspectiva: a história dos porquês e das razões da sociedade do ponto de vista das mulheres" (p. 2). A autora, no entanto, não cumpre essa "nobre" tarefa autoimposta. Em primeiro lugar, ela atribui apenas a mulheres, ou apenas a homens, alguns dos papéis que são generalizáveis a ambos. Por exemplo, ela comete o erro de identificar o papel do historiador oral como uma exclusividade dos homens entre os povos sahelianos da África Ocidental, e das mulheres entre os iorubá da Nigéria (cf. p. 2). Em ambos os casos, ela está errada. De fato, existem homens *griots* nas sociedades sahelianas, mas mulheres contadoras de história (*griottes*) também são comuns. Existem mulheres iorubá especialistas em *oríkì*, assim como existem homens. Mesmo na tentativa de reconhecer as contribuições das mulheres na sociedade, algum esforço de precisão empírica é fundamental. Esse é um ponto menor de crítica. A crítica mais contundente ao trabalho de Coquery-Vidrovitch é que ela mesma reproduz as negatividades que condena de forma tão veemente. Seus relatos sobre a opressão das mulheres são etnocêntricos ao extremo. Alguns exemplos serão suficientes.

Em uma derivação direta da sua suposição de que as mulheres africanas são sobrecarregadas, a historiadora adota o termo "animais de carga" como subtítulo de seu primeiro capítulo, citando como exemplo o caso dos tswana (cf. p. 13-14). Ela também deu ao seu segundo capítulo o título de "Slave Women"

(Mulheres escravizadas), com o subtítulo "Was Every Woman a Slave?" (Toda mulher era escravizada?) (p. 26-27). Nessas seções de sua obra, assim como em muitos outros momentos, a autora apresenta uma mulher africana sitiada e incapaz de se defender, com exceção das poucas mulheres de elite (cf. p. 34-44), das "mulheres livres" ou das prostitutas (cf. p. 117-135) e traficantes de drogas, que, na opinião dela, demonstram grande empreendedorismo, ousadia e motivação. Vejamos, por exemplo, a seguinte afirmação: "Atualmente, o espírito aventureiro das mulheres iorubá levou algumas delas a exercerem seus talentos no comércio exterior. Em 1991, na Grã-Bretanha, das duzentas e sessenta e sete mulheres presas por tráfico de drogas, oitenta e uma eram nigerianas" (p. 100). Ao pé da letra, essa afirmação não apenas sugere que as mulheres que entram no tráfico de drogas o fazem por alguma motivação de ordem superior, e o elemento de coragem e ousadia é enfatizado, sem considerar que as histórias pessoais dessas mulheres, contadas por elas mesmas, revela que elas são levadas a se tornar *mulas* no tráfico de drogas pela pobreza, privação e desespero. Muitas delas justificam essa decisão por sua incapacidade de sustentar seus filhos de outra maneira. Elas geralmente deixam os filhos sozinhos em casa, sob a supervisão de vizinhos generosos, pois esperam estar de volta em pouco tempo. Muitas relatam a perda ou a separação de seus cônjuges e, assim, não disporem de outro recurso. Muitas delas, ao contrário de empresárias inteligentes, têm o menor lucro possível por seus esforços na hierarquia do narcotráfico, embora enfrentem uma proporção esmagadora do risco. Minha análise é o resultado de entrevistas presenciais com aproximadamente cem traficantes de drogas, homens e mulheres, como tradutora--intérprete *freelancer* do Departamento de Justiça dos Estados Unidos, de 1989 a 1996. Essas mulheres são chamadas de mulas porque, em essência, são usadas quase como "animais de carga" por seus superiores nas redes de tráfico de drogas, que contratam os seus serviços por determinada quantia. Frequentemente, elas não têm nem ideia de quem é exatamente o dono das drogas que elas engolem, embaladas em balões ou preservativos. Se essas drogas romperem em seus intestinos, essas mulheres enfrentam paralisia instantânea ou morte certa. Amiúde, não são informadas a quem exatamente devem entregar as drogas. Asseguram a elas que o indivíduo as reconhecerá ou as encontrará em um local designado, geralmente um quarto de hotel barato. Recebem quantias tão baixas quanto US$ 500 de adiantamento, e eles prometem a elas US$ 1.500 mediante o seu retorno bem-sucedido à Nigéria após a entrega das drogas. Em que sentido essas mulheres são empreendedoras? Na verdade, o que esse exemplo sugere é uma análise dos custos extremamente pessoais cobrados pela incorporação da África em um sistema capitalista internacional.

Claro que existem empresários no tráfico de drogas, e alguns deles são mulheres, mas geralmente não são eles que vão parar na cadeia. Se forem presos, eles não dependem, como as mulas, de advogados defensores públicos, alguns dos quais são conhecidos por dormir em tribunal. Eles contratam advogados de defesa qualificados, articulados e bem pagos, que deslumbram a todos no tribunal com sua erudição e perícia. Contrastando as evidências da minha pesquisa com as afirmações do trabalho de Coquery-Vidrovitch, nota-se que pesquisadoras e pesquisadores estão acostumados a dizer quase qualquer coisa sobre a África e seus povos e saírem impunes. Essa prática, no entanto, não começou ontem. Ela tem raízes profundas na tradição erudita e na acadêmica ocidental (cf. Davidson, 1992; Fanon, 1963; Rodney, 1981; Mudimbe, 1988; Boahen, 1987).

Um segundo ponto preocupante é que, para uma estudiosa de sua estatura, a obra de Coquery-Vidrovitch revela muita ignorância e limitações ao usar o gênero como a principal categoria analítica na compreensão da economia política do narcotráfico. Devemos presumir que todas as pessoas nigerianas traficantes de drogas são iorubás ou que são todas mulheres? A afirmação dela permite qualquer reflexão conclusiva sobre essas questões, de uma forma ou de outra? Na minha opinião, o livro está repleto de afirmações descuidadas como essa, além de falta de rigor.

O evangelismo feminista reformista emerge da hegemonia ideológica, política e econômica que privilegia tudo o que seja ocidental. O pressuposto é o de que pessoas ocidentais, sejam as feministas ou outras, são mais capazes de apreender e interpretar a realidade do que os povos africanos. Algumas das evidências mais claras do evangelismo feminista ocidental nos estudos contemporâneos são encontradas no discurso sobre a circuncisão feminina, em que o contato com o Ocidente é considerado sempre benéfico às africanas. Como o encontro entre a África e os invasores europeus dos séculos XVII a XIX, esse contato é visto como uma forma de os povos africanos "evoluírem de seu estado inerte para o dinamismo da civilização ocidental" (Mudimbe, 1988, p. 67, 76). O discurso feminista ocidental sobre a circuncisão feminina dá continuidade à tradição colonial do ocidental esclarecido que busca reformar as populações "atrasadas" da África (cf. Sanderson, 1981, p. 1-12; Koso-Thomas, 1987, p. 1-14; Hosken, 1979)[18]. Assim, a questão crucial no debate sobre a circuncisão é definida pelas principais teóricas feministas como o embate entre certo e errado, civilização e barbárie, mantendo o esforço colonialista de interpretar a cultura nativa africana e, assim, dominá-la. No entanto, esse esforço de compreensão do Outro é gravemente limitado por uma aversão absoluta à alteridade do sujeito e uma batalha pela homogeneidade com a imposição de uma concepção de civilização humana exclusivamente ocidental.

Muitos argumentos feministas a respeito da circuncisão feminina pressupõem automaticamente que as mulheres se submetem a esse procedimento apenas por insistência dos homens. Essa suposição ignora a possibilidade de que, para algumas mulheres,

---

18. Assim como o discurso colonial, refletem as noções preconcebidas dos colonialistas acerca da superioridade europeia e da inferioridade de povos africanos, e a proliferação de estudos que reforçam essas noções.

as cirurgias genitais femininas sejam uma escolha em relação à maneira como desejam tratar seus corpos. Para outras, ela é apenas uma manifestação de normas socialmente aceitas. Essas ações não são diferentes das premissas que prevalecem na cultura dominante nos Estados Unidos de que, quando os meninos nascem, eles são circuncidados; é uma proposição tão normalizada que, assim que uma mulher dá à luz um menino no hospital, ela é imediatamente perguntada se ela quer que ele seja circuncidado. Quando a mulher responde sim à pergunta do hospital, até que ponto ela está informada sobre as implicações de sua escolha? Até que ponto ela está bem-informada sobre o que escolheu, e por quê? A questão é que as escolhas são feitas nas sociedades com base no pressuposto de que os indivíduos não precisam "reinventar a roda" em relação aos problemas que já foram resolvidos e normalizados. É precisamente pelo fato de que as normas sociais diferem em momentos e lugares específicos que o que constitui uma escolha sólida, ponderada e sensata seja sempre contestável.

Análises comparativas de diversas sociedades africanas sobre por que algumas adotam cirurgias genitais femininas e outras as rejeitam são, portanto, necessárias. Pessoas críticas e defensoras das cirurgias genitais femininas na África também devem se engajar em um debate que incorpore as críticas dos oponentes e o argumento dos apoiadores. Se o objetivo é a erradicação, estratégias apropriadas devem ser elaboradas em conjunto. Essas estratégias funcionarão melhor se houver um novo consenso hegemônico nas comunidades e nas sociedades que praticam esses procedimentos; no qual as pessoas se aprofundem nas construções sociais da identidade, possibilitando a formulação de alternativas poderosas. Até hoje, isso não foi feito. Pessoas especialistas e ativistas de origens ocidental e africana se engajaram em iniciativas hierárquicas e em debates muito estéreis sobre práticas ainda pouco compreendidas. Uma segunda possibilidade é a de que as práticas de utilidade limitada para uma sociedade estão fadadas a desaparecer. A tarefa de ativistas e pessoas acadêmicas abolicionistas, então, é encontrar formas produtivas de acelerar o processo. *Como* isso é feito é tão importante quanto *o que* está sendo feito. Ao contrário das práticas sociais africanas, as mutilações ocidentais, que assumem a forma de cirurgias estéticas eletivas, são apresentadas como um sinal de libertação das mulheres. Na verdade, essas práticas parecem saudáveis apenas quando inseridas no contexto de sua cultura e sociedade. Embora seja muito malvisto falar isso, o mesmo pode ser dito sobre as práticas sociais na África. Reconhecer que os povos africanos fazem escolhas como essas, no entanto, é algo reprovado e condenado por meio do que Elmer Eric Schattschneider (1975) chama de "mobilização de viés". Aplicado ao discurso acadêmico sobre as cirurgias genitais femininas, trata-se de um processo no qual quem tem mais poder determina, antes do debate público, quais são as questões relevantes e mantém de fora as questões consideradas inadequadas.

Este artigo, então, analisa questões que irão iluminar a mobilização de viés na teorização feminista a respeito das cirurgias genitais femininas: Quem tem a capacidade e o conhecimento para falar sobre o assunto? É possível uma análise objetiva a respeito desse tema? As perguntas feitas são relevantes? Qual a melhor forma de estudar esse assunto? (Mudimbe, 1988, p. 64). A resposta a essas perguntas é facilitada pela transposição da crítica de Mudimbe ao discurso missionário sobre os povos africanos para os estudos feministas sobre mulheres africanas. Intelectualmente, as mulheres africanas são vistas como "crianças puras ou seres humanos incipientes que requerem tutela" devido ao seu fracasso em atender aos padrões ocidentais, uma réplica dos padrões de julgamento coloniais (Mudimbe, 1988, p. 68). Assim, a maioria dos escritos e dos discursos sobre as mulheres africanas falha em reconhecer a realidade moldada pela natureza multidimensional das mulheres africanas em termos de suas experiências e da articulação de seus objetivos. Os objetivos e as preferências políticas das mulheres, desde os tempos pré-coloniais até o presente, e sua luta para moldar seus próprios destinos têm sido ignorados em favor de uma representação sensacionalista dos abusos aos quais estão sujeitas.

Por fim, se é possível, como fez Joyce Gelb (1989, p. 1) em um estudo comparativo sobre feminismo e política, "demonstrar como as diferenças no feminismo britânico, norte-americano e sueco se relacionam com diferenças sistêmicas e culturais", é inevitável que as formas e as expressões assumidas pelas lutas de mulheres em cada sociedade africana serão diferentes umas das outras e que essas lutas não reproduzirão a experiência das mulheres ocidentais. Muitas acadêmicas e ativistas feministas se recusam a reconhecer esse fato básico e continuam a produzir estudos que apresentam as mulheres africanas meramente como uma coleção de problemas.

O ponto central do meu argumento é o de que as mulheres africanas, como qualquer outro grupo, são capazes de articular suas necessidades, avaliar os cursos alternativos de ação e mobilizar-se para uma ação coletiva quando necessário. Algumas vezes, elas até mudaram com sucesso o curso da história[19]. Se os objetivos e as preferências políticas das mulheres não forem estudados como parte de um processo histórico-dialético, os estudos feministas estarão eternamente condenados à maldição da unidimensionalidade e todos os caminhos para a produção de novos conhecimentos estarão bloqueados. A complexidade existente nas situações da vida real, um componente essencial de qualquer situação ou condição humana, passará despercebida.

Neste artigo, o termo "feministas ocidentais" não é usado em um sentido geográfico, para designar apenas as feministas no ou do Ocidente. Em vez disso, ele descreve uma mentalidade compartilhada mundialmente devido à hegemonia do Ocidente na

---

19. Por exemplo: as ações das mulheres nigerianas em Aba e Abeocutá durante o colonialismo foram informadas pelo fato de que as mulheres nigerianas se apoiaram nas fontes de poder que elas tinham em tempos pré-coloniais. Para uma discussão sobre o papel das mulheres nigerianas na luta anticolonial, cf. Mba (1982). Para diversos estudos focados nas mulheres hausa e seu papel no século XX, cf. Coles e Mack (1991).

academia e na produção de conhecimento. Nesse sentido, algumas pesquisadoras africanas também são feministas ocidentais em sua consciência, abordagens e recomendações[20]. Por exemplo, há pouca diferença entre o pensamento feminista ocidental dominante e aquele encontrado no estudo de Belkis Wolde Giorgis, da Comissão Econômica para a África de 1981, para quem "as estruturas familiares patriarcais atribuem às mulheres um papel subordinado no lar e na comunidade. O papel subordinado da mulher é mantido por práticas culturais destinadas a controlar a capacidade reprodutiva da mulher. Uma dessas práticas é a circuncisão feminina" (Giorgis, 1981, p. 1). A autora essencialmente declara a vitimização das mulheres africanas pela sociedade da seguinte maneira: "Excluídas das novas estruturas ou à margem delas, as mulheres são vítimas de práticas tradicionais que são muitas vezes prejudiciais ao seu bem-estar e ao de seus filhos" (Giorgis, 1981, p. 1). Assim como muitas pesquisadoras feministas, ela afirma que as mulheres africanas são tratadas como crianças e, além disso, que as crianças nas sociedades africanas não são bem cuidadas, mas objeto de um tratamento abusivo devido à manutenção errônea de tradições nocivas e ultrapassadas. Nessa perspectiva, assim como crianças, as mulheres são "menores legais" e as sociedades africanas não têm nem a condição nem a capacidade de oferecer-lhes a proteção igualitária das leis ou convenções. Ela perde de vista o ponto central das análises de gênero, que é a construção social do gênero. Certamente, há uma desigualdade considerável entre homens e mulheres, isso é incontestável. Porém argumentar que todos os homens estão em posição de privilégio em relação às mulheres é um absurdo. Clareza é importante. A que mulheres estamos nos referindo? As mulheres não são uma massa indiferenciada. Independentemente das clivagens de classe, existem graus de hierarquia que se manifestam de maneiras socialmente

---

20. Cf., p. ex., Koso-Thomas (1987). Ela credita a Fran Hosken sua conscientização sobre a importância da questão da circuncisão feminina e adota uma abordagem similar à de Hosken em *Female Sexual Mutilations* (1979, p. xi).

específicas entre indivíduos, homens e mulheres. Para ilustrar esse ponto, na sociedade iorubá, uma mulher mais jovem *não* é igual a uma mulher mais velha. Uma esposa *não* é igual às filhas da casa ou da família na qual ela se casa. As esposas mais jovens *não* são iguais às esposas mais velhas. Um homem pobre *não* é igual a uma mulher rica, nem uma mulher pobre. Uma mulher em um cargo de chefia tem mais poder do que uma mulher ou um homem que não o são. Esses são princípios relacionais importantes que afetam a definição de poder na sociedade e a capacidade de exercê-lo. Compreendê-los facilita a explicação de por que as pessoas fazem escolhas e de como elaborar incentivos para que o processo de mudança seja acelerado. Também é crucial reconhecer que as sociedades africanas diferem muito entre si dependendo do tema em questão. A análise comparativa dessas sociedades diversas é mais frutífera do que a globalização de uma realidade africana que existe apenas na imaginação acadêmica.

Uma falha adicional no trabalho de Giorgis é o uso do continente africano inteiro como uma única unidade de análise, levando à fusão grosseira de muitas situações diferentes. Apesar dessas falhas, no entanto, ela oferece algumas contribuições valiosas: primeiro, sobre a questão dos fatores causais responsáveis pela definição das estruturas socioeconômicas da África e, segundo, sobre a análise da luta entre as mulheres ocidentais e o seu "desejo de realizar uma missão civilizadora, e o desejo das mulheres africanas de definir seus próprios caminhos e meios de lutar contra estruturas opressivas e de construir alternativas" (Giorgis, 1981, p. 2-3). Essas contribuições se perdem, no entanto, em uma análise que reproduz os mesmos problemas que a autora identifica com tanta precisão.

Insisto, o evangelismo feminista reformista é tão retrógado quanto estéril. Inúmeros estudos são produzidos em profusão sobre mulheres africanas indefesas e infelizes que nem sempre refletem a realidade social, política e econômica. A questão da circuncisão feminina é tratada de forma excessivamente sensacionalista devido à necessidade de algumas pessoas desempenharem um papel messiânico. Se os estudos acadêmicos são relevantes, é apenas como uma busca por conhecimento, um retrato da realidade que seja o mais preciso possível. Se as mulheres africanas não puderem se reconhecer em nossas representações delas, teremos falhado como pesquisadoras. Nas palavras de Mudimbe:

> Antropólogos, sociólogos e teólogos de denominações religiosas estrangeiras nos estudam há muitos anos [...]. Nos tornamos um campo fértil para o tipo de pesquisa que permite a uma pessoa escrever uma tese "interessante" e obter um título acadêmico. Não surpreende, portanto, que não nos reconheçamos em seus escritos (Mudimbe, 1988, p. 5).

Essa tradição consagrada pelo tempo persiste até hoje, tornando impossível alguém reconhecer qualquer traço de realidade nas representações acadêmicas, jornalísticas e populares das mulheres africanas na esmagadora maioria das obras ocidentais, feministas ou não.

O colonialismo e o Estado africano

Na introdução de seu volume editado sobre mulheres e classe na África, Claire Robertson e Iris Berger (1986, p. 6) argumentam que "o colonialismo não apenas exacerbou a desigualdade, mas também forneceu mecanismos de extração de riqueza para as novas classes dominantes africanas [masculinas]". No entanto, Robertson e Berger afirmam que os ensaios reunidos na coletânea hesitam em culpar

> exclusivamente o colonialismo e o capitalismo pela privação das mulheres africanas, e endossam o argumento feminista ocidental de que o lar, bem como a economia internacional, é um lócus principal da opressão das mulheres. A família aqui deve ser definida de forma mais ampla para incluir as relações domésticas de produção, que podem se manifestar no trabalho produtivo feito fora de casa, obscurecendo

assim a distinção público-privado (Robertson; Berger, 1986, p. 12).

Essa afirmação revela um raciocínio curioso em dois aspectos. Primeiro, e mais preocupante, Robertson e Berger pressupõem que o modo doméstico de produção é separável do sistema capitalista dentro do qual ele opera, e que o modo doméstico de produção, tal como existe hoje, representa sistemas socioeconômicos africanos pré-coloniais inalterados ao longo do tempo. Ambas as suposições são problemáticas, como apontado no estudo de Bonnie Kettel (1986) nesse mesmo livro, cujo capítulo é revelador.

Kettel (1986, p. 47) começa o texto afirmando que o ensaio "é sobre vacas e mulheres". A compreensão sobre a natureza das relações sociais entre os tugen do Quênia, presente nessa análise, é limitada por uma declaração introdutória sensacionalista, que claramente categoriza as mulheres como tão importantes quanto o gado, sendo o gado e as mulheres apenas uma propriedade masculina. Isso é incrível, especialmente considerando o foco da análise de Kettel, conforme apresentado a seguir:

> Eu argumento que a pesquisa sobre as relações de gênero entre os criadores de gado da África Oriental foi influenciada não por um chauvinismo masculino insensível, mas por uma "visão aceita" sobre o significado da propriedade na vida social, pela suposição de que direitos diferenciais de propriedade são inevitavelmente associados a direitos diferenciados na sociedade. Essa interpretação [...] resulta da nossa tentativa de compreender as relações sociais baseadas no gênero a partir da perspectiva do capitalismo desenvolvido e, portanto, com um conjunto etnocêntrico de pressupostos de poder na sociedade e no lar. Isso nos levou a interpretar o passado pelo presente e a pressupor que a dominação masculina, característica de grande parte da vida atual neste contexto, é uma característica duradoura da realidade social que, de alguma forma, sobreviveu intocada pelo impacto do domínio colonial (Kettel, 1986, p. 48).

Kettel entende a tendência equivocada do feminismo ocidental de presumir que as formas das relações sociais observadas na África contemporânea existem exatamente como nos tempos pré-coloniais. No entanto, ela está igualmente equivocada quando coloca mulheres e gado em uma mesma categoria. Oferecer casualmente representações que reforçam a redução das mulheres à propriedade dos homens é aceitar que as mulheres não têm absolutamente nenhuma capacidade de ação. Se, de fato, elas não a têm, por que isso acontece? Elas nunca tiveram agência? Como e quando elas a perderam? Essas questões são tão relevantes, apropriadas e legítimas que devem ser abordadas. É importante termos compreensão sobre o que é e o que não é característico das relações de gênero pré-coloniais. Os estudos existentes ainda não responderam a essas questões de forma conclusiva; portanto, a análise de gênero na África não pode afirmar ter respondido à questão essencial da construção social do conceito. O que temos até agora são começos modestos, e isso precisa ser reconhecido.

Na África, o braço político da hegemonia ocidental foi estabelecido durante o processo de "pacificação" e, posteriormente, de colonização, quando a forma do Estado europeu foi imposta aos africanos. Esse processo foi violento e brutal. Após a sua consolidação, veio a exaltação das coisas europeias à estatura do ideal, e passou-se a renunciar às coisas africanas. O poder e o peso do Estado foram usados para manter, promover e perpetuar um sistema de classes que privilegiava os europeus e marginalizava os africanos na educação, no mercado de trabalho, no local de residência e em todas as esferas da vida. A hegemonia política sustentou e concretizou a hegemonia econômica; e a hegemonia ideológica foi difundida pelos esforços de missionários na igreja e na escola, bem como por meio da mídia para reforçar as outras formas. Com a independência, os colonialistas conseguiram assegurar a manutenção das estruturas de dominação que eles construíram mediante seus herdeiros neocoloniais.

Além de suas implicações culturais e intelectuais, um dos legados estruturais mais duradouros do período colonial na África continua sendo a imposição do Estado por meio de um esforço massivamente violento e destrutivo. Se há algum argumento válido para a opressão universalizada das mulheres, o órgão mais responsável é o Estado africano, que segue o modelo de sua contraparte ocidental. O Estado africano discrimina as mulheres sistematicamente, tanto de forma colonial quanto de forma pós-colonial. O Estado africano pós-colonial, perpetuando a agressão colonial, tem respondido com muita violência à luta das mulheres por igualdade, equidade e justiça. Em seu estudo sobre Paquistão e Bangladesh, Hamza Alavi (1979) argumenta que o Estado colonial foi criado com o objetivo de dominar a sociedade; assim, com sua burocracia e organização militar fortes, ele é superdesenvolvido em relação à sociedade. Esse Estado superdesenvolvido, baseado na cultura e no pensamento do colonizador, passa a dominar a sociedade pós-colonial por meio da coação e da violência. De modo semelhante, Claude Ake (s.d.) também argumenta que a realidade do Estado fica aquém de sua forma idealizada, e isso é particularmente verdadeiro no caso das mulheres. A fachada daquilo que o Estado deveria ser encobre numerosos males. O Estado é um instrumento de dominação que preserva as suas características coloniais; como tal, ele assegura o Estado de Direito apenas para a burguesia. Em essência, o Estado continua sendo uma arena da luta de classes.

O entendimento de que o Estado constitui uma arena da luta de classes explica a prática do tokenismo em todas as tentativas anteriores de adesão ao movimento de "integrar as mulheres no desenvolvimento", tanto no Ocidente quanto na África. Essas tentativas integracionistas beneficiaram amplamente homens e mulheres da burguesia. Na medida em que as mulheres da burguesia têm acesso privilegiado ao Estado e não usam suas vantagens para pressionar pela equidade de gênero, não se pode atribuir a condição de todas as mulheres a uma experiência universal do patriarcado.

As experiências do patriarcado são mediadas por classe, *status* e graus de hierarquia:

> Robertson e Berger discutem os efeitos da colonização da África: a dominação estrangeira estendendo-se ao neocolonialismo introduziu novas clivagens de classe nas sociedades africanas, às vezes em uma base relativamente igualitária, às vezes em estruturas sociais previamente estratificadas. Enquanto os padrões anteriores de desigualdade geralmente se intensificaram durante o período colonial, novos sistemas de classes também se desenvolveram de acordo com as formas mutantes da penetração capitalista. Muitos desses processos de transformação social têm sido prejudiciais às mulheres. Seu papel anteriormente dominante na produção de alimentos é muitas vezes negligenciado ou ignorado no processo de desenvolvimento de novas culturas e técnicas agrícolas; elas ainda têm menos oportunidades do que os homens nos empreendimentos capitalistas mais modernos. Isso deixou um número desproporcional de mulheres em posições economicamente precárias, nos níveis mais baixos da escala socioeconômica (Ake, s.d., p. 9-10).

Em uma tentativa de explicar a interação entre Estado, classe e gênero no desfavorecimento das mulheres africanas, Fatton (1989) atribui com precisão a falta de poder das mulheres africanas à exclusão de mulheres africanas autônomas da classe dominante emergente. Ele também argumenta que é impossível para as mulheres alcançar posições de poder político sem contarem com a proteção de homens poderosos:

> Na África, a construção da hegemonia da classe dominante tem o efeito de combinar o poder masculino com a exclusividade de classe. As mulheres não são totalmente excluídas da classe dominante, mas sua busca por *status* e riqueza depende excessivamente de elas se aliarem com homens poderosos. Na ausência de tais alianças, as mulheres tendem a se retirar da arena pública para construir suas próprias esferas de sobrevivência paralelas e independentes. A eman-

cipação das mulheres está, portanto, associada à luta contra a hegemonia da classe dominante; requer tanto uma consciência feminista quanto uma consciência de classe (Fatton, 1989, p. 48).

Embora admita que as mulheres africanas implementam estratégias convencionais e não convencionais nas lutas contra a dominação masculina, Fatton não critica a origem dessa dominação, e descarta um relato de Christine Obbo como uma defesa insuficiente contra o domínio masculino e a opressão de classe. Baseando-se fortemente no estudo anterior de Jane Parpart sobre as mulheres quenianas, Fatton (1989, p. 49) reduz todas as conquistas das mulheres africanas à sua dependência do "*status* social de seu pai e/ou marido". Esse reducionismo não é correto nem apoiado por evidências empíricas. Claramente, as relações clientelistas na África não afetam exclusivamente as mulheres.

As consequências adversas dos programas econômicos defendidos por organismos multilaterais, como o Banco Mundial e o Fundo Monetário Internacional (FMI), são as investidas mais recentes contra a autonomia do Estado africano. Esses Programas de Ajuste Estrutural (PAEs) introduzem políticas que dificultam a luta pela subsistência das pessoas na maioria dos países africanos. Um dos principais objetivos dos PAEs é promover a disseminação do capitalismo global, abrindo as economias africanas às forças de mercado e, por consequência, reduzindo a influência do Estado na economia. A vulnerabilidade dos países africanos aos caprichos das forças do mercado internacional os torna susceptíveis ao exercício de poder por parte do FMI e do Banco Mundial visando impor os PAEs. Muitos estudos documentam o impacto deletério desses programas nas mulheres africanas[21].

A representação das mulheres africanas como impotentes não se limita a trabalhos acadêmicos. Reportagens nos meios

---

21. Para um panorama geral, cf. Baylies e Bujra (1993).

de comunicação reforçam e corroboram as ideias acadêmicas. Alguns exemplos são vários artigos de opinião no *The New York Times* por A. M. Rosenthal (1995), e comentários no rádio e na televisão[22]. O foco dessas reportagens é a miséria, a impotência e a marginalização das mulheres africanas. Uma reportagem da *West Africa* sobre a situação das mulheres africanas, de Enid Buchanan, trouxe a pergunta:

> Por que há uma circulação tão pequena de mulheres no cenário da liderança na África, como Indira Gandhi e Margaret Thatcher, quando elas são tão claramente numerosas nos principais fóruns internacionais? A presença e a influência de mulheres africanas em altos cargos políticos e de tomada de decisão em seus governos ou representações parlamentares é surpreendentemente insignificante. Por quê? (Buchanan, 1993, p. 1070).

A resposta de Buchanan é que essa situação resulta da força da dominação masculina na sociedade africana, em que

> a mulher educada e profissional, por mais capaz que seja, nunca é considerada igual a seus pares e colegas do sexo masculino. Ela pode ser admirada, bem-humorada, tolerada [...], e, se jogar bem suas cartas, pode até se aventurar em seu campo de atividade. Mas, com muita frequência, será por um "favor", raramente por suas capacidades. Só no mundo lá fora ela pode realmente brilhar e ser reconhecida seu mérito profis-

---

[22]. Alguns exemplos são o programa "Day 1 TV" sobre "Mutilação Genital Feminina"; as revistas *Time*, *US News* e *World Reports* sensacionalizaram a cobertura do caso Oluloro, que também é narrado por Timothy Egan em "An ancient ritual and a mother's asylum plea" (*The New York Times*, 4 de março de 1994); a programação especial da rádio *WBAI New York* (Pacifica) no Dia Internacional da Mulher Trabalhadora de 1994 e na véspera sobre "Mutilação Genital Feminina"; e as colunas de Rosenthal em várias edições do *The New York Times*. Para exemplos representativos, cf. "Fighting female circumcision", 12 de abril de 1996; "The possible dream", 13 de junho de 1995; "Female genital mutilation", 24 de dezembro de 1993; "Female genital torture", 12 de novembro de 1993.

sional. Isso explica o número de mulheres de destaque nos fóruns internacionais (Buchanan, 1993, p. 1070).

Podemos nos perguntar quantas mulheres da estatura de Gandhi e Thatcher existem na Índia e na Grã-Bretanha, respectivamente, e quantas existem em países industrializados ao redor do mundo. A Suíça tornou-se uma democracia em 1848, embora as mulheres suíças tenham se emancipado apenas muito recentemente (Rueschemeyer; Stephens; Stephens, 1992, p. 48, 85-87). A Suíça não é apontada como um país que reprime suas mulheres. Em maio de 1977, a porcentagem de mulheres na Assembleia Nacional Francesa era de apenas seis por cento[23]. Nenhuma mulher na França ou nos Estados Unidos alcançou o mesmo patamar de Gandhi e Thatcher. O patriarcado está bem vivo no mundo inteiro. No entanto, devemos ter em mente o estudo de Joyce Gelb (1989), mencionado anteriormente, sobre feminismo e política na Grã-Bretanha, na Suécia e nos Estados Unidos, que reconhece que existem diferenças sistêmicas e culturais que moldam a natureza da política sueca, britânica e norte-americana e as respostas feministas a elas. Isso reforça a necessidade de se conceituar o gênero como uma construção social. As semelhanças entre as sociedades africanas existem e devem ser levadas a sério. No entanto, algumas delas têm as cirurgias genitais femininas em comum, enquanto outras não. Aquelas que praticam essas cirurgias o fazem por motivos diversos que não podem ser reduzidos ao patriarcado, à impotência ou à falsa consciência. A agência das mulheres também deve ser levada em consideração. Meu ponto é que a suposição da ignorância das mulheres africanas não é uma ferramenta analítica viável. Para uma análise verdadeiramente comparativa da situação das mulheres no mundo, seria mais correto reconhecer que a ausência de mulheres em cargos de chefia é generalizada e traçar essa generalização à internacionalização do Estado

---

23. *The New York Times*, 28 de maio de 1997, p. A1.

ocidental pelo colonialismo. Embora houvesse Estados africanos pré-coloniais, o Estado colonial constituiu a base para o Estado africano contemporâneo. O viés de gênero do Estado africano, ao menos em parte, remonta às suas origens coloniais[24].

Há uma tendência em atribuir as desigualdades de classe, bem como as desigualdades entre homens e mulheres, apenas à persistência da tradição em face da modernidade. No entanto, as desigualdades observadas na África contemporânea têm raízes profundas na história colonial do continente, e não podem ser estudadas apenas como um produto de seu passado pré-colonial, uma vez que esse passado se misturou com elementos coloniais. O período colonial foi um momento de criação do Estado, quando o poder de Estado foi imposto à força aos africanos pelos colonizadores europeus. Tanto os homens quanto as mulheres africanas foram marginalizados nesse processo, perdendo *status*, propriedade e poder. Como os colonizadores europeus eram filhos da cultura vitoriana, a subordinação das mulheres aos homens era regra. Essa regra foi imposta à sociedade africana. O trabalho assalariado era restrito aos homens, assim como as limitadas oportunidades educacionais existentes e as posições de poder na sociedade africana. A codificação "da lei e dos costumes nativos" também privilegiou as fontes de conhecimento masculinas em detrimento das femininas. Não surpreende que as mulheres africanas contemporâneas careçam de cargos de chefia, assim como suas contrapartes ocidentais. Todas elas são parte do mesmo sistema mundial.

Na África contemporânea, o Estado neocolonial é a manifestação de tudo o que havia de errado com seu antecessor colonial. Ele não cumpriu o contrato social entre os líderes nacionalistas africanos e o povo nas lutas anticoloniais, nem conseguiu produzir sua própria agenda nacionalista, independentemente das ideias poderosas e influentes do sistema mundial, sobre a responsabi-

---

24. Esse é o argumento mais importante em *Women and the State in Africa* (PARPART; STAUDT, 1989).

lidade política, econômica e social de um Estado para com seu povo. Assim, sua agenda revela uma conformidade tácita com os interesses externos em vez de privilegiar os desejos domésticos.

Construindo conhecimento sobre as mulheres africanas

Quem é a mulher africana de acordo com a teoria feminista ocidental? Ela é fruto da imaginação de especialistas ocidentais, possibilitada pela má aplicação dos modelos ocidentais à vida social africana. Dada a representação desses seres fictícios no pensamento feminista, é compreensível que as mulheres africanas sejam classificadas como "as condenadas da terra". Como surgiu a mulher africana do pensamento feminista ocidental? Ela é o produto de pesquisas extensas derivadas da hegemonia ideológica dos estudos feministas ocidentais. Essa hegemonia resulta em uma visão distorcida do mundo, que exerce grande influência na caracterização da mulher africana. Nesse sentido, a pesquisa se tornou um instrumento de dominação (Steady, 1979, p. 4). A invenção da mulher africana como vítima é quase inevitável, dadas suas origens nos preconceitos raciais, culturais e de classe do feminismo ocidental.

Contrariando essas análises, há evidências de que as mulheres africanas ocupavam posições políticas, econômicas e sociais importantes antes da imposição do colonialismo. Parece provável, então, que a natureza do Estado colonial e pós-colonial seja a variável mais significativa na determinação da desigualdade das mulheres. Além disso, se aceitamos a afirmação de que as mulheres são marginalizadas em todo o mundo, temos que buscar fatores causais que sejam generalizáveis em todo o mundo como a causa de tal desigualdade. O colonialismo e a imposição do sistema capitalista ao resto do mundo pelos países imperialistas ocidentais constituem o fator causal mais lógico (Steady, 1979, p. 7-8) Os sistemas sociais, políticos e econômicos contemporâneos são necessariamente moldados pela imposição do capitalismo e do colonialismo, e não podem ser considerados representações inalteradas da vida africana pré-colonial.

Ao contrário do retrato negativo da África e de suas mulheres, defendo que as mulheres africanas são multidimensionais em termos de *status*, classe, envolvimento na política, vida social e economia. Essa definição permite entender a existência de mulheres poderosas e de mulheres impotentes em todas as esferas da vida, e esse é o ponto de partida para pesquisas mais relevantes sobre a natureza global da sororidade entre as mulheres. Os meios pelos quais as mulheres ganham influência incluem a propriedade e o controle dos meios de produção; o prestígio decorrente da geração e da socialização dos filhos; a senioridade; o exercício do poder e da autoridade ritual; e a riqueza, que pode ser herdada ou conquistada individualmente (cf. Mba, 1982; Awe, 1992; Uchendu, 1993; Steady, 1979; Coles; Mack, 1991, p. 3-26).

Os exemplos de poder e prestígio das mulheres africanas são abundantes. Apesar dos reveses que sofreram sob o colonialismo, a tradição oral sugere que elas continuaram a desempenhar um papel importante na sociedade. Nas palavras de Steady (1979) sobre a África pré-colonial:

> Como a produção era principalmente para consumo, a questão do valor diferencial entre produção e reprodução não era um problema. A base do valor dado à reprodução era mais metafísico e simbólico do que puramente materialista. Como resultado, ao papel da mulher na reprodução muitas vezes foi atribuído um valor simbólico supremo, uma vez que ele fortalecia o grupo humano, garantia a continuidade da vida e se equiparava à própria força vital. O vínculo entre mãe e prole superava todos os outros vínculos e transcendia as regras patrilineares de descendência. Nas sociedades patrilineares, a posição estrutural das mulheres, como aquelas que perpetuavam a linhagem patriarcal, servia para alterar o controle masculino excessivo, possibilitado pelo forte corporativismo dos grupos locais de linhagem patriarcal (Steady, 1979, p. 7).

No pensamento feminista ocidental, não há permissão para o poder feminino que não seja não concedida pelos homens. Em vez de uma abordagem matizada, que reconhece as múltiplas variações na situação das mulheres, as mulheres são apresentadas como uma massa homogênea confusa.

Segundo a estrutura teórica e o argumento aqui apresentados, assim como as mulheres em todo o mundo, algumas mulheres africanas são poderosas, influentes, inteligentes e capazes; algumas carecem de poder e influência; e outras são mais poderosas do que a maioria dos homens em sua sociedade (cf. Coles; Mack, 1991; Awe, 1992). A maioria dos estudos, no entanto, procura casos do tipo "cachorro morde homem"* para reforçar o pensamento dominante no Ocidente sobre a inferioridade da África e de suas mulheres.

A ideia de que as mulheres dependem primeiro de seus pais e depois de seus cônjuges, juntamente com a ideia de que dependem da influência de homens poderosos para impulsioná-las para a política, indica que as mulheres são consideradas "menores legais". Para Enid Buchanan (1993, p. 1070), as mulheres africanas "são sempre propriedade de alguém. Geralmente, o pai, a família ou o marido". As mulheres africanas só são uma propriedade, no sentido de serem escravizadas, quando consideradas na perspectiva etnocêntrica da pesquisadora ou do pesquisador ocidental. Os estudos que destacam a autonomia e o domínio das mulheres africanas sobre suas vidas e recursos permanecem ofuscados pelos que enfatizam as variáveis negativas. Alguns dos estudos mais profícuos revelam a complementaridade entre homens e mulheres na sociedade africana pré-colonial, mulheres e homens ocupando posições de poder e liderança em todas as esferas da vida. Outros estudos indicam que as mulheres africanas contemporâneas têm

---

* No jornalismo, expressão que se refere a fatos banais, pouco relevantes – e, por isso, indignos de nota (em oposição, nesse caso, a "homem morde cachorro") [N.T.].

algum controle sobre seu próprio destino, embora muito ainda precise ser feito.

O pressuposto subjacente na maioria dos estudos sobre mulheres africanas é o de que essas mulheres são empobrecidas, subjugadas e oprimidas como resultado de sua ignorância. Para citar Buchanan mais uma vez:

> Dada a situação e a condição da mulher africana no presente (enquanto menores legais), as pessoas que defendem os direitos das mulheres africanas terão uma luta árdua para alcançar seus objetivos. O obstáculo em seus caminhos será não apenas as sociedades que relegam as mulheres à sua posição inferior atual, mas também as próprias mulheres que, ainda não esclarecidas, estão obstinadamente resignadas à sua situação (Buchanan, 1993, p. 1070).

Infelizmente, ignorância e falta de esclarecimento não são categorias analíticas úteis nem produtivas. Atribuir a persistência dessas condições à ignorância das mulheres africanas é assumir uma postura arrogante de se considerar mais capaz do que elas de apreender e interpretar a realidade. Como Esther Hicks argumenta:

> Rotular um determinado problema como de natureza social não o torna social. A infibulação (a forma mais extrema de circuncisão feminina) é um exemplo. [Para] a grande maioria da população feminina em sociedades que praticam a infibulação, não ser infibulada seria o problema social (Hicks, 1993, p. 1).

Olayinka Koso-Thomas, uma médica serra-leonesa, em seu livro intitulado *The Circumcision of Women: A Strategy for Eradication* (1987) – dedicado a elaborar uma estratégia para erradicação da circuncisão feminina –, comete o erro típico do feminismo ocidental ao analisar os argumentos das sociedades que praticam a circuncisão feminina (cf. Koso-Thomas, 1987, p. 5-9). A autora rejeita os argumentos que ela cita, destacando "o fator ignorância" como sendo o grande responsável, juntamente com "fatores místicos e ritualísticos" (Koso-Thomas, 1987, p. 12-14). Para reforçar seu argumento, ela faz a seguinte declaração:

> "A beleza está nos olhos de quem a vê." O olho que acha a genitália feminina normal feia foi condicionado a essa percepção. Mesmo naqueles casos muito raros em que há um aumento do clitóris e dos lábios, para a mente imparcial, os órgãos aumentados nunca são objetos de repulsa ou constrangimento (Koso-Thomas, 1987, p. 10).

Mas, na verdade, para Koso-Thomas, os únicos padrões de beleza aceitáveis são os dela. Se as mulheres africanas se agarram às suas tradições e práticas, elas devem ser abordadas como seres sensíveis e racionais, e estudadas com base nos mesmos padrões adotados em todos os outros estudos, não como remanescentes exóticas de um passado obscuro e brutal. Além disso, se e quando houver uma mudança dessa preocupação com a negatividade, surgirão estudos mais relevantes que evitarão a generalização grosseira e a falta de especificidade que há em grande parte da literatura até agora. Esses estudos proporcionarão uma representação mais equilibrada e multidimensional das mulheres africanas.

Os estudos da década de 1970 são uma herança da tendência histórica de subestimar até que ponto as mulheres africanas eram membras produtivas de suas sociedades. Em resposta às críticas a esses estudos, os atuais tendem a superestimar a capacidade das mulheres de gerar renda nas condições adversas causadas pelos PAEs. Como em todas as situações adversas, alguns indivíduos lucram, mas a subsistência da esmagadora maioria está ameaçada. Esses indivíduos são homens e mulheres. A premissa de que a igualdade de gênero melhorará a situação das mulheres da classe trabalhadora é equivocada, porque as mulheres ingressam na força de trabalho sob as mesmas condições de exploração e alienação que os homens. As limitações estruturais, muitas vezes, causam a perpetuação dessas mesmas condições por parte das mulheres (cf. Kanji; Jazdowska, 1993, p. 13).

Na África contemporânea, o estudo das respostas das mulheres ao PAE é uma questão importante, precisamente porque ele revela as lutas contínuas das mulheres contra a desigualdade ideológica, política e econômica. Ao estudar as respostas das mulheres ao PAE, é possível analisar as lutas das mulheres para dar sentido às suas vidas, lidar com problemas socioeconômicos difíceis, contestar políticas estatais onerosas e promover mudanças em suas vidas. As respostas das mulheres necessariamente diferem de acordo com a situação objetiva que elas enfrentam, e dependem das oportunidades e dos constrangimentos decorrentes de sua situação regional e de classe. Para pessoas especialistas interessadas em outras questões, a ponderação é que a objetividade é quase impossível, especialmente em situações em que outra cultura está sendo estudada. As respostas que obtemos dependem das perguntas que fazemos, que, por sua vez, dependem da nossa perspectiva, a qual é informada pela nossa socialização e pelos nossos preconceitos culturais.

Que mulheres? Desenvolvimento de quem?

Essas são questões pertinentes quando se considera a miríade de estudos que surgiram para defender a inclusão das mulheres africanas no processo de desenvolvimento. A Década das Nações Unidas para as Mulheres é um importante divisor de águas para o advento desses estudos. Durante as conferências que celebraram a década, ficou claro que os ideais e as normas do feminismo ocidental eram os novos padrões pelos quais as feministas de outras partes do mundo seriam julgadas. A resistência das delegadas feministas do Terceiro Mundo a essas conferências sublinhou a inadequação da premissa de que padrões de desenvolvimento idênticos podem ser talhados para todas as mulheres em todos os momentos e em todas as partes do mundo. Dada essa maior atenção por parte das organizações multilaterais às questões e aos problemas do desenvolvimento, é surpreendente que o empoderamento até mesmo das mulheres do campo seja tão impreciso. O foco de tais esforços é o desenvolvimento de quem, então? A administração do desenvolvimento é tão hierárquica que fica fácil sugerir que o foco das multilaterais é manter um grupo estável de vítimas para justificar sua existência[25].

Uma das consequências mais significativas da Década da Nações Unidas é o foco dos esforços das organizações governamentais e não governamentais internacionais, no que se refere a mulheres e desenvolvimento, na "integração das mulheres africanas ao processo de desenvolvimento". Desde a década de 1970, muitos estudos recomendam que os esforços de desenvolvimento devem ser direcionados às mulheres do campo, marginalizadas em relação aos homens do campo e às mulheres urbanas. No entanto, os esforços de desenvolvimento dirigidos às mulheres cometem uma falha fatal fabricando vítimas onde existem seres humanos poderosos, vibrantes e ativos. Quando o ativismo, o poder e o controle das mulheres sobre suas vidas não são reconhecidos, esses esforços criam vítimas. A crítica de Awa Thiam ao pensamento feminista convencional aplicado às mulheres negras é instrutiva a esse respeito. Olhando para a década de 1970 em busca de variáveis que afetam a igualdade entre as mulheres, ela argumenta:

> Quatro aspectos parecem ser particularmente marcantes em suas implicações para as mulheres. O primeiro é a natureza frequentemente equivocada das tentativas de integrar as mulheres no desenvolvimento; o segundo, a camisa de força que o capitalismo global colocou no desenvolvimento africano por meio do FMI e suas políticas de ajuste estrutural; o terceiro, o papel potencial, mas não realizado, do Estado em contribuir para a transformação das relações de gênero; e o quarto, o aprofundamento das divisões de classe (e outras) emergentes entre as próprias mulheres (apud Baylies; Bujra, 1993, p. 4).

---

25. Cf. Payer (1982) e Ayers (1993) para críticas à administração do desenvolvimento.

O impulso para integrar as mulheres no desenvolvimento revelou-se totalmente equivocado quando se tornou óbvio que as mulheres sempre estiveram integradas em uma multiplicidade de ocupações e nunca haviam sido excluídas do trabalho remunerado. Para Baylies e Bujra (1993, p. 4-10), a eficácia de muitas das medidas supostamente introduzidas para melhorar a condição das mulheres africanas, como projetos de "geração de renda" e inovação agrícola, também eram questionáveis. Em segundo lugar, quando a independência econômica das mulheres é reconhecida, ela é muitas vezes tomada como um fator negativo que indica a indolência dos homens africanos. Enquanto as mulheres são essencialmente retratadas como animais de carga, os homens são retratados como preguiçosos e subempregados (Coquery-Vidrovitch, 1997, p. 13-15, 26-27). As estruturas teóricas que emergem desse tipo de análise, conforme caracterizado por Steady (1979, p. 8), fomentam "dicotomia, individualismo, competição e oposição".

Estas são algumas perguntas cruciais a serem feitas em relação à África: Os modelos feministas ocidentais são adequados? As mulheres africanas acreditam que vivem sob o peso opressivo do patriarcado? Para evitar a generalização excessiva e a reificação de qualquer experiência, a pesquisa deve focar a multiplicidade de ideias que existem entre as mulheres africanas, ideias que são necessariamente informadas pelas diversas diferenças culturais existentes entre os grupos étnicos africanos. Trata-se de uma tarefa gigantesca que não pode ser realizada, como muitas vezes foi feito no passado, apenas estudando um grupo ou uma fração dele e pressupondo que o observado se aplica a todos os povos africanos. Hanny Lightfoot-Klein (1989, p. 1-46), como mencionado anteriormente, conduziu estudos no Egito, no Sudão, em Uganda e no Quênia, mas fala com bastante autoridade sobre a África como um todo[26]. Essa abordagem da África é problemática,

---

26. Compare a abordagem do problema social de Lightfoot-Klein (1989) com a abordagem factual de Hicks em *Infibulation* (1993).

porque não se pode afirmar corretamente que, em um dado país, todos os grupos étnicos adotam determinadas práticas ou mesmo que todas as partes de um grupo étnico o façam. A circuncisão, por exemplo, não é praticada por todas as pessoas de língua iorubá na Nigéria. Pesquisadoras e pesquisadores não devem, também, tomar o que quer que seja observado na África como representativo da tradição, como se seus povos estivessem congelados no tempo.

A tarefa à frente é dupla. Em primeiro lugar, o argumento feminista de que o gênero é socialmente construído deve ser levado a sério. Isso envolve, necessariamente, o reconhecimento de que múltiplas construções do conceito são inevitáveis. Ele não pode ser reduzido a uma definição essencialista e incontestável, e suas consequências serão diferentes com as variações no tempo e no espaço. Como primeiro passo, então, os estudos sobre mulheres africanas devem ser claros a respeito das diferenças que separam as sociedades africanas. Sem dúvida, os vieses não podem ser totalmente descartados, na medida em que as perspectivas individuais são moldadas pelas experiências e pela socialização, mas, quando generalizações são feitas, elas devem ter um olhar claro sobre a realidade.

Em segundo lugar, como sugere Patricia Hill Collins (1991), o pensamento do feminismo negro é composto de um conhecimento teórico especializado, produzido pelas energias criativas de mulheres afro-americanas que interpretam suas realidades vividas. Em outras palavras, o pensamento feminista negro engloba interpretações teóricas da realidade das mulheres por aquelas que a vivenciam. A implicação dessa recomendação para o estudo das mulheres africanas é que a desigualdade e a opressão vivenciadas pelas mulheres africanas não podem ser comparadas às de suas irmãs no Ocidente. Assim, mais mulheres africanas devem empregar seus conhecimentos especializados para construir as próprias teorias, as quais também revelariam perspectivas múltiplas, uma vez que não há um ponto de vista africano unificado e indivisível. Para enriquecer os debates transculturais entre todas as teóricas feministas e para corroer o suposto monopólio ocidental do conhecimento, as africanas, no exame autoconsciente de suas sociedades individuais, devem construir teorias que não sejam meras replicações ou confirmações de velhas construções ocidentais.

O terceiro ponto é que a sororidade, quando conceitualizada adequadamente, não deveria ser opressiva. Ela não deve ser uma relação de dominação, de privilégio de uma irmã sobre a outra. Meu apelo a pessoas especialistas e ativistas africanas é que fujam do cosmopolitismo desinformado. Cosmopolitismo desinformado é definido aqui como a tendência a aceitar de forma acrítica as teorias e as ideias do Ocidente, e – pior ainda – combinar isso com a rejeição total dos costumes sociais africanos como primitivos, ignorantes, ultrapassados e brutais. Quando isso acontece, estudiosas e estudiosos africanos não estão apenas se identificando com o opressor – são também participantes complacentes, porém ativos na recolonização de seu próprio povo. A tarefa mais importante que temos é a de compreender, de forma autoconsciente, nossas próprias sociedades em seus próprios termos; "descolonizar" nossas mentes da influência insidiosa do pensamento ocidental para apreender plenamente a realidade de nossas sociedades tal como ela é[27]. Pessoas especialistas africanas, imersas na cultura ocidental e educadas em instituições eurocêntricas, particularmente no continente, são qualificadas e familiarizadas com os modos de pensamento, análises, suposições, axiomas e princípios ocidentais. O novo projeto de pesquisa é que elas devem se tornar igualmente qualificadas em corpos de pensamento africanos que, eu argumento, têm sido subestimados por especialistas da África, contribuindo ativamente para sua desvalorização e deslegitimação. A beleza da boa teoria e do ativismo é que o conjunto do conhecimento humano se amplia e se aprofunda. O Ocidente tem tanto ou mais a aprender com as sociedades africanas quanto a África tem a

---

27. Para uma crítica clara e incisiva dessa tendência, cf. *The Wretched of the Earth* (Fanon, 1963) e *Decolonising the Mind* (Wa Thiong'o, 1986).

aprender com o Ocidente. Estudiosas e estudiosos africanos devem a si mesmos e às suas sociedades tomar a frente e criar corpos de conhecimento que não sejam apenas socialmente relevantes, mas também libertadores.

O dever de um intelectual não é apenas registrar os fenômenos, mas encontrar significados ocultos e expô-los. Segundo os iorubá, *ààbò òrò l'à nso f'ómolúwàbí, t'ó bá d'énú* è, *á d'odindi* [qualquer indivíduo razoável e inteligente precisa apenas de uma dica, que é digerida e integrada ao todo, ou o conhecimento completo]. As palavras representadas pelo acrônimo MGF não podem, portanto, ser tomadas ao pé da letra. As palavras, como algumas feministas argumentam de forma convincente, podem empoderar ou silenciar. Ironicamente, as feministas também fazem muitas análises que identificam e dão destaque a casos de mulheres silenciadas pelas estruturas patriarcais de dominação. No entanto, mulheres de cor e feministas negras como bell hooks (1984), Patricia Hill Collins (1991), Cade Bambara, no prefácio de Cherríe Moraga e Gloria Anzaldúa (1983) e Audre Lorde (1996) evidenciaram a intolerância e/ou a atitude paternalista do feminismo dominante em relação às feministas não brancas[28]. Em sua crítica, mulheristas e feministas negras argumentam que as feministas brancas liberais foram cúmplices ou, pelo menos, tácitas em seu apoio à opressão do patriarcado branco sobre mulheres de cor e feministas radicais. Da mesma forma, feministas e ativistas ocidentais adotam as palavras "mutilação genital feminina" para silenciar quem tenha uma opinião contrária.

Muitas vezes, o projeto de pesquisa feminista e a engenharia social feminista têm como objetivo a *norma*lização de todas as mulheres. As feministas apresentam uma imagem universalizada

---

28. Cf., p. ex., *Black Feminist Thought: Knowledge, Consciousness, and the Politics of Empowerment* (Collins, 1991); *This Bridge Called my Back: Writings by Radical Women of Color* (Moraga; Anzaldúa, 1983 – com prefácio de Toni Cade Bambara); e *The Audre Lorde Compendium: Essays, Speeches and Journals* (Lorde, 1996).

do patriarcado como uma experiência comum, mas, quando essa imagem é associada à conceitualização do gênero como uma construção social, uma dualidade se insere no pensamento feminista, criando uma quinta coluna no *corpus* das obras feministas. Em consequência, cada conceito corrói o significado do outro. Se o patriarcado é universalizável, todas as experiências das mulheres seriam imagens espelhadas umas das outras. Estou convencida de que não é esse o caso. Minha mãe, irmão, irmãs, tias, tios, avô e eu compartilhamos o mesmo *oríkì orílẹ̀*, a poesia de louvor com a qual os iorubá homenageiam indivíduos, grandes e pequenos. Cada família tem seu próprio e distinto *oríkì*. Ele ensina sobre a ancestralidade passada, é fonte de inspiração e um exemplo da habilidade da oratória. Ao contrário do que afirma Karin Barber no livro *Could Speak Until Tomorrow: Oríkì, Women and the Past in a Yoruba Town* (1991), esses poemas são estudados e recitados tanto por homens quanto por mulheres. Habilidade e especialização nesse campo não são uma função de gênero, mas de erudição, sendo afetados pela capacidade intelectual e pela qualidade da formação. Se, para Barber, *oríkì* é um campo feminino, uma das poucas áreas que elas controlam ou têm permissão para controlar, o *oríkì*, ao contrário, tem especialistas homens e mulheres. É possível argumentar que existe um determinado *corpus* de *oríkì* em que há uma divisão de trabalho baseada em gênero. Por exemplo, o *ẹkún ìyàwó*, ou lamento das noivas, só é recitado por mulheres jovens, naquele momento específico em que estão prestes a se tornarem noivas. A questão é: o que isso simboliza? Sobretudo, simboliza que existem normas sociais para os desideratos, e, portanto, as pessoas, tanto homens quanto mulheres, se conformam. A mudança, porém, é inevitável, mas, infelizmente, nem sempre é positiva. Nos dias de hoje, muitas noivas iorubá, lamentavelmente, não têm ideia de que o *ẹkún ìyàwó* existe e, quando o conhecem, a sua ética cristã muitas vezes gera uma resposta condenatória em vez de oferecer uma aceitação calorosa. Essa discussão sobre o *oríkì* é relevante para o debate acerca das cirurgias genitais femininas em pelo menos dois aspectos. Em primeiro lugar, ela ilustra o meu argumento de que as práticas sociais muitas vezes morrem de morte natural, sem qualquer intervenção externa. Em segundo lugar, ela sublinha a tendência, mesmo entre pessoas especialistas mais cuidadosas e respeitadas, de interpretar as sociedades em que são estrangeiras de forma equivocada, apesar de passarem alguns anos observando os "nativos". Estrangeiros não são apenas aqueles que vêm do exterior. A doutrinação – parte importante da formação da maioria dos intelectuais africanos – os empurra para um cosmopolitismo indigno e homogeneíza suas perspectivas de maneira notável.

Para as estudiosas africanas que se consideram feministas, deveria haver mais troca de ideias com feministas do Ocidente que problematizem as ideias de origem ocidental em vez de privilegiá-las. Na medida em que isso realmente for feito, o feminismo como movimento – e, de fato, as teorias feministas – será enriquecido, e, então, poderemos falar sobre a possibilidade de construção da sororidade. Mais uma vez, há muito a aprender do trabalho de Fanon (1963). Sobre o maniqueísmo que emerge da situação colonial, o autor afirma o seguinte:

> Às vezes, esse maniqueísmo vai até a sua conclusão lógica e desumaniza o nativo, ou, para falar francamente, transforma-o em um animal. De fato, os termos que o colono usa ao falar sobre o nativo são termos zoológicos. Ele fala dos movimentos reptilianos do homem amarelo; ou do fedor dos bairros nativos; ou das hordas, da imundície, da prole, das gesticulações. Quando o colono busca descrever o nativo em termos exatos, ele constantemente se refere ao bestiário [...]. Essas hordas de estatísticas vitais (recordem os números dos mutilados), essas massas histéricas, esses rostos despojados de toda a humanidade, esses corpos distendidos que não são como nada na terra, essa multidão sem começo nem fim, essas crianças que parecem abandonadas no sol. Esse ritmo vegetativo da vida – tudo isso faz parte do vocabulário colonial. O nativo [...] sabe que não é um animal; e é precisamente no

momento em que se dá conta de sua humanidade que ele começa a afiar as armas com as quais assegurará sua vitória. No contexto colonial, o colono só encerra o seu trabalho de invasão no mundo nativo quando o nativo admite, em voz alta e de forma inteligível, a supremacia dos valores do homem branco. No período de descolonização, as massas colonizadas zombam desses mesmos valores, insulta-os, vomita-os (Fanon, 1963, p. 42-43).

O livro de Lightfoot-Klein (1989) está repleto de referências negativas, como as identificadas por Fanon anteriormente. Algumas delas já foram discutidas. Eu defendo que a pedagogia feminista ocidental é evangelizadora e que, como movimento social, busca dominar a África oferecendo "ajuda". Ela apresenta uma perspectiva única e, assim como o patriarcado – que é o seu foco –, é hierárquica e tem muito em comum com o projeto colonial de inculcar valores ocidentais, independentemente dos desejos e das prioridades locais.

Para compreender o fenômeno das cirurgias genitais femininas, não precisamos de relatos de viagem. Precisamos de investigações sérias sobre por que as pessoas fazem o que fazem e quais são as possibilidades de mudança no contexto de sua própria história. Precisamos de um ativismo acadêmico socialmente relevante, particularmente entre os povos africanos. A mente da intelectualidade africana precisa ser descolonizada. Há fotos suficientes de órgãos genitais femininos circulando por aí, e muitas reportagens e relatos acadêmicos sensacionalistas sobre as cirurgias genitais femininas. Eles não mudaram nada. Eu acredito que, sem qualquer intervenção, as práticas sociais que não têm utilidade para as pessoas morrem de morte natural. Esse não é um argumento contra a intervenção, ele apenas chama a atenção para o fato de que a intervenção oriunda da falta de respeito com quem está sendo estudado é ainda mais perigosa do que não fazer nada.

Obras citadas

AKE, C. Manichaean Dialectics: The State Project and its Decivilizing Mission in Africa. *Paper Presented at the Brookings Institution*, s.d.

ALAVI, H. The State in Post-Colonial Societies: Pakistan & Bangladesh. *In*: GOLDBOURNE, H. (ed.). *Politics and State in the Third World*. Londres: Macmillan, 1979.

AWE, B. Nigerian Women & Development in Retrospect. *In*: PARPART, J. L. (ed.). *Women and Development in Africa: Comparative Perspectives*. Lanham: University Press of America, 1989. p. 313-334.

AYERS, R. L. *Banking on the Poor: The World Band and Poverty*. Massachusetts: MIT Press, 1993.

BARBER, K. *I Could Speak Until Tomorrow: Oríkì, Women and the Past in a Yoruba Town*. Edinburgo: Edinburgh University Press for the International African Institute; London, 1991.

BAYLIES, C.; BUJRA, J. Challenging Gender Inequalities. *Review of African Political Economy*, 56, p. 3-10, 1993.

BOAHEN, A. A. *African Responses to Colonialism*. Baltimore: Johns Hopkins University Press, 1987.

BUCHANAN, E. Women: Struggle for Change. *West Africa*, 1993: 1070-1073.

COLES, C.; MACK, B. *Hausa Women in the Twentieth Century*. Madison: University of Wisconsin Press, 1991.

COLLINS, P. H. *Black Feminist Thought: Knowledge, Consciousness, and the Politics of Empowerment*. Nova York: Routledge, 1991.

COQUERY-VIDROVITCH, C. *African Women: A Modern History*. Boulder: Westview, 1997.

DAVIDSON, B. *The Black Man's Burden: Africa and the Curse of the Nation State*. Nova York: Times, 1992.

FANON, F. *The Wretched of the Earth*. Nova York: Grove, 1963.

FATTON, R. Gender, class and state in Africa. *In*: PARPART, J. L.; STAUDT, K. A. (ed.). *Women and the State in Africa*. Boulder: Lynne Rienner, 1989. p. 47-66.

GELB, J. *Feminism and Politics: A Comparative Perspective*. Berkeley: University of California Press, 1989.

GIORGIS, B. W. *Female Circumcision in Africa*. Addis Ababa: UNECA, African Training and Research Centre for Women & AAWORD, 1981.

HAY, M. J.; STICHTER, S. *African Women South of the Sahara*. Londres: Longman, 1987.

HICKS, E. K. *Infibulation: Female Mutilation in Islamic and North Western Africa*. New Brunswick: Transaction, 1993.

hooks, b. *Feminist Theory: From Margin to Center*. Boston, Massachusetts: South End, 1984.

HOSKEN, F. The Hosken Report: Genital Mutilation, the Practice and its Prevention. *Minority Rights Network News*, 1994.

HOSKEN, F. *Female Sexual Mutilations: The Facts and Proposals for Action*. Lexington: Women's International Network News, 1979.

KANJI, N.; JAZDOWSKA, N. Structural Adjustment and Women in Zimbabwe. *Review of African Political Economy*, 56, p. 11-26, 1993.

KOSO-THOMAS, O. *The Circumcision of Women: A Strategy for Eradication*. Londres: Zed, 1987.

LIGHTFOOT-KLEIN, H. *A Woman's Odyssey into Africa: Tracks Across a Life*. Nova York: Routledge, 1992.

LIGHTFOOT-KLEIN, H. *Prisoners of Ritual: An Odyssey into Female Genital Circumcision in Africa*. Binghamton: Haworth, 1989.

LORDE, A. *The Audre Lorde Compendium: Essays, Speeches, and Journals*. Londres: Pandora, 1996.

MBA, N. E. *Nigerian Women Mobilized: Women's Political Activity in Southern Nigeria, 1900-1965*. Berkeley: Research Series/University of California Press; Berkeley: Institute of International Studies, n. 48, 1982.

MORAGA, C.; ANZALDÚA, G. (ed.). *This Bridge Called My Back: Writings by Radical Women of Color*. 2. ed. Nova York: Kitchen Table, Women of Color, 1983.

MUDIMBE, V. Y. *The Invention of Africa: Gnosis, Philosophy and the Order of Knowledge*. Bloomington: Indiana University Press, 1988.

PARPART, J. L.; STAUDT, K. A. (ed.). *Women and the State in Africa*. Boulder: Lynne Rienner, 1989.

PAYER, C. *The World Band: A Critical Analysis*. Nova York: Monthly Review, 1982.

ROBERTSON, C.; BERGER, I. (ed.). *Women and Class in Africa*. Nova York: Africana, 1986.

RODNEY, W. *How Europe Underdeveloped Africa*. Washington: Howard University Press, 1981.

ROSENTHAL, A. M. The possible dream. Ending female genital mutilation. *The New York Times*, jun. 1995, p. A25.

RUESCHEMEYER, D; STEPHENS, E. H.; STEPHENS, J. D. *Capitalist Development and Democracy*. Chicago: University of Chicago, 1992.

SANDERSON, L. P. *Against the Mutilation of Women: The Struggle to End Unnecessary Suffering*. Londres: Ithaca, 1981.

SEREQUEBERHAN, T. (ed.). *African Philosophy: The Essential Readings*. Nova York: Paragon House, 1991.

SCHATTSCHNEIDER, E. E. *The Semisovereign People: A Realist View of Democracy in America*. Fort Worth: Harcourt Brace Jovanovich College, 1975.

STEADY, F. C. African Feminism: A Worldwide Perspective. *In*: Ed. TERBORG-PENN, R.; HARLEY, S.; RUSHING, A. B. *Women in Africa and the African Diaspora*. Washington: Howard University, 1979.

STICHTER, S. B.; PARPART, J. L. *Patriarchy and Class: African Women in the Home and the Workforce*. Boulder: Westview, 1988.

SUDARKASA, N. The 'Status of Women' in Indigenous African Societies. *In*: TERBORG-PENN, R.; HARLEY, S.; RUSHING, A. B. (ed.). *Women in Africa and the African Diaspora*. Washington: Howard University, 1979.

UCHENDU, P. K. *The Role of Nigerian Women in Politics: Past and Present*. Enugu: Nigeria, Fourth Dimension, 1993.

WA THIONG'O, N. *Decolonising the Mind: The Politics of Language in Africa Literature*. Londres: James Currey; Nairobi: Heinemann Kenya; Portsmouth: Heinemann; Harare: Zimbabwe Publishing House, 1986.

WA THIONG'O, N. *Moving the Centre: the Struggle for Cultural Freedoms*. Portsmouth: Heinemann, 1993.

WALKER, A. *Possessing the Secret of Joy*. Londres: Women's Press Book Club, 1992.

WALKER, A. *Warrior Marks: Female Genital Mutilation and the Sexual Blinding of Women*. San Diego: Harcourt Brace, 1996.

5

"O" ÁFRICA

Imperialismo de gênero na academia

Nkiru Nzegwu

    A linguagem e as ideias conceituais podem ser lugares dramáticos de violência nos quais as atividades, as ações e a humanidade de outras pessoas são violadas. A liberação psíquica começa pela resistência às estruturas e às relações de superioridade/subordinação, que patologizam e demonizam a diferença. Na tentativa de promover a autorrememoração e a filiação* de identidades subjugadas, este artigo analisa os efeitos sociais, psíquicos e políticos das estruturas da branquitude na academia e as diversas formas de imperialismo de gênero que surgem a partir da negação dos direitos culturais e da individualidade cultural. A análise é detalhada porque revela de forma metódica a ligação entre gênero e imperialismo, e examina os processos em que o conhecimento é racializado na construção de discursos hegemônicos. Uma crítica do catálogo *Heroic Figures*, publicada em 1989 por uma estudante branca, fornece uma porta de entrada para a política invisível e sutil da diferença racial e sexual e as estratégias de "silenciamento" utilizadas para apagar o Outro e reinscrever o privilégio. Hoffman (1989) se torna uma metáfora mediante a qual discuto a questão do imperialismo de gênero; por isso, muito do que será dito se aplica também às ações hegemônicas de um grande número de mulheres profissionais brancas.

---

* No original, *"self-(re)membering"* [N.T.].

O argumento está dividido em sete seções principais. A primeira trata dos efeitos da branquitude nos corpos das profissionais africanas na academia. As reflexões geradas em um debate sobre "resistir ao imperialismo", apresentado na décima quinta reunião anual da Sociedade Canadense de Mulheres na Filosofia (C-SWIP, na sigla em inglês), fornece uma entrada para discutir como a participação nas estruturas ocidentais eurocêntricas de privilégio fratura e corrói as identidades dos povos não europeus. Na segunda seção, estabeleço a conexão entre gênero e imperialismo racial ao explorar os efeitos da arrogância autoral na produção do conhecimento. Isso leva a uma análise das inversões mentais que facilitam a racialização do conhecimento. Na terceira scção, examino como é atribuído ao conhecimento um viés de gênero, de modo a aumentar o poder e o privilégio das mulheres brancas. A quarta seção analisa a ideologia da mercantilização que sustenta a produção do conhecimento nas estruturas da branquitude, e a quinta discute como o manto da especialização mascara a ignorância e legitima a reconstrução teórica da cultura com as marcas da branquitude. Nesse sentido, o meu foco é como uma mulher branca "com conhecimento e empatia" propõe um esquema estético branco para avaliar a máscara *ekpo* dos ibibio. Então, examino o subtexto epistemológico de seu argumento para revelar a agenda política da sua posição. Dado que a questão da sensibilidade estética e o conhecimento sobre o esquema artístico dos ibibio são colocados de forma desonesta na crítica publicada, na sexta seção, investigo o efeito da linearidade na construção do conhecimento e levanto a questão da linguagem e da tradução, e a relegação da África e das perspectivas africanas à margem do discurso histórico sobre a arte. Na sétima seção, concluo identificando uma estratégia útil para resistir ao imperialismo e evitar suas diversas mutilações psíquicas e físicas.

> *Oburo mbosi ukwa dalu*
> *ka oga ele,*
> *oburo mbosi o'daa*
> *ka o'le.*

> Não é no dia em que a fruta-pão cai
> que ela vai apodrecer,
> não é no dia em que ela cai
> que ela apodrece.

Toronto, 1992

Na décima quinta conferência anual da Sociedade Canadense de Mulheres na Filosofia, uma sessão plenária foi organizada para explorar as maneiras como as mulheres lidam com o impacto do imperialismo em suas vidas. Com o título "Resistir ao imperialismo", o painel era composto por "minorias visíveis", a expressão oficial canadense para "pessoas de cor". As três palestrantes eram Haideh Moghissi, uma teórica política iraniana-canadense; May Yu, uma filósofa sino-canadense; e eu.

À época da reunião, Moghissi estava no meio de um exaustivo processo antirracismo na Queen's University, no Canadá. As acusações que ela apresentou contra o Departamento de Ciência Política, em relação a suas políticas racistas e de gênero discriminatórias, provocaram um alvoroço que expôs o racismo subterrâneo de membros importantes do departamento. Yu lecionava em uma universidade no norte de Manitoba, onde, assim como no resto do Canadá, a preferência dominante do departamento era por filósofos homens brancos, e a filosofia se restringia à filosofia anglo-analítica. Como a única canadense-asiática não branca e a única mulher no departamento, ela foi colocada, institucionalmente, como uma presença desviante, alvo de várias formas institucionalizadas de atitudes racistas e sexistas. Eu cheguei ao painel com uma bagagem pesada de experiências acumuladas em encontros sociais e intelectuais no Canadá e nos Estados Unidos, onde as mulheres africanas são tratadas de forma paternalista. Ser africana e mulher nesses contextos significava, especificamente, ser "o Outro" antagonista, a antítese da pessoa branca deliberativa, competente, racional e civilizada.

Preocupada com os efeitos negativos de compartilhar experiências pessoais em uma estrutura imperial que incentivava a minha exclusão – e sabendo da oposição da organizadora a um formato de painel que ela, certa vez, descreveu como "colocar mulheres de cor em exibição" –, refleti estoicamente sobre a minha participação. Se minha luta política era combater o imperialismo, proteger-me contra a exploração das minhas experiências e resistir ao apagamento racista da minha individualidade, eu tinha de estar alerta para seus múltiplos lugares e formas mutantes. Uma vez que o imperialismo está codificado e habilmente inscrito nas atividades intelectuais e culturais do Ocidente, a única maneira de fazer isso era questionar sempre a razão pela qual eu estava sendo convidada a participar dos eventos e avaliar de forma crítica a agenda da organização, bem como as modalidades decisórias na seleção de palestrantes.

Pensar nos termos da participação desencadeou memórias há muito esquecidas. Recordei ter testemunhado a face abusiva do domínio imperial britânico em meus anos impressionáveis no Malaui (na época, Niassalândia). E eu me lembrei do conselho do meu pai de que uma pessoa precisa ser cautelosa quando for solicitada a compartilhar testemunhos pessoais no interior de estruturas imperialistas. Dando como exemplo as vidas dos então líderes revolucionários Jomo Kenyatta, Kenneth Kaunda e Julius Nyerere, ele explicou que o imperialismo muitas vezes se legitima ao se apropriar das experiências dos oprimidos e depois se mantém explorando o poder dessas experiências. A opinião dele sobre o assunto é que, ao decidir participar de estruturas imperiais, é preciso estudar criticamente o modelo de resistência dos Mau Mau quenianos e estar alerta para as inúmeras táticas diversionistas do imperialismo.

Aceitei o convite para o painel porque decidi que era importante confrontar os lugares e os processos de dominação de gênero na medida em que isso afeta a minha identidade feminina, nigeriana e igbo na América do Norte. Precisava ter uma compreensão mais aguçada da dinâmica interna da variante feminina branca do imperialismo, tal como ela se manifesta no ar rarefeito da academia. Para compreender plenamente o que acontece quando raça e classe se entrecruzam, escolhi de forma deliberada a arena privilegiada da academia como um local de investigação para explorar o significado do *slogan* "a sororidade é global" e examinar os processos por meio dos quais ela se transfigura em "sororarquia".

Por que o imperialismo de gênero? Queria simplesmente investigar a branquitude na medida em que ela se relaciona e é praticada por mulheres brancas. Sei que o imperialismo estabelece uma relação hierárquica de dominação e subordinação entre nações e instituições, mas queria entender como essa relação também opera entre mulheres de elite racialmente privilegiadas e mulheres de elite racialmente desfavorecidas. Era importante questionar a autoridade e os privilégios institucionalizados que estabelecem uma relação diádica de poder patroa/criada entre mulheres brancas e mulheres de cor em um ambiente profissional. Precisava analisar como essa relação influencia a produção autoral de conhecimento e quais imagens e expectativas de gênero tácitas imperam nesse contexto – muitas das quais se espera que eu mantenha. Além disso, queria questionar o compromisso de colegas brancas titulares e não titulares com os princípios da diferença e da diversidade cultural. Suas ofertas de amizade eram genuínas ou eram um convite à submissão? O compromisso de nossas irmãs brancas com o princípio da diferença era sério ou suas afirmações eram meramente retóricas? Tendo experiências passadas como guia, surgiram perguntas mais preocupantes. Elas apagariam de forma evasiva a fealdade da dor criada por seu privilégio, excluindo-nos nesse processo? Elas deixariam as posições confortáveis de privilégio racial e trabalhariam para combatê-lo?

Desde o início, ficou claro que o imperialismo de gênero seria um assunto muito difícil de abordar, dada sua forma nebulosa. A postura politicamente correta assumida por algumas das pessoas que são suas mais fervorosas perpetradoras, bem como a negação geral de que as mulheres brancas têm poder na academia, eram obstáculos adicionais. A visão arraigada de que as mulheres brancas são vítimas do patriarcado – mas jamais suas perpetradoras conscientes[29] – fomenta essa negação, apesar dos papéis que muitas assumem como guardiãs de privilégios, amantes de patriarcas e matriarcas de um novo cânone em desenvolvimento. Muitas de nossas "irmãs" brancas supõem que ter mulheres de cor como amigas ou ter experiências interculturais comprovam sua natureza não racista. No entanto, quando se passa dos pronunciamentos "politicamente corretos" para o plano da ação, descobre-se que as mulheres brancas mais privilegiadas operam como substitutas dos homens brancos que não querem se envolver na briga, ou, tendo internalizado as estruturas opressivas da branquitude, elas mesmas se engajam em uma missão imperial própria.

Compreender a dinâmica interna do imperialismo significa reconhecer as diferentes permutações de sua natureza exploradora. O imperialismo é generificado quando o caráter político, econômico e social da dominação é construído com base na raça e no gênero, quando mulheres brancas exploram seus privilégios raciais e institucionais para racializar as outras, reivindicar vantagens e afirmar autoridade sobre as mulheres de cor. Na medida em que a autoridade legitimadora dessas mulheres deriva da estrutura do quadro sociopolítico mais amplo do imperialismo e da economia global e estabelece uma relação racializada de subordinação entre as mulheres, as mulheres brancas não podem se absolver de cumplicidade com o imperialismo e a opressão. Sua defesa da sororidade é diversiva.

"A sororidade é global": opressão e mutilações identitárias

Às vezes, fazemos mais do que servir (Haideh Moghissi, minha colega palestrante iraniana-

---

[29]. Não é minha intenção sugerir que algumas mulheres brancas não sejam vítimas. Eu me contraponho principalmente à maneira essencialista de tratá-las todas como vítimas, mesmo quando está claro que muitas delas são opressoras conscientes.

-canadense, ao ser "confundida" com uma funcionária cinco minutos antes de sua palestra na conferência da C-SWIP de 1992, em Toronto).

Trabalhando de forma independente, eu e minhas colegas palestrantes do C-SWIP abordamos a questão do imperialismo do ponto de vista de experiências pessoais e especificamente localizadas, não de postulados abstratos e desconectados da experiência. Cada uma de nós analisou as implicações do imperialismo a partir da especificidade de nossas experiências, sabendo que as experiências de outras mulheres de cor seriam diferentes das nossas, mas, ainda assim, revelariam pontos em comum importantes e inegáveis. A amplitude das questões levantadas a partir das nossas três perspectivas culturalmente divergentes destacou a natureza não monolítica das "minorias visíveis" no Canadá. No entanto, as áreas amplas de sobreposição revelavam os efeitos comuns do imperialismo nessa população culturalmente diversa.

Cinco minutos antes do início da sessão, Moghissi foi confundida com uma funcionária por uma das mulheres brancas "progressistas" da conferência que, do outro lado da sala, a viu no fundo, esperando quieta que as pessoas se acomodassem. Ela se aproximou e perguntou a Moghissi quando o café seria reabastecido.

Muitas vezes, gestos inconscientes revelam mais sobre as atitudes latentes do que ações e teorizações intelectuais cuidadosamente pensadas. Esses julgamentos instantâneos falam muito mais do que palavras e/ou a literatura crítica feminista sobre as atitudes das mulheres brancas em relação às mulheres de cor e sua percepção como subordinadas em eventos sociais. Esses gestos instintivos e não mediados distinguem os papéis inferiores de serviçal, que as mulheres brancas reservam para as mulheres de cor, e destacam os papéis que se espera que as mulheres de cor desempenhem no interior das estruturas do imperialismo branco, por exemplo.

Quando aceitei o convite, minha dificuldade ao pensar sobre minha participação no painel era que ela me obrigava a confrontar diretamente o que o imperialismo havia feito comigo na América do Norte: como ele me obriga a ser diferente do que sou, como ele pressupõe que devo ser outra pessoa. Consciente de tudo isso, fiquei ainda mais relutante de ter uma pessoa intérprete branca falando sobre minha realidade. Como aconselhou a falecida Nwalie Egbuna, então chefe de Ikporo Onitsha, "evite-as; por meio de seus escritos e interpretações, sempre conseguem nos transformar em macacos". Para evitar deturpações, eu me dei conta de que precisava falar, mesmo com medo. Algumas das coisas que queria destacar seriam melhor ditas por mim. Minha voz, minha raiva, minha dor são atos cognitivos que devem ser transmitidos de modo sistemático; eles não podem ser capturados por outra pessoa, sob pena de serem apagados. Fui em busca de palavras:

> Muitas coisas ainda são dolorosamente difíceis no seu sistema branco. A dor deriva das mutilações forçadas, das destruições de identidade, das manipulações psicológicas opressivas que ocorrem cada vez que alguém opera em seu sistema. Mesmo neste ato público mundano de compartilhar minhas experiências com vocês, ainda sofro inúmeras metamorfoses e traduções. Primeiro, tenho que sublimar minhas frustrações (*como insistem as pretensiosas vozes "civilizadoras": você não pode mostrar suas emoções em público, não é profissional*). Em seguida, tenho que suprimir grandes partes de mim e formas familiares de me expressar (*quando me lembro da reclamação arrogante: por favor, você poderia falar em inglês? Ninguém aqui entende sua língua*). Então, tenho de mudar de idioma e traduzir meus pensamentos viscerais em palavras estrangeiras frias que deixam de fora o espírito da minha fala (*ainda ouço: ah, você tem sotaque. De onde você é?*). As distorções me levam ao processamento da linguagem de poder profissional e inumana (*porque você tem que escrever e falar de uma forma "teórica", da forma que homens brancos conservadores autorizaram*). E, como se não bastasse, tenho de engolir minha raiva e, corajosamente, encontrar algumas lições que eu possa oferecer ao mar de rostos brancos para que vocês saibam que

os valorizo, que vocês são inocentes e que, de alguma forma, compreendi todas essas mutilações sem sentido e agradeço a percepção que isso me deu de mim mesma.

O imperialismo está implícito na própria estrutura da academia ocidental e está codificado em seus processos, na própria produção do conhecimento. Ele estipula uma lógica absoluta de existência, um certo modo de pensamento e comportamento, e ratifica secretamente um estilo determinado de fala, de existência, de aceitabilidade e de propriedade. Voz, identidade de gênero e, principalmente, cor da pele são discursivamente dispersos e subsequentemente ordenados para determinar se alguém é digno de voz, de respeito e até mesmo de admissão.

Nos salões sagrados da academia, encontramos as inscrições do imperialismo e do racismo nas próprias categorias de racionalidade, objetividade, universalidade, verdade e conhecimento. Racializadas, elas adquirem uma força excludente que é utilizada de três maneiras principais: para barrar a entrada de descendentes de povos não europeus; para deslegitimar o que estudiosas e estudiosos não europeus sabem e contribuem para o trabalho teórico; e para tolerar preconceitos acadêmicos, irrelevâncias, meias-verdades e interpretações problemáticas sobre os outros por parte de pessoas intelectuais brancas. O imperialismo na academia opera tanto na recusa a me enxergar quanto na recusa a permitir que eu seja eu mesma. A variante com a qual estou familiarizada racializa e me obriga a acomodar a branquitude, esquecendo-me de mim mesma e tornando-me mais parecida com ela. Imersa nessa teia conflituosa de legitimação, a força ideológica da branquitude funciona sob um manto "silenciador" da invisibilidade. Sendo invisível, a estrutura sempre insiste na vulnerabilidade e na "nudez" dos outros como precondição para compreendê-los. Sempre oculta, a força física e psíquica da branquitude destrói sistematicamente culturas, povos e objetos em seu caminho, sem revelar seus diversos lugares de operação. Sendo invisível, ela é automaticamente isenta de culpa, pois não se pode atribuir responsabilidade a algo que não se vê, que não deixa rastros de sua presença.

Ciente de tudo isso, eu me preocupei. Devo ou não participar do painel? De fato, o público é composto principalmente por mulheres brancas progressistas, mas o que isso importa? O leopardo nunca muda suas manchas. Qual é a garantia de que desta vez será diferente, de que essas mulheres liberais de classe média e alta vão me escutar? (*De novo, as vozes internas intermitentes, desta vez em um lugar cultural diferente: Você pode confiar! Lembre-se das inúmeras ocasiões na África colonial, nas plantações de trabalho escravo das Américas, no movimento sufragista, no movimento dos direitos civis, na África do Sul do* apartheid *e até mesmo nos mundos sociais, políticos e econômicos multiculturais de hoje, da traição das mulheres negras pelas mulheres brancas que lhes juraram amizade.*) Essas memórias me alertaram para ser menos otimista e menos ávida de formar alianças. O seu imediatismo era avassalador, especialmente porque eu não tinha nenhuma evidência de memória igualmente contundente para refutá-las.

Estava ciente das graves dimensões políticas da minha tarefa quando aceitei o convite para falar sobre resistência ao imperialismo. O que não previ foi a extensão e a profundidade do efeito corrosivo em meu corpo, mente e psique. Parei para contar as numerosas inscrições do imperialismo: mutilação corporal, descolorações mentais – pele negra, mente branca, voz alienada, vozes internas de quem constantemente defende quem oprime, vozes apologéticas ainda não exorcizadas aceitando de forma acrítica e acomodando humildemente a dominação e assim por diante. Para realmente valer a pena, a participação no painel exigia "falar a verdade", o que, por sua vez, demandava que eu expusesse totalmente minhas vulnerabilidades e mutilações às mesmas estruturas da branquitude capazes de destruir e aniquilar por meio de seu manto invisível.

As coisas não precisam ser assim, disseram-me. As pessoas com quem compartilho minhas experiências não são diretamente responsáveis pela condição traumática em que vivo. O patriarcado é o problema, elas dizem; mas, quando observo os encontros da vida real, eu me pergunto, pesarosa, como distinguir entre os dois tipos de mulheres. Como saber quem é progressista e quem não é? Tendo em vista que todos os lagartos se deitam de barriga para baixo, como saber qual está com dor de barriga? Já que tudo o que vejo é a pele branca, como identifico as intenções das mulheres? Assim como as estruturas invisíveis da branquitude, elas também estão ocultas.

Quanto mais eu analisava as estruturas da branquitude, mais compreendia a importância e o significado da pele. O privilégio da pele permite que elas transitem entre os dois lados e se aliem à estrutura de poder imperial quando lhes for conveniente. Como as mulheres do Terceiro Mundo descobriram em Nairóbi, na Conferência das Mulheres de 1985, elas se unem ao lado dos institucionalmente desfavorecidos, disputando cargos de liderança, insistindo em sua própria agenda, defendendo veementemente prioridades que ampliarão seus poderes. Sim, sempre pregando contra o machismo, porque isso as beneficia, nunca contra o racismo que lhes retira alguns privilégios. Quando elas estão do nosso lado? Elas não estão no lado institucionalmente privilegiado, no qual a vida com uma pele deficiente em melanina é mais valorizada do que as demais, no qual o racismo se torna um índice estatístico da incapacidade do povo negro de "se erguer pelas próprias pernas e ter sucesso em suas vidas"? Vivendo neste lado "negro" da América do Norte – onde as vidas, as oportunidades, os interesses, as expectativas, os objetivos, as esperanças e as identidades são violentamente limitados pelos critérios impregnados nas instituições sociais, políticas e econômicas norte-americanas –, não há flexibilidade de posições. Presa em uma pele institucionalmente desvalorizada, as estruturas estigmatizantes da branquitude são vivenciadas como golpes brutais de exclusão e opressão.

Com raiva, mudei o foco da minha palestra para as ações passadas, presentes e futuras do público, questionando sua cumplicidade intencional e não intencional com as estruturas opressivas da branquitude. Se eu sempre formular as questões de uma forma que acaricie seus egos – supostamente excluindo-as da estrutura imperialista branca que destrói realidades não brancas –, elas ganham concessões e acabam preservando seus privilégios brancos[30]. Embora continuasse vagamente ciente de que meu público imediato não necessariamente aprova o comportamento despótico de suas "irmãs", ainda assim, minha voz também culpava essas mulheres brancas progressistas com quem eu deveria estar estabelecendo alianças. Eu as acusava por seu racismo latente e pelo de suas "irmãs" reacionárias ausentes. "Vestidas" de branco, as diferenças entre os dois grupos de mulheres se confundiam; elas se fundiam em um só à medida que imagens de poder, de patroas e criadas, passavam pela minha cabeça. Eu via apenas a branquitude crescente e o peso esmagador dos privilégios que as acompanham. Senti que o privilégio envolvente daquela pele fria e pegajosa me esmagava.

Vivendo na América do Norte, sei que o imperialismo racial não é simplesmente uma questão de escolha, de aprovar ou desaprovar a posição de alguém. Como uma parte perversamente normalizada da realidade, ele é um poder amorfo e dissimulado que estigmatiza conceitualmente, castra psicologicamente e marginaliza socialmente. Resistir ao imperialismo na academia significa resistir à morte cultural. Significa revisitar lugares de resistência para extrair sustento e força das obras de mulheres que audaciosamente abalaram seu mundo, mulheres que se recusaram a se entregar e morrer, como: a Rainha Kambasa, de Bonny[31]; a visionária Atagbusi[32]; Iyalode

---

30. Se você alguma vez já se perguntou por que os maiores beneficiários dos programas de ação afirmativa são as mulheres brancas, eis a resposta.
31. De acordo com E. J. Alaoga (1992, p. 27-35), a Rainha Kambasa foi a primeira mulher governante de Bonny, na Nigéria, e quem unificou Bonny em um Estado-Nação. Acredita-se que ela tenha governado Bonny em 1500 A.D.
32. Atagbusi foi uma *isi ada* do século XVIII na vila de Ogboli Eke, em Onitsha. Como vidente e sacerdotisa venerável, ela previu a chegada e o estabelecimento de uma missão comercial europeia em Onitsha. Prevendo o impacto turbulento desses visitantes na vida sociocultural desse local, ela inicialmente se opôs à instalação dos postos comerciais. Atagbusi conheceu a primeira onda de comerciantes às margens do Rio Níger, ofereceu-lhes

Efunroye Tinubu (cf. Biobaku, 1991; Awe, 1992, p. 55-71)[33] e Iyalode Efunsetan Aniwura; Omu Nwagboka[34]; Yaa Asantewaa, de Edweso (cf. Aidoo, 1981, p. 65-77); Nwanyeruwa, Ikonnia, Nwanedie, Nwugo e as inúmeras participantes da Guerra das Mulheres de 1929, no leste da Nigéria[35]; Olufunmilayo Ransome-Kuti[36]; Margaret Ekpo, Janet Mokelu e Janet Okala[37]; Umekwulu Odogwu, Veronica Uwechia e Nneka Chugbo[38]; e a ambientalista

---

bananas encantadas, fazendo com que os comerciantes perdessem o interesse na localização estratégica de Onitsha e atravessassem o rio para a cidade baixa de Asaba, onde estabeleceram sua sede. Atagbusi é venerada como uma divindade importante em Onitsha. Seu santuário fica às margens do Rio Níger.

33. Iyalode Tinubu viveu entre 1805 e 1887. Ela era uma mulher politicamente poderosa e uma comerciante muito rica em Eko (Lagos), era uma oponente forte e declarada do domínio britânico. A influência dela sobre Oba Kosoko e seu filho, Oba Dosumu, irritou tanto o cônsul britânico que ele prendeu seu marido e forçou Oba a expulsá-la para Abeocutá. Durante o ataque de Daomé a Abeocutá, ela conseguiu armas e reuniu os egba para combater o exército de Daomé, em 1864. Iyalode Tinubu também financiou a guerra de Ikorodu, em 1865.

34. Omu Nwagboka foi a última Omu de Onitsha. Ela entrou para a história como a mulher governante que liderou um boicote de todas as mulheres a seus deveres sociais para afirmar que as mulheres eram socialmente indispensáveis e, portanto, não deveriam ser menosprezadas ou ignoradas.

35. Estas mulheres – Nwanyeruwa, Ikonnia e Nwanedie – desempenharam um papel muito importante na guerra contra as políticas fiscais do governo colonial britânico. Elas se opunham à taxação das mulheres, alegando um declínio severo nas suas rendas (resultado da crise econômica de 1929) e que elas já carregavam um peso desproporcional das necessidades da família. É verdade que a guerra também foi direcionada à ideologia patriarcal do governo britânico, que havia desvalorizado e excluído as mulheres. As mulheres igbo não tinham o órgão oficial necessário para expressar suas preocupações e proteger seus interesses na nova ordem política.

36. Olufunmilayo Ransome-Kuti é famosa por mobilizar e liderar as mulheres egba contra os excessos da Autoridade Nativa Única e do Alake de Abeocutá, um dos mais poderosos reis iorubá. Os protestos, as ocupações e as manifestações públicas das mulheres paralisaram Alake de Abeocutá e forçaram a abdicação de Alake Ademola. Isso é uma prova de sua capacidade de mobilização, liderança e coragem, e do poder político das mulheres egba, que conseguiram destronar o Alake quando todos os outros haviam falhado.

37. Ekpo, Mokelu e Okala foram três das mulheres políticas mais relevantes do leste da Nigéria. Ekpo foi presidente da *NCNC Women's Wing*, em Aba.

38. Odogwu, Uwechia e Chugbo foram líderes da *Ikporo Onitsha* (Organização das Mulheres de Onitsha) entre 1974 e 1979. Após os excessos do Obi de

queniana Wangari Maathai. Extraio forças dessas *odogu* (bravas guerreiras) para analisar a dinâmica pela qual a mecânica invisível da branquitude é exercida sobre pessoas intelectuais africanas.

> *Nne m'agadi si*
> *na oburo mbosi ukwa dalu, ka ona ele*
> *"Echezona", ka 'agulu n'afa*
> *na mbosi ole*
> *anyi ewe ulu ya melu ife.*

> Minha avó disse,
> não é no dia em que a fruta-pão cai que ela apodrece
> "Não se esqueça", é o nome que demos a uma criança
> no dia do juízo final
> vamos mobilizar a memória.

Umekwulu Odogwu, chefe interina da *Ikporo Onitsha* na década de 1970, explica sua frieza diante de uma provocação dizendo que não é no dia em que a fruta-pão cai que ela apodrece. *Nwannyiuzo Eze-nwa-oduga*, minha avó, desaconselha dar respostas precipitadas com base no fato de que todas as facetas de uma provocação precisam ser cuidadosamente exploradas antes de se formular uma resposta. "Tenha paciência", ela sempre aconselhava, "quando tiver aprofundado a compreensão sobre quem se opõe a você, defina uma hora e uma data e, então, deixe que saibam como foram enganados por seu *chi* (espírito pessoal)".

Colocando esse conselho em prática, refleti sobre um evento ocorrido há muito tempo, que levanta questões interessantes sobre o imperialismo de gênero ou a sororarquia. Nesse caso, a coer-

---

Onitsha, durante três anos, elas lideraram toda a comunidade Onitsha para condenar ao ostracismo Obi Ofala Okagbue. Por mais de dois anos, foram presas, agredidas e assediadas pela polícia e por agentes do então governo do Estado Centro-Oriental por liderarem a oposição ao governo. *Ikporo Onitsha* protestava contra a revogação de seus poderes tradicionais pelo governo e a tomada do mercado de Onitsha, uma arena que tradicionalmente é de jurisdição das mulheres. Seu protesto se dirigia contra a castração econômica e política das mulheres. A conquista duradoura desse grupo de mulheres foi o ressurgimento e a renovação da antiga estrutura política da *Ikporo Onitsha* para a vida contemporânea.

ção intelectual foi empregada com o intuito de obter a subordinação intelectual. Em uma crítica contundente de um artigo que escrevi, fui pressionada por uma mulher branca, Rachel Hoffman, a falar no tom e nos modos de sua própria formação acadêmica. Ela insistia que eu me aprofundasse em "controvérsias contemporâneas" derivadas de suposições eurocêntricas e deturpações antropológicas recicladas sobre a África. Essa tentativa de me envolver em questões que são secundárias para mim, mas centrais para ela, é uma estratégia de silenciamento empregada para preservar o domínio europeu e norte-americano no campo intelectual.

Devo deixar bem claro que minha reflexão sobre Hoffman não é pessoal, mas sobre as estratégias que ela e outras pessoas empregam para perpetuar a visão europeia e norte-americana e sua preeminência no pensamento acadêmico, e como reproduzem as relações imperiais de poder. Para que essa reflexão não seja tomada como uma tentativa velada de evitar a crítica[39], devo acrescentar que não concordo com a visão de que as intelectuais brancas não têm o direito de criticar as obras de intelectuais negras, ou que tudo o que as estudiosas negras escrevem é necessariamente correto. No entanto, embora eu defenda o direito autoral à crítica das intelectuais brancas, quero explorar a base motivacional dessas críticas, de modo a investigar o que está envolvido quando a branquitude critica as experiências de seu outro marginalizado[40]. Dado que estamos enredadas em uma estrutura econômica global de dominação racializada, essa investigação é crucial, pois assegura que as críticas posteriores produzidas por mulheres brancas não

---

39. Como uma Isiokwe (Onitsha), estou engajada nas questões mais socioculturais – contestações e disputas –, e, como uma filósofa analítica, as revisões, as críticas e os questionamentos são minha tarefa disciplinar. Assim, esse questionamento não deve ser visto como um meio de evitar a crítica, mas de situar os fundamentos do debate.

40. Essa é uma resposta africana à perplexidade das mulheres brancas na oficina de Marilyn Frye, incapazes de ver a relação entre liberalismo e imperialismo. Cf. *The Politics of Reality: Essays in Feminist Theory* (Frye, 1983). Outras respostas foram dadas por autoras negras como bell hooks (1989) e Carole Boyce Davies (1986).

ocultem uma agenda colonizadora. Embora seja verdade que nem todas as críticas de mulheres brancas são imperialistas, temos que estabelecer um método para separar as críticas hostis e colonizadoras daquelas que informam e enriquecem.

Assim, partindo da ideia de que há algo a aprender com as críticas hostis, fui descobrir quem é Hoffman e fiquei surpresa ao saber que ela era apenas uma estudante de pós-graduação. Dito isso, devo acrescentar, sem polêmica, que Hoffman se tornou uma metáfora muito importante das atitudes colonizadoras que eu e muitas mulheres de cor vemos de colegas brancas na academia enquanto nos esforçamos para articular e trazer elementos de nossa cultura, sociedade e consciência política para o nosso trabalho teórico. Embora ela fosse apenas uma estudante na época em que escreveu o texto, Hoffman já exibia os tipos de atitudes imperialistas que suas "irmãs" brancas mais velhas e profissionalmente estabelecidas demonstram em relação às mulheres de cor. Geralmente escondida por máscaras de coleguismo, essa atitude subterrânea se torna evidente quando as obras de mulheres de ascendência africana são criticadas de forma virulenta e pública como ingênuas, como foi o meu caso, e depois acusadas de ignorar as questões teóricas mais importantes (nunca especificadas), ou são rotuladas de "descritivas" e que precisam ser elevadas a um nível teórico[41].

Na época em que a "conheci" nas páginas da *African Art*, Hoffman vivia no que seria considerado na Nigéria como "o próprio reino de Deus" (os Estados Unidos da América) – na luxuosa Los Angeles ainda por cima. Ela fez uma análise do catálogo da exposição *Heroic Figures*, para o qual contribuí com o artigo "Overcoming Form-Content Tensions in Appreciating African Art Forms" (1988). A exposição *Heroic Figures* foi organizada pela historiadora da arte africanista francesa, a falecida Jacqueline Fry, para a Galeria de Arte Agnes Etherington, na Queen's University,

---

[41]. Isso significa submeter as ideias a alguma teoria da moda que, na maioria dos casos, não tem muita relevância para os fenômenos africanos em análise.

no Canadá, e complementava a conferência da Associação Canadense de Estudos Africanos (CASA, na sigla em inglês), cujo tema de 1988 foi "Dominação, resistência e libertação". Ao me convidar para enviar um artigo, Fry desejava fazer uma declaração sobre dominação e resistência, a saber, que a dominação pode ser derrotada pela criação de espaços para encorajar o florescimento das vozes marginalizadas.

Na escolha do meu tema, abordei uma atitude frequentemente encontrada na América do Norte e a qual acredito que impede a compreensão e a valorização da arte africana. Por alguma razão "inexplicável", descobre-se que tudo o que é de origem africana é quase sempre desacreditado e considerado como ilógico e incompreensível para uma grande parte do público canadense e norte-americano.

Da minha posição como africana, cujos artefatos culturais são continuamente desvalorizados como "representações estranhas e exóticas" pelo público ocidental, acredito que, para questionar seriamente a resistência tácita a uma compreensão mais profunda, nós, pessoas africanas, devemos explorar a sua base epistemológica para determinar, por nós mesmos, quais verdadeiros problemas podem existir (cf. Boahen, 1987; Enekwe, 1987; Akpabot, 1986). Devemos indagar até que ponto a resolução do problema da valorização requer conhecimento formal-estilístico e contextual-cultural. Antes de acusar o público de racismo, pareceu mais prudente explorar primeiro se existem ou não problemas cognitivos reais. Minha análise me levou à conclusão de que uma síntese é necessária para evitar nas pessoas espectadoras o tipo de perplexidade que a dependência excessiva de um único componente pode trazer (cf. FLORES, 1985, p. 27-41)[42]. O contexto é fundamental, mas é preciso ter uma ideia clara da forma e do estilo do artefato.

---

42. Toni Flores identificou a questão dos contextualistas como o problema da ênfase inadequada na forma visual e nos elementos formais. O problema do campo formalista é que suas descrições ficam deslocadas quando se desconhece seu contexto.

Dado que duas abordagens epistemológicas principais – o formalismo e o contextualismo – são as predominantes de análise[43], uma avaliação da eficácia de ambas pareceu uma forma apropriada para começar a desmistificar a valorização intercultural. Em retrospecto, percebi que eu me expus a críticas ao respeitar o limite prescrito de páginas. O problema não era que o argumento central não coubesse naquele número de páginas. Em vez disso, o problema eram as modalidades práticas do intelectualismo branco que atribuem ignorância às mulheres negras. Seus critérios de avaliação escolástica exigem que nós, mulheres negras na academia, provemos nosso conhecimento e nossa inteligência toda vez que uma pessoa branca apareça.

Na ânsia de me envolver em um debate sobre os artefatos da minha cultura, eu havia me esquecido de que não residia mais na Nigéria, onde a inteligência de uma pessoa negra é naturalizada. Ingenuamente, esqueci-me de que estava na América do Norte, onde o ambiente acadêmico machista e racialmente tendencioso é aquele em que as pessoas brancas – principalmente homens – são levadas a sério, mesmo quando falam sobre coisas que desconhecem (cf. Danto, 1988, p. 18-32). Em meu desejo incontrolável de falar, de participar do debate intelectual, eu havia me esquecido dos subtextos e das narrativas raciais dessa arena. Havia ignorado que mulheres africanas como eu não deveriam saber e, portanto, não deveriam participar do debate intelectual sem render homenagens obsequiosas aos deuses e às deusas brancos da profissão. Assim, a exigência de comprovação do nosso conhecimento da estrutura ocidental da branquitude é nossa declaração oficial de

---

43. Estou considerando as abordagens de orientação antropológica como o estruturalismo, o pós-estruturalismo e o particularismo de Boas como parte da abordagem contextualista. As abordagens marxistas também se incluem nessa categoria. Por uma abordagem formalista, refiro-me ao método típico de história da arte que parte e gira em torno das características formais das obras, como nos casos do modernismo, do barroco, do renascimento e assim por diante.

nossa servidão colonial; o custo da nossa entrada e participação é a escravidão intelectual e de gênero.

Em sua crítica, publicada em 1989, Hoffman não esperava nenhuma argumentação filosófica sobre as artes africanas. O tom da crítica era severo. Hoffman me criticou por não estar "familiarizada com os estudos atuais (isto é, ocidentais)"; por falhar em "oferecer ao leitor uma ideia das controvérsias contemporâneas"; e por escrever um artigo sobre temas que praticamente todas as publicações da área já abordaram nos últimos vinte anos. Segundo ela, minha visão da abordagem contextualista como uma pessoa "de fora" e minha "distinção categórica dos campos formalista/contextualista" eram apenas recursos retóricos "muito pouco perspicazes ou inovadores". "A dicotomia forma/conteúdo", ela afirmou, "presta um desserviço a inexperientes, [pois] sugere que há apenas dois ângulos". Em sua leitura irônica, minhas "generalizações são condescendentes, uma inclinação facilmente discernível por seguidores de qualquer corrente acadêmica". O problema, Hoffman presumiu, era o fato de eu "não ter sido formada no método da história da arte"; o que ela temia é que minhas "interpretações possam deturpar as motivações artísticas e prejudicar artistas, autores e leitores".

Antes de encerrar com a observação indignada de que o artigo é "falacioso e cansativo", Hoffman o chamou pejorativamente de um "manual sobre 'como' apreciar a arte africana"; ela afirmou que "se sentiu provocada e insultada pela análise [...] de [dois tipos de] máscaras *ekpo* dos ibibio" como repugnantemente feias e esteticamente esquisitas e apelativas; ela considerou presunçosa minha afirmação de que muitos visitantes de museus ocidentais ficam confusos e perplexos com a arte africana; ela, enfaticamente, sublinhou a ideia de que eu era uma novata e insinuou que eu sequer me qualificava para participar de um debate sobre a história da arte africana.

Arrogância autoral na produção do conhecimento

Quando li pela primeira vez a sua crítica de *Heroic Figures*, em 1990, eu a descartei, presumindo que Hoffman era uma antropóloga colonial dos velhos tempos, indignada com o fato de seus troféus textuais terem sido ignorados. Conhecendo a política no campo africanista e o papel de guardião desempenhado pelas críticas, a voz altiva e indignada que ouvi soou como o medo do possível rompimento de uma relação diádica patrono/subordinado que predomina no campo. Os maneirismos e o tom onisciente da crítica se assemelhavam aos guardiões brancos que valorizam um estilo de escrita preferido e que posicionam "a literatura" (da qual os textos de um grande número de especialistas da África são excluídos) como a única fonte confiável de conhecimento. Ao emular esses maneirismos dos professores brancos privilegiados, Hoffman projetou uma imagem do especialista que, como ela também menciona, está ciente de todas as principais questões da literatura nas últimas duas décadas.

Dada a ênfase de Hoffman na "literatura", uma ênfase que trata a palavra escrita como a fonte preeminente de conhecimento, ficou claro que ela considerava irrelevantes as experiências vividas e o conhecimento preservado oralmente de muitos povos africanos. Posicionando-se antecipadamente como a autoridade legitimadora tanto da minha experiência vivida quanto do meu conhecimento da história da arte na África, ela afirma de forma soberana a sua autoridade no campo.

A resposta imperial de Hoffman levanta questões importantes sobre a arrogância autoral na produção de conhecimento sobre as realidades dos outros e o papel de uma relação de poder imperial na subversão do conhecimento. Por exemplo, a sua contestação da minha afirmação de que muitas das pessoas que visitam museus ocidentais costumam ficar confusas e perplexas com o estranho modo de representação africano. Ao rejeitá-la de forma precipitada como presunção, Hoffman involuntariamente negou as descobertas de 1977 de uma pesquisa da Galeria de Arte de Winnipeg, entre visitantes de sua exposição de arte africana, que revelou que um número significativo de pessoas ficava de fato intrigado e perplexo com o que descreveram como um modo "estranho" de representação (cf. Fry, 1979, p. 535-552). Os resultados da pesquisa de 1977 em Winnipeg não são atípicos nem ultrapassados, como fica evidente em qualquer discussão séria com o público norte-americano não especializado e, em alguns casos, com membros do público especializado[44].

Como é comum na dinâmica da dominação, Hoffman instintivamente questionou a validade das minhas afirmações ao assumir o papel onisciente de uma especialista. Ao me "colocar" em uma posição de alteridade intelectual, ela enxergou apenas ignorância na minha identidade de mulher africana e proclamou isso em voz alta. Entretanto, ela ignorou as implicações sociais da sua identidade branca privilegiada e o acesso a certas arenas sociais que essa identidade proporcionava ou negava a ela. Capturada pela ideologia da dominação do intelectualismo branco, ela não foi capaz de perceber que sua identidade autoral como uma historiadora da arte branca a exclui de contextos nos quais questões, narrativas e histórias racistas são impostas aos africanos pelo público norte-americano em geral[45]. O fato de estar ausente dessas arenas revela sua "alteridade" e "coloca *ela*" fora de contato com essa vanguarda do racismo do público. Portanto, independentemente da amplitude da sua formação e de seu domínio da literatura, sua estrutura interpretativa branca carece dessa informação vital.

Ironicamente, ao rejeitar a validade da minha afirmação, Hoffman perpetua e questiona diretamente a existência do racismo na

---

44. Isso já me aconteceu em Ottawa, Toronto, Kingston, Washington D.C. e Binghamton. Nesses lugares, o público em geral simplesmente não sabe muito sobre a estilística da arte africana.

45. Esse público inclui pessoas profissionais, empresárias, gestoras, alunas de graduação e ensino médio, crianças em idade escolar, donas de casa, desempregadas. Em suma, gente comum de todos os espectros da sociedade.

América do Norte. Indiretamente, o efeito epistêmico desse questionamento é afirmar que pessoas brancas têm pleno conhecimento dos artefatos culturais da África. Essa inverdade e a racialização do conhecimento se instauram porque Hoffman posiciona hegemonicamente a si mesma e aos membros de sua sociedade como detentores de todos os fatos. Nesse terreno cognitivo ilusório, a lógica do imperialismo e do conhecimento racializado reconstrói a realidade para que ela se encaixe em sua visão supremacista branca. Essas reconstituições permitem que ela ignore a implicação social da minha identidade africana e o acesso que ela proporciona a encontros sociais em que visões depreciativas sobre a África são expressas de forma insensível. Como ela não está disposta a admitir e questionar o próprio racismo, bem como o de sua cultura, a estrutura interpretativa branca de Hoffman a impele a racializar o conhecimento e a se opor de forma tola a qualquer sugestão de que pessoas brancas (incluindo intelectuais) possam ser ignorantes sobre a arte, a cultura e a vida da África[46].

A própria insinuação de que o público conhece do assunto chama a atenção para duas falsas suposições que sustentam a posição autoral imperial. A primeira é que as intenções artísticas da África são claramente simples e podem ser interpretadas de maneira fácil por qualquer observadora ou observador branco, independentemente de seu nível de especialização. A segunda é que essas observações refletem corretamente a lógica artística pretendida. Agora, contrapondo o caso de Winnipeg a essas falsas suposições, lemos Hoffman afirmar que a lógica artística pretendida

---

46. Certa vez, um eminente intelectual branco progressista, com uma lista impressionante de publicações, disse-me que existe discriminação sexual na África porque, segundo ele, "estava assistindo ao *Discovery Channel* na televisão e vi uma cena de alguma tribo na África dançando, e apenas os homens dançavam, enquanto as mulheres ficavam à beira do círculo batendo palmas". O absurdo do seu argumento nunca foi percebido por esse homem, que, geralmente, é bastante cauteloso sobre o que ele alega realmente saber. No entanto, o mais impressionante não é sua ignorância, mas a disposição de exibi-la em público simplesmente porque estava conversando com uma mulher africana.

dos artefatos africanos é confusa, ou que dizer que não se sabe (como no caso de Winnipeg) significa dizer o contrário. Na medida em que há uma contradição em ambos os casos, a contestação de Hoffman não é apenas equivocada, mas incoerente.

Essa incoerência é importante não porque ressalta a implausibilidade da afirmação de Hoffman, mas porque aponta para um cenário de narrativas, estereótipos e suposições raciais poderosos que sustentam a produção de conhecimento na América do Norte. Mesmo em um momento em que os questionamentos feministas e pós-modernistas estão desconstruindo e reconfigurando o modo de produção do conhecimento, essas imagens no cerne da branquitude permanecem excepcionalmente poderosas, alimentando a necessidade imperialista de afirmar a superioridade branca. À maneira de uma profecia autocumprida, a superioridade intelectual branca é comprovada pelo reforço da imagem fabricada de pessoas "africanas ingênuas". De modo semelhante, Hoffman explora o estereótipo da "africana ignorante" para proferir sua resposta intelectualmente superior. Não muito diferente do professor branco que me deu uma nota mais baixa argumentando que "não sabia que você estudou filosofia analítica na Nigéria", Hoffman rejeitou meu artigo com base na suposição de que a "mulher africana ingênua" não poderia conhecer a história da arte africana, já que não foi formada por quem intelectuais ocidentais (as autoridades legitimadoras) consideram ser especialistas. Em suma, Hoffman se alimentou de sua própria ignorância para proclamar a ignorância da "escultora nigeriana que se tornou filósofa".

O racismo branco é um fato tão normalizado da realidade norte-americana que muitos parecem não se dar conta do quanto estão profundamente imersos nele, nem o quanto manifestam suas tendências. Ele é uma parte tão importante do aparato conceitual por meio do qual a realidade é percebida e o conhecimento é produzido que beneficiárias e beneficiários brancos não se importam em compreender plenamente sua natureza opressiva. Sua relutância deriva do fato de que questionar o racismo é questionar a própria identidade, sacudir o próprio centro da sua ordem normativa e abrir mão de seus privilégios.

Consequentemente, o imperialismo de gênero não é reconhecido porque as atitudes opressivas das mulheres brancas *são* uma parte normal dessa realidade colonizadora e anônima. Para complicar ainda mais a questão, há o fato de que as mulheres brancas geralmente mascaram seu poder culpando de forma hábil a ordem patriarcal que estigmatiza pessoas negras como desviantes. Distanciando-se de seu caráter opressor, elas acusam a estrutura patriarcal, mas extraem dela gratuitamente seu poder, seu *status* social e sua identidade. Essa recusa em reconhecer sua cumplicidade com a estrutura permite que elas esqueçam como são favorecidas pelo sistema e se tornem parceiras na opressão. O "esquecimento" permite que ignorem o fato de que a única razão pela qual são institucionalmente privilegiadas e superiores às mulheres de cor é porque assim foram definidas pelo sistema patriarcal branco que elas passam tanto tempo acusando.

O conluio das mulheres brancas com as formas patriarcais de poder e a relação desse poder com o imperialismo vêm recebendo maior atenção à medida que as mulheres africanas e outras mulheres de cor se engajam na teorização feminista (cf. Amadiume, 1987; Amos; Parmar, 1984, p. 3-19; Mohanty; Russo; Torres, 1991; Aguilar, 1989, p. 338-344; Terborg-Penn, 1981, p. 301-315)[47]. Em tempos de revisão crítica dos pressupostos e das estruturas tradicionais de conhecimento, uma maneira de ampliar nossa compreensão da intersecção entre o racismo e o sexismo é mudando do foco excessivo no patriarcado e suas articulações para a questão mais ampla do imperialismo e suas manifestações. O foco nos contextos sociais de poder fornece uma perspectiva útil para observar a natureza mutável e interligada do racismo e do patriarcado e o impacto dos dois em lugares ainda não inves-

---

47. Devo essa observação a Julia Emberely, uma das bolsistas de 1992-1993 da *Society for Humanities*, na Universidade de Cornell.

tigados. Atitudes racializadas de dominação ocultas são reveladas na interação social e intelectual, mesmo quando os perpetradores (alguns dos quais são liberais feministas brancas) vestem seu traje "politicamente correto". Naturalmente, o que as denuncia são os estereótipos instintivos e a negação da inteligência de qualquer pessoa que não seja socialmente vista como branca. O fato de elas sempre presumirem um direito divino de liderança, independentemente da inadequação dos contextos, revela claramente a ideologia imperialista subjacente de nossas "irmãs"[48] brancas e do feminismo.

Vale notar que o imperialismo de gênero ou a "sororarquia" se manifesta na academia, onde mulheres brancas erguem barreiras para ouvir e reconhecer suas irmãs de cor. Nossas "irmãs brancas" adotam uma forma de ouvir sem escutar; elas ouvem só o que querem. Acionando seus estereótipos, suas narrativas e suas imagens supremacistas internalizados, "nossas irmãs" fazem julgamentos rápidos sobre nossas habilidades intelectuais e condutas, e nos excluem. Esse processo de eliminação é revelado pela irmã branca "progressista" que confundiu Moghassi com uma funcionária. Seu "olhar branco" havia projetado automaticamente ignorância, servidão e incompetência no Outro, abrindo caminho para que ela afirmasse seus direitos e exigisse de forma autoritária o que ela pensava que lhe era devido.

Racialização do conhecimento: atitudes de dominação

Ifi Amadiume (1987, p. 7) conta a história reveladora de uma jovem irmã branca cujo objetivo ao estudar antropologia

---

48. É especialmente perturbador testemunhar isso em ação nas conferências em que essas intelectuais brancas assumem para si a responsabilidade de "elevar a um nível teórico" a discussão das mulheres africanas na mesa. Em outras ocasiões, nossas irmãs brancas teorizam sobre a realidade vivida por mulheres em algumas partes da África, aparentemente alheias ao fato de que algumas pessoas do público são as mesmas que estão sendo descritas. O choque que elas expressam quando são confrontadas é a prova de que elas jamais esperavam que as mulheres excluídas fossem se pronunciar.

social era viajar para o Zimbábue para ensinar as mulheres locais a se organizarem. No desejo de realizar seus sonhos, nossa intrépida professora construiu antecipadamente uma relação diádica entre ela e suas irmãs zimbabuanas. Apoiada em sua localização geopolítica rica de Primeiro Mundo, ela atribuiu a si mesma um papel de liderança ao imaginar que as mulheres do Zimbábue careciam de habilidades organizacionais. Perdida em seus devaneios narcisistas, ela negligenciou o estudo da história do Zimbábue; portanto, perdeu a informação vital de que suas antigas alunas eram veteranas de uma guerra de libertação que durou quinze anos. Por meio de sua incrível coragem, suas habilidades organizacionais e seu papel ativo na luta pela libertação, as mulheres do Zimbábue, ao lado de seus homens, conquistaram a independência do regime repressivo e racista de minoria branca liderado por Ian Smith.

O imperialismo e a opressão são fomentados pela falta de respeito pela história e pela identidade cultural dos outros. Na academia, essa falta de respeito persiste como resultado da proliferação de imagens, noções, conceitos e ideias perniciosas a respeito da África que são difundidas livremente por professores dos ensinos fundamental e médio, gurus da mídia, funcionários de museus, intelectuais e teóricos em suas caracterizações, descrições e interpretações de materiais sobre a África. Em um exemplo revelador, Fair (1993) pediu a suas alunas e seus alunos, principalmente pessoas brancas e de classe média, que descrevessem suas imagens e ideias sobre "a África" e "os africanos". Ele recebeu um rosário de descrições negativas:

> "A África" é "um caso perdido", "coberta de selva", "animais selvagens, safári", "assolada pela aids", "dividida pelo *apartheid*", "estranha", "brutal", "tribal", "subdesenvolvida" e "negra"; "os africanos" "têm aids", são "preguiçosos", "loucos", "selvagens", "exóticos", "sexualmente ativos", "atrasados", "tribais", "primitivos" e, mais uma vez, "negros" (Onwudiwe, 1995, p. 5).

A natureza duradoura desse acervo de descrições estereotipadas deriva, em parte, de seu reforço constante nos ambientes educacionais e meios de comunicação. Como Ebere Onwudiwe (1995, p. 87) argumentou de modo convincente, a persistência dessas imagens não é acidental, uma vez que um "corpo abundante de trabalhos na sociologia, na história intelectual, na psicologia social e na psicologia cognitiva sobre a natureza das imagens e das visões de mundo" comprova que essas imagens medeiam e têm grande impacto em decisões políticas importantes.

Guiando-nos por essa experiência, podemos ver que a dominação se manifesta na academia e nos círculos feministas quando as mulheres brancas se valem dessas imagens condescendentes para definir o seu conceito sobre as mulheres africanas e estabelecer o que elas consideram ser as regras básicas apropriadas de interação social e intelectual. Uma prova disso é a maneira como as mulheres africanas são automaticamente definidas como atrasadas, e seu progresso entendido em função da magnanimidade e da inteligência superior de suas irmãs brancas. A intrépida professora de Amadiume é também uma aluna que, assim como Hoffman, reforça o papel da academia na perpetuação de atitudes imperialistas e racializadas. A natureza sistêmica desse processo enfraquece a ideia feminista de sororidade global, uma vez que a forma não teorizada em que somos "irmãs" está implicada em um modelo de relação entre patroa e subordinada, e não no modelo de relações familiares consanguíneas que conhecemos.

No nível global transnacional, a sororidade opera como uma metáfora para a subordinação, pelas mulheres brancas, das mulheres do Terceiro Mundo. Uma dificuldade adicional dessa glosa da ideologia da subordinação no coração da sororidade feminista é que não percebemos como o poder das mulheres brancas deriva de forma substancial da mesma ideologia patriarcal que elas afirmam estar subvertendo. Assim, como beneficiárias desse estado de coisas, precisam reconhecer a centralidade da estrutura patriarcal na sua identidade atual e admitir que a competência profissional automaticamente atribuída a elas, na verdade, deriva de privilégios patriarcais baseados na raça. Numa situação em que são elas, e não as próprias mulheres africanas, quem definem a realidade dessas mulheres, é preciso nomear a natureza dessa relação, uma vez que ela mina a legitimidade das afirmações sobre a primazia da igualdade de gênero na solidariedade entre as mulheres.

Independentemente das declarações antirracistas e antipatriarcais das nossas irmãs brancas progressistas, muitas delas praticam, com frequência, atos de apagamento, "excluindo" as mulheres de cor, ativamente ignorando e desvalorizando a identidade de raça, gênero, cultura, bem como autoral dessas mulheres. O delírio da nossa intrépida professora e a postura hostil de Hoffman são significativos como imitação. Eles são emblemáticos de dezenas de atos imperiais semelhantes na América do Norte, incluindo aqueles praticados por homens brancos para manter as mulheres brancas longe dos conselhos diretores. O que é mais interessante sobre o caráter formal desse processo de "exclusão" que Chinua Achebe, o teórico literário nigeriano, chamou de "táticas de evasão" não é apenas seu caráter imperial, mas sua ubiquidade na academia. Por um lado, as "táticas de evasão" (incluindo as das mulheres brancas) indicam a negação racializada de legitimidade às categorias e questões de origem não europeia que, da nossa posição cultural marginal, sabemos ser relevantes. E, por outro lado, elas forçosamente chamam a atenção para os tipos de problemas equivocados que são difundidos como conhecimento sobre a África na academia.

A racialização do conhecimento que ocorre nessas táticas evasivas interrompe de forma opressiva qualquer tentativa de repensar as atitudes colonizadoras ao desvalorizar o valor cognitivo das questões que emergem fora das estruturas da branquitude. Ao "excluir" qualquer sugestão que seja potencialmente prejudicial à ordem normativa intelectual branca, as inversões mentais operam de forma intensa para reafirmar a superioridade branca no conhecimento, *de modo a* sustentar a autoridade branca na produção de conhecimento sobre a África e *de modo a* explorar a imagem do "africano ignorante" endêmica na cultura popular da América do Norte. Como o incidente com Moghissi revela, o processo envolve tanto a falsificação quanto a fabricação da natureza, do caráter e das experiências dos Outros. O fato dessas reconstruções da identidade estereotiparem e deturparem as pessoas de cor é consistente com o desejo de evitar o debate sobre poder e dominação. Como um processo essencial de "naturalizar" o conhecimento como uma experiência branca, a fabricação justifica o controle e o domínio branco do conhecimento. Ela reforça e normaliza o poder, os privilégios e a visão de mundo brancos, e normaliza todos os demais como anormais ou desviantes. O imperialismo prospera na racialização do conhecimento.

Apesar das dificuldades epistemológicas na concepção de Hoffman sobre o conhecimento, também é importante destacar os elementos racistas em jogo. Como Hoffman e outras pessoas que ela tipifica promovem e *acreditam consciente e inconscientemente* apenas em interesses[49], prioridades e agendas europeus e norte-americanos, elas têm uma definição limitada do conhecimento em termos que excluem muitos dos interesses que intelectuais africanos possam ter, mas que não coincidem com os interesses europeus e norte-americanos. O efeito dessa "patrulha de fronteiras" é impedir a livre discussão de ideias que potencialmente desestabilizam o poder, o domínio e o prestígio dos patriarcas e seus asseclas. Assim, por essa razão, no modelo imperialista branco em que

---

49. Isso ajuda a explicar por que raramente é um problema encontrar um livro acadêmico bem acolhido sobre mulheres africanas escrito por um elenco apenas de autoras brancas. Ocasionalmente, uma pesquisadora negra simbólica é incluída para afirmar a abertura de quem edita. Consideremos o cenário improvável de um livro sobre mulheres norte-americanas brancas escrito por um elenco apenas de autoras africanas negras. O fato de que um livro acadêmico com essas características não seria publicado por nenhuma editora respeitável nos Estados Unidos levanta questões perturbadoras sobre o controle da representação teórica das mulheres africanas na América e revela até que ponto os livros célebres de mulheres brancas sobre mulheres africanas são extremamente problemáticos.

Hoffman baseou sua concepção, o conhecimento é *naturalmente* uma estrutura hierárquica fixa, em vez de uma atividade mutante, reflexiva e contínua de questionamento e contestação. Sua visão intelectual branca ocupa *naturalmente* o ponto arquimediano e estabelece as diretrizes que os outros devem seguir na produção de conhecimento sobre as culturas de origem não europeia.

Nesse esquema cognitivo implicitamente racializado, há uma concepção igualmente limitada do conhecimento, da sua função e de quem deve ser seu principal porta-voz. Qualquer questão que desafie a ordem natural prescrita pela estrutura, ou que ameace sua legitimidade e ordem hierárquica, aparece intelectualmente como *antinatural* e é, então, "normalizada" como sem sentido. Além disso, a existência de outros corpos de literatura e de experiências é raramente citada e rotineiramente ignorada, uma estratégia que diz muito mais do que palavras sobre as atitudes racializadas e a arregimentação do pensamento. Nesse contexto, certamente é compreensível, embora não perdoável, que alguém como Hoffman recorra *apenas* à literatura ocidental e às categorias de interpretação e questões de interesse de intelectuais ocidentais para ofuscar a legitimidade de questões que seriam do interesse de uma pesquisadora africana. Esse recurso é um mecanismo que penaliza de forma tácita os desvios de sua norma intelectual ao ignorar que meu interesse acadêmico pode ter se originado de um corpo alternativo de literatura e de experiências que desconhecem.

Embora isso esteja em completa sintonia com a dinâmica do poder imperial, é perturbador que mulheres brancas globalmente privilegiadas e seus homens, que desejam aprender sobre a vida cultural da África, se apresentem à pesquisa com atitudes de condescendência. De maneira crucial, eles ignoram seu *status* de estrangeiros e a importância teórica, para a estética africana e sua avaliação artística, de discursos deliberativos sobre a arte em línguas africanas em uma incursão intelectual por debates ou obras impressas como "Tone in Yoruba Poetry" (1955), de E. L. Lasebikan; *Things Fall Apart* (1958), de Chinua Achebe; *The*

Form and Content of Yoruba Ijala (1966), de Adeboye Babalola; *Song of Lawino* (1966), de Okot p'Bitek; e "The African View of Art and Some Problems Facing the African Artist" (1968), de Ben Enwonwu. O racismo surge quando pessoas intelectuais brancas se recusam a abordar a realidade das línguas africanas e a reconhecer a existência de outros corpos de literatura. O imperialismo estimula a falta de sensibilidade com as preocupações e os interesses de pessoas africanas e obriga pesquisadoras e pesquisadores brancos a ignorar que suas próprias preocupações, seus processos de documentação e suas interpretações podem ser implicitamente colonizadores. Com efeito, o impacto do racismo no conhecimento e na produção do conhecimento levanta problemas éticos, especialmente quando ideias articuladas por pessoas africanas são apropriadas e usadas sem citação por pesquisadoras e pesquisadores brancos para estruturar seu próprio trabalho intelectual[50].

Tomando a África como exemplo, a questão mais ampla dessa investigação é a de que as pesquisadoras brancas, consciente e inconscientemente, têm um impacto colonial nas sociedades mundiais por meio da globalização do pensamento feminista. Se a revisão crítica e a autorreflexividade estiverem ausentes de sua interpretação da realidade africana, nativa, indígena, chinesa ou latina, as atitudes de dominação continuarão a vir à tona, a repro-

---

50. A política da citação é mais comumente observada nas obras de pessoas intelectuais brancas que, de modo deliberado, se abstêm de citar as obras de pessoas intelectuais africanas, reivindicando, assim, as ideias para si. Pessoas do continente africano são citadas apenas quando não fazê-lo é considerado grosseiro, ou quando a pesquisadora ou o pesquisador africano está eximindo o Ocidente ao elevar a África e sua cultura a um padrão mais alto de moralidade. Em contrapartida, pessoas africanas citam de forma tola as obras de pessoas intelectuais brancas, mesmo quando o que está sendo respaldado é um fato cotidiano de sua realidade. Por exemplo, algumas pessoas dedicadas a estudos sobre iorubá são conhecidas por citar a afirmação de Parrinder ou de Bascom de que os iorubá acreditam em Olodumare, algo que eles já sabem. Como podemos ver, pesquisadoras e pesquisadores brancos relutam em citar pesquisadoras e pesquisadores negros, porque isso implicaria reconhecer a sagacidade intelectual de pessoas da África. Pessoas intelectuais africanas, por sua vez, citam de forma subserviente pessoas intelectuais brancas como prova de sua erudição.

duzir a opressão e a apagar de maneira opressiva as realidades dos Outros. Enquanto ignoram sua perspectiva de poder e privilégio, alheias à sua posição, mulheres brancas como Hoffman recorrem constantemente a uma estrutura de dominação que elas usam de forma opressiva para silenciar e marginalizar. As suspeitas do público canadense e norte-americano em geral (inclusive de minhas alunas e meus alunos) de que pessoas intelectuais brancas podem estar, de fato, engajadas no imperialismo estético ocidental, muitas vezes as levaram a perguntar sobre a perspectiva "de dentro", de como pessoas africanas realmente se relacionam com o trabalho desses intelectuais. Esse ceticismo é um passo importante para analisar o *status* de estrangeiro dos teorizadores da realidade africana e como essas teorizações culturalmente deslocadas reforçam atitudes racistas, reinscrevem a dominação branca e controlam as definições do pensamento acadêmico.

> *Ikwe na aka felu nkpili aka*
> *obulu mgba*
> Quando um aperto de mão se estende além
> do cotovelo
> ele se transforma em uma luta.

Ao ensinar as pessoas a reconhecer quando um gesto cordial se transforma em um ato agressivo ou hostil, o provérbio enfatiza a importância de avaliar criticamente as ações que podem, a princípio, parecer inócuas. Seja lá o que isso pretenda significar, um aperto de mão que se estende além do cotovelo, assim como a crítica de Hoffman, definitivamente não é um aperto de mão. Quando lido no contexto da história e da política dos estudos africanos e pelas lentes racializadas da realidade norte-americana, a crítica de Hoffman revela os estratagemas hostis de apropriação relacionados com a forma em que a branquitude é inscrita e com a forma em que os "subalternos" são expulsos à força das arenas em que os discursos sobre suas realidades têm lugar. Pode parecer que esse foco em uma aluna seja excessivo, mas ele é necessário, pois chama a atenção para a base fundamental de como a dinâmica do poder imperial se insere na construção do conhecimento e molda o caráter dos indivíduos na academia. Assim, vemos com mais clareza a conexão entre o intelectualismo branco e a dominação, e como o imperialismo de gênero explora e prospera nas estruturas patriarcais da branquitude.

O estratagema da expulsão praticado por pessoas acadêmicas nas estruturas intelectuais do conhecimento tem um lado inverso: a invasão do espaço conceitual. Em uma crítica penetrante dos problemas epistemológicos e metodológicos complexos do controle de qualidade dos dados (ou do viés de quem faz a etnografia) na pesquisa antropológica, Maxwell Owusu (1978) demonstra como essa invasão acontece e sua importância no pensamento acadêmico. Usando o trabalho de antropólogos importantes, ele demonstrou que a falta de familiaridade com as expressões fonéticas, lexicais e idiomáticas das línguas africanas resultou em erros de tradução que deturpavam a lógica cultural dessas sociedades. Apesar da crítica de Owusu, historiadoras e historiadores da arte africanistas continuam a reproduzir os erros que ele identificou há dezesseis anos, como evidenciado no aclamado estudo de doutorado de Sarah Brett-Smith sobre a arte bamana. Publicado em 1994 pela Cambridge University Press, o livro é contaminado por problemas sérios de tradução e interpretação. Após cinco anos "no Mali, trabalhando principalmente com os bamana [...] os povos malinke, bobo, senufo, minianka e dogon" (Brett-Smith, 1994, p. 1), a autora confunde significados tonais e interpreta expressões de forma muito literal. Em sua crítica, Kassim Kone (1996, p. 91) revela que Brett-Smith reinterpreta "tornar-se impotente" como "tornar-se mulher", um giro que, de forma equivocada, transforma a condição da mulher em uma deformação da masculinidade. *Manyokolon* – que, no contexto da escultura, significa "detalhe" – é sexualizado como "pênis" quando Brett-Smith se baseia na interpretação do francês Gerard Dumestre; *Kulukutuma* – que significa "rústico" – torna-se "nu"; e *walaki* – que significa "retirar a casca" – é retraduzido como "despir-se" (Brett-Smith,

1994, p. 188). Aparentemente alheia às variações tonais de *wulu* como "cachorro" e *wulu* como "pênis", a autora mistura os dois homônimos e constrói seu sujeito bamana, Nyamaton, usando a palavra "cachorro" para referir-se de forma análoga ao "pênis" (Brett-Smith, 1994, p. 210). A confusão chega ao ponto da incredulidade quando, na conclusão, ela teoriza que os bamana pensam dessa maneira sobre a analogia pênis-cachorro que *ela* havia construído (Brett-Smith, 1994, p. 320).

A sexualização obsessiva da lógica cultural bamana por parte da autora tem consequências teóricas graves, e a mais importante é a introdução do complexo de Édipo na sociedade pela concepção da terra como uma mãe primordial e dos cupinzeiros como seu órgão sexual. Sua afirmação de que um novo líder *Komotigi* ou *Komo* faz "um juramento sobre um cupinzeiro vermelho e enxágua a boca com um líquido contendo sementes encontradas no solo fino retirado do interior do monte" (Brett-Smith, 1994, p. 122) oferece uma imagem do acesso de um filho à vagina da mãe, junto com a conotação de sexo oral. A autora não apenas transforma toda a cerimônia de juramento em uma atividade bizarra, mas também justifica sua associação do cupinzeiro com a vagina feminina – e a representação dela como um local sagrado – insistindo que, "no mundo mande [...], os homens fazem seu juramento mais profundo invocando o sexo de sua mãe" (Brett-Smith, 1994, p. 122). Mas, segundo Kone (1996, p. 91), o órgão sexual feminino, principalmente o da mãe, é algo que "nenhum homem bamana ou malinke mencionaria [ou pensaria], mesmo em estado de embriaguez ou de loucura", por medo do "*nyama* que ele carrega quando evocado por um homem" (Kone, 1996, p. 103).

As muitas discordâncias de Kone com Brett-Smith convergem no terreno triplo "da abordagem metodológica, do conteúdo e de certas traduções e análises" que Owusu identificou dezesseis anos antes. A manipulação resultante de significados, de ideias e da lógica cultural constitui o tipo de invasão predatória da visão de mundo africana que Owusu destacou em sua crítica às práticas etnográficas, algo rotineiro nas estruturas intelectuais da branquitude após pessoas africanas serem expulsas do campo. O fato de uma editora tão prestigiada ter publicado o livro, repleto de erros de tradução e falhas evitáveis, é um testemunho de como as editoras servem aos objetivos imperiais das estruturas da branquitude[51]. Para contextualizar o problema, nenhuma editora aprovaria a publicação de um manuscrito de uma pessoa pesquisadora africana sobre a arte e a cultura dos Estados Unidos se ele contivesse um décimo dos erros cometidos por Brett-Smith. É inimaginável que a Cambridge University Press publicasse um estudo acadêmico que descreve o mundo norte-americano como aquele em que os homens fazem juramentos invocando o ato sexual, e que afirma que os presidentes dos Estados Unidos, em seu juramento de posse, colocam a mão sobre um livro preto simulando o ato sexual.

Outra forma em que se dá a invasão do espaço conceitual da África é quando pessoas intelectuais brancas se projetam como intérpretes das sociedades africanas. O antropólogo norte-americano Simon Ottenberg fez isso por mais de uma década ao se intitular como "o único intérprete da cultura afikpo igbo", identificando também o historiador da arte norte-americano Robert Farris Thompson como o pioneiro do estudo da consciência estética africana (cf. Ottenberg, 1990, p. 125-136)[52]. Em ambos os casos,

---

51. Dadas as questões epistemológicas levantadas por Owusu, a distorção das categorias conceituais africanas é ainda mais facilitada pelo fato de a indústria editorial não submeter os manuscritos de pesquisadoras e pesquisadores brancos a pessoas especialistas africanas para revisão, como é feito com autoras e autores africanos que escrevem sobre a cultura da Europa e sua diáspora.

52. Há muito tempo, pessoas africanas que escrevem literatura se dedicam a articular as características da consciência estética de diversas comunidades. No campo das artes, o trabalho que Ben Enwonwu apresentou no 1º Negro Arts em Dakar, Senegal, em 1966, é particularmente relevante. Como a arte africana é multidisciplinar, outras leituras sobre a consciência estética dos grupos étnicos nigerianos podem ser encontradas nos textos de Onuora Nzekwu que, desde o final dos anos 1950, escreveu muito sobre a consciência estética de vários grupos étnicos para a revista *Nigeria*. Além disso, os romances de Achebe (tenho em mente *Things Fall Apart* [1958] e *Arrow of God* [1964]) descrevem como os igbo operavam em seu esquema estético;

Ottenberg se recusou estrategicamente a questionar a qualidade epistemológica e a extensão do que ele sabia, preferindo, em vez disso, impedir qualquer questionamento de seu conhecimento. No primeiro caso, essa estratégia permite a Ottenberg apagar seus colaboradores afikpo que o guiaram e ensinaram o pouco que ele sabe sobre o esquema interpretativo de sua cultura e, no segundo caso, ele ignorou os esforços de autores como Lasekan, Lasebikan, Achebe, Oba Laoye Kinni – o Timi de Ede –, Babalola e p'Bitek, que coletivamente contribuíram para uma compreensão dos esquemas estéticos de suas culturas por mais de uma década, antes de Thompson escrever "Aesthetic of the Cool" (1973, p. 41-43, 64-67).

Em outra via de invasão conceitual, exortações sobre "verdade", "objetividade" e "conhecimento" nos estudos africanos às vezes funcionam como artimanhas para a entronização de visões eurocêntricas que têm como objetivo a manutenção de uma ordem imperial. Durante a minha residência como bolsista de pós-doutorado no Museu Nacional de Arte Africana, em Washington D.C., em 1989, pedi a um dos curadores que me apresentasse a um importante pesquisador norte-americano da arte igbo, que também estava em residência no museu. Eu estava ansiosa para conhecer esse pesquisador branco que trabalhava com as artes do meu povo. Contudo, ao descobrir minha identidade igbo e o tema da minha pesquisa de pós-doutorado, esse homem me interrogou

---

Song of Lawino (1966), de p'Bitek, forneceu um rico relato comparativo do esquema estético acholi e a síntese que resultou do colonialismo; os textos críticos de Ngũgĩ wa Thiong'o, que, ao incitar uma inflexão para a estética africana, articulou as características da estética dos gikuyu; as obras de Fagunwa, de Amos Tutola – *The Palm-Wine Drinkard* (1953) –, e de Duro Ladipo, incluindo os comentários verbais e escritos e as resenhas dessas obras, abordam mais profundamente a estética iorubá; as obras de Babalola (1966) e Lasebikan (1955). Uche Okeke começou a questionar a educação colonial no final dos anos 1950 com base em sua estética igbo (as obras podem ser encontradas em seu Instituto Asele), e os textos de Obiechina sobre a arte e a estética igbo. O fato de esses textos não estarem facilmente disponíveis na América – e não têm razão para estar – não justifica sua exclusão teórica. Pelo contrário, isso indica negligência na pesquisa.

de forma agressiva sobre os objetivos do meu estudo de forma/conteúdo, dando a entender que ele não cumpria com os padrões apropriados de verdade, objetividade e conhecimento. Ele me criticou por eu não me basear nas obras de um antropólogo branco que havia escrito sobre os ibibio. Então, mudando para o tema da minha pesquisa de pós-doutorado, manifestação de espíritos, ele exigiu saber se eu já tinha *visto* uma "máscara" e se eu tinha *fotografias* de "máscaras". Sua linha de questionamento insinuava que "ver uma máscara" e "ter fotografias de máscaras" eram os elementos que constituíam uma boa pesquisa e conhecimento. Respondi que as máscaras *mmuo* me eram muito familiares, pois eram uma parte vital da minha realidade cotidiana, e que poderia facilmente obter fotografias de arquivistas em Onitsha, caso precisasse delas. Nesse momento, o pesquisador me informou que *ele* já havia feito tudo o que havia para fazer em sua pesquisa sobre o tema e que não havia mais nada a ser descoberto.

Embora esse encontro tenha sido anterior à minha descoberta da resenha de Hoffman, a sua lógica de invasão estava fortemente ligada às críticas da colega branca. Ambos tentaram deslegitimar a oralidade, apagando as vozes das pessoas cujas experiências estavam sendo apropriadas. Ambos se colocaram como intérpretes, insistindo que apenas as obras de pesquisadoras e pesquisadores brancos que tivessem a sua aprovação poderiam ser usadas de forma plausível. Ambos enfatizaram os padrões de erudição na produção do conhecimento. E ambos tentaram afirmar que pesquisadoras e pesquisadores brancos já abordaram de forma conclusiva todas as questões pertinentes que possam ser levantadas. Com efeito, a semelhança direta de suas ações revela uma conexão marcante entre o imperialismo de gênero e o patriarcado, e como as mulheres brancas estão ideologicamente implicadas nessa estrutura.

Assim, a centralidade dos lugares africanos de resistência fornece o marco relevante para examinar, identificar e compreender a política de poder inerente à tradição intelectual ocidental que as mulheres brancas emulam. Esses lugares revelam as estratégias de enfraquecimento que são empregadas de forma dissimulada para afirmar a lógica diádica centro/periferia que preserva a branquitude intelectual da academia[53]. Para entender plenamente a natureza da conivência das mulheres brancas com formas opressivas de poder, devemos olhar sempre para o nível mais amplo da vida cotidiana, no qual a racialização do conhecimento vem à tona e precede seu viés de gênero. Estimulada pelo sistema educacional hierárquico e sua lógica patriarcal inerente, a fêmea da espécie branca chega a uma compreensão de si mesma ao se moldar como um reflexo da imagem dos patriarcas de sua cultura. Por essa razão, a resenha de Hoffman, uma estudante de pós-graduação, refletiu a dinâmica de poder de apropriação que foi exercida pelo homem branco no encontro entre mestre/subordinada, centro/periferia e metrópole/colônia no Instituto Smithsonian. Isso revela como ela segue a tradição de dominação usando o reverso do poder patriarcal: o matriarcado.

O caráter masculino/dominador do intelectualismo branco está inscrito nas regras básicas do engajamento acadêmico, que participantes muitas vezes reproduzem de forma inconsciente. Sem conhecer meu passado e me percebendo como uma jovem enérgica, Hoffman se prontificou, *assim como o especialista branco*, a afirmar sua experiência e preeminência no campo. Sem revelar que ela mesma era uma estudante, insistiu no fato de eu ser uma estudante de doutorado, portanto uma iniciante ou uma "novata", como afirmou de forma pejorativa. Como seu homólogo branco, ela questionou que eu não tinha formação no método da história da arte, dando a entender falsamente que existe *um* método[54]. Limitando de forma estreita as possíveis

---

53. O fato de essas estratégias ocorrerem sistematicamente nos estudos africanos, em geral, e nos estudos de história da arte africana, em particular, é uma revelação do estado colonizado da disciplina.

54. Para evidências de que não existe um método único no campo, cf. Gerbrands (1990) e Henry Drewal (1990). Drewal usa o termo "ecletismo" para caracterizar a ampla variedade de abordagens recentes no campo. O que esse autor falhou em reconhecer são os laços dessas abordagens "ecléticas"

estratégias de resistência, ela argumentou a partir da perspectiva de uma matriarca imperial que meu artigo carecia de mérito na história da arte, uma vez que ele não abordou de forma enérgica o tema da conferência CASA sobre resistência e dominação. Escrevendo na linguagem de poder autoral da estrutura da branquitude, Hoffman invocou uma relação patroa/criada para me criticar abertamente por um "trabalho falacioso e cansativo" e por ousar dizer a pessoas ocidentais (isto é, brancas) como apreciar a arte africana.

Com uma substituição sutil de "maternal" por "mestre", Hoffman emerge tranquilamente como "patroa e guardiã do cânone". Em seu papel de metáfora do papel colonizador das mulheres brancas, seu ataque é mais interessante pelas coisas que não foram ditas e pelo subtexto de sua narrativa. O comentário subentendido afirma que, em um mundo intelectual branco hierarquicamente estruturado, os pesquisadores africanos – especialmente as mulheres africanas – rebaixam a qualidade do conhecimento produzido e, portanto, não deveriam investigar questões que pessoas brancas especialistas africanistas supostamente já analisaram e definiram que não têm mais importância ou interesse. De fato, espera-se que as pessoas de territórios marginalizados, caso queiram ser validadas, sigam humildemente o caminho linear traçado por pessoas intelectuais brancas, cuja competência linguística e metalinguística em um idioma africano são limitados e que teorizam sobre as realidades africanas na *metrópole*. Acomodados no poder global do seu ponto de vista metropolitano, as críticas de Owusu são ignoradas por pesquisadoras e pesquisadores brancos que presumem que nenhuma revisão teórica do campo por pessoas intelectuais africanas poderia trazer qualquer contribuição especial.

---

com o contextualismo e o formalismo, e até que ponto suas prescrições para a compreensão artística e estética são baseadas na primazia da informação cultural sobre a forma. Os elementos artísticos são geralmente perdidos porque as análises, como aponta Rowland Abiodun (1990), carecem de uma compreensão das noções nativas de arte.

No contexto das relações de poder imperialistas, o sarcasmo funciona como uma ferramenta de punição que protege contra a revisão de velhas questões. Tendo a sororidade como pano de fundo, a farpa na crítica de Hoffman levanta questões discursivas sobre a qualidade dos estudos do campo opositor enquanto oculta os processos cuidadosamente orquestrados de apagamento, apropriação e colonização, e o espaço conceitual do Outro. Isso se revela com mais força em seu artigo "Objects and Acts" (1995), no qual desenvolve a ideia de que os objetos de arte são "veículos" e "reservatórios dinâmicos, complexos e independentes de muitos tipos de conhecimento e poder" (Hoffman, 1995, p. 56)[55], e no qual, após a aposentadoria antecipada de um grupo de mentores brancos mais velhos, ela pleiteia um cargo de chefia.

Desde a primeira frase até o final do artigo, a autora não deixa dúvidas sobre a identidade de seu público-alvo e sobre suas visões conceituais a respeito da África e dos povos africanos. Ela afirma:

> Por mais de duas décadas, pessoas teóricas e estudiosas dos objetos de arte africanos *refletem a respeito de como obter conhecimento sobre a África e por quais meios uma compreensão da cultura material africana pode ser possível*. A quem pertence o conhecimento sobre a África e quais são as formas mais autênticas e úteis de interpretar e passar esse conhecimento para as futuras gerações de pensadores? Neste texto [...], também questiono como podemos aprofundar melhor *nossa* compreensão da África e de seus objetos de arte (Hoffman, 1995, p. 56 – grifo meu).

---

55. Esse argumento me pareceu muito interessante, visto que, em 1992, fiz a curadoria de uma exposição intitulada "Celebrating African Identity: Politics and Icons of Representation", no A-Space, em Toronto, e escrevi o catálogo da exposição, no qual esse tema das obras de arte como "veículos de memórias" e repositórios de conhecimento foi elaborado. A diferença entre os dois argumentos é que, enquanto eu definia a leitura dos objetos como veículos de memórias no contexto da história cultural dos artistas e de suas sociedades, Hoffman recorria às teorias de várias pessoas intelectuais europeias e norte-americanas para entender a fala de um escultor dogon de que os objetos têm poder e, portanto, podem agir.

Como a estrutura lógica de sua expressão revela, Hoffman não reconhece pessoas africanas como teóricas e estudiosas da arte africana, e elas também não são considerados como parte do círculo de intelectuais a quem ela dirige suas reflexões. Isso fica claro ao levantar as seguintes perguntas: "O que realmente significa, para pessoas africanas, refletir a respeito de como obter conhecimento sobre a África? Por quais meios uma compreensão da cultura material africana pode ser possível?" (Hoffman, 1995, p. 56). E o que significa, para pessoas africanas, perguntar: "A quem pertence o conhecimento sobre a África?" De fato, o que significa, para pessoas especialistas africanas, reivindicar a África como um objeto de pesquisa e falar sobre ela como se fosse algo conceitualmente remoto e habitado por alienígenas com quem pesquisadoras e pesquisadores (incluindo pessoas africanas) não conseguem ter uma discussão intelectual? Ao expor tanto a incoerência quanto a lógica imperial implícita na linguagem, nas atitudes e nas proposições de Hoffman em relação a seu público, precisamos primeiro reconhecer que a exclusão de pessoas africanas do campo intelectual é uma conclusão inevitável. Embora isso aconteça de forma velada, sua importância reside no fato de fomentar a ideia perversa de que não existem pessoas africanas intelectualmente competentes com quem se envolver em discussões teóricas.

A perversidade nas proposições de Hoffman se manifesta de diferentes maneiras. Sem entrar em detalhes, vejamos os três objetivos de seu argumento: "Propor que os objetos podem e, de fato, agem sobre nós; investigar como um objeto pode ser compreendido transculturalmente; e apontar o que há em certos objetos que os diferenciam como obras-primas" (Hoffman, 1995, p. 56). O primeiro objetivo é, basicamente, uma apropriação hegemônica do que artistas da África que trabalham com o estilo tradicional sempre afirmaram sobre uma parte de suas obras. No que se refere ao segundo objetivo, a perplexidade da autora a respeito das possibilidades de compreensão intercultural remonta a argumentos velhos ultrapassados que representam de forma distorcida a cultura africana como tão complexa que se torna incompreensível. (Embora seja importante notar que isso justifica, para Hoffman, por que pessoas africanas não podem ser teoricamente consideradas como iguais, é impressionante que elas, por sua vez, nunca pareçam manifestar esse problema de compreensão intercultural que desafia tanto a capacidade cognitiva de algumas pessoas intelectuais norte-americanas). Por fim, embora posta como uma questão teórica legítima, a busca de Hoffman por critérios para identificar as obras-primas é movida não por questões teóricas, mas por interesses financeiros de pessoas ocidentais colecionadoras que estão preocupadas com a valorização dos objetos de suas coleções.

A apropriação cultural da realidade alheia, como fez Hoffman em seu texto, é a prova do imperialismo. Assim como em 1884-1885, relações imperiais são construídas quando pessoas brancas que desenvolvem teorias e estudos simulam debates e controvérsias artificiais sobre a arte africana, depois de excluir as visões e as teorizações de pessoas africanas sobre sua realidade. Uma evidência desse ato colonial é o tratamento de Hoffman a respeito das ideias de Ibrahim Poudjougou, o escultor dogon. Ao se apropriar da afirmação de Poudjougou, Hoffman a remove da estrutura de ideias e proposições da qual derivam seu significado e sua importância. Transposta para seu novo ambiente na América, a declaração culturalmente deslocada de Poudjougou é submetida a uma série de interpretações com base em ideias colhidas da teoria crítica de Barbara Hernnstein Smith, do sociólogo Grant McCracken, de Paul Feyerabend, do antropólogo Michael Connerton e do filósofo Maurice Merleau-Ponty. Nesse mundo artificial, no qual apenas as opiniões de especialistas de ascendência europeia são relevantes, não é feito nenhum esforço de incluir os trabalhos de qualquer pessoa que seja socióloga, antropóloga, historiadora, teórica crítica ou filósofa do Mali, ou de se apoiar nas explicações dos dogon. Efetivamente despojado de sua interpretação cultural, a fala ineslutável de Poudjougou se torna um objeto maleável a ser afagado, apertado, provocado, inserido e retirado das teorias europeias e euro-americanas em atos de masturbação intelectual.

Mercantilização e poder

Em *African Perspectives on Colonialism*, Adu Boahen (1987, p. 31-32), um importante historiador africano, argumenta que os fatores econômicos foram as forças mais decisivas que impulsionaram a colonização da África. Ele argumenta que o objetivo do imperialismo era a mercantilização; e esse objetivo foi alcançado introduzindo a ideologia mercantil do *laissez-faire* em seus diversos locais de operação.

Ao se tornar a ideologia dominante do mundo após a sua aceitação como a característica definitiva do modernismo e do "mundo livre" capitalista, o mercantilismo foi inserido no campo intelectual transformando teorias, ideias e conhecimento em mercadorias passíveis de serem apropriadas, possuídas e negociadas. À maneira dos indivíduos possessivos de C. B. McPherson (1962), pessoas intelectuais se tornaram proprietárias de suas ideias e teorias, preservando um direito inalienável sobre elas e "sem dever nada à sociedade por elas" (McPherson, 1962, p. 2). À medida que as teorias se tornaram itens valiosos, elas passam a ser mercadorias a serem adquiridas, acumuladas e trocadas por "riqueza" autoral, isto é, autoridade intelectual. Nessa ideologia de mercado possessiva – ideias, teorias, hipóteses – tudo é mercadoria, tudo tem valor de mercado, tudo está disponível para aquisição, nada é sagrado. Assim como na realidade econômica global atual, a África é situada como uma arena de matérias-primas para alimentar as fábricas intelectuais da branquitude.

A competição de mercado desenfreada gera monopólios que subvertem o controle de indivíduos e culturas sobre seus recursos e poderes. Em seu esforço incansável pelo controle do mercado, o impulso monopolista facilita o fechamento opressivo das arenas de discurso concorrentes como forma de manutenção do controle.

Nessa estrutura, a riqueza autoral é acumulada quando se define alguém como "autoridade" em determinado assunto. Um elemento fundamental da mercantilização intelectual e de seu espírito aquisitivo subjacente é o silenciamento sub-reptício das vozes adversárias, especialmente aquelas com o poder de desmascarar o privilégio. A mercantilização define o que pessoas "subalternas" de sociedades que foram colonizadas no passado podem e não podem discutir e criticar. Ela faz isso ao estabelecer uma relação de propriedade e de controle sobre as experiências apropriadas. A possessividade inerente a essa relação alimenta ainda mais o desejo explorador de controle, que, por sua vez, alimenta a necessidade de dominação. O efeito da mercantilização intelectual – como Trinh T. Minh-ha observou corretamente no caso da antropologia em *Woman Native Other* – é que ela "cria um diálogo de 'nós' entre 'nós' a respeito 'delas' [...], um diálogo no qual 'elas' (pessoas africanas) são silenciadas" (Minh-ha, 1989).

Ao desvendar as atitudes e os processos colonizadores em jogo no Ocidente, passamos a compreender as razões da linearidade do pensamento e do conhecimento ocidentais. Aprendemos que estereótipos e preconceitos antigos e duradouros sobre a cultura material da África ainda impulsionam a máquina intelectual e geram muitas das controvérsias atuais sobre a história da arte entre africanistas. Presos à tradição, pessoas pesquisadoras e teóricas ocidentais ainda se perguntam como compreender a África e sua cultura material; elas descobrem que as suposições de tribalismo ainda assombram sua imaginação intelectual; elas se dão conta de que a busca de colecionadoras e colecionadores por obras-primas pauta a sua agenda de pesquisa e exposições em museus; e percebem que o ritual – e não a criatividade – ainda é o que atribui valor às coleções. Com efeito, uma leitura atenta de "The History of African Art Studies" (1990), de Adrian A. Gerbrands, e o entendimento da questão central de "African Art and Authenticity" (1975), de Joseph Cornet, e "African Art and Authenticity: a Text with a Shadow" (1992), de Sidney Kasfir, revelam o paralelo surpreendente entre as velhas questões de pesquisa e as novas, indicando que não houve exatamente um progresso genuíno.

A enorme diferença de poder entre as posições de quem está no centro/metrópole e de quem está nas margens/colônias tem um impacto correspondente nos tipos de questões que são consideradas como de interesse dos membros desses dois mundos antagônicos. Geralmente, o que é importante para pessoas marginalizadas, despossuídas e oprimidas quase nunca é importante para imperialistas do centro com muito dinheiro. Enquanto pessoas marginalizadas podem querer questionar as condições de sua marginalização, imperialistas se preocupam em ocultar essas investigações: primeiro, por diversionismo, destacando o quanto fazem para ajudar; e, segundo, criando uma arena fortemente patrulhada, na qual a voz marginalizada é alienada e silenciada. O arqueólogo nigeriano Ekpo Eyo (1990) sabe muito bem disso: como ex-diretor do Museu Nacional da Nigéria, ele se deparou constantemente com essa condescendência na arena internacional. Ele contou que a exposição "Treasures of Ancient Nigeria: Legacy of Two Thousand Years", organizada pelo Museu Nacional da Nigéria em 1980, foi concebida, em parte, para questionar a ideia imperialista de que "uma raça tem o monopólio da criatividade no tempo e no espaço" e, em parte, para expor a falsa ideia de que a Europa inventou a arte, ao mostrar que "a história antiga da arte (nigeriana) é coincidente com a fase antiga da arte grega" (Eyo, 1990, p. 113).

A recusa das estruturas intelectuais brancas em reconhecer que pessoas africanas podem ter preocupações legítimas que diferem das prioridades de pesquisa de pessoas brancas é o estágio final da racialização e da dominação total do conhecimento. De modo semelhante às plantações de trabalho escravo, apenas pessoas brancas são consideradas intelectualmente competentes para articular questões teóricas importantes nos estudos acadêmicos. Isso impede pessoas africanas de participarem da arena em que se dá a produção de conhecimento sobre seus próprios objetos culturais. Relegados à margem, seu papel se limita a clamar aprovações irrefletidas ou a fornecer matéria-prima para o consumo intelectual branco. O fato de nunca serem seriamente validadas as ricas contribuições estéticas nos textos de Babalola, Achebe e Lasebikan; as contribuições que Bamidele Arowogun transmitiu a Lamidi Fakeye; aquelas que os anciãos acholi legaram a p'Bitek; as que, às vezes, são discutidas nas reuniões dos grupos etários; ou as contribuições que a cultura dogon de Poudjougou fornece para a compreensão de suas declarações – enquanto as intuições brancas sobre os esquemas artísticos africanos são privilegiadas – revela uma política de deslegitimação que rejeita a conceituação dos Outros de suas próprias realidades.

Então, quando uma pessoa como Hoffman vai ao Mali para uma "viagem de campo" de três a seis meses para descobrir as categorias estéticas dos objetos de arte dogon, e "para investigar os mecanismos por meio dos quais [...] os estrangeiros podem apreender e entender essa entidade" (Hoffman, 1995, p. 56), vejo a chegada de outro Mungo Park para "descobrir" os segredos ocultos do "continente negro". Quando ela coleta de forma voraz os materiais "brutos" para investigação, vejo um conglomerado multinacional explorando e acumulando os recursos do Terceiro Mundo para o conforto do Primeiro Mundo. Vejo mais uma confirmação da "doutrina econômica centro-periferia", na qual os países da periferia (as colônias) fornecem ao centro (a metrópole) suas matérias-primas conceituais. Quando ela faz uma análise clínica dos artistas dogon e pondera a quem pertence o conhecimento sobre a África, vejo um Conradian Marlow no Congo observando as pessoas que "uivavam e pulavam [...] e faziam caretas horríveis" (MARLOW, p. 106[56]). Quando ela desenvolve suas interpretações dos objetos de arte dogon, roteirizadas a partir das categorias interpretativas da realidade cultural ocidental, vejo o despejamento de lixo tóxico intelectual que rapidamente oblitera as categorias

---

56. O original inglês não trazia mais detalhes sobre esta citação [N.E.].

de interpretação africanas. Vejo um processo de pesquisa que, ao contrário da lógica científica da descoberta, parte de um enfoque negativo e está comprometido com os pressupostos e os legados do colonialismo. Vejo estudos acadêmicos nos quais pessoas africanas foram e ainda são julgadas como subumanas.

> *O uwa mebi*
> *bu na onye ilo benarilu ndi nwe ozu na akwa*
>
> É sinal de um mundo corrompido
> quando o forasteiro chora mais alto do que o enlutado.

Em "The Race for Theory", Barbara Christian (1987, p. 52) descreve formas narrativas, histórias, charadas e provérbios como formas de teorização utilizadas por "pessoas de cor (que) sempre teorizaram". Ela caracteriza esse modo teórico de expressão como "linguagem concisa que desmascara as relações de poder do (nosso) mundo". No mundo africano que conheço bem, dizemos que o mundo está em ruínas quando um forasteiro chora mais alto do que o enlutado. Nunca chamamos isso de hipocrisia; diplomaticamente, poupamos a cara dos hipócritas.

Assim, quando uma pesquisadora africanista norte-americana e branca se sente insultada e provocada pela descrição pouco lisonjeira de uma africana de alguns artefatos culturais, isso não é apenas uma acusação de deturpação por parte *da africana*, é também uma proclamação pública do pesquisador ou da pesquisadora brancos de sua visão onisciente. Uma vez que a questão do conhecimento autoral é central para essa análise do imperialismo de gênero, e uma vez que a estrutura da branquitude se projeta como dotada de uma compreensão especial da arte e da cultura africanas, é hora de examinar como o imperialismo branco opera por meio de seu esquema interpretativo para anular os esquemas estéticos africanos[57].

---

57. A importância da crítica radical de James Clifford (1990 e 1991) aos fundamentos da antropologia é que ela não apenas ratificou o que pesquisadoras e pesquisadores africanos afirmam sobre a prática antropológica, mas

Vejamos o objetivo artístico pretendido da categoria de máscaras *ekpo* que descrevi como repugnantes. No universo estético ibibio, essas obras são conscientemente feitas para serem feias, hediondas e assustadoras. Dado esse ideal estético, os escultores fazem uso de muitas contorções faciais que evocam deformações cranianas congênitas e outras como a lepra. Essas características aberrantes se situam na categoria social da feiura e são estigmatizadas como horrendas, indesejáveis e tabus. Quando esses tipos feios de figuras *Ekpo* são cobertos com *uto* (uma tinta ritual que se acredita ter propriedades mágicas) e depois defrontados com o poder jurídico e o papel de carrasco da *Ekpe Ikpa Ukot* (Sociedade do Homem-Leopardo), o efeito visceral ecoa no nível psicológico (Umoetuk, 1985, p. 40-56). Elas instilam um terror psíquico que, dependendo da posição do observador, pode ser real ou fingido. Nesse esquema sócio-histórico, a resposta estética apropriada de repulsa indica o reconhecimento da persona extraordinária do espírito *Ekpo*; ela denota respeito pela importância artística, política e social subjacente da instituição *Ekpo*.

A indignação de uma pesquisadora branca ao ver essas obras caracterizadas como "repugnantemente feias" só pode derivar de um esquema conceitual que oculta a poderosa história da *Ekpo*, oblitera as implicações sociais associadas às distorções faciais e apaga a função do princípio da feiura na arte ibibio. Assim, inconsciente de suas implicações teóricas, uma indignação como a de Hoffman é prova de que se está adotando um referencial estético culturalmente inadequado. Isso acontece porque quem avalia substitui indevidamente o esquema estético ibibio apropriado por um esquema ocidental. A substituição passa despercebida porque a resposta é cuidadosamente apresentada como sensível

---

também revelou a dinâmica do poder hierárquico que sustenta o conhecimento interpretativo, e apontou como e em que áreas a lente cultural branca da interpretação/tradução desloca a visão da cultura/do objeto de estudo. O apagamento de Hoffman do esquema estético ibibio revela a dinâmica desse processo.

e generosa – em suma, "politicamente correta". De um ponto de vista africano, no entanto, a resposta é brilhantemente evasiva. Seu caráter vazio se reflete na mudança conceitual que emascula o poder da máscara *Ekpo* e, assim, a transforma em um objeto passivo e não ameaçador. A castração dissocia a máscara *Ekpo* de sua rica história sociológica e a reinsere na estrutura estética branca, na qual ela se torna um objeto visual de madeira que admite a resposta "sensível" de Hoffman.

A substituição da intencionalidade artística ibibio por um esquema estético branco fundamenta a negação de Hoffman da feiura da máscara *Ekpo*. A inscrição do esteticismo branco no esquema estético ibibio automaticamente subverte a criatividade da *Ekpo* e transforma os artefatos culturais africanos em objetos benignos a serem interpretados com familiaridade e benevolência maternais. O fato de os sentimentos de ultraje de Hoffman realmente derivarem de um olhar inadequado se revela quando questionamos sua incapacidade de encarar, compreender e respeitar a implicação estética da feiura e seu papel na construção da identidade *ekpo*. Para alguém tão preocupada com a preservação da *Ekpo*, Hoffman parece não saber que descrever essas *Ekpo*s como "repugnantemente feias" não é depreciá-las, mas legitimar o seu ideal estético. É reconhecer a sua mística e compreender que elas derivam da exploração do princípio da feiura, cujo objetivo é assustar. O fato de que é preciso *dizer* isso a Hoffman é uma prova de que ela nunca atribuiu primazia estética ao esquema ibibio. Se tivesse feito isso, Hoffman estaria ciente da história e das funções de carrasco da *Ekpo*, e teria reconhecido que, no esquema criativo ibibio, a feiura encarna um elemento ambíguo que, ao ser julgado, faz com que uma crítica positiva pareça uma avaliação "negativa". (Esse tipo de ambiguidade estética se reflete no uso da palavra *bad* [ruim/mau] pela cultura afro-americana para descrever algo agradável ou bom; ou, em Onitsha, onde elogiar esteticamente *Oganachi* [espírito/máscara] significa enfatizar sua feiura intensa.)

No contexto mais amplo do imperialismo, as inversões do conhecimento ocorrem quando estudos e teorias de pessoas brancas impõem uma visão truncada da realidade à paisagem cultural da África. As relações imperiais de poder (de modo algum restritas à história da arte africana) são invocadas à medida que as noções ocidentais de arte e criatividade são projetadas nas visões africanas[58]. O resultado dessa projeção colonizadora é a obliteração das categorias de pensamento africanas – em suma, o branqueamento intelectual da paisagem estética da África.

O subtexto, as histórias, as narrativas

Nas artes, as teorias de africanistas (pessoas brancas para quem a África é apenas um lugar de estudo) às vezes servem ao imperialismo estético branco como ferramentas de organização da diferença ou da homogeneização. Isso lhes permite inscrever atitudes ocidentais na arte africana, *mesmo quando publicamente defendem essa arte*. Como o forasteiro que vê pelo nariz (provérbio iorubá), convenientemente, Hoffman pensa que uma descrição "negativa" de uma máscara *Ekpo* por uma nigeriana não ibibio é sintomática de um preconceito étnico. Em vez de questionar a limitação da *sua* "visão aclamada" e do conhecimento racializado que recebeu, Hoffman projeta sua ignorância e me acusa de *tribalismo*. Convencida de haver descoberto a raiz do problema, ela introduz minha origem étnica e levanta a ideia de que meus comentários têm uma motivação *tribal*: que "os julgamentos apresentados por Nzegwu, ela mesma de origem igbo, escrevendo sobre a máscara *Ekpo* dos ibibio", não são confiáveis. Vale notar que o problema da incompreensão nunca se refere a imperialistas na metrópole; está sempre reservado para a periferia, as colônias, as *tribos*, as pessoas marginalizadas e subalternas.

---

58. Os artigos "Introduction" (1988, p. 12-17), de Susan Vogel, e "Art/artifact" (1988, p. 18-32), de Arthur Danto, fornecem uma leitura instrutiva. Cf. tb. "Guineaism" (1966, p. 137-146), de Robert Armstrong.

A estratégia de tribalização da crítica de Hoffman, também usada por outras pesquisadoras e outros pesquisadores brancos na academia, ilumina a tática de "dividir para conquistar" do imperialismo. Durante a colonização europeia da África, o conceito de tribalismo foi empregado de forma divisiva para acentuar as diferenças étnicas da África e promover a desconfiança entre os diferentes grupos étnicos. O desvio enganoso de Hoffman para a etnicidade é uma manobra clássica de ofuscação que acompanha essa tradição. No final da década de 1980, quando foi utilizada, ela apelava para as imagens nos meios de comunicação dos horríveis conflitos *tribais* da África e da "violência de negros contra negros". A violenta luta interétnica, invocada tacitamente, torna-se a clivagem que "prova" a existência de hostilidades irresolúveis entre os igbo e os ibibio, e prova que pessoas africanas não são capazes de comentar de forma legítima a arte umas das outras. *(Subtexto: Como membros de tribos opostas, carecem de distância objetiva. Só nós – pessoas brancas imperialistas – podemos comentar, porque não temos etnicidade, estamos acima dessa mesquinhez tribal.)*

A motivação oculta por trás da utilização do conceito de tribalismo é, obviamente, a regulação das críticas interculturais entre pessoas da África. Ao problematizar as diferenças étnicas, as experiências imediatas e relevantes que pessoas africanas podem oferecer para os discursos sobre a arte africana e para a avaliação das obras de pessoas pesquisadoras brancas são deslegitimadas. Isso permite que especialistas ocidentais apresentem suas intuições intelectuais brancas como um conhecimento objetivamente neutro e ofereçam seu esquema estético como a melhor perspectiva possível para compreender e interpretar a arte africana.

A premissa insidiosa de que pessoas africanas não são capazes de se engajar objetivamente na crítica intercultural[59] permite, há

---

59. Essa é uma manobra clássica que pessoas brancas fazem quando veem pessoas africanas discutindo a arte umas das outras. Arrogam-se o direito de discutir a arte de qualquer cultura, mesmo quando não têm conhecimento adequado sobre ela, e arrogam-se o direito de interromper nossas conversas

muito tempo, que pesquisas desenvolvidas por pessoas ocidentais privilegiem epistemicamente suas notas e seus diários de campo e as interpretações por vezes falaciosas derivadas deles. Além disso, essa premissa permite o desvio das críticas negativas de especialistas da África, ao difundir essas críticas como inerentemente problemáticas. Muitas pessoas brancas especialistas em arte africana empregam, de forma recorrente, essa tática para ocultar a pobreza cultural de seu "conhecimento" e preservar a legitimidade de sua deturpação, ao mesmo tempo em que validam sua posição privilegiada na estrutura intelectual branca do conhecimento. As alusões às tórridas animosidades *tribais* permitem que pessoas brancas africanistas e estudantes como Hoffman emerjam de forma perversa como senhores e senhoras benevolentes, virtuosamente "protegendo" a arte ibibio do ataque "cruel" de uma igbo.

Quando os iorubá descrevem o forasteiro como aquele que vê pelo nariz, enfatizam a enorme discrepância entre as coisas tal como elas são culturalmente constituídas e as interpretações incrédulas do forasteiro. Ao promover a ideia de diferença cultural, colegas brancas como Hoffman subversivamente relegam a experiência e o conhecimento informado de pessoas africanas à margem e restauram a centralidade das construções ocidentais sobre a arte africana. Sobretudo, elas estabelecem sua legitimidade autoral ao definirem a si mesmas como "forasteiras íntimas", no processo de reconstrução da paisagem social da África de acordo com a sua visão. Ao ler a história da Nigéria a partir do referencial antagônico e *tribalizado* de Hoffman, fica-se com a impressão de que os igbo e os ibibio vivem em áreas mutuamente exclusivas, que estão em conflito perpétuo, que as apresentações da *Ekpo* são restritas às

---

e criticar nosso julgamento ao introduzir questões de objetividade. Susan Vogel (1987) ilustrou essa posição quando negou maternalmente à mestre escultora marfinense, Lela Keuakou, o direito de comentar as obras de outras etnias africanas. David Rockefeller, por outro lado, recebeu carta branca para expressar suas opiniões e seus preconceitos e falar das obras de sua coleção pessoal como se representassem o melhor que a África tem a oferecer.

áreas ibibio e que os igbo não sabem nada sobre as apresentações da *Ekpo*, logo, não há nada que eles possam oferecer. Curiosamente, essa leitura branca da arte ibibio se contrapõe ao corolário de reinterpretação da realidade histórica da Nigéria em consonância com uma África falsa, antropologizada e a-histórica.

Morando longe – na costa oeste dos Estados Unidos – e ansiosa para explorar a alteridade igbo em relação à cultura ibibio, Hoffman e outras mulheres brancas como ela raramente estão dispostas a aceitar sua alteridade três vezes suprimida. No esforço de legitimar sua competência, Hoffman parece incapaz de compreender que a minha alteridade em relação à cultura ibibio é radicalmente diferente da sua alteridade ocidental e do abismo conceitual que ela significa. A autora se recusa a ver que existem coincidências importantes nas experiências culturais dos igbo e ibibio, que ela não compartilha. Algumas delas derivam de semelhanças culturais, da nossa experiência colonial, da nossa história e identidade nigerianas, da criação de amizades interétnicas e da colaboração acadêmica entre os dois grupos[60].

Embora eu seja uma igbo, na realidade nigeriana moderna em que fui criada, esses dois grupos étnicos compartilhavam a mesma estrutura administrativa até 1968. Mesmo quando me lembro da formidável presença do Dr. Nnamdi Azikiwe, de Michael Okpara e de Kingsley Mbadiwe, lembro-me também que era a época de Margaret Ekpo, Eyo Ita, N. U. Akpan, H. U. Akpabio, E. O. Eyo, Udoma Udo Udoma, Francis Ikpeme e muitos outros. Como parte da unidade política e econômica conhecida como região oriental, membros de ambos os grupos viviam e trabalhavam na

---

60. Na época em que escrevi o artigo, morava com uma mulher ibibio, com quem eu havia frequentado a mesma escola primária na antiga Nigéria Oriental. Parte das nossas estratégias de enfrentamento no ambiente acadêmico do Canadá era ler e comentar os trabalhos uma da outra. Curiosamente, ela leu o texto que Hoffman achou tão ofensivo e não se surpreendeu com a descrição de algumas máscaras *ekpo* como repugnantemente feias.

área geográfica uns dos outros[61]. As performances da *Ekpo* eram destaque no festival anual de artes, bem como durante as festividades de Natal, Ano-Novo e Páscoa em lugares como Aba, Port Plarcourt, Degema, Onitsha, Enugu, Lagos, Ibadan e Okitipupa. Embora algumas apresentações fossem voltadas principalmente para o entretenimento[62], toda criança igbo sabia o suficiente sobre *Mmanwu* (espíritos), a partir da lógica cultural de sua própria realidade vivida, para saber que *Ekpo* é um espírito e adotar os gestos adequados de respeito. Sobretudo, como parte da nossa história nigeriana pré e pós-independência, bem como de nossas experiências cotidianas e da história cultural oral, aprendemos sobre a Sociedade do Homem-Leopardo.

As histórias e as culturas complexas da África sempre parecem tranquilamente simples para pessoas na *metrópole*, cujas perspectivas são informadas de forma acrítica por um modelo evolutivo linear de desenvolvimento cultural. Embora Hoffman e outras pessoas como ela rapidamente se afastem dessa acusação de leitura antropologizada e a-histórica, as ideias ultrajantes que se sentem compelidos a afirmar e defender as denunciam. Para produzir conhecimento adequado, pessoas brancas historiadoras da arte africanistas, como Hoffman, precisariam descartar as lentes atemporais fictícias de sua formação antropológica e integrar o conceito de mudança histórica em suas análises. Como Barry Hallen (um filósofo norte-americano branco que viveu em Ife por mais de quinze anos) descobriu, é necessário um período prolongado de vivência para chegar a alguma compreensão informada das práticas culturais, antes de participar de conversas metaestéticas.

Harold Garfinkel (1972, p. 1-30), psicólogo social interacionista, explica por que a imersão na prática cultural é fundamental. Seus experimentos revelaram que a abordagem observacional (o tipo preferido de pessoas brancas historiadoras da arte africanistas) é,

---

61. Isso ainda acontece hoje, mesmo após a reestruturação política do país.
62. Para outras adaptações da rotina *ekpo* no entretenimento, cf. Nzewi (1986).

necessariamente, uma perspectiva desconectada que não é adequada para discernir a lógica e as motivações das ações. O problema na abordagem observacional é que ela se baseia no intuicionismo para dar sentido aos fenômenos que estão fora do escopo de sua estrutura interpretativa. Consequentemente, as tentativas de compreender a cultura observada nos termos do esquema familiar ao observador subvertem a lógica das ações observadas e compelem o forasteiro a "ver pelo nariz". Em um estudo corolário, Garfinkel observa que, ao tornar-se participante, mergulhando na experiência como um membro da unidade estudada, a barreira alienante é quebrada. Na medida em que uma perspectiva "de dentro" é reveladora e traduz o significado e a lógica de um esquema artístico, ela é fundamental para a compreensão da importância artística da arte de qualquer cultura. Assim, não existe equivalência entre "a literatura" de interpretações textuais reconstruídas e as experiências vividas por pessoas em uma cultura na qual o modo, a produção e a transmissão de conhecimento se estruturam oralmente.

> *Asi na etiye nwata aka odudu*
> *egosiya mmee.*
> Diz-se que quando alguém bate em uma criança
> para matar um mosquito
> como prova, é preciso mostrar a palma ensanguentada.

Como o provérbio demonstra, a evidência é fundamental para esclarecer a motivação e provar que se agiu com responsabilidade e prudência. Se o mosquito escapou, é preciso ser capaz de mostrar o inseto voando. Quando evidências não podem ser apresentadas, ou quando elas não correspondem ao ato, falta a base socialmente validada para justificar a boa intenção de um ato.

Após a crítica de Hoffman, passei um tempo analisando o contexto histórico de privilégio no qual as teorias e os métodos antropológicos foram construídos. Também considerei as acusações de especialistas importantes da África contra pessoas pesquisadoras brancas que se apropriam da cultura material da África e eliminam a voz africana em seus textos. Lembro que Enwonwu fez essa denúncia em "Problems of the African Artist Today" (1956, p. 177-178), argumentando que "a ciência da antropologia tem [...] sido utilizada para criar uma barreira intelectual que torna extremamente difícil, para a maioria das pessoas africanas, ser considerada qualificada para desempenhar um papel importante no desenvolvimento e na preservação de sua arte nativa". Lembro-me de Chinweizu, Onwuchekwa Jemie e Ihechukwu Madubuike declarando serem críticos *bolekaja* (que chamam ao combate) e afirmando que a obra *Towards a Decolonization of African Literature* (1980) foi escrita a partir da necessidade de combater o efeito "obsoleto, estéril e sufocante" das categorias eurocêntricas sobre as artes literárias da África contemporânea.

À medida que o novelo da memória se desenrolou até a Fundação de Música Tradicional Nigeriana, lembrei-me de Akpabot se perguntando como John Cage poderia ser seriamente creditado com a descoberta da indeterminação na música quando os músicos birom (Nigéria), do conjunto de flauta *kara*, tocam música aleatória durante a maior parte de sua história. Lembrei-me da afronta de Enekwe quando ele argumentou, em *Igbo Masks: The Oneness of Ritual and Theatre* (1987), que a não especificidade e a fluidez do modo dramático igbo era desvalorizada porque não se encaixava no modelo europeu, radicalmente diferente. Em *Hope and Impediments* (1989), vi Achebe demonstrar como a obra *Heart of Darkness*, de Conrad, "reforça os medos raciais" ao apagar a humanidade da África. Chegando ao fim do novelo, em "The Future of African Art Studies: an African Perspective" (1990), Rowland Abiodun afirma que a ignorância dos ocidentais sobre as categorias estéticas da África resulta de sua incapacidade de falar com proficiência qualquer língua africana e de acessar os universos conceituais do discurso.

Ao final dessa longa reflexão, revisitei a acusação de Hoffman de que desconheço "a literatura" e suas "controvérsias contemporâneas". Eu me perguntei a qual literatura ela se referia: às obras de especialistas da África que podem ser mais relevantes ou às difundidas pelas estruturas da branquitude? E me lembrei, então, da exclusão dos esquemas conceituais africanos na literatura canônica, pensei no colonialismo ao recordar o provérbio e me perguntei qual mosquito Hoffman estava tentando matar.

Quando escrevi o artigo "Overcoming Form/Content Tensions in Appreciating African Art Forms" (1988), não era meu objetivo examinar em profundidade o que pessoas brancas que desenvolvem estudos a respeito da arte africana realmente sabem sobre os esquemas artísticos e estéticos das diversas culturas africanas. Com boa vontade e em sinal de respeito por terem escolhido trabalhar nessa área, aceitei tudo o que eles alegaram saber. Ciente de que a maioria das sociedades africanas preserva seus conceitos artísticos e estéticos oralmente, não achei que fosse importante expor que pouquíssimas pessoas pesquisadoras brancas entendem com proficiência os significados fonéticos, lexicais e idiomáticos das línguas tonais da África, nem viveram nas sociedades por tempo suficiente para adquirir o domínio profundo dos conceitos e das categorias, necessário para a compreensão crítica.

Buscando chamar nossa atenção para como a branquitude é reproduzida na interpretação histórica, Boahen disse, certa vez, que, quando o tigre controla a narrativa da história, devemos nos lembrar que o relato histórico é a história do tigre, jamais a nossa. A parábola de Boahen destaca de forma convincente o fato de que a branquitude é reproduzida na interpretação histórica porque, tipicamente, quem narra se esforça para impor sua visão de mundo. A. E. Afigbo (1984, p. 58) flagrou G. I. Jones fazendo isso ao analisar a declaração de Jones de que há "pouca tecelagem ou tingimento de tecido de algodão [em Ibolândia, exceto quando introduzido ou emprestado pelos igala ou iorubá]". A declaração de Jones não era apenas infundada pela tradição oral (e mesmo por diários de viajantes europeus), mas também carecia de base factual. Essa mentira foi inventada por oficiais coloniais em sua intensa aversão pelos igbo, nos primórdios do domínio colonial.

Como sabem aqueles que residem em outros centros da vida e que já ouviram pessoas acadêmicas ocidentais interpretarem sua realidade, a observação de Boahen e a descoberta de Afigbo expressam de forma sucinta as distorções geradas pelas inscrições brancas em sua reconstrução das realidades de nativos canadenses, nativos americanos, africanos, afro-americanos e chineses. Se essas narrativas são imperialistas e ofensivas, como apontam Boahen e Afigbo, é porque nada dizem sobre nós, nossas ações, nossas vidas ou nossa realidade. O imperialismo emerge na substituição das vozes africanas pela voz eurocêntrica de quem narra. Essa voz emerge com força em *The Story of Nigeria* (1962), de Michael Crowder, tornando o livro uma leitura branca da história da Nigéria; "History of African Art Studies" (1990, p. 11-28), de Gerbrands, é uma história sobre a presença de um antropólogo europeu na arte africana; e *African Arts of Transformation* (1970), de Herbert Cole, também é uma pesquisa branca, centro-periférica, das artes do continente.

Ao sugerir que o foco acadêmico se desloque da atual inclinação antropológica para o eixo histórico da arte, Abiodun (1990) revisitou os problemas simultâneos de uma perspectiva antropológica "de fora" e da falta de proficiência de pesquisadoras e pesquisadores não africanos nas línguas da África. Sua análise preliminar "de dentro" das categorias estéticas iorubá mostrou que o trabalho de pessoas brancas africanistas carecia da compreensão cultural necessária para formular um quadro de referência apropriado para as análises históricas da arte. Relembrando a especialistas que a disciplina lida com formas de arte em sociedades orais, Abiodun insistiu, assim como Robert Rattray também o fez (cf. Owusu, 1978, p. 323), que a aquisição de proficiência na linguagem e na metalinguagem pertinentes aceleraria muito o acesso ao repositório de conhecimento das sociedades africanas e é fundamental para compreender os elementos estéticos e formais da arte na África. A sugestão dos dois estudiosos (um nigeriano e outro britânico) oferece um caminho relevante para pessoas brancas pesquisadoras e teóricas efetivamente corrigirem o tipo de interpretação especulativa que praticam e que exclui a África da equação.

O problema da linguagem, como revelado pela crítica de Kone (1996) ao estudo de Brett-Smith, é um problema de apagamento conceitual, no qual a humanidade dos outros é distorcida. Os erros críticos de muitos dos trabalhos de pesquisadoras e pesquisadores brancos a respeito da África e de sua arte ocorrem nas próprias intersecções da linguagem e da tradução, colocando em questão a competência de quem pesquisa e sua conformidade com o padrão exigido de conhecimento. Na história da arte nos Estados Unidos, estudantes de doutorado (incluindo pessoas africanas) devem comprovar competência em duas línguas – especialmente em sua área de especialização – antes de iniciar os estudos. Para quem estuda a Europa, a fluência no idioma da sociedade em questão é essencial[63]. No entanto, esse quase nunca é o caso dos estudos africanos, em que um grande número de pesquisadoras e pesquisadores africanistas europeus e norte-americanos alcança posições de destaque sem nunca ter passado em um teste de proficiência ou ser fluente em qualquer idioma africano. Na arena intelectual global, em que pessoas africanas especialistas e teóricas competem em uma posição de tripla desvantagem (financeira, linguística e tecnológica), o padrão exigido do trabalho acadêmico é abandonado ou rebaixado para que pesquisadoras e pesquisadores africanistas brancos possam atuar no campo.

Essas medidas de ação afirmativa em favor de pessoas brancas limitam o progresso acadêmico no campo de estudos da arte africana – por exemplo, o caso de Hoffman, que define a cultura dogon como sua área de estudo, mas não fala o idioma. Facilmente isenta de cumprir com a exigência da linguagem, a pesquisadora imperialista agora pressiona escultoras e escultores analfabetos a

---

63. Pessoas africanas que estudam arte francesa, alemã ou espanhola também tiveram que cumprir esse requisito para participar do debate intelectual em sua área de estudo.

saírem de seu próprio esquema linguístico e cultural familiar se quiserem que ela escreva sobre eles. Trabalhando com informantes/ intérpretes (nem sempre confiáveis), ela justifica a sua incapacidade[64] de falar o idioma argumentando que "há muitas línguas e dialetos dogon" (Hoffman, 1995, p. 91). Essa clássica queixa imperialista ignora que o fardo do aprendizado de um idioma é transferido para os dogon e que, para realizar um trabalho acadêmico sério, a aquisição da língua é fundamental, pois ela é o meio em que os dogon expressam seus pontos de vista, histórias, ideias filosóficas, valores, normas e práticas sociais. Além disso, Hoffman ignora os problemas epistemológicos fundamentais de um método de pesquisa dependente de informantes e a questão do controle da qualidade dos dados que isso gera em sua metodologia: "No início de cada entrevista, perguntava à escultora ou ao escultor sua preferência: utilizar alguém como intérprete ou falar diretamente comigo em francês. Em quase todos os casos, falavam um pouco de francês e preferiam conversar diretamente comigo" (Hoffman, 1995, p. 91).

Os problemas epistemológicos identificados por Owusu (1978) não podem ser resolvidos apenas transferindo o ônus do aprendizado de idiomas para a outra pessoa, ou pressupondo levianamente que o francês limitado de uma pessoa entrevistada não terá um impacto negativo na coleta de dados. O mais preocupante nessa manobra hipócrita para evitar o aprendizado do idioma da sua área principal de pesquisa é que Hoffman (1995, p. 91) apresenta seu material corrompido como bem coletado e, depois, tenta se esquivar da culpa por distorcer a cultura dogon ao descrever a expressão verbal de Poudjougou (o escultor com francês limitado) como "eloquente" e fazê-lo afirmar de forma tranquilizadora que seu "dogon é tão ruim quanto meu francês". O que é digno de nota nessa performance elaborada para evitar o aprendizado de idiomas

---

64. Não acho que Hoffman seja incapaz de aprender o idioma. Tendo demonstrado sua capacidade de aprender francês, fica claro que o problema aqui não é de incapacidade, mas de vontade.

é que o problema central da degradação dos dados é encoberto ao apresentar materiais corrompidos como bem coletados e substituir questões de rigor metodológico pelo apelo à eloquência de um entrevistado. Quase sempre ignorada é a questão fundamental da transfiguração do significado que deriva, por um lado, do vocabulário francês limitado de Poudjougou – particularmente, da sua incapacidade de traduzir conceitos e ideias culturais complexos para o francês – e, por outro, do processo triplo de tradução do dogon para o francês limitado (Poudjougou), do francês limitado para o francês padrão (Hoffman) e do francês padrão para o inglês (Hoffman).

Transcrevendo a África

A falta de proficiência na linguagem e na metalinguagem relevantes do discurso resulta em interpretações equivocadas sobre a realidade material da África. Sem admitir esse fato, pesquisadoras e pesquisadores ocidentais geralmente se baseiam em suas categorias culturais de interpretação para dar sentido a uma realidade diferente, sem avaliar se existem ou não justaposições conceituais nos fenômenos observados. Por um lado, a utilização de categorias culturais inadequadas, enraizadas na ordem epistemológica ocidental, põe em xeque a relevância, a veracidade, a legitimidade, a objetividade e a racionalidade das interpretações resultantes, cujos frutos continuarão sendo considerados uma leitura interessante. Por outro lado, como sublinhou Paul Tiyambe Zeleza, a ocorrência desse tipo de teorização nos estudos africanos reflete as relações de dominação da África pelo Ocidente, [uma vez que] isso aumenta a capacidade de acumulação, apropriação e dominação intelectual por parte de pesquisadoras e pesquisadores ocidentais nos estudos africanos (Zeleza, 1994).

Questões teóricas importantes emergem quando o fantasma cultural branco que habita a estrutura interpretativa problematiza os valores, a história e a lógica filosófica da África e rebaixa o nível da interpretação teórica. Um exemplo disso foi quando Brett-Smith

(1994, p. 122) descreveu os homens bamana e malinke fazendo seu juramento mais profundo sobre o sexo de sua mãe. Se, depois de cinco anos de pesquisa, Brett-Smith ainda está sujeita a essas interpretações ultrajantes, é preciso reavaliar a questão das renúncias linguísticas e a relevância da aprendizagem do idioma. Em trabalhos tão mal teorizados como os de Brett-Smith e Hoffman, pessoas africanas culturalmente informadas podem facilmente notar os deslizes e os equívocos dos estudos africanistas, porque é possível detectar o deslocamento geocultural do nosso centro para uma posição marginal, como Kone fez com o trabalho de Brett-Smith. Ao contrário de pessoas estrangeiras, que mais precisam adquirir competência cultural, pessoas africanas informadas não precisam refletir com antropólogas e antropólogos sobre como podem obter conhecimento sobre a África, assim como pessoas norte-americanas informadas não param para indagar sobre o processo que lhes permite conhecer a cultura dos Estados Unidos. Com efeito, como Ayo Bamgbose (1971) demonstrou em sua análise etimológica do conceito de Olodumare, é necessário um conhecimento cultural profundo, do qual grande parte vem do conhecimento da história social, das regras sintáticas de derivação linguística, dos conceitos lógicos e filosóficos da sociedade, e das diferentes mudanças dialetais da língua.

É relativamente fácil ouvir o som oco da alteridade nas interpretações especulativas. Os habitantes das margens sociais da vida na América do Norte conhecem bem as limitações teóricas da literatura canônica, abaixo dos padrões aceitáveis na produção de conhecimento, na representação de suas experiências culturais. Ao contrário da maioria de especialistas da África, poucos pesquisadores brancos (incluindo mulheres) se interessam o suficiente em "acessar" o nível metanarrativo do discurso dos mundos do pensamento africano que eles reinterpretam. Como o turista perpétuo, permanecem na porta de entrada cultural, lançando olhares fugidios, procurando materiais quixotescos para usar no enquadramento da África com a próxima teoria ou hipótese da moda. Como nunca lidam com a lógica cultural específica que lhes é apresentada, suas visões e seus relatos interpretativos pontuais dizem mais sobre o discurso totalizante das epistemologias imperiais e suas interpretações do que sobre os fenômenos e os povos descritos.

Tendo em mente o legado colonial da antropologia do século XIX e o legado da Guerra Fria nos programas de estudos africanos nos Estados Unidos, pessoas africanas têm de reconhecer o forte investimento político e emocional em ação para proteger as bases da ordem normativa branca nos estudos de área. O artigo de Eva Cockcroft, "Abstract Expressionism, Weapon of the Cold War" (1974), destaca a conexão íntima entre arte/cultura e a política externa dos Estados Unidos durante a Guerra Fria[65], e o papel extraordinário da Fundação Rockefeller em transformar a arte/cultura em um instrumento político eficaz de mudança global. Como Cockcroft argumentou, essa relação política resultou no estabelecimento de programas de estudos de área em universidades norte-americanas seletas para fornecer aos formuladores de políticas as informações necessárias sobre as nações emergentes da África e da Ásia, como parte da defesa global dos Estados Unidos contra o comunismo. Inicialmente fornecidas por pessoas voluntárias do Corpo da Paz que mais tarde se tornariam estudiosas e teóricas africanistas, as informações tão necessárias geraram inúmeras publicações sobre as histórias e as culturas de diversas nações africanas. Uma vez que o programa de Estudos Africanos foi projetado principalmente para fornecer informações para os objetivos políticos estadunidenses, a orientação dos materiais coletados, a ênfase da interpretação e a responsabilidade dos pesquisadores pelo conhecimento produzido tinham que estar alinhadas com a percepção e a centralidade dos Estados Unidos no mundo. O fato de o conhecimento, em si mesmo, não ser o objetivo primordial da pesquisa norte-americana

---

65. Isso ajuda a explicar por que o Museu Nacional de Arte Africana, em Washington D.C., foi fundado por Warren Robbins, um oficial de relações exteriores aposentado, e só mais tarde seria adquirido pelo Smithsonian Institution.

na África explica por que a recuperação da África na imaginação intelectual norte-americana invocava a relação hegemônica centro-periferia do imperialismo estadunidense.

Em face dessa narrativa, é revelador que a análise de Suzanne Preston Blier ignore a importância dessa relação política da disciplina com o Estado e seus objetivos na Guerra Fria, na definição da agenda e da orientação dos programas de estudos de área. No artigo "African Art Studies at the Crossroads: an American Perspective" (1990), ela constrói uma história apolítica benigna do desenvolvimento e do crescimento dos estudos da arte africana nos Estados Unidos, em que a disciplina floresceu vigorosamente com a energia e a dedicação de pesquisadoras e pesquisadores brancos liberais muito motivados. No entanto, como Cockcroft elucida, o objetivo imperialista da Guerra Fria se infiltrou no caráter e na estrutura dos programas e criou uma visão do mundo centrada nos Estados Unidos. Em diferentes programas, pesquisadoras e pesquisadores se prestaram (voluntária ou involuntariamente) à realização dos objetivos globais da América do Norte, que convergiam com seus objetivos pessoais de se tornarem definidores e especialistas em diversas regiões do mundo. Corroborando a análise de Cockcroft, os historiadores Keletso Atkins, John Higginson e Atieno Odhiambo lançaram mais luz sobre a história dos Estudos Africanos nos Estados Unidos. Segundo eles:

> [A] descolonização dos impérios europeus na África, que aconteceu no auge da Guerra Fria, colocou novos desafios para a concepção norte-americana da sua "segurança nacional". Os formuladores de políticas exigiam informações básicas e atualizadas sobre os Estados-nação emergentes da África. Assim, os estudos africanos foram construídos por uma aliança entre acadêmicos, fundações privadas e agências governamentais. Foi essa relação que alimentou o crescimento da história africana e dos estudos africanos nos Estados Unidos nas décadas de 1950 e 1960, não africanistas nas "franjas" da luta pelos direitos civis com "empatia pelas pessoas oprimidas" (Keletso; Higginson; Odhiambo, 1995).

No mínimo, uma leitura historicizada e precisa da criação dos programas de Estudos Africanos nas principais universidades de pesquisa nos Estados Unidos fornece uma resposta ao tipo de questões culturalistas que são de interesse no campo: por exemplo, como "nós" entendemos a África? Pessoas africanas têm uma noção de arte? As máscaras africanas são produzidas pela comunidade ou por artistas individuais? Há a identificação de artistas ou permanecem no anonimato? Quais são seus nomes? Uma narrativa precisa da história da disciplina facilitaria a compreensão de como a raça e a política da Guerra Fria convergiram para construir os fundamentos da disciplina, definir os paradigmas de pesquisa e estabelecer quem é considerado digno de fala. Exercendo enorme poder e influência como chefes de departamento, como avaliadores de exposições e projetos de pesquisa, como formuladores de programas de arte africana em universidades, como editores de periódicos e revisores das submissões de artigos, pesquisadores brancos do sexo masculino (muitos dos quais não falavam nenhum idioma africano) definiram a agenda de pesquisa e definiram a orientação e as prioridades de publicação à luz de seu próprio conhecimento, compreensão, vieses, interesses e preconceitos. Hoje pessoas africanas têm problemas com os paradigmas predominantes da disciplina não porque sejam intelectualmente inferiores, mas porque os paradigmas não foram projetados para tratar de forma substancial das questões do conhecimento, mas sim para refletir o intuicionismo norte-americano sobre a África e os tipos de conhecimento que a América branca considera que devam ser produzidos[66].

---

66. Um exemplo clássico desse ato colonizador é praticado por Blier em *African Vodun* (1995), publicado pela University of Chicago Press. Nesse livro, a autora se propõe a usar o *bocio* e o *bo* para mapear a interconexão entre arte, psicologia e poder entre os fon, na República do Benin e no Togo. Reconhecendo a dificuldade em pesquisar o *bocio* e o *bo* – visto que suas perguntas eram "frequentemente recebidas com silêncio" –, a autora afirmou que "muitos aspectos dessa tradição permanecem obscuros" para ela. Apesar desse bloqueio epistêmico, ela afirma categoricamente que essa evasão "é porque as obras em si não foram feitas para serem 'compreendidas'

Assim, nos estudos da arte africana, em particular, e nos estudos africanos em geral, o imperialismo de gênero se entrelaça com o imperialismo cultural na medida em que mulheres curadoras, acadêmicas, teóricas e pesquisadoras brancas reproduzem os paradigmas do conhecimento centrados na América, que apagam de forma hostil as realidades africanas. Privilegiadas em relação às suas colegas afro-americanas, as alunas brancas desses professores brancos são bem-sucedidas tanto por serem atraídas para o círculo interno desses mentores quanto por defenderem suas epistemologias imperiais e seu estilo metodológico. Trocando a individualidade por uma identidade de soldado, elas jogam a política da disciplina, assumindo a posição hierárquica de poder e privilégio que lhes é concedida no programa. Em seu papel de guardiãs do *status quo*, muitas dessas pesquisadoras brancas (das quais várias não falam nenhuma língua africana) controlam de fato a interpretação da realidade africana, encurralando o discurso na "casa dos cânones", onde as questões de pesquisa são definidas por interpretações transfiguradas.

A importância desse edifício canônico é que ele fornece um meio para subverter a base legítima sobre a qual a dicotomia "de fora"/"de dentro" é marcada. Ao encobrir a localização cultural e a identidade de quem teoriza, é mais fácil persuadir quem é cético de que todas as interpretações são iguais e que não há distinção no grau de conhecimento entre especialistas da África e pessoas brancas africanistas. Colocar todas as pesquisadoras e os pesquisadores (africanos e não africanos) no mesmo nível cognitivo de conhecimento cultural deslegitima a base sobre a qual pessoas africanas criticam as interpretações equivocadas de africanistas.

[...], mas, em vez disso, para permanecerem enigmáticas e obscuras para ambos: residentes locais e observadores estrangeiros". Na sua opinião, isso "não reflete um desejo arbitrário de esconder ou encobrir os significados ocultos ('secretos') da obra do público estrangeiro (ou local), mas se baseia nos papéis psicodinâmicos altamente individuais que esses objetos desempenham nas comunidades locais" (cf. Blier, 1995, p. 20).

Ao tentar assegurar que toda interpretação da realidade cultural africana é válida, pretende-se afirmar que não há realidade cultural fora das descrições e das interpretações de especialistas. Essa tentativa de demolir a distinção muito importante entre a realidade e as interpretações dela busca fazer com que tenham o mesmo valor heurístico as interpretações deturpadas de estrangeiros e as interpretações precisas "de dentro".

E isso é "arte"?

O argumento das limitações da interpretação de um estrangeiro se baseia não na origem cultural, mas na quantidade e na qualidade do conhecimento. Em um trabalho anterior (cf. Nzegwu, 1985), defendi a posição teórica de que, em princípio, as teorias estéticas ocidentais são relevantes para a compreensão da arte africana. Como ferramentas cognitivas com possibilidades transculturais, argumentei que o problema da atribuição ou do mapeamento de valores ocidentais na cultura africana pode ser evitado ao esclarecer os termos estéticos e artísticos implícitos para livrá-los de suas conotações enganosas. De fato, isso significa que conceitos e categorias *podem* ser usados transculturalmente, *desde que* a pesquisadora ou o pesquisador esteja ciente de sua bagagem ideológica e seja cuidadoso o suficiente para evitar a transferência de ideias potencialmente distorcidas. Se esse procedimento trará ou não alguma contribuição significativa, isso é um problema que intérpretes precisam enfrentar, ao decidir empregar suas teorias favoritas. Minha principal preocupação era deslegitimar a ideia de que as teorias podem ser rejeitadas simplesmente por sua origem cultural. A ideia de que o conhecimento ou as teorias possam ser produzidos em lugares geográficos diversos deve ser defendida, pois essas teorias podem ser úteis para além de seus limites culturais. Outros fundamentos relevantes para a rejeição devem ser estabelecidos com base em argumentos epistêmicos ou metodológicos. Se as teorias emergem e operam discursivamente em um contexto de poder racializado e imperialista, dependendo do tipo de uso que lhe é dado, seu valor heurístico e sua eficácia epistêmica podem ser comprometidos de forma significativa, restringindo a aplicabilidade da teoria.

Para projetar a imagem de especialista de forma assertiva, Hoffman e outras pessoas como ela – dado seu conhecimento superficial das línguas, das culturas e das realidades africanas – precisam defender suas alegações perante pessoas africanas. Antes disso, é necessário conciliar as inconsistências de suas posições, especialmente a ideia de que a questão sobre o que é arte na África está resolvida, a partir da aceitação por parte de pesquisadoras e pesquisadores ocidentais da cultura material africana como arte. Vale lembrar que a exigência da aceitação ocidental dos artefatos africanos como arte é bastante controversa. Em primeiro lugar, o que especialistas ocidentais entendem por arte nesses artefatos? Suas visões sobre o assunto coincidem com as de pessoas nativas? Por que o *status* de arte dos artefatos africanos depende, de antemão, da "sua aceitação como arte por especialistas ocidentais"? Por que Hoffman ignorou as opiniões das próprias pessoas africanas sobre o assunto? Além disso, quais são as categorias artísticas e estéticas das diversas sociedades africanas?

No contexto racializado do imperialismo norte-americano em que o conhecimento sobre a África é produzido, vale questionar intérpretes sobre a sua utilização dos paradigmas eurocêntricos, especialmente o emprego exclusivo da definição ocidental de arte como o modelo operativo em função do qual os universos artísticos de outras culturas devem ser entendidos. Uma vez que esse emprego é uma entronização das visões europeias culturalmente específicas sobre a arte, ele infringe a ideia da arte como um gênero ou uma categoria, e fornece argumentos inaceitáveis para representar os povos africanos como desprovidos de uma noção de arte simplesmente porque a noção deles não corresponde à dos europeus. Assim, definir o *status* de arte dos artefatos africanos como dependente de "sua aceitação como arte por especialistas ocidentais" é exercer o imperialismo artístico.

Outro problema em atribuir de forma inequívoca a primazia cognitiva às visões de pesquisadoras e pesquisadores ocidentais é que há especialistas de origem europeia que escreveram sobre arte africana – como Janson, Susan Vogel, Arthur Danto, G. I. Jones, Jacques Maquet, Robert Plant Armstrong, Herbert Cole, dentre outros – e consideram os artefatos africanos como arte não no sentido atribuído por seus próprios criadores, mas no sentido ocidental (cf. Armstrong, 1966, p. 137-146; Danto, 1988, p. 18-32; Janson, 1993; Jones, 1984; Maquet, 1986; Vogel, 1988). Com efeito, eles declaram que os africanos *não* têm uma concepção de arte, uma alegação contestada por Aniakor, Abiodun e Enwonwu[67], para citar alguns. Uma vez que a questão da intencionalidade artística é central para determinar o *status* de uma obra de arte – e uma vez que pessoas brancas africanistas, via de regra, não têm proficiência em uma língua africana para mapear com precisão o conceito de uma sociedade a respeito de sua própria arte –, como temos certeza de que o que tais especialistas afirmam ser arte africana é visto dessa forma por pessoas africanas?

Esses problemas de interpretação vêm à tona de forma mais urgente nas exposições organizadas pelo Museu de Arte Africana, antigo Centro de Arte Africana, em Nova York, e pelo Museu Nacional de Arte Africana, em Washington D.C., em que as visões de pessoas africanas sobre arte são sistematicamente ignoradas. Para o público norte-americano médio, multigeracional e multicultural, os deslocamentos conceituais passam despercebidos, porque quem assiste carece das referências necessárias para detectar essas intervenções. Não obstante as declarações de respeito de algumas curadoras/historiadoras da arte brancas, a sua representação da vida cultural africana e de suas noções de arte e criatividade são livremente baseadas e apresentadas na visão que o Ocidente tem delas. Essas representações são justificadas

---

67. É possível afirmar que o ceticismo ocidental sobre a existência de uma concepção africana da arte foi o que estimulou Rowland Abiodun a investigar o universo estético iorubá. Cf. Aniakor (1986); Enwonwu (1968).

pelo argumento de que os artefatos sofrem uma metamorfose no deslocamento cultural e devem ser entendidos como arte exclusivamente no sentido ocidental.

Mas o que realmente está envolvido quando o conceito de uma sociedade sobre sua arte é anulado e as exposições são usadas para perpetuar essa visão? Em *Secrecy: African Art that Conceals and Reveals* (1993), exposição organizada pelo Museu de Arte Africana, a curadora Mary Nooter afirma levar muito a sério a legitimação cultural[68]. O seu grau de seriedade é medido por sua afirmação de que, em relação à forma como os ocidentais entendem a arte africana, qualquer interpretação é permitida, uma vez que as representações culturais nunca são descrições "objetivas" de "fatos" (NOOTER, 1993, p. 4/5). Essa ideia de respeito e legitimação cultural é levada ao limite quando ela se apresenta como uma iniciante luba e afirma que, na África, "a substância dos segredos se mostra menos importante do que as fronteiras que eles estabelecem e os privilégios que sua posse implica" (Nooter, 1993, p. 20). O efeito disso pode ser visto no modo de exibição escolhido.

Elegendo a escultura como a categoria apropriada para a apreensão visual de montagens multimídia, Nooter coloca as cabeças de madeira cortadas de *gelede*, *sowei* e *dan* em estandes para exibição pública (isso se assemelha a demolir a estátua de *David*, de Michelangelo, e exibir apenas a cabeça ou a genitália como a obra de arte). Com esse ato, ela reforçou a ideia equivocada de que a visão artística de uma cultura pode ser anulada impunemente. No outro extremo, uma camisa de um caçador bamana coberta de talismãs, um objeto ritual *nkisi nkondi*, máscaras e um emblema da associação *Ekpe* são apresentados como objetos estéticos que codificam conhecimento e poder secretos, sem levar em consideração a questão análoga de tratar como objetos de arte um boné laranja de um caçador de Nova York, crucifixos quebrados, torás

---

68. Para uma crítica mais elaborada de *Secrecy*, cf. a resenha da exposição em *American Anthropologist* (1994, p. 227-229).

rasgados, cálices das missas católicas, o selo maçônico e a parafernália ritual judaica.

A atribuição de preeminência cognitiva às interpretações ocidentais, e não às das pessoas africanas, releva o papel ativo das mulheres brancas na manutenção e na preservação das estruturas imperialistas. Por que as visões de pessoas africanas sobre o assunto raramente são levadas em conta?[69] Por que nossos objetos sagrados estão em coleções particulares no Ocidente? Por que são representadas como objetos *de arte* enquanto pessoas ocidentais são representadas como objetos *sagrados*? Por que a visão criativa subjacente à construção de *gelede*, *sowei* e *dan* é constantemente anulada pela visão eurocêntrica do que constitui a arte? Nós cortamos as cabeças esculpidas dos espíritos? Nós tratamos uma túnica de caçador suja, esfarrapada e coberta de amuletos como arte? Por que as curadoras e as historiadoras da arte brancas, assim como seus colegas homens, presumem que o valor estético das obras depende da sensibilidade estética de sua própria estrutura ocidental? Por que supõem que a perspectiva africana é periférica e não central? E por que fingem impotência quando os objetos vitais de nossas normas e instituições culturais são violados? Os lapsos revelam muito da representação colonizadora, da produção de relações imperiais no conhecimento e da conivência das mulheres brancas nesse processo. Os lapsos são importantes justamente porque revelam atitudes latentes de dominação e subordinação da África.

As formas de arte africanas foram historicamente "incluídas" no discurso da história da arte e nos museus com base na separação entre forma e conteúdo, e a conceituação da arte africana como arte se deu no interior das estruturas conceituais da

---

69. Esses museus podem alegar que geralmente consultam as opiniões de especialistas e de pessoas africanas que trabalhem no museu ao organizar essas exposições. Vale ressaltar, contudo, que essa consulta sempre pressupõe a legitimidade dos fundamentos básicos da exposição. Nunca será permitido que a arte africana subverta as diretrizes institucionais e se expresse com sua própria voz.

estética branca. Isso explica por que a montagem multimídia da "Máscara" quase nunca é exibida e por que apenas a escultura do rosto/da cabeça é o ponto focal exclusivo da atenção estética branca. É verdade, como Hoffman apontou, que o debate forma/conteúdo existe há mais de vinte anos. Mas, como sabemos, desde a intervenção de artistas (Picasso, Derain, Modigliani, Klee, Matisse, Moore) e teóricos (Roger Fry e Clive Bell) modernistas brancos destacando os elementos formais dos artefatos africanos, o debate forma/conteúdo – à medida que se estendeu da antropologia para o cubismo (cf. Rubin, 1984, p. 1-79; Paudrat, 1984, p. 125-175) e, finalmente, para a história da arte africana – enfoca elementos que não questionam a localização cultural de quem fala. Ele tampouco questiona de forma adequada a base das premissas utilizadas na identificação e na avaliação dos artefatos africanos.

Mais uma vez, como Hoffman já sabe, em nenhum lugar da literatura nos últimos noventa anos esse debate forma/conteúdo foi examinado por suas implicações perspectivas[70]. Então, afirmar – como ela fez – que essa questão já foi resolvida dada "a aceitação por especialistas ocidentais da cultura material africana como arte", assim como por praticamente toda a literatura nos últimos vinte anos, é uma interpretação extremamente equivocada da literatura. É também ignorar completamente a questão pertinente de que a aceitação da arte africana pelo Ocidente não significa a aceitação das concepções de arte, filosofia, crenças ou expectativas artísticas dos povos africanos. A questão da forma/conteúdo continua sendo a da compreensão da arte africana

---

70. A perspectiva antropológica "de fora" levanta questões como: como os objetos são usados? Em que contexto? Em qual rito, ritual ou cerimônia? Uma pessoa nativa que fizer essas perguntas será repreendida pela falta de conhecimento. A perspectiva formalista "de fora" se concentra em questões como: por que o feio e o bonito? Por que a cabeça é maior do que o tronco na representação? A abordagem formalista nativa se baseia na avaliação e comparação. Aqui, o conhecimento do contexto e da forma são pressupostos na medida em que são avaliados os méritos do objeto, da peça e da performance com base nos critérios nativos de excelência artística.

em seus próprios termos, não a da aceitação eurocêntrica dos artefatos africanos como arte.

As diferenças fundamentais nas identidades culturais entre pessoas marginalizadas e pessoas privilegiadas pelo imperialismo são reveladas no tratamento dos objetivos autorais de pessoas africanas como irrelevantes. O fracasso euroétnico em entender por que pessoas africanas gostariam de revisitar as tensões entre forma/conteúdo na arte não apenas confirma a posição privilegiada de pessoas brancas, mas também comprova a sua incapacidade de compreender o trauma da experiência colonial e a sua relutância em ver expostos os defeitos do intuicionismo branco. Como pessoas que não compartilham nem vivem a realidade cultural e metafísica da África, mas escrevem copiosamente sobre seus produtos, pessoas brancas africanistas não reconhecem a importância de revisar velhos argumentos e reabrir velhas questões. Por não terem vivido a colonização, parecem não entender a nossa necessidade de desvendar os legados distorcidos do colonialismo, ou a nossa preocupação em identificar onde a branquitude está inscrita[71], ou ver como as teorias da moda e as "controvérsias contemporâneas" são essencialmente opressivas.

Além disso, nos estudos da arte africana, o imperialismo branco não pode escapar da questão metodológica pertinente da localização cultural, alegando que a caracterização da abordagem contextualista como uma perspectiva "de fora" e da abordagem formalista como uma perspectiva "de dentro" é um recurso retórico. Não basta camuflar a base de privilégio da branquitude a partir da qual a cultura material africana tem sido interpretada nos últimos vinte anos, afirmando com desdém que "nenhum ou pouquíssimos estudiosos da arte africana [...] se considerariam puristas em qualquer uma dessas escolas

---

71. Seria de se supor que as feministas pudessem reconhecer essa necessidade, mas elas não o fazem porque isso levanta a questão da cumplicidade das mulheres brancas com a opressão.

(contextualista ou formalista)" (Hoffman, 1989). A questão não é como pessoas brancas especialistas em arte africana querem se chamar ou como querem posicionar seus trabalhos, mas sim a natureza da compreensão e das abordagens epistemológicas escolhidas para facilitar a compreensão das realidades culturais da África, além da eficácia das abordagens que historicamente oferecem formas de interpretar essas realidades.

Como Chinweizu, Jemie e Madubuike (1980) argumentaram corretamente, a descolonização efetiva implica a adoção de um esquema de referência africano na produção de obras literárias que *têm* de dialogar com esse público. A política da linguagem, como elaborada por Abiodun (1990), exige que a análise interpretativa se baseie na estrutura da filosofia das artes e da criatividade de uma cultura, assim como é feito no Ocidente e como Babalola (1981) fez com a poesia ijala. Michael Echeruo (cf. 1991, p. 135-145) argumentou de forma acertada que a África e seus interesses devem estar no centro, não na periferia. A menos que alguém tenha vivido a experiência da vida social na África e vivenciado o efeito de seu colonialismo, é difícil perceber quão vazias muitas das interpretações euroétnicas soam, ou perceber o apagamento da identidade cultural africana na literatura da história da arte africanista. O desejo de Henry Drewal (1990, p. 49-50) de ver um "equilíbrio entre a geração de dados e sua análise, síntese e interpretação" é oportuno, caso se queira promover uma mudança na disciplina.

> *Oburo mbosi ukwa dalu*
> *ka o'na ele,*
> *oburo mbosi o'daa*
> *ka o'le.*
>
> Não é no dia em que a fruta-pão cai
> que ela vai apodrecer,
> não é no dia em que ela cai
> que ela apodrece.

Minha cabeça girava enquanto vozes loquazes questionavam sem parar: *Por que acusar Hoffman de imperialismo? Ela não fez apenas o que era exigido dela? As resenhas não devem ser críticas e duras? Por que ela deveria ser responsabilizada por como o sistema funciona? Isso não é leviano? Você não está querendo privilégios especiais? Achamos a sua crítica muito emocional e subjetiva... emocional demais. É totalmente mesquinha!*

Olhei para cima e vi Iyalode Tinubu, chefe política da antiga Eko e Abẹ̀òkúta, uma oponente forte e veemente do domínio britânico, a mulher que reuniu os egba para combater o exército de Daomé em 1864 e que, um ano depois, financiou a guerra de Ikorodu. Ao lado dela estava a "Leoa de Lisabiland", Olufunmilayo Ransome-Kuti, a odogu *que desafiou a força e o poder do Alake de Abẹ̀òkúta, que tirou o homem corrupto do trono e libertou os egba da tirania. Movendo-se com impaciência crescente, Umekwulu Odogwu, a chefe indomável de Ikporo Onitsha que combateu o governo do Estado Centro-Oriental que buscava eliminar as mulheres, derruba a tigela sagrada vazia de seu escritório. Ela vocifera: Por que você está choramingando, menina? Nós salvamos você da opressão para que você pudesse trabalhar, o que você está esperando agora? Não nos faça derrotar esse seu servilismo! Você está aqui se preocupando com alguém que não tem nenhuma consideração por você. Você perdeu o juízo?*

Desde o encontro histórico entre mulheres africanas e mulheres brancas europeias/norte-americanas, as africanas tiveram de respeitar e trabalhar pelo bem-estar das patroas brancas privilegiadas. Sob o imperialismo, os termos da interação sempre foram marcados pela exclusão da reciprocidade. As mulheres africanas foram definidas pelo sistema colonial como monstruosamente negras, burras e infestadas de doenças. Por sua vez, as esposas brancas dos donos de plantações, construtores de impérios e colonialistas eram vistas como gentis e bem-intencionadas, logo, protegidas e promovidas à custa das mulheres africanas. No contexto norte-americano, "Ain't I a woman"* fala abertamente da história desse apagamento supremacista nos Estados Unidos.

---

* Possível referência ao discurso de Sojourner Truth, de 1851 [N.E.].

Nossas colegas e "irmãs" feministas brancas precisam aprender que a solidariedade não se constrói sobre as costas de outras mulheres, com as pessoas de cor relegadas ao *status* subordinado de serventes e faxineiras. Elas precisam aprender com os estrategistas a arte de estar em união com as outras, caso desejem construir um movimento de mulheres viável. Na política turbulenta da Nigéria colonial, mulheres como Olufunmilayo Ransome-Kuti emergiram para lutar pela igualdade das mulheres, reconhecendo que nenhuma mulher tem poder enquanto outra é escravizada. Recusando-se a definir as necessidades das mulheres a partir de sua posição de classe privilegiada e de sua identidade étnica (cf. MBA, 1992, p. 133-148), Ransome-Kuti articulou as necessidades das mulheres comerciantes pobres e iletradas a partir da posição radical das mulheres economicamente pobres. Ela entendeu a importância da imensa diversidade cultural na Nigéria e percebeu que era imprudente supor que as realidades e os sofrimentos de todas as mulheres eram semelhantes ou idênticos aos dela. Além disso, compreendeu de modo perspicaz que os interesses coletivos das mulheres podem ser promovidos trabalhando pelo empoderamento das mulheres economicamente desfavorecidas e reconhecendo que o sexismo não se manifesta da mesma forma em diferentes classes e culturas.

Ao refletir sobre a política do movimento feminista norte-americano desse ângulo histórico e considerando as questões importantes a serem debatidas, é compreensível o desencanto e a reserva das mulheres de cor em relação ao feminismo. Amiúde, experiências dolorosas mostram a elas que as exortações feministas de solidariedade são essencialmente colonizadoras e, no geral, cuidadosamente articuladas para promover as carreiras das mulheres brancas, na medida em que elas definem as necessidades das mulheres a partir da posição racial e de classe relativamente privilegiada das mulheres brancas de classe média e média alta.

Em "Race and Essentialism in Feminist Legal Theory", Angela Harris (1990, p. 581-616) demonstra como isso opera nos trabalhos respeitados de Catharine MacKinnon e Robin West, ainda que ambas afirmem reconhecer as mulheres afro-americanas em seus discursos. A leitura crítica de Harris revela que, ainda que MacKinnon adote uma postura antirracista positiva em relação ao estupro, um fio essencialista persistente em seu pensamento permite que ela aparentemente inclua – embora, na verdade, exclua – as experiências das mulheres afro-americanas em suas discussões. A análise de Harris sobre o estupro na perspectiva das mulheres afro-americanas revela que a representação do estupro de MacKinnon apaga por completo a história totalmente diferente das mulheres afro-americanas e, o que é pior, minimiza a história vergonhosa do abuso sexual de mulheres afro-americanas na América branca. Embora não seja intencional, o apagamento de MacKinnon expõe como o feminismo se torna uma metáfora para a indiferença, para a desvalorização das experiências das mulheres afro-americanas por parte das mulheres brancas, recusando-se totalmente a reconhecer histórias e identidades diferentes. Ele revela como o compromisso das mulheres brancas com a igualdade de gênero é, em grande medida, narcisista.

A recuperação de Harris da história das mulheres afro-americanas demonstra mais uma vez que o imperialismo de gênero é exercido na academia por mulheres brancas pela inscrição dos pontos de vista, das experiências e das identidades das mulheres afro-americanas em estruturas interpretativas. Satisfazendo-se com o mito de que a sororidade é global, de que as experiências das mulheres são compartilhadas e idênticas, elas se recusam a reconhecer a dimensão exploradora de sua própria história na imposição e na reprodução do imperialismo social, econômico e cultural. Sua incapacidade de ouvir, sua relutância em ver que diferentes classes e experiências culturais suscitam outros conjuntos de preocupações e opções, as leva a impor sua visão sobre questões que elas não compreendem totalmente. A acusação é evitada exercendo os privilégios concedidos a elas pelas estruturas patriarcais brancas e reduzindo as experiências de mulheres africanas, nativas estadunidenses/canadenses, afro-americanas, caribenhas e hispânicas a dados brutos e não interpretados.

Patricia Monture (1986, p. 159-170), a advogada de origem mohawk, descreveu com eloquência a brutalidade implícita no apagamento racista da realidade e da individualidade dos outros, do qual participam inclusive as feministas. Suas reminiscências reflexivas revelam que os dados são mobilizados para beneficiar o intelectualismo e o poder das mulheres brancas. A indignação, ela observa, não é apenas de ser constantemente diminuída e depois ridicularizada por sentir a dor infligida, mas também de ser cruelmente excluída na medida em que essas experiências são apropriadas em benefício da ordem intelectual branca. A importância do trabalho de Monture é que ela revela como o apagamento dos "donos" das "experiências" permite que essas experiências sejam tratadas como "matérias-primas" e reelaboradas de um modo higienizado, sem a dor que as acompanha. Tornar o Outro sem rosto e sem voz neutraliza a face incisiva das experiências e, na maioria dos casos, aumenta o poder sociopolítico e os privilégios de pessoas euroétnicos adeptas dessas narrativas. A teorização da moda acontece quando as teóricas brancas, fingindo ignorância sobre o aspecto racista de seu poder e de seus privilégios, contam suas lorotas bem protegidas do impacto e da dor do racismo. Isso levou Monture (1986, p. 168) a perguntar: "[Quando] será que vocês – que infligem o racismo, que se apropriam da dor, que falam sem conhecimento ou respeito quando deveriam saber ouvir e aceitar – vão olhar com severidade para si mesmas e não para mim? Como vocês podem continuar pretendendo que eu carregue uma responsabilidade que é sua?"

Ao refletir sobre a política de raça e de gênero no novo ambiente da América multicultural, fica claro que as mulheres brancas de classes média e média alta precisam assumir a responsabilidade por suas ações e os privilégios derivados da sua posição hegemônica. Igualmente, as mulheres africanas devem questionar a base de sua própria subordinação na estrutura econômica global mais ampla, assim como as mulheres brancas devem examinar os privilégios raciais e sua cumplicidade involuntária com a exploração global. Para as mulheres africanas de classes média e média alta em particular, a mudança transformadora começa quando elas se fortalecem ao capacitarem suas irmãs educacional, econômica e socialmente menos favorecidas.

A mensagem inspiradora de Monture é que o imperialismo de gênero será superado quando as mulheres racializadas forem assertivas e trabalharem de forma concertada para questionar as ações exploradoras de suas colegas brancas. Para conseguir isso, elas devem aprender com suas histórias, com suas mães e irmãs que trabalharam sem medo para combater a opressão. Ransome-Kuti foi um modelo. Unindo as mulheres iorubá de classe média com as mulheres egba iorubá economicamente pobres, ela forjou um movimento poderoso que desafiou a estrutura e as políticas tributárias opressivas da administração colonial. A plataforma radical de seu movimento era a de que nenhuma mulher pode ser de fato livre enquanto outra é expropriada. Embora relativamente protegida por sua posição de classe das políticas opressivas da Autoridade Nativa egba, ela criou estratégias e trabalhou com mulheres rurais e comerciantes para articular sua resposta. Em solidariedade, protestou junto a elas até que a tributação opressiva e o Alake corrupto de Abéòkúta fossem banidos.

A importância dessa mobilização de base para as mulheres africanas contemporâneas é que ela fornece evidências de sua história ativista, bem como um modelo de ação eficaz. Ciente da habilidade das mulheres, Ransome-Kuti conseguiu construir coalizões efetivas entre diferentes grupos religiosos, com o apoio de grupos de homens e outras organizações sociais na cidade, até que a onda gerada resultasse na abdicação do Alake. De forma notável, nesse movimento, as lideranças foram perspicazes e não projetaram seus próprios interesses: elas se recusaram a tutelar as mulheres economicamente desfavorecidas e não as excluíram ao tomar sua própria realidade privilegiada como uma realidade compartilhada por todas. Ao contrário das feministas ocidentais, ela sabia que a mudança social radical é alcançada principalmente trabalhando para transformar as condições das mulheres rurais pobres, e que a igualdade de gênero vem do reconhecimento das diferenças de classe, religiosas e culturais, ainda que as coalizões sejam construídas com base nas semelhanças na vida e na experiência das mulheres.

A despeito do feminismo, um número significativo de mulheres brancas de classe média e média alta na academia são opressoras, seja como substitutas de homens brancos (quando elas não têm poder institucional) ou como se estivessem em uma missão colonizadora (quando são institucionalmente privilegiadas). A necessidade motriz de compartilhar dos benefícios de uma estrutura que, há muito tempo, privilegia os homens brancos alimenta o seu medo de competir pelas "sobras" de recursos que elas passaram a considerar como seus naturalmente. O imperialismo acadêmico, a imposição da ideologia branca da realidade na academia, se entrelaça com o imperialismo de gênero para preservar o *status quo* intelectual do Ocidente. Como as feministas argumentam de forma loquaz, é verdade que as mulheres brancas são institucionalmente desfavorecidas em relação aos homens brancos, ocupando, assim, uma posição subordinada na academia. Mas, como Monture (1986) nos lembra de maneira incisiva, "[ainda] estamos falando sobre pessoas brancas, *todas* as pessoas brancas", vivendo em um mundo branco privilegiado. Embora essas mulheres possam aparecer como vítimas nas relações patriarcais de poder na sociedade norte-americana, a questão não é a sua condição de vítima. O que está em questão é a manipulação do seu *status* racial (que deriva do poder patriarcal) para se isentarem de um questionamento sério do racismo, além da obstrução do avanço profissional das mulheres de cor.

Falando com orgulho sobre a potência de sua tradição, sua herança e sua cultura mohawk, Monture (1986) destacou o caráter revitalizante e de cura de um estilo de vida que respeita o mundo e a identidade dos outros. O imperialismo, a ideologia do desrespeito, só será derrotado quando aprendermos e respeitarmos as histórias, as culturas e as identidades dos outros. Catherine Nweze, uma figura política nigeriana, protesta de forma veemente contra o desrespeito e o apagamento ao proferir em alto e bom tom: "Ekwelum? Ekwerom! Ana me kick!" [Eu aceitei? Não, eu não aceitei! Vou continuar brigando (resistindo)!] Resistir ao imperialismo significa protestar com vigor, à maneira ativista de "Béère" (apelido de Ransome-Kuti) e Kate Nweze, contra as práticas opressivas que alimentam e sustentam a dominação e o apagamento. Isso implica resistir à força homogeneizadora que me obriga a ser uma pessoa diferente de quem sou, a imitar sua voz, a falar sua linguagem de poder. Libertação significa eu me encontrar, recuperar minha voz, minha língua, minha cultura, e adotar a linguagem poética lacônica na qual:

inu, abulu mmanu eji esuli okwu
provérbios tornam-se o óleo que reveste as palavras.

À medida que os provérbios suavizam o caminho, palavras sensíveis, abstratas, dinâmicas e reveladoras fluem vivamente em enigmas, narrativas e sonhos indefinidos enquanto as ideias dão piruetas, contorcendo-se conforme avançam.

Obras citadas

ABIODUN, R. The Future of African Art Studies: An African Perspective. *In*: NATIONAL MUSEUM OF AFRICAN ART. *African Art Studies: The State of the Discipline*. Washington: Smithsonian Institution, 1990. p. 63-89.

ACHEBE, C. *Arrow of God*. Londres: Heinemann, 1964.

ACHEBE, C. *Hope and Impediments*. Nova York: Anchor/Doubleday, 1989.

ACHEBE, C. *Things Fall Apart*. Londres: Heinemann, 1958.

AFIGBO, A. E. Oral Tradition and the History of Segmentary Societies. *In*: ERIM, E. O.; UYA, O. E. (ed.). *Perspectives and Methods of Studying African History*. Enugu: Fourth Dimension, 1984. p. 54-63.

AGUILAR, D. Third World Revolution and First World Feminism: Toward a Dialogue. *In*: KRUKS, S; RAPP, R.; YOUNG, M. B. (ed.). *Promissory Notes: Women in the Transition to Socialism*. Nova York: Monthly Review, 1989. p. 338-344.

AIDOO, A. A. Asante Queen Mothers in Government and Politics in the Nineteenth Century. *In*: STEADY, F. C. (ed.). *Black Women Cross-Culturally*. Cambridge: Schenkman Publication Co., 1981. p. 65-77.

AKPABOT, S. E. *Foundations of Nigerian Traditional Music*. Ibadan: Spectrum, 1986.

ALAOGA, E. J. Queen Kambasa of Bonny. *In*: AWE, B. (ed.). *Nigerian Women in Historical Perspective*. Lagos: Sankore/Bookcraft, 1992.

AMADIUME, I. *Male Daughters, Female Husbands*. Londres: Zed, 1987.

AMOS, V.; PARMAR, P. Challenging Imperial Feminisms. *Feminist Review*, 17, p. 3-9, 1984.

ANIAKOR, C. The State of Igbo Art Studies. *Nigeria Magazine*, 54, n. 1, p. 9-17, 1986.

ARMSTRONG, R. P. Guineaism. *Tri-Quarterly*, 5, p. 137-146, 1966.

ATKINS, K.; HIGGINSON, J.; ODHIAMBO, A. The Significance of Race in African Studies. *The Chronicle of Higher Education*, B3, 1995.

AWE, B. (ed.). *Nigerian Women in Historical Perspective*. Lagos: Sankore/Bookcraft, 1992.

BABALOLA, A. Ijala Poetry among the Oyo-Yoruba Communities. *In*: ABALOGU, U. N.; ASHIWAJU, G.; AMADI-TSHIWALA, R. (ed.). *Oral Poetry in Nigeria*. Lagos: Nigeria Magazine, 1981. p. 3-17.

BABALOLA, A. *The Form and Content of Yoruba Ijala*. Ibadan: Oxford University Press, 1966.

BAMGBOSE, A. The Meaning of Olodumare: An Etymology of the Name of the Yoruba High God. *African Notes*, 7, n. 1, p. 25-32, 1971.

BIOBAKU, S. *Egba and Their Neighbors*. Ibadan: University Press Pic, 1991.

BLIER, S. P. *African Vodun: Art, Psychology and Power*. Chicago: University of Chicago Press, 1995.

BLIER, S. P. African Art Studies at the Crossroads: An American Perspective. *In*: NATIONAL MUSEUM OF AFRICAN ART. *African Art Studies: The State of the Discipline*. Washington: Smithsonian Institution, 1990. p. 91-118.

BOAHEN, A. A. *African Perspectives on Colonialism*. Baltimore: The John Hopkins Press, 1987.

BRETT-SMITH, S. *The Making of the Bamana Sculpture*. Nova York: Cambridge University Press, 1994.

CHINWEIZU; JEMIE, O.; MADUBUIKE, I. *Towards the Decolonization of African Literature*. Enugu: Fourth Dimension, 1980.

CHRISTIAN, B. The Race for Theory. *Cultural Critique*, 6, p. 51-63, 1987.

CLIFFORD, J. On Collecting Art and Culture. *In*: FERGUSON, R.; GEVER, M.; MINH-HA, T. T.; WEST, C. (ed.) *Out There: Marginalization and Contemporary Cultures*. Nova York: The New Museum of Contemporary Art and The MIT Press, 1991. p. 141-169.

CLIFFORD, J. Histories of the Tribal and Modern. *In*: FERGUSON, R.; OLANDER, W.; TUCKER, M.; FISS, K. (ed.). *Discourses: Conversations in Postmodern Art and Culture*. Nova York: The New Museum of Contemporary Art, 1990. p. 408-424.

COCKCROFT, E. Abstract Expressionism, Weapon of the Cold War. *Arforum*, 12, n. 10, p. 39-41, 1974.

COLE, H. *et al. African Arts of Transformation*. Santa Barbara: University of California, 1970.

COLE, H. *Icons: Ideals and Power in the Art of Africa*. Washington: Smithsonian Institution, 1990.

CORNET, J. African Art and Authenticity. *African Arts*, 9, n. 1, p. 52-55, 1975.

CROWDER, M. *The Story of Nigeria*. Londres: Faber and Faber, 1962.

DANTO, A. Artifact and Art. *In*: DANTO, A. *ART/artifact*. Nova York: The Center for African Art, 1988. p. 18-32.

DAVIES, C. B. Feminist Consciousness and African Literary Criticism. *In*: DAVIES, C. B.; GRAVES, A. A. (ed.). *Ngambika: Studies of Women in African literature*. Trenton: African World, 1986. p. 1-23.

DREWAL, H. J. African Art Studies Today. *In*: NATIONAL MUSEUM OF AFRICAN ART. *African Art Studies: The State of the Discipline*. Washington: Smithsonian Institution, 1990. p. 29-62.

ECHERUO, M. From Transition to Transition. *Research in African Literature*, 22, n. 4, p. 135-145, 1991.

ENEKWE, O. *Igbo Masks: The Oneness of Ritual and Theatre*. Lagos: Nigeria Magazine, 1987.

ENWONWU, B. The African View of Art and Some Problems Facing the African Artist. *Ijele: Art eJournal of the African World*, Paris: Society of African Culture/UNESCO, 1968. p. 417-426.

ENWONWU, B. Problems of the African Artist Today. *Presence Africaine*, 8-10, p. 177-178, 1956.

EYO, E. Response by Ekpo Eyo. *In*: NATIONAL MUSEUM OF AFRICAN ART. *African Art Studies: The State of the Discipline*. Washington: Smithsonian Institution, 1990. p. 111-118.

FAGG, W. Introduction. *In*: FAGG, W. *The Art of West Africa: Sculpture and Tribal Masks*. Nova York: The New American Library and Unesco, 1967. p. 5-24.

FAIR, E. F. War, Famine, and Poverty: Race in the Construction of Africa's Media Images. *Journal of Communication Inquiry*, 17, p. 5-22, 1993.

FLORES, T. The Anthology of Aesthetics. *Dialectical Anthropology*, 10.1-2, p. 27-41, 1985.

FRY, J. On Exhibiting African Art. *In*: CORDWELL, J. M. (ed.). *The Visual Arts: Plastic and Graphic*. Haia: Monton, 1979. p. 535-552.

FRYE, M. *The Politics of Reality: Essays in Feminist Theory*. Trumansburg: Crossing, 1983.

GARFINKEL, H. Studies of the Routine Grounds of Everyday Activities. *In*: SUDNOW, D. (ed.). *Studies in Social Interaction*. Nova York: Free, 1972. p. 1-30.

GERBRANDS, A. A. The History of African Art Studies. *In*: NATIONAL MUSEUM OF AFRICAN ART. *African Art Studies: The State of the Discipline*. Washington D.C.: Smithsonian Institution, 1990. p. 11-28.

HARRIS, A. Race and Essentialism in Feminist Legal Theory. *Stanford Law Review*, 42, p. 581-616, 1990.

HOFFMAN, R. Objects and Acts. *African Arts*, p. 56-59, 1995.

HOFFMAN, R. Heroic Figures. *African Arts*, 22, n. 2, p. 22/24/27, 1989.

hooks, b. *Talking Back*. Boston: South End, 1989.

JANSON, H. W. *The History of Art*. Nova York: Harry N. Abrams, 1993.

JONES, G. I. *The Art of Eastern Nigeria*. Cambridge; Nova York: Cambridge University Press, 1984.

KASFIR, S. L. African Art and Authenticity: A Text with a Shadow. *African Arts*, 25, n. 2, p. 41-53/96-97, 1992.

KINNI, O. A. A. L. On the subject of Yoruba drum music. *Odu*, 7, 1959.

KONE, K. Review of The Making of Bamana Sculpture: Creativity and Gender. *African Arts*, p. 90-91, 1996.

LASEBIKAN, E. L. Tone in Yoruba Poetry. *Odu*, 2, 1955.

MAQUET, J. *The Aesthetic Experience: An Anthropologist Looks at the Visual Arts*. New Haven: Yale University Press, 1986.

MBA, N. Olufunmilayo Ransome-Kuti. *In*: AWE, B. (ed.). *Nigerian Women in Historical Perspective*. Ibadan: Sankore/Bookcraft, 1992. p. 133-144.

MCPHERSON, C. B. *The Political Theory of Possessive Individualism*. Londres: Oxford University Press, 1962.

MINH-HA, T. T. *Woman Native Other*. Bloomington: Indiana University Press, 1989.

MOHANTY, C. T.; RUSSO, A.; TORRES, L. (ed.). *Third World Women and the Politics of Feminism*. Bloomington: University Press, 1991.

MONTURE, P. Ka-Nin-Geh-Heh-Gah-E-Sa-Nonh-Yah-Gah. *Canadian Journal of Women and the Law*, 2, p. 157-170, 1986.

NOOTER, M. *Secrecy: African Art that Conceals and Reveals*. Nova York: Museum for African Art, 1993.

NZEGWU, N. Exhibition Review. *American Anthropologist*, 96, p. 227-229, 1994.

NZEGWU, N. Overcoming Form/Content Tensions in Appreciating African Art Forms. *In*: FRY, J. *Heroic Figures*. Kingston: Agnes Etherington Art Center, 1988. p. 5-13.

NZEGWU, N. Are Western Theories Relevant for the Understanding of African Art. *In*: MCCORMICK, P. (ed.). *The Reasons of Art*. Ottawa: University of Ottawa Press, 1985. p. 173-177.

NZEWI, M. New Directions for Dysfunctionalized Art Forms: Prospecting the Ekpo Routine. *Nigeria Magazine*, 53, n. 3, p. 38-51, 1986.

ONWUDIWE, E. Images and Development: An Exploratory Discussion. *The Journal of African Policy Studies*, 1, n. 3, p. 85-97, 1995.

OTTENBERG, S. Response by Simon Ottenberg. *In*: NATIONAL MUSEUM OF AFRICAN ART. *African Art Studies: The State of the Discipline*. Washington: Smithsonian Institution, 1990. p. 125-136.

OWUSU, M. Ethnography of Africa: The Usefulness of the Useless. *American Anthropologist*, 80, p. 310-334, 1978.

PAUDRAT, L. The Arrival of Tribal Objects in the West: From Africa. *"PRIMITIVISM" in 20th Century Art*. Nova York: The Museum of Modern Art, 1984. p. 125- 175.

P'BITEK, O. *Song of Lawino*. Nairobi: East African Publishing House, 1966.

RUBIN, W. Modernist Primitivism: An Introduction. *"PRIMITIVISM" in 20th Century Art*. Nova York: The Museum of Modern Art, 1984. p. 1-79.

TERBORG-PENN, R. Discrimination Against Afro-American Women in the Woman's Movement, 1830-1920. *In*: STEADY, F. C. (ed.). *Black Women Cross-Culturally*. Cambridge: Schenkman Publication Co., 1981. p. 301-315.

THOMPSON, R. F. Aesthetic of the Cool. *African Arts*, 7, n. 1, p. 41-43/64-67, 1973.

TUTOLA, A. *The Palm-Wine Drinkard*. Nova York: Grove, 1953.

UMOETUK, O. U. Body Art in Ibibio Culture. *Nigeria Magazine*, 5, n. 2, p. 40-56, 1985.

VOGEL, S. M. Introduction. *In*: DANTO, A. *ART/artifact*. Nova York: The Center for African Art and Prestel, 1988. p. 11-17.

VOGEL, S. M. *Perspectives: Angles on African Art*. Nova York: The Center for African Art and Harry N. Abrams, 1987.

VOGEL, S. M. *Aesthetics of African Art: The Carlo Monzino Collection*. Nova York: The Center for African Art, 1986.

ZELEZA, P. T. African Studies and the Disintegration of Paradigms. *Africa Development*, 19, n. 4, p. 179-193, 1994.

6

Alice na terra-mãe

Uma leitura de Alice Walker sobre a África e uma análise da cor "preta"

Oyèrónkẹ́ Oyěwùmí

> *"Deixe o júri ponderar seu veredito"*, disse o rei, talvez pela vigésima vez naquele dia.
> *"Não e não!"*, disse a rainha. *"A sentença primeiro; o veredito depois."*
> (Lewis Carroll, *Alice no País das Maravilhas*)

Nos mundos imaginários frequentados por Alice, a sentença sempre precede o veredito. E assim, quando a mãe África, sem o devido processo, foi acusada no tribunal internacional da opinião euro-americana, mamãe não poderia ser outra coisa senão culpada, e culpada de antemão. A acusadora imaginária da África não era outra senão a "vulva inocente"[72], supostamente imaculada. Estou me referindo, é claro, ao ataque da escritora feminista afro-americana Alice Walker aos povos africanos, disfarçado de missão evangelizadora para erradicar a circuncisão feminina na "África"[73].

Em 1992, Walker publicou *Possessing the Secret of Joy*, um romance no qual ela pretende documentar a prática social da cir-

---

72. O romance é dedicado "com respeito e ternura, à vulva inocente".
73. África é escrita entre aspas para questionar a homogeneização do continente, sugerida pelo uso do termo. A circuncisão feminina não é uma prática difundida em todo o continente.

cuncisão feminina na "África". O romance é apresentado como parte ficção e parte factual; poderíamos chamá-lo de "factício". No final do livro, porém, não há dúvidas de que, para Walker, a história deve ser lida não como uma obra de imaginação, mas como um chamado às armas. Em seu capítulo final, ela se dirige a quem lê e apresenta alguns fatos e estatísticas "reais" para embasar o seu conto de horror. Fazendo o papel de evangelista, ela inclusive promete usar uma parte dos *royalties* de seu livro "para educar mulheres e meninas, homens e meninos sobre os efeitos perigosos da mutilação genital" (Walker, 1992, p. 285). Há algo mais baseado na realidade que isso?[74]

Após a publicação de *Possessing*, Walker colaborou com a cineasta Pratibha Parmar em um documentário acompanhado de um livro intitulado *Warrior Marks: Female Genital Mutilation and the Sexual Blinding of Women* (1993). O livro traz um relato da produção do filme, e este retrata visualmente o argumento do romance. O objetivo deste artigo é analisar a representação de Walker sobre a África em ambos os livros – *Possessing* e *Warrior Marks* –, examinando as imagens apresentadas da África e as estratégias usadas para fundamentar essa imagem. Meu argumento é que, apesar de sua alegação de consanguinidade com pessoas africanas, Walker é mais bem compreendida no contexto do imperialismo ocidental em relação à África e do narcisismo ou egocentrismo da vida norte-americana contemporânea.

Na primeira parte do artigo, mostrarei que Walker reafirma a antiga tradição ocidental de inventar a África; nesse sentido, busco identificar que nova contribuição ela traz. Na segunda parte do artigo, analiso o conceito de negritude e a categoria da raça, que

---

74. A primeira vez que ouvi a Sra. Walker ler seu romance *Possessing* foi na U. C. Berkeley, em 23 de abril de 1992. Foi em um *show* beneficente intitulado Risin' Up Live, cujo objetivo era chamar a atenção para incidentes de genocídio em todo o mundo. Ela escolheu falar sobre o que chamou de "autogenocídio" (em oposição ao genocídio perpetrado pelos imperialistas) e usou a circuncisão feminina como o principal exemplo dessa prática.

é uma das alegorias nesses textos. Walker cultiva deliberadamente a raça como uma categoria central e, então, a problematiza por meio de sua representação antagônica de pessoas africanas e afro-americanas. Uma compreensão aprofundada do projeto, das neuroses e das inquietações de Walker requer uma análise de seu posicionamento perante a "negritude" e a maternidade.

Desde já, cabe deixar claro que este artigo não é sobre a prática social da circuncisão em algumas culturas africanas, porque não acredito que esse seja o interesse principal de Walker. Para citar um clichê, se não houvesse circuncisão feminina em algumas partes da África, ocidentais a teriam inventado. Esse tipo de coisa não seria novidade; no passado, eles ficaram conhecidos por inventar pessoas, eventos e costumes que afirmavam suas preocupações voyeurísticas e sexualizadas em relação à África. Vale recordar que, de 1810 a 1815, Saartjie Baartman (também chamada de Sarah ou a "Vênus Hotentote"), uma mulher khoi-san de vinte e cinco anos, do sul da África, foi exibida em muitas partes da Europa Ocidental; e apenas sua morte, em 1815, pôs fim a esse espetáculo (Gilman, 1985, p. 111-112). Saartjie Baartman foi exibida para apresentar ao público europeu a suposta anomalia que eles achavam fascinante: suas nádegas protuberantes. O suposto tamanho grande dos lábios e ninfas da vulva, chamados de "avental dos hotentotes", também causava grande fascínio nos círculos científicos. Para a maioria dos europeus que a viam, Saartjie Baartman existia apenas como "uma coleção de partes sexuais do corpo" (Gilman, 1985, p. 88).

Em 1993, quase dois séculos depois, Walker colaborou com Parmar em um filme que expõe a genitália das mulheres africanas como uma anomalia. A mulher africana de Walker, assim como sua antepassada Saartje, nada mais é do que uma coleção de partes sexuais, desta vez mutiladas. Vale observar que, embora Saartje tenha sido exibida para consumo europeu porque suas partes eram *hipersexuais* de uma perspectiva ocidental, a mulher africana hoje é exibida pela *hipossexualidade* causada por suas supostas partes ausentes. A questão de fundo (com trocadilho) é que, quaisquer que sejam as realidades da África e dos corpos africanos, elas podem ser exibidas para acalmar a mente/o corpo ocidental de suas predileções sexuais do dia. Esse desdobramento nada mais é do que uma demonstração das relações de poder desiguais que continuam a estruturar as relações entre pessoas ocidentais e pessoas africanas desde o século XV. Walker é apenas a autora mais recente de uma longa tradição ocidental que emprega um repertório de imagens e ideias sobre a África. Esses retratos não são informados pelas realidades africanas; em vez disso, eles refletem a mente da autora e a cultura ocidental da qual ela faz parte.

O meio pode ter mudado, mas a mentalidade e as preocupações permanecem as mesmas. Até a década de 1920, era comum pessoas africanas serem exibidas em zoológicos e museus de história natural europeus, como parte de suas coleções "exóticas". Na década de 1920, essas exposições foram substituídas por filmes. Com o desenvolvimento da tecnologia cinematográfica, os exibidores não precisavam trazer aldeias inteiras de Wolof ou "Ashantee" para Paris e Viena, como eles faziam no passado; agora, as aldeias podiam apenas ser filmadas *in situ*, e as imagens, trazidas de volta para o Ocidente (Gilman, 1985, p. 88). Isso é precisamente o que Walker tenta fazer em *Warrior Marks* (o filme). O tema do projeto, na verdade, é a Odisseia de Alice; focando na fase de meia-idade da sua jornada pela vida, em busca de si mesma no contexto de uma cultura norte-americana cada vez mais descaradamente narcisista. Vejamos esta declaração egocêntrica em *Warrior Marks*, na qual Walker é tanto a oradora quanto a destinatária da mensagem:

> Feliz aniversário, meu maravilhoso corpinho pardo que está em seu período menstrual e está tentando passar (ou começar a passar) pela menopausa – daí minha insônia! Você carrega bem o meu espírito. Eu honro você, amo você e juro que continuarei cuidando de você com todo o amor que eu encontrei, esperando por mim mesma, em meu coração (Walker, 1993, p. 50).

Claramente, a preocupação é sempre exibir corpos, sejam os corpos africanos ou "meu corpinho maravilhoso"[75]. Precisamente porque o discurso europeu e norte-americano do social é somatocêntrico, no sentido de que o que se acredita estar na base das hierarquias sociais, dos privilégios, das identidades e, em última instância, do interesse social deriva do corpo.

Um costume europeu bastante conhecido recomenda que, em seu casamento, a noiva deve usar:

>algo velho,
>algo novo,
>algo emprestado,
>algo azul.

Minha análise dos escritos de Walker sobre a África é inspirada pelos temas sugeridos nesses versinhos, embora não necessariamente nessa ordem. A imagem do casamento invocada aqui chama a atenção para o casamento de conveniência entre as tradições imperialistas ocidentais e as ideias de Walker, uma mulher afro-americana que pertence a um grupo que carrega desproporcionalmente o peso dessas práticas racistas. A imagem de uma união conjugal também destaca o casamento infeliz entre feministas de diferentes matizes – feministas ocidentais e feministas da África, da Ásia e da América Latina, por um lado; e, por outro, as supostas alianças entre uma miscelânea de mulheres homogeneizadas nas categorias "Mulheres do Terceiro Mundo" e "Mulheres de Cor". Essas alianças se baseiam na ideia de que pessoas com partes do corpo e pigmentação semelhantes devem ter um interesse comum. Mas uma biologia em comum não é um interesse em comum. Os seres humanos são seres culturais, e a cultura não pode ser ignorada em favor da biologia. Se essa variedade de pessoas é homogeneizada, não são os seus corpos que as tornam iguais, mas suas histórias compartilhadas de opressão colonial. Por outro

---

75. Para um registro da exibição de africanos na América, cf. Bradford e Blume (1992).

lado, isso pode ser resultado da percepção cultural do Ocidente de que elas são um grupo distinto das pessoas europeias e, portanto, discriminadas de forma homogênea e sistemática. Além disso, a alusão ao casamento chama a atenção para a noção de que, nos Estados Unidos, a prole agora pode se divorciar de seus pais. Nos escritos analisados aqui, vemos que Walker tenta se divorciar tanto de sua mãe verdadeira quanto de sua mãe simbólica, a África, por causa de uma suposta traição.

Algo velho: tradições imperialistas ocidentais e a invenção da África

A África tem sido central nos discursos ocidentais da diferença e da degeneração. Durante séculos, pessoas europeias imaginaram e escreveram sobre a África principalmente nos termos da alteridade, como um veículo para articular aquilo que o Ocidente não é. A afirmação clássica dessa crença é, certamente, *Heart of Darkness*, de Joseph Conrad. Essa tradição intelectual deve muito a uma visão da sociedade como um reflexo dos corpos físicos encontrados nela. Como os povos africanos eram considerados fisicamente diferentes dos europeus – que se colocavam como a norma –, certas ideias e imagens foram utilizadas para enunciar o que os povos europeus viam como as patologias da diferença. Os povos africanos não eram, de modo algum, o único grupo ao qual os europeus atribuíam o distintivo da diferença; as mulheres europeias, os pobres urbanos, os judeus e os nativos americanos foram rotulados de forma semelhante. No entanto, as mulheres africanas, em particular, parecem representar o Outro definitivo, combinando, em uma única categoria, uma Alteridade racial e sexual, em um papel especial como o "Outro do Outro", pelo menos do ponto de vista dos homens europeus que autorizaram essas imagens.

Nesse sentido, a obra de Sander Gilman mostra os diversos modos de figuração da Alteridade[76]; eles invocavam, inclusive, a redução do Outro a partes do corpo acompanhada de projeções de hipersexualidade e bestialidade. No século XIX, por exemplo, quando Saartjie Baartman foi exibida na Europa, ela estava a cargo de um *treinador de animais* e era vista como nada mais do que uma coleção de partes sexuais do corpo. Após sua morte, George Couvier, o decano dos biólogos franceses, dissecou sua genitália; seus restos mortais ainda estão em uma prateleira no Musée de l'Homme, em Paris. Após uma visita ao museu, o historiador da ciência Stephen Jay Gould observou que "nenhum cérebro de mulher [...] nem qualquer genitália masculina enfeita a coleção" (Gilman, 1985, p. 270). Também é digno de nota que não havia uma genitália feminina europeia na coleção; os três frascos contendo genitálias femininas foram rotulados como "uma negra, uma peruana e a Vênus Hottentote" (Gilman, 1985, p. 20). Dada a premissa de uma pesquisa genética, é curioso que nenhum exemplar de genitália feminina europeia tenha sido colocada em exibição para efeito comparativo. As defensoras feministas da sororidade global – uma irmandade baseada em uma genitália comum – fariam bem em observar que mesmo as partes do corpo aparentemente semelhantes têm histórias e lugares diferentes. São as histórias semelhantes e os interesses comuns – e não as partes do corpo – que devem ser o foco das alianças.

Nancy Stepan explica a mentalidade vitoriana que produziu as exposições sórdidas desse museu em Paris:

> De todas as fronteiras entre os povos, a sexual era a mais problemática para a mente vitoriana. No campo do pensamento racial, desde os primórdios, houve um interesse lascivo pelos hábitos sexuais estranhos dos povos estrangeiros, especialmente os africanos.

---

76. Em abril de 2002, os restos mortais de Saartjie Baartman foram finalmente entregues às autoridades sul-africanas para restituição e enterro na África do Sul.

> Por exemplo, as mulheres africanas acasalavam com os grandes símios que vieram da África? Os órgãos sexuais de pessoas africanas eram maiores que os de pessoas brancas? O clima tropical encorajava uma sexualidade desenfreada que levava à promiscuidade? Não era de surpreender que os relatos antropológicos de povos estranhos constituíssem uma espécie de pornografia para os europeus (Stepan, 1985, p. 104-105).

Os livros de Walker, *Possessing* e *Warrior Marks*, são mais bem compreendidos no contexto da tradição imperialista ocidental, na qual "o negro, seja homem ou mulher, passou a representar a genitália" (Gilman, 1985, p. 109). Nesse discurso, a genitália feminina africana também é destacada como prova da condição sub-humana africana.

No século XIX, a recém-surgida disciplina da antropologia focava quase que exclusivamente no estudo dos seres humanos em suas formas físicas e de como as características físicas ditavam o comportamento humano. "Na França, mais do que em qualquer outro país, a antropologia deu uma guinada definitiva para a antropologia física" (Cohen, 1980, p. 219). A ambientação na França de algumas cenas do romance *Possessing*, de Walker, não é acidental. Parte da missão civilizadora francesa na África, do século XVI em diante – assim como a missão evangelizadora de Walker nos últimos anos do século XX –, foi realizada na região da Senegâmbia, na África Ocidental. A dívida de Walker com a antropologia francesa é bastante aparente na construção de seus personagens fictícios e em suas afirmações sobre os africanos em geral, as mulheres africanas e a prática da circuncisão feminina. Com efeito, um dos personagens principais do romance é um antropólogo francês, cuja suposta missão é salvar as pessoas africanas de si mesmas. Ele é apresentado como o missionário "Pierre, que diz querer ser o primeiro antropólogo a empoderar e a não colocar em risco seus objetos de estudo" (Walker, 1992, p. 230). Esse antropólogo francês messiânico fica completo com o olhar ocidental. Tashi, a africana, fica hipnotizada por seus olhos oniscientes e diz que "foram aqueles olhos sábios, com seu olhar observador, que, de tão longe quanto um dormitório de estudantes em Harvard, enxergaram bem dentro de mim. Até dentro dos meus sonhos" (Walker, 1992, p. 163).

Walker também emprega uma alegoria longeva nos textos ocidentais: a representação dos africanos como animais. Vejamos nossa introdução à Tashi, a protagonista do romance:

> Tashi estava de pé ao lado de Catherine, sua mãe, uma mulher baixinha de costas curvas e com uma expressão obstinada no rosto de rugas escuras, e de início havia apenas a mão de Tashi – uma mão e um braço pequenos e escuros, como os de um macaco, tocando e agarrando a parte inferior do corpo de sua mãe (Walker, 1992, p. 7).

Compare isso com as observações do cientista francês Cuvier sobre a antepassada de Tashi, Saartjie Baartman, mais de um século e meio antes: "Quando ela estava viva, seus movimentos eram bruscos e volúveis como os de um macaco […]. Nunca vi uma cabeça humana mais parecida com a de um macaco do que a dela" (Cohen, 1988, p. 239). De modo similar, Berenger-Feraud, o médico-chefe do Senegal colonial e um colonizador francês da África no século XIX, afirmou que "o ângulo formado pelo osso pélvico ou espinha dorsal das mulheres wolof é tal que parecia mais natural para elas andar de quatro do que andar eretas como bípedes" (Cohen, 1980, p. 241). Walker ecoa essa ideia racista em sua representação de Tashi. Em uma das sessões com sua psicanalista, Tashi conta que, em seu sonho: "A primeira coisa que eu desenhei foi o encontro da minha mãe com o leopardo que estava em seu caminho […]. Mas eu desenhei, e depois colori, um leopardo com duas pernas e minha mãe, apavorada, com quatro" (Walker, 1992, p. 54).

Existe até um precedente literário para essa intercambialidade entre africanos e animais. Em 1863, um romance intitulado *Cinco semanas em um balão*, de Júlio Verne, publicado em Paris, continha um diálogo que revelava a crença do autor na grande semelhança entre africanos e macacos:

> "Houve um ataque!", disse Joe. "Começamos a pensar que estávamos cercados pelos nativos."
> "Eram apenas macacos, felizmente", respondeu o médico.
> "De longe, a diferença não é marcante, meu caro Samuel."
> "Nem mesmo de perto", disse Joe (apud Cohen, 1980, p. 243).

Walker retoma essas imagens animalescas usando a figura do animal de carga – sem dúvidas, a imagem dominante da mulher africana hoje. Em outro lugar (neste volume), argumentei que a imagem reiterada da mulher africana sobrecarregada complementa a imagem dos homens africanos como preguiçosos e indolentes no discurso africanista tradicional. Walker aciona essa imagem em várias passagens de *Possessing*, mas um dos momentos mais marcantes está na descrição que Tashi faz de sua mãe:

> E lá estava minha mãe, arrastando-se pelo caminho à minha frente, seu fardo de amendoins forçando-a quase duas vezes mais. Nunca vi ninguém trabalhar tanto quanto minha mãe, ou fazer o seu trabalho com uma dignidade mais resignada [...]. Eu estudei as crostas brancas dos calcanhares da minha mãe e senti em meu próprio coração o peso da morte de Dura assentando sobre seu espírito, como os amendoins que lhe dobravam as costas. Enquanto ela cambaleava sob seu fardo, eu meio que esperava que suas pegadas – nas quais tive o cuidado de pisar – manchassem meus próprios pés com lágrimas e sangue (Walker, 1992, p. 16).

Em *Possessing*, as representações da patologia são igualmente importantes. As observações de Olivia sobre o estado de Tashi após a circuncisão são reveladoras:

> Agora ela levava quinze minutos para fazer xixi. Seus períodos menstruais duravam dez dias. As cólicas a

> incapacitavam por quase metade do mês. Havia cólicas pré-menstruais: cólicas causadas pela quase impossibilidade de o fluxo passar por uma abertura tão pequena como M'Lissa havia deixado, depois de costurar a ferida da vagina de Tashi com um par de espinhos e inserir um canudo para que, na recuperação, a carne traumatizada não cicatrizasse junto, fechando completamente a abertura; [...]. Havia também o cheiro forte de sangue azedo que não houve meios de eliminar, nem com muita esfregação, até chegarmos à América (Walker, 1992, p. 65).

É claro que, atualmente, nenhuma imagem de doença e patologia sexual estaria completa sem a aids, uma síndrome associada a pessoas degeneradas e ao comportamento degenerado. Os olinka – povo africano fictício de Walker – sofrem de aids, uma doença que ela acredita se espalhar principalmente por meio da circuncisão. Tanto a aids quanto a circuncisão feminina, então, servem como veículos convenientes para articular os estereótipos europeus seculares sobre a África.

Uma discussão dessa construção de imagens não estaria completa sem considerar as estratégias retóricas usadas para colocá-las em prática. Uma estratégia particularmente gritante, como as imagens descritas anteriormente, não se origina com Walker. Essa estratégia é o que chamo de aldeização da África – a afirmação do mito poderoso de que a África é um estado homogêneo e unitário de primitivismo em palavras e ações. Esse mito faz parte do discurso tradicional de invenção da África e, ao longo dos anos, se mostrou indispensável, a despeito da diversidade de nações, culturas e sociedades africanas. O filósofo africano Paulin Hountondji chamou esse mito, apropriadamente, de "unanimismo". Sua principal premissa, explica ele, é "a unanimidade primitiva e sua alusão de que nas sociedades primitivas – isto é, nas sociedades não ocidentais – todos concordam uns com os outros. Segue-se daí que, em tais sociedades, nunca pode haver crenças ou filosofias individuais, mas apenas sistemas coletivos de crença" (Hountondji,

1983, p. 60). Assim, em *Warrior Marks*, Walker escreve de forma condescendente sobre essa pessoa/coisa chamada África:

> Estar na África. Perceber que pessoas africanas estão vivendo bem, basicamente, se parassem de se machucar. E que eu amo a África. Que pessoas africanas têm tempo e espaço [...]. Elas deveriam ser realmente capazes de serem sábias, não apenas hábeis ou espertas (Walker, 1993, p. 50).

De modo similar, em *Possessing*, ela miniaturiza a África ao estereotipar: "O acampamento Mbele era uma réplica de *uma aldeia africana*" (Walker, 1992, p. 43). Em outra passagem, ela escreve: "A operação que fez em si mesma a uniu, na sua opinião, a essas mulheres que ela via como fortes, invencíveis. Uma mulher completa. *Completamente africana*" (Walker, 1992, p. 64 – grifo meu). O que é uma típica aldeia africana e, de fato, quem ou o que é essa africana típica que personifica a africanidade, dado um continente diverso e diversificado de povos, culturas e países? Essa percepção unanimista é o que permite essa homogeneização e essa miniaturização indiscriminada de um continente tão vasto e diverso. Como e por que a circuncisão feminina – que não é praticada por muitas culturas africanas – se torna a característica definidora da africanidade? Por exemplo, os luo, do Quênia Ocidental, não são africanos, então, uma vez que não praticam a circuncisão em homens nem em mulheres? E as duas comunidades ijo, de Amakiri e Ebiama, no sudeste da Nigéria, nas quais ambos os grupos reivindicam a identidade étnica ijo, mas apenas um grupo pratica a clitoridectomia? Vejamos essa reação de um grupo suku, do Zaire, à ideia da circuncisão feminina relatada por um antropólogo:

> Certa vez, quando mencionei a um grupo suku que, em algumas partes da África, as mulheres são "circuncidadas", a informação foi recebida com descrença e hilaridade. Uma pessoa, que literalmente caiu no chão de tanto rir, perguntou em tom de brincadeira se as mulheres nesses lugares também engravidavam mulheres (Kopytoff, 1990, p. 83).

Por que a infibulação e a clitoridectomia devem ser colocadas como uma única prática cultural? Vejamos a discussão sobre a circuncisão feminina em Amakiri, onde o sexo pré-marital não é condenado e onde, "antes de uma menina finalmente se estabelecer com um parceiro fixo e o processo conjugal ser iniciado, ela frequentemente dá à luz uma criança" (Hollos; Leis, 1989, p. 124).

> Tornar-se uma adulta ijo *está ligado à gravidez* [grifo meu]. Em Amakiri, há uma contingência adicional para atingir a idade adulta – a circuncisão – que não é praticada em Ebiama. Em Amakiri, *as mulheres são circuncidadas no sétimo mês de gestação*, constituindo o primeiro passo no processo ritual para a obtenção do *status* adulto completo que culmina, anos depois, em uma cerimônia de revelação (Hollos; Leis, 1989, p. 125).

Claramente, a prática descrita das mulheres ijo não tem nada a ver com preservar a virgindade; ao contrário, trata-se de um rito pré-natal para garantir a segurança da criança e a fertilidade da mãe e da terra. Aparentemente, isso difere da infibulação tal como descrita no Sudão e na Somália, onde ela parece estar associada à preservação da virgindade, um princípio associado à adesão às duas religiões mundiais: o islã (nesse caso específico) e o cristianismo.

Ao pesquisar práticas socioculturais, a especificidade do contexto é importante. As interpretações da circuncisão ou de qualquer outro tema, aliás, não podem ser generalizadas de um lugar para outro porque, embora a prática possa parecer semelhante, seu significado e sua função subjacentes podem ser diferentes. Consequentemente, usar o exemplo kikuyu[77] ou o significado dogon[78] da prática para interpretar outras sociedades não faz o menor sentido. A prática deve ser interpretada no contexto cultural

---

77. Em *Facing Mount Kenya* (1965), Kenyatta descreve a instituição tal como praticada pelos kikuyu, no Quênia. O relato de Ngũgĩ wa Thiong'o em *The River Between* também se baseia na experiência kikuyu.

78. O antropólogo francês Marcel Griaule registrou o significado dogon da instituição em seu livro *Conversations with Ogotemmeli* (1965).

e histórico de cada sociedade; precisamos ver como ela funciona e se encaixa com outras instituições antes de podermos começar a fazer qualquer tipo de avaliação ou julgamento sobre seu propósito ou significado. O ponto é que poucas pesquisas sobre a circuncisão foram feitas considerando todo o contexto cultural de comunidades específicas. Assim, muitas das afirmações feitas se baseiam em pressupostos e estudos ocidentais de alguns grupos, que são, então, aplicados a outros grupos africanos para provar as ideologias ocidentais. Essas generalizações não têm fundamento na realidade e fornecem pouca informação útil.

Sem dúvida, o emprego de uma perspectiva unanimista da África é exemplificado pela insistência de Walker em criar uma língua africana, apesar do fato de haver pelo menos mil línguas africanas em uso hoje em dia; a dela é uma língua fictícia, na qual ela mistura o vocabulário de uma língua com o de outra e até inventa mais algumas palavras. Essa criação de uma suposta língua "africana" ressalta a natureza ficcional da África de Walker.

Outro método que Walker utiliza para fundamentar seus equívocos é o que chamo de "processo de excepcionalização". Usado positiva ou negativamente, esse é o expediente de pessoas que são forasteiras culturais; uma vez que quem observa tenha se decidido sobre uma pessoa, uma prática, um grupo ou um fenômeno, nada mais muda sua percepção. Em vez disso, toda evidência contrária é transformada em exceção que comprova a regra inventada. A seguinte passagem de *Warrior Marks* sobre o "estado da condição da mulher" na Senegâmbia mostra a determinação de Walker em pintar apenas um quadro negativo.

> Não existe isso de uma mulher ter um momento de sossego sozinha na praia. Ou em qualquer outro lugar, aliás. As mulheres são rotineiramente seguidas, repreendidas com gritos, assediadas na rua. Não posso deixar de associar esse comportamento à mutilação genital: a aceitação da dominação, a ausência de um senso forte de identidade que se vê entre as mulheres aqui. Ou, por outro lado, haverá *ocasionalmente* uma

mulher impetuosa muito barulhenta, como aquela que nos pressionou para comprar seus produtos com tanto vigor que nos expulsou de sua barraca. *Essas são as mulheres cuja raiva reprimida parece um barril de pólvora* (Walker, 1993, p. 53-54 – grifo meu).

De modo semelhante, Nancy, uma das discípulas de Walker na equipe de produção do filme, observa que as mulheres gambianas se vestem com tecidos bonitos e coloridos, que ela afirma serem um reflexo criativo da dor das mulheres (Walker, 1993, p. 10). Obviamente, as mulheres gambianas, objeto desse exemplo de excepcionalização negativa, não podem vencer. Como Walker e seu grupo se propõem a pintar apenas uma imagem negativa dos povos africanos, elas criarão essa imagem negativa independentemente do que essas mulheres africanas digam ou façam.

Em contrapartida, Walker usa o método de excepcionalização positiva em *Possessing*, não para se referir à África, mas para manter a civilização que a Europa representa na sua perspectiva. Ela sugere que o Marquês de Sade – o francês cujo nome e comportamento deram origem à palavra "sadismo" – não é representativo da cultura da França. Pierre e sua mãe francesa Lisette discutem a singularidade dele nessa cultura:

> "Na França, não existem instrumentos de tortura ao lado da cama."
> "E o Marquês de Sade?", perguntei.
> "Felizmente, apenas *um* homem", ela disse. "E, felizmente, não *neste século*." Ela riu: "E, felizmente, não ao lado da *minha cama*" (Walker, 1992, p. 140).

Algo emprestado: "evangelismo feminista"[79] e "vitimologia"

As feministas ocidentais, como herdeiras da tradição imperialista de, simultaneamente, demonizar e salvar a África de

---

79. Esse termo foi emprestado de Okome, neste volume.

si mesma, não têm sido menos ativas na renovação das velhas imagens da África; elas adicionaram novas dimensões, incluindo uma elaboração mais específica de gênero desses mitos sobre a África. O feminismo imperial havia descoberto sua missão social. Walker tomou emprestada essa neotradição feminista ocidental em seu projeto de "salvar a África". Embora, em seus escritos anteriores, Walker (1985) tenha articulado o conceito de "mulherismo" derivado da cultura afro-americana como uma versão negra da autodeterminação das mulheres, sua abordagem em relação à África não oferece nenhum afastamento da representação das mulheres africanas do discurso feminista ocidental mais amplo.

A negação da agência feminina, mais conhecida como vitimologia feminista, é uma das marcas dos textos feministas, e seus fundamentos devem ser buscados nos primórdios da Segunda Onda do feminismo nos Estados Unidos. Dadas as conexões do feminismo com o movimento dos Direitos Civis, surgiu a necessidade, por parte das mulheres brancas liberais, de se eximirem da culpa de terem participado junto a seus homens nos ignominiosos processos históricos de genocídio, escravidão e colonialismo. Alegando impotência e o *status* de vítimas, elas poderiam negar sua própria agência. No entanto, a origem da falta de agência atribuída às mulheres africanas, asiáticas e latino-americanas é diferente. No nível global, a falta de agência atribuída às mulheres dessas sociedades deriva da relutância das mulheres ocidentais em conceder-lhes humanidade. Em vez disso, elas foram reduzidas a posses. Muitas estudiosas escreveram sobre esse etnocentrismo, mas nenhuma foi mais eloquente do que Marnia Lazreg ao escrever sobre as mulheres argelinas. Ela adverte pesquisadoras e pesquisadores:

> Levar em consideração a intersubjetividade no estudo das mulheres argelinas ou de outras mulheres do Terceiro Mundo significa considerar suas vidas signi-

ficativas, coerentes e compreensíveis, em vez de serem incutidas "por nós" com desgraça e tristeza. Significa que suas vidas, assim como as "nossas", são estruturadas por fatores econômicos, políticos e estruturais. Isso significa que essas mulheres, assim como nós, estão engajadas no processo de ajustar, muitas vezes moldar, às vezes resistir e até mesmo transformar o seu ambiente. Isso significa que elas têm sua própria individualidade; elas são "para si mesmas" em vez de serem "para nós". A apropriação de sua individualidade singular para caber nas categorias generalizantes de "nossas" análises é um ataque à sua integridade e à sua identidade (Lazreg, 1988, p. 84).

A interpretação de Walker sobre a circuncisão feminina se baseia na ideia de que a prática é autorizada pelo patriarcado em benefício dos homens e para o controle sexual das mulheres. Apesar da predominância e da centralidade das mulheres na realização dos ritos da circuncisão, como ela descreve no caso da Gâmbia, ela insiste que se trata de uma "ferida patriarcal". Ela afirma que sua própria "mutilação visual" a ajudou a "ver como as mulheres são rotineiramente mutiladas na maior parte do mundo" (Walker, 1993, p. 267). É preciso perguntar: a mutilação rotineira de mulheres por quem? Curiosamente, no debate mais amplo sobre a circuncisão feminina nos meios de comunicação nos Estados Unidos, casos de mães que tomam a iniciativa de circuncidar suas filhas, apesar da objeção dos pais, não são interpretados como exemplos de autoafirmação feminina e/ou questionamento da autoridade patriarcal. Em vez disso, essas mulheres são frequentemente projetadas como tendo sucumbido à pressão da comunidade – a comunidade, é claro, definida como uma criação dos homens. É preciso entender que, assim como os homens, as mulheres são participantes na criação das culturas e na constituição dos padrões comunitários, para o bem ou para o mal.

Um desenvolvimento mais recente é o surgimento de pesquisadoras e autoras como Walker, que afirmam pertencer à nebulosa categoria de mulheres do Terceiro Mundo e mulheres de cor, mulheres não euroétnicas que agora sobem nos saltos de suas irmãs europeias para falar sobre e em nome das mulheres de outras regiões do mundo – mulheres das quais elas nada sabem e com quem têm poucos interesses em comum. Conceitos homogeneizadores como "mulheres do Terceiro Mundo" e "mulheres de cor", e até mesmo "mulheres negras", são usados para apagar especificidades culturais e – mais importante ainda – para mascarar privilégios regionais e de classe subjacentes ao sistema global. Com frequência, essas categorizações funcionam como mais uma oportunidade para elevar um grupo à custa de outro. É preciso entender que a representação não pode se basear na pigmentação ou em um conjunto comum de partes do corpo, mas na comunhão de interesses, reconhecendo que os interesses são dinâmicos e situacionais. É uma falácia pensar que os interesses comuns podem ser discernidos apenas pela cor da pele, e é um erro agir como se grupos e interesses de grupos fossem talhados em pedra.

Muitas mulheres ocidentais preservam sua atitude paternalista em relação a diferentes grupos de mulheres não ocidentais, mantendo uma postura de "percorremos um longo caminho, querida"[80] para enfatizar o que consideram ser suas conquistas superiores em se libertar das algemas do patriarcado. Como apontei em outro lugar, as vantagens desfrutadas pelas mulheres ocidentais no sistema global nada têm a ver com a condição da mulher, seja ela qual for. Em vez disso, esses privilégios derivam dos benefícios que elas desfrutam como um grupo racial e do predomínio de seus países no sistema capitalista global. Quando Walker se recusou a pagar à consultora de cinema gambiana o que lhe era devido, ela se definiu como uma mulher negra que não tinha os mesmos recursos que seus compatriotas norte-americanos, que haviam feito anteriormente um documentário na Gâmbia. Ela

---

80. Substituí "você" por "nós" no anúncio do cigarro *Virginia Slims*, direcionado às mulheres nos Estados Unidos. Na verdade, o *slogan* é: "Você percorreu um longo caminho, querida".

escreve: "Bem, nós somos mulheres negras, e nossos recursos não são os mesmos da rede de televisão americana, que é branca, de classe alta e masculina (ainda que uma mulher branca tenha ido fazer o documentário)" (Walker, 1993, p. 41). Sua afirmação é hipócrita, porque ela, convenientemente, se esquece de que, negra ou não, o fato de ser norte-americana contribuiu muito para sua capacidade de se engajar nesse tipo de projeto na África. Walker pode ou não ter as mesmas vantagens que o cineasta e a cineasta norte-americanos brancos (embora eu acredite que isso seja discutível nesse caso, pelo menos), mas, apesar da cor da pele, ela claramente não está na mesma posição que as mulheres africanas, cuja genitália ela insiste em tratar como tópico de discussão nas salas de estar e cafeterias nos Estados Unidos, e a vítima da vez de alguns cursos de Estudos Feministas pelo país. Na verdade, ela está simplesmente explorando a suposta consanguinidade racial para praticar a exploração capitalista ao estilo norte-americano.

Sobre a questão da vitimização feminina e da agência masculina, é perturbador ver como a prostituição feminina africana é vista em contraste com a prostituição masculina. Walker registra sua objeção à prostituição feminina quando menciona um lugar em Dakar chamado "*Le ponty*, um lugar de prostituição. Parecia uma lanchonete muito barata, e Deborah e eu fomos embora depois de alguns minutos. A ideia de prostituição é sempre horrível, mas a ideia de prostitutas com as genitálias mutiladas era mais do que eu podia tolerar" (Walker, 1993). No entanto, ela se cala em relação à prostituição masculina. Parmar, sua parceira no projeto, é mais explícita. Ela argumenta que as prostitutas africanas jovens estavam observando Walker e seu grupo e "suspeitaram que elas estivessem invadindo seu território. Seus clientes são homens brancos, turistas que vêm à África especificamente para fazer sexo com mulheres africanas. É tão triste que essas mulheres tenham que recorrer à prostituição como meio de sobrevivência" (Walker, 1993, p. 143). Em relação ao mesmo fenômeno entre os homens, Parmar apenas observou: "Notamos muitas turistas brancas mais velhas acompanhadas por jovens gambianos. Interessante" (Walker, 1993, p. 200). Claramente, para ela, a prostituição masculina africana é aceitável. E, com a mesma clareza, esse é um caso de discriminação de gênero.

Em contraste, um relatório recente sobre o turismo sexual na Gâmbia apresenta um quadro perturbador, particularmente no que diz respeito à sua prevalência. Uma senhora idosa branca da Inglaterra, que teve vários encontros sexuais com jovens prostitutos gambianos, disse o seguinte:

> Você não pede sexo, mas os homens parecem saber que você quer. Eles dizem coisas como: "Você gostaria de ver a verdadeira África?" É tudo muito discreto. Eu estive com quatro garotos diferentes naquelas férias e foi o melhor sexo que já tive. Eu voltei uma nova mulher. Foi muito empoderador, como mulher, ser capaz de escolher um bando de homens maravilhosos (*Marie Claire*, 1994, p. 69).

Walker afirmou que um de seus objetivos ao fazer o documentário era explorar "a probabilidade de uma conexão entre a aids e a circuncisão feminina". Com certeza, a prostituição se encaixa muito bem nesse tema. Então, por que ela não aproveita a oportunidade de homens e mulheres brancos se fartando com africanos (homens e mulheres) para investigar a transmissão transglobal da aids? Sempre vale ressaltar o papel da prostituição na transmissão de doenças ao levar em consideração o número de parceiros sexuais. Vejamos, por exemplo, a variedade de mulheres europeias encontradas por um prostituto gambiano, um veterano do comércio sexual.

> Eu já transei com todos os tipos, todas as nacionalidades. As britânicas gostam de rastas e gostam de beber antes de fazer qualquer coisa. Elas são mais gentis do que as suecas, que só querem pegar um homem negro. As mulheres velhas precisam que você goste delas;

você tem que se preocupar com elas e gastar muito tempo para lhes dar prazer. Não gosto de preservativos, porque não dá para sentir nada. *Não estou preocupado com a aids – eu confio em mim mesmo* (*Marie Claire*, 1994, p. 18 – grifo meu).

Entre a África de Walker e a "África" revelada pelos prostitutos, a(s) verdadeira(s) África(s) pode(m) se levantar, por favor? Parmar e Walker também se calam sobre outro aspecto muito visível do turismo sexual na Gâmbia: o assédio de meninos por homens brancos, semelhante ao que acontece nas Filipinas e na Tailândia. Para uma pessoa que está preocupada em salvar as crianças da África e salvar o continente de um suposto genocídio de aids, o silêncio de Walker sobre esse aspecto da prostituição masculina é ensurdecedor e implica uma perspectiva sexista que supõe que meninos serão meninos e meninas serão vítimas. As mulheres não têm o monopólio da vitimização, nem os homens têm o monopólio da agência. Se a salvação é realmente um problema, então todas as crianças vitimizadas precisam dela.

Em muitos textos feministas, o universo da opressão feminina é criado por uma falha em reconhecer como algumas instituições e práticas sociais vitimizam os homens. Não consigo entender por que as sangrias patriarcais periódicas – eufemisticamente conhecidas como guerras civis, guerras mundiais e guerras regionais, que, em muitas sociedades, vitimizaram mais diretamente a população masculina – não receberam a atenção e a vituperação adequadas das feministas. Muitas vezes, a análise feminista da circuncisão e de outras práticas sociais falha em reconhecer como elas podem afetar os homens e outros grupos sociais. Por exemplo, uma das justificativas que os jovens prostitutos na Gâmbia dão para o seu ramo de trabalho é que eles precisam sustentar suas famílias e não tem nenhum outro emprego disponível.

Algo novo, algo azul: a maternidade e a busca afro-americana pela África

"As mulheres negras", diz o médico em meu silêncio, "nunca podem ser analisadas efetivamente porque elas não conseguem culpar suas mães."
"Culpá-las de quê?", perguntei.
"De qualquer coisa", ele disse (Walker, 1992, p. 19).

A maternidade é um tema especialmente apropriado para compreender a missão de Walker na África. Sobre a questão da maternidade, Walker choraminga. Historicamente, muitas pessoas afro-americanas retrataram a África como a terra-mãe. A África é vista como mãe, às vezes como a mãe que permitiu que seus filhos fossem vendidos como escravos. Embora, de um modo geral, seu pecado seja retratado como uma omissão, ela continua sendo a mãe. Em relação ao outro genitor, a imagem parece diferente, pois a América – o pai – é apresentada como alguém que se recusa a reconhecer sua prole da África, que, em função disso, se tornou bastarda. A explicação de Du Bois (1995) sobre as duas almas de pessoas negras – a negra e a norte-americana – ecoa esse tema da dupla ascendência cultural. Nessa mesma linha, o pesquisador literário Henry Louis Gates (1992) chamou a América de sobrenome na denominação de pessoas afro-americanas. Em suma, são a prole da mamãe, do papai talvez, para usar uma frase da intelectual afro-americana Hortense Spillers (1987). Vale notar que, além de ser o pai simbólico, na realidade, o estupro institucionalizado de mulheres negras pelos senhores de escravos durante o período da escravidão resultou na reprodução do trabalho e do capital na forma de crianças não reconhecidas que foram escravizadas. Essa tensão entre a África como a mãe e a América como o pai patriarcal abusivo é um dos temas centrais da experiência afro-americana.

Walker, no entanto, soube inverter essa formulação em sua representação da África como a mãe má e culpada, e a América como o pai que caiu em pecado por causa dela. "O branco não é o culpado dessa vez", ela escreve em *Possessing* (Walker, 1992,

p. 106). A autora se identifica prontamente com o pai em seu retrato da América e da África em uma oposição binária do Eu e do Outro, respectivamente. A América de *Possessing* é dificilmente reconhecível como o lugar de dor e tristeza que muitos outros escritores e escritoras afro-americanos retrataram em seus relatos ao longo dos anos. Raye – a psicanalista afro-americana – explica a Tashi – a mulher africana problemática do romance – porque ela pediu ao dentista para mutilar suas gengivas como forma de empatia com a dor da circuncisão de Tashi: "Não fique brava, escolher esse tipo de dor é um esforço tão insignificante [...] na América, isso é o melhor que posso fazer" (Walker, 1992, p. 132). A América é realmente assim? Em nítido contraste, vejamos o retrato que Cornel West faz da América, que ele descreve como um lugar niilista caracterizado pelo "colapso do sentido da vida" (West, 1992, p. 9). Ele observa, ainda, que

> a situação trágica das nossas crianças [norte-americanas] revela claramente nosso mais profundo desrespeito pelo bem-estar público. Cerca de uma em cada cinco crianças neste país vive na pobreza, incluindo uma em cada duas crianças negras [...]. A maioria das nossas crianças é negligenciada por pais sobrecarregados e bombardeada pelos valores de mercado de corporações sedentas de lucro (West, 1992, p. 12).

Em mais uma manobra para pintar uma imagem cor-de-rosa do Ocidente em oposição à África, Olivia, a jovem afro-americana do romance, mente que "ninguém na América ou na Europa corta pedaços de si mesmo" (Walker, 1992). Pelo contrário, vejamos as observações da pesquisadora feminista Kathryn Pauly Morgan (1991) sobre a prevalência de mutilações entre as mulheres norte-americanas:

> Acredito que precisamos de um marco feminista para entender por que o aumento dos seios, até recentemente, era o tipo de cirurgia estética mais realizado na América do Norte ("Corpos novos à venda") e por que, de acordo com a revista *Longevity*, 1 em cada 225 americanas fez cirurgias eletivas em 1989. Precisamos de uma análise feminista para entender por que as mu-

lheres reais são reduzidas, ou se reduzem, a "mulheres em potencial" e escolhem participar da dissecação e da fetichização de seus corpos, ao comprarem "corpos esculturais", "juventude restaurada" e a "beleza permanente." Diante de um mercado e da demanda crescentes por intervenções cirúrgicas no corpo das mulheres, que podem e vão resultar em infecção, sangramento, embolia, edema pulmonar, lesão do nervo facial, formação de cicatrizes, perda de pele, cegueira, incapacitação e morte, nosso silêncio tem culpa (Morgan, 1991, p. 28).

Dada a situação descrita na citação anterior, o rótulo de "cultura de mutilação" que Walker usa para descrever as culturas africanas claramente também se aplica à América do Norte. Ela não precisou ir à África para encontrar mutilação e dor, ou mesmo para encontrar crianças que precisavam de salvação. O que também é notável no relato de Walker sobre a dor é a ênfase apenas na dor física como a mais importante, como se essa fosse a única dimensão ou mesmo o tipo mais profundo de dor. Esse foco unidimensional no corpo fala do somatocentralidade que já mencionei nas abordagens ocidentais da humanidade e da sociedade.

Em uma fabricação perturbadora da história, tentando atribuir a culpa pelo comércio transatlântico de escravos e pela opressão da escravidão nos Estados Unidos, Walker afirma que a África ensinou sobre violência para a América:

Muitas mulheres africanas vieram para cá, disse Amy. Mulheres escravizadas. Muitas delas foram vendidas ao cativeiro porque se recusaram a ser circuncidadas, mas muitas delas foram vendidas ao cativeiro circuncidadas e infibuladas. Essa mulher costurada fascinava os médicos norte-americanos, que acorriam aos leilões de escravos para examiná-las, enquanto as mulheres permaneciam nuas e indefesas em cima do bloco. Eles aprenderam a fazer o procedimento em outras mulheres escravizadas; e o fizeram em nome da ciência. Eles encontraram um uso para isso em mulheres brancas (Walker, 1992, p. 188).

Na melhor das hipóteses, essas alegações revelam a ignorância abismal de Walker acerca da história e da sociologia da escravidão e da circuncisão como uma prática difundida mundialmente, incluindo a Europa e a América.

A autora escreve que sua antepassada africana deve ter sido vendida como escrava porque se recusou a ser mutilada. Em seus esforços incansáveis para forçar um casamento incompatível, ela equipara a circuncisão de mulheres à escravidão: "Eu identifiquei a conexão entre mutilação e escravidão, que está na raiz da dominação das mulheres no mundo" (Walker, 1992, p. 139). Ela mistura escravidão e circuncisão outra vez em sua entrevista com Parmar, durante a produção do filme: "Quero perguntar a elas [mulheres africanas] que prática tornou possível que eu acabasse em outro continente, nos Estados Unidos? Fomos separadas por uma prática semelhante à mutilação genital, a prática da escravidão" (Walker, 1993, p. 280).

Apenas à luz das conexões que ela estabelece entre a circuncisão feminina e a escravidão é possível entender a pergunta sem sentido que ela faz à cantora afro-americana Tracy Chapman na ilha de Gorée, no Senegal. De maneira proverbial semelhante à reorganização das cadeiras do convés enquanto o Titanic afunda, ela fez à cantora a seguinte pergunta: "Aqui estamos nós, sentadas nos degraus da que é chamada Casa dos Escravos, e eu me pergunto o que você pensa e sente a respeito da mutilação genital" (Walker, 1993, p. 345). A Casa dos Escravos é um monumento em memória de todos os africanos escravizados levados para as Américas, sejam homens, mulheres ou crianças. Para muitos desses africanos, a circuncisão não era um costume, e para alguns deve ter sido. Apesar desses fatos, isso certamente não era uma questão na "porta do não retorno" para a terra-mãe. Do ponto de vista de Walker, a África é a origem da escravidão e até mesmo da misoginia ocidental. Seguindo a longeva tradição ocidental de demonizar a África, supostamente se originaram nesse continente as doenças, o comportamento patológico e todas as coisas ruins do Ocidente.

Ainda assim, a queixa de Walker contra a mãe, sua raiva palpável e infelicidade com as mães não podem ser totalmente explicadas pelo simbolismo da África como terra-mãe; no centro de sua dor e raiva está a traição que ela acredita ter sofrido por sua própria mãe. Para a autora, o pessoal é, de fato, político e, mais uma vez, pessoal. Ela associa sua missão na África a um acidente na infância que resultou na perda de um olho, acidente pelo qual ela culpa sua mãe. Sobre o acidente, a autora explica:

> Um dia após o nascimento de minha própria filha, eu confrontei minha mãe. Meu pai havia morrido, sem nunca falar comigo sobre o que aconteceu. Depois da minha lesão, na verdade, ele se absteve completamente. Sua própria mãe foi morta a tiros quando ele tinha onze anos, por um homem que dizia amá-la; *talvez a visão do meu ferimento tenha doído nele, talvez não*. De qualquer forma, isso é algo que eu nunca saberei (Walker, 1993, p. 16 – grifo meu).

Mesmo aqui, vemos que ela está disposta a dar ao pai o benefício da dúvida. Mas, com relação à mãe, eis o que ela tinha a dizer:

> Minha mãe me pediu para perdoá-la. Ela e meu pai, é claro, compraram a arma que atirou em mim. *Foi ela, em particular, que se apaixonou por filmes de caubóis do faroeste do tipo "atira neles"*. Ela não havia pensado nas consequências de comprar armas para o meu irmão (Walker, 1993, p. 17 – grifo meu).

Claramente, quase quatro décadas após o acidente – e um quarto de século depois que sua mãe implorou por perdão –, Walker não perdoou a mãe – se é que um pedido de desculpas é a resposta apropriada.

Mas por que Walker é tão dura com sua mãe e por que seu pai é tão facilmente exonerado? A resposta pode estar na construção da maternidade negra na cultura norte-americana e na relação especial entre mães e filhas afro-americanas. Audre Lorde (1984), a falecida poeta negra, elabora a importância dessa relação mãe/

menina em sua discussão sobre uma mulher negra que estava de luto pela morte de sua mãe:

> "O mundo está dividido em duas terras de pessoas", disse ela, "as que têm mães e as que não têm. E eu não tenho mais mãe." O que eu a ouvi dizer foi que nenhuma outra mulher negra jamais veria quem ela era [...]. Eu ouvi, em seu choro de solidão, a origem do amor entre as mulheres negras e nossas mães. Garotinhas negras, ensinadas pelo ódio a querer se tornar outra coisa. Fechamos nossos olhos para a irmã porque ela só reflete o que todo mundo, exceto mamãe, parece saber – que éramos odiosas, feias ou inúteis, e certamente não abençoadas. *Não éramos meninos e não éramos brancas, então éramos menos do que nada, exceto para nossas mães* (Lorde, 1984, p. 159 – grifo meu).

Sob essa luz, podemos apenas imaginar o efeito devastador em Walker da suposta traição de sua mãe. Quem daria à "pobre Alice", a criança órfã de mãe, algum senso de valor? Então não nos surpreende a denúncia que ela faz da mãe. Walker admite abertamente que a experiência infeliz de perder um olho e os sentimentos negativos sobre a culpabilidade de sua mãe a motivam. É essa experiência pessoal que ela projeta e impõe a pessoas africanas, utilizando-a para interpretar a prática da circuncisão feminina. Em consequência, ela mistura a circuncisão feminina – um rito de passagem frequentemente vivenciado de forma coletiva – com um acidente pessoal aberrante na infância:

> A prole deposita todo o seu amor e confiança na mãe. Quando você pensa na profundidade da traição da confiança de uma criança, isso é uma ferida emocional que nunca vai fechar. O sentimento de traição, a sensação de não poder confiar em ninguém, permanecerá com a criança à medida que ela cresce. Acho que é por isso que, em muitas culturas das quais estamos falando, há tanta desconfiança e desavença, e tanto silêncio (Walker, 1993, p. 274).

Para além da natureza narcisista de seus argumentos, a imposição fácil de Walker da sua experiência norte-americana sobre pessoas africanas também vem das noções equivocadas em relação a uma raça homogênea e à sua ontologização que inclui a África em um regime de negritude. Não nego o fato de que as pessoas escravizadas que foram trazidas para a América eram africanas nem que muitos aspectos dos valores africanos foram mantidos pela população afro-americana. Em vez disso, quero apenas enfatizar que, apesar de sua origem africana, para pessoas afro-americanas, a especificidade da história da escravidão capitalista, a resistência e a luta contínua contra o racismo nos Estados Unidos são fundamentais para sua autodefinição. Em sua experiência nos Estados Unidos, a "negritude" se tornou uma alegoria que inscreve e descreve sua história e sua cultura. Por mais significativa que ela seja, a experiência de pessoas afro-americanas não deve ser projetada como uma experiência negra essencial, que define as pessoas africanas e todos os outros povos de ascendência da África da mesma forma no tempo e no espaço. Qualquer tentativa desse tipo constitui, na melhor das hipóteses, um solipsismo afro-americano e, na pior, uma fabricação.

Sobretudo, esse uso homogeneizador representa uma aceitação inquestionável do determinismo biológico ocidental, que afirma que hierarquias sociais, interesses de grupo e solidariedade derivam de questões genéticas. Nessa linha de raciocínio, pessoas africanas e afro-americanas, por causa de sua pigmentação de pele semelhante – a negritude –, experimentam o mundo da mesma maneira e têm os mesmos interesses, independentemente da história, da situação social, da localização geográfica e até mesmo do tema em questão. No entanto, não é a cor da pele em comum, mas as histórias e os lugares compartilhados que realmente subjazem o interesse e a solidariedade de grupo. Qualquer suposição em contrário nada mais é do que um pensamento biológico-fundacionalista que Cornel West chamou de "raciocínio racial", isto é, "uma compreensão da luta pela liberdade negra como uma questão de pigmentação da pele e fenótipo racial" (West, 1993, p. 38). Em sua análise sobre o significado da negritude nos Estados Unidos, a professora de direito Patricia Williams (1991) afirmou que *negro* também é uma "designação daqueles que não tinham outro lugar para ir" (Williams, 1991, p. 124). Esse não é um aspecto da negritude que se possa impor realisticamente a pessoas africanas; ele equivale à autoexpropriação, se o adotarmos. Qualquer que seja a complexidade de sua história e de seu significado nos Estados Unidos, "negritude" certamente não é o que significa ser negro na Nigéria ou em muitos outros países africanos; no mínimo, ela tem pouco significado em termos de situar as pessoas em hierarquias sociais, e não tem nenhum valor preditivo sobre quem vai para a escola ou para a prisão, quem consegue um emprego ou não, quem mora onde e até quem se casa com quem, ou quem é rejeitado. Isso pode mudar no futuro – dado o processo de racialização do sistema global em curso –, mas não é inevitável. Nem o resultado será totalmente previsível, unidirecional ou idêntico à situação afro-americana, como é comumente entendida.

Walker descarta completamente a história e a cultura ao situar a circuncisão feminina no contexto do relacionamento torturado que ela tem com sua mãe – uma relação filial cuja construção ressalta as expectativas impossíveis da maternidade afro-americana em uma sociedade racista, na qual a mãe é culpada pelos pecados não apenas do pai patriarcal, mas também do próprio "Tio Sam". A realidade da circuncisão feminina, tal como ela é praticada em algumas culturas africanas, não tem nenhuma semelhança com as imaginações de Walker, que são motivadas e moldadas por uma profunda crise pessoal ocasionada pela suposta traição de sua mãe. O problema é agravado pelo racismo – a maldição da sociedade norte-americana.

Ademais, trata-se de um passo retrógrado e autodestrutivo para pessoas africanas tratarem a pigmentação de sua pele como algo a ser explicado. Nos Estados Unidos, projetar "negro" como uma categoria marginalizada da Alteridade em relação à "branquitude" – que constitui a norma – pode ser inevitável. Na maior parte da África, o negro é a norma, o branco é a marca da Alteridade. Toni Morrison (1994), a afro-americana ganhadora do Prêmio Nobel, reitera a importância de naturalizar a negritude quando ela escreve que "ficou excitada" ao ler romancistas africanos como Chinua Achebe:

> Eles não explicam o seu mundo negro. Ou o definem. Ou o justificam. Os escritores brancos sempre naturalizaram a centralidade branca. Eles habitavam seu mundo de uma posição central e tudo o que não era branco era outro. Esses escritores africanos assumiram sua negritude como central e os brancos eram os "outros" (Morrison, 1994, p. 73).

A abordagem desses autores africanos contemporâneos é uma consequência natural de viver em uma sociedade em que todos se parecem com você. O exemplo a seguir reitera meu ponto. Mungo Park, o explorador britânico do Rio Níger, narra sua visita a Bondou, na África Ocidental. As mulheres da realeza, que nunca tinham visto uma pessoa branca, ficaram fascinadas com sua aparência. Segundo Park:

> Elas me envolveram com muita alegria e vivacidade, principalmente pela brancura da minha pele e pela proeminência do meu nariz. Elas insistem que eles eram *artificiais* [...]. A primeira coisa que disseram, que isso foi feito quando eu era bebê, mergulhando-me no leite. Elas insistiam que meu nariz tinha sido beliscado todos os dias até que adquirisse sua atual forma, *feia* e *antinatural* (apud Davidson, 1964, p. 364 – grifo meu).

Para as mulheres da realeza de bondou, o negro era a norma; portanto, a pele branca de Parks tinha que ser explicada e justificada. Por sua vez, nos textos de muitas pessoas afro-americanas, a negritude é representada como uma "condição" que precisa ser analisada e explicada, em um esforço para normalizá-la. Como observou Du Bois, a principal característica da experiência afro-americana é o que ele chama de "dupla conscientização [...], essa sensação de olhar para si mesmo por meio dos olhos dos outros" (Du Bois, 1995, p. 45). Ele também se referia, a meu ver, a um Outramento e a uma marginalização do eu. Mais recentemente, o crítico literário afro-americano Henry Louis Gates articula de forma muito clara esse problema da Alteridade, em suas memórias intituladas *Colored People* (1994). Ele afirmou que "uma das coisas mais dolorosas sobre ser uma pessoa de cor era ser uma pessoa de cor em público, perto de outras pessoas de cor que tinham vergonha de ser de cor e vergonha de sermos *ambos* de cor e estarmos juntos em público" (Gates, 1994, p. xiii). Ao usar "de cor" como um adjetivo (pessoas de cor), Gates capta de forma apropriada a falta de agência, e a perda da agência e da autodefinição que parecem caracterizar a experiência afro-americana. "Ser uma pessoa de cor em público" – essa frase revela de forma concisa que o processo ativo de colorização está nas mãos dos brancos, não dos negros, que estão sendo colorizados por um (falso) artista* branco.

Do meu ponto de vista como africana, a denominação "negro" é uma categoria criada pelo estrangeiro que olha de fora. É uma categoria do "Outro"; e, como tal, ela deve ser rejeitada como um termo de autodefinição africana. Portanto usar "negro" para qualificar os movimentos, os eventos ou os processos no continente africano é promover as visões ocidentais e ceder a autodefinição africana a estrangeiros. Nesse sentido, a África é a África; o termo África "negra" – que às vezes é usado para designar partes da África – é uma aberração. Isso ocorre porque a África, por definição, está associada a pessoas de uma determinada pigmentação; o termo "negro" deve ser naturalizada, como o é em grande parte do continente. Designações como "norte da África" ou "África árabe" ou até mesmo "africanos brancos" devem ser introduzidas e utilizadas para descrever outros grupos que, muito

---

* No original, "*(con)artist*", um trocadilho com as palavras "artista" ("*artist*") e "vigarista", "trapaceiro" ("*con artist*") [N.T.].

mais tarde, passaram a compartilhar um continente que, em sua origem, é associado a pessoas de pele mais escura. Uma vez que ainda é considerado absurdo falar em europeus brancos, apesar da presença histórica e ampla de outros grupos raciais na Europa, não vejo por que o termo "negro" deveria ser utilizado para qualificar os africanos na África, seu lugar de origem.

Assim, construções como "mulheres negras da África" não são aceitáveis. Mulheres da África são simplesmente mulheres da África, as mulheres árabes e mulheres brancas que reivindicam a África devem ser identificadas como mulheres africanas árabes ou do Norte, e mulheres africanas brancas, respectivamente. Para a população afro-americana, no entanto, por ter tido uma história diferente, um tipo específico de experiência racializada, ser referido como negro agora carrega o tom da fatalidade e pode ter, de fato, outras conotações mais positivas que são obviamente próprias da América do Norte. O *Black Power*, como um conceito e um movimento de rebeldia, resistência e militância, vem à mente de imediato. O fato de a negritude ser a identidade social fundamental da população afro-americana é um produto da experiência norte-americana. Durante o período da colonização europeia na África, o branco era a categoria da Alteridade. As pessoas brancas são uma minoria no continente africano. A fetichização da cor não pode ser o ponto de partida nem o fim da autoexpressão africana.

Algo azul: colorismo, os diferentes tons do preconceito

Por fim, vamos nos voltar para uma análise de qual é a contribuição de Walker para o gênero da literatura imperialista ocidental sobre o "colorismo" da África. Ainda que afirme uma consanguinidade essencial com pessoas africanas, ela problematiza essa conexão na maneira como usa a dicotomia Eu/Outro para definir pessoas africanas e afro-americanas. Ela faz isso de forma eficaz em sua mobilização da cor em um processo mais bem descrito como colorismo. Em um artigo anterior, a própria Walker denunciou esse comportamento na vida social afro-americana, como o "tratamento preconceituoso ou preferencial de pessoas da mesma raça com base apenas em sua cor" (Walker, 1983, p. 290).

A maneira como cada personagem em *Possessing* é adjetivada com cores sugere a importância dos tons de negritude para Walker e, de fato, seu papel em situar as pessoas em seu lugar na cultura afro-americana. Comecemos por *Warrior Marks*, em que a autora achou necessário se inserir nesse esquema de cores. No seu aniversário, durante as filmagens de *Warrior Marks*, ela envia a si mesma a mensagem de parabéns citada anteriormente: "Feliz aniversário, meu maravilhoso corpinho pardo" (Walker, 1993, p. 50). Muitas das pessoas com quem ela se encontra durante esse projeto estão situadas em um esquema de cores. Assim, Efua Dorkenoo, a chefe ganense de uma organização com sede em Londres, é descrita como "de pele parda intensa" (Walker, 1993, p. 26). A sacerdotisa iorubá que ela conhece em Londres surgiu "preta e radiante" (Walker, 1993, p. 28). Aminata Diop, a mulher malinesa, tem "pele de bronze". O escritor ganense Ayi kwei Armah é descrito como "retinto, totalmente africano", enquanto Julius, um afro-americano residente no Senegal, é "bem claro, afro-americano". Ao descrever um encontro com Ayi kwei Armah, ela escreve "me joguei em seus ternos braços negros" (Walker, 1993, p. 68). Porque a cor de seus braços é relevante para entender a ação não está nada claro, mas a autora presume que essa informação é necessária. Além disso, o fato de ela não explicar o que significa "pardo", "bronze", "retinto" ou "claro" revela que ela pressupõe que estamos todos a par dessa obsessão afro-americana. Ela está enganada: pardo-escuro, claro, preto retinto e amarelo forte – devo perguntar: em relação *a quê*?

No que diz respeito às personagens fictícias de *Possessing* (Walker, 1992), o colorismo como marca identitária é significativo: Catherine, a mãe de Tashi, tem um "rosto de rugas escuras" e a própria Tashi tem "uma mão escura e pequena" (p. 7). A pele de Olivia é mogno, enquanto a de Tashi é ébano (p. 23). Benny, o filho deficiente de Tashi, é um "pardo radiante" (p. 56). Raye, a psicanalista afro-americana, tem "pele morena, cor de canela". Precisávamos saber o tom da pele de Raye para julgar sua competência como psicanalista? Preciso continuar? O fato de que as descrições minuciosas de cor de Walker não representam uma mera descrição da rica variedade de tons das peles africanas fica mais aparente quando ela revela seu desconforto com a negritude, usando-a para distinguir pessoas africanas e afro-americanas.

A obsessão de Walker com a cor está diretamente ligada à sua identidade como afro-americana e às imagens negativas associadas à negritude na cultura norte-americana, apesar dos esforços heroicos sintetizados no *slogan* dos anos 1960, "*I'm black and proud*" ["Sou negro e com orgulho"]. Vejamos a experiência de Audre Lorde com o colorismo:

> De alguma forma, eu sabia que era mentira que ninguém notava a cor. Eu, mais escura do que minhas duas irmãs. Meu pai, o mais negro de todos. Eu sempre tive ciúmes das minhas irmãs porque minha mãe achava que elas eram boas meninas, enquanto eu era má, sempre em apuros. "Cheia do diabo", ela costumava dizer [...]. Elas eram *bonitas*, eu era *escura*. Má, travessa, uma encrenqueira nata, se é que isso existia (Lorde, 1980, p. 149).

De que forma a beleza contrasta com a pele escura? No contexto afro-americano, como podemos deduzir da experiência de Lorde, os membros da família são rotineiramente classificados e hierarquizados em um esquema de cores. Assim, Henry Louis Gates apresenta seus tios maternos:

> Os Colemans eram pessoas de cor [...]. Tio Jim ou Nemo, era levemente avermelhado [...], Ed era mais claro que Jim, mas também avermelhado [...]. Charles tinha pele escura [...], Raymond tinha uma cor marrom-avermelhada intensa [...], ele tinha o cabelo mais crespo e era o mais escuro, o que foi uma fonte de dor para ele durante grande parte de sua vida, pelo menos. E o movimento *Black is beautiful* não pareceu ajudá-lo

tanto assim. David tinha a pele mais clara de todas (Gates, 1994, p. 58).

Conhecidos, lideranças comunitárias e, de fato, todas as pessoas são situadas em uma hierarquia de cores. Mais uma vez, Gates descreve em cores as lideranças da igreja em sua cidade natal, Piemonte, na Virgínia Ocidental. "Antecessor do reverendo Mon-roe, o reverendo Tisdale era alto e gordo, sebento e negro, e sua esposa muito empoada e de pele clara tocava piano também" (Gates, 1994, p. 117).

> O reverendo Mon-roe era um cara legal, de pele parda, com um cabelo não muito ruim [...]. A esposa dele era preto-azulada, na verdade quase roxa [...]. Eu tinha ouvido falar de negros preto-azulados e nunca tinha visto um de perto até que os Mon-roe vieram à nossa igreja (Gates, 1994, p. 116).

Aparentemente, os "caras legais" são sempre pardos ou os caras pardos são sempre legais.

Consequentemente, não surpreende que Walker se identifique como parda. De modo similar, ela define pessoas afro-americanas como pardas em relação às africanas, que ela descreve como pretas. Veja o contraste na colorização do escritor ganense Ayi kwei Armah, descrito como "retinto, totalmente africano", enquanto Julius, um afro-americano residente no Senegal, é "bem claro, afro-americano". Ou a descrição contrastante de Tashi, a olinka, como ébano e de Olivia como mogno. Essa construção não deixa de ter um significado mais profundo, visto que a cor não deve ser tomada de forma pálida (com trocadilho); na cultura afro-americana, ela deve ser decodificada em todas as suas camadas. O "aperfeiçoamento" da raça expresso pelo suposto bronzeamento*/clareamento/branqueamento de pessoas afro-americanas é o que permite a Walker pensar que agora ela e todas essas pessoas podem

---

* No original, "*browning*". "*Brown*" foi traduzido aqui como "pardo" ou, pontualmente, como "moreno" [N.T.].

desempenhar o papel de salvar pessoas africanas de quaisquer problemas que ela conceba. Tashi, a protagonista de *Possessing*, entende a ironia aqui, quando exclama para a afro-americana Olivia: "Que audácia a sua, de nos trazer um Deus que outra pessoa escolheu para você!" (Walker, 1992, p. 23).

De acordo com Du Bois, o problema do século XX é a separação de cores, mas, para Walker e muitas das pessoas que são suas compatriotas, trata-se, na verdade, de um problema das distinções matizadas de cores – muitas distinções, muitas cores, não apenas preto e branco. Da perspectiva africana, o problema de Walker e de algumas dessas pessoas que são suas conterrâneas é que, assim como seus cartões American Express, eles não querem "sair de casa sem ele"[81]. Isso (o racismo) é uma de suas exportações valiosas.

Nesta análise dos escritos de Walker sobre a circuncisão feminina, o objetivo foi desvendar os intrincados fios do pensamento imperialista subjacente. Demonstrei como ela reproduz os padrões culturais imperialistas tradicionais ocidentais de objetificar, demonizar e homogeneizar a África, e a sua dívida nesse sentido com o racismo da "antropologia" francesa do século XIX. Também demonstrei como ela associa isso com as variantes imperialistas do feminismo ocidental e do solipsismo afro-americano.

Essa elaborada construção de escrita imperialista também é articulada como uma experiência pessoal, em sua diatribe contra a própria mãe por causa de um acidente na infância. Insatisfeita com o pedido de desculpas feito há um quarto de século, sua raiva é canalizada sob o disfarce de uma tradição perfeitamente legítima e consagrada de questionar a África sobre seu papel no comércio transatlântico de escravos, desatada com uma fúria tão cega que consome toda a racionalidade do discurso. Assim, ela inventa, excepcionaliza, patologiza e coloriza. Em nenhum

---

81. Aqui, refiro-me ao *slogan* popular da corporação American Express: "Não saia de casa sem ele" – isto é, sem o seu cartão de crédito.

momento, ela – como autora ou pretensa exploradora – remove de seus olhos as camadas de preconceito.

A importância de sua obra em nível global, no entanto, é que ela revela as limitações das categorias de gênero, raça e cor como denominadores comuns na luta pela autodeterminação africana. Ela também ensina as africanas a desconfiarem da suposta consanguinidade de propósitos em uma sororidade doutrinária que não respeita a diversidade – não de corpos, mas de histórias, posições sociais e interesses de grupo.

Em última análise, para a África, a questão não é Walker; se não Alice, poderia ser Leroi, Andrew, Peter, Paul ou Mary. A verdadeira questão são as relações de poder desiguais entre o Ocidente e a África, que são instituídas e que tornam possível a exploração continuada, econômica e psíquica da África. Essa relação hierárquica permite a manutenção do discurso inventado do primitivismo africano, sobretudo em sua forma mais recente, altamente sexualizada e invasiva. Eu, pelo menos, defendo que pessoas africanas devem continuar a enfrentar o Monte Quênia[82] e o Kilimanjaro – não os Alpes ou as Montanhas Rochosas, nem mesmo o Himalaia – do terceiro-mundismo. O diálogo intercultural genuíno só pode ocorrer quando diferentes povos tiverem igual acesso aos modos de produção e aos meios de representação e construção do conhecimento.

Obras citadas

ACHEBE, C. An Image of Africa. *Research in African Literatures*, 9:2, 1978.

ASANTE, M. Racing to Leave the Race: Black Postmodernists Off-Track. *The Black Scholar*, 23:3-4, 1993.

---

82. O ponto aqui é que pessoas africanas devem olhar para si mesmas e para o mundo partindo de si. A África deve estar sempre no centro das preocupações e das criações africanas.

BRADFORD, P. V.; BLUME, H. *Ota Benga: The Pygmy in the Zoo*. Nova York: St. Martin, 1992.

CAROLL, L. *Alice in Wonderland and Through the Looking Glass*. Nova York: Barnes and Noble Classics, 1992.

CHAMBERLAIN, E. J.; GILMAN, S. *Degeneration: The Dark Side of Progress*. Nova York: Columbia University Press, 1985.

COHEN, D. *French Encounters with African*. Bloomington: Indiana University, 1980.

DAVIDSON, B. *African Past: Chronicles from Antiquity to Modern Times*. Nova York: Grosset and Dunlap, 1964.

DU BOIS, W. E. B. *The Souls of Black Folk*. Nova York: Signet/Penguin, 1995.

GATES, H. L. *Colored People: A Memoir*. Nova York: Alfred A. Knopf, 1994.

GATES, H. L. *Loose Canons: Notes on the Culture Wars*. Nova York: Oxford University Press, 1992.

GILMAN, S. *Jewish Self-hatred: Anti-Semitism and the Hidden Language of the Jews*. Baltimore: John Hopkins University Press, 1986.

GILMAN, S. *Difference and Pathology: Stereotypes of Sexuality, Race, and Madness*. Ithaca, Nova York: Cornel University Press, 1985.

GILMAN, S. *On Blackness Without Blacks: Essays on the Image of the Black in Germany*. Boston: G. K. Hall, 1982.

GOULD, S. The Hottentot Venus. *Natural History*, 91, p. 270-277, 1982.

GRIAULE, M. *Conversations with Ogotemmeli: An Introduction to Dogon Religious Ideas*. Nova York: Oxford University Press, 1965.

HOLLOS, M.; LEIS, P. *Becoming Nigerian in Ijo Society*. New Brunswick: Rutger's University Press, 1989.

HOUNTONDJI, P. *African Philosopty: Myth and Reality*. Londres: Hutchinson University Library for Africa, 1983.

JAMES, S.; BUSIA, A. *Theorizing Black Feminisms: The Visionary Pragmatism of Black Women*. Nova York: Routledge, 1993.

KENYATTA, J. *Facing Mount Kenya*. Nova York: Vintage, 1965.

KOPYTOFF, I. Women's Roles and Existential Identities. *In*: SANDAY, P. G.; GOODENOUGH, R. G. (ed.). *Beyond the Second Sex*. Filadélfia: University of Pennsylvania Press, 1990.

LAZREG, M. Feminism and Difference: The Perils of Writing as a Woman on Women in Algeria. *Feminist Studies*, 14:1, p. 81-107, 1988.

LORDE, A. *Sister Outsider: Essays and Speeches*. Nova York: The Crossing, 1984.

MARIE CLAIRE. United Kingdom Edition, n. 69, May 1994.

MORGAN, K. Women and the Knife: Cosmetic Surgery and The Colonization of Women's Bodies. *Hypatia: a Journal of Feminist Philosophy*, 6:3, 1991.

MORRISON, T. Chloe Wofford Talks About Toni Morrison. *New York Times Magazine*, September 11, 1994.

OYĚWÙMÍ, O. *Mothers not Women: Making an African Sense of Western Discourses on Gender*. Ph. D. Dissertation submitted in the Department of Sociology, University of California, Berkeley, 1993a.

SANDAY, P. G.; GOODENOUGH, R. G. *Beyond the Second Sex*. Filadélfia: University of Pennsylvania Press, 1990.

SPILLERS, H. Mama's Baby, Papa's Maybe: An American Grammar Book. *Diacritics*, Summer 1987.

STEPAN, N. Biological Degeneration: Races and Proper Places. *In*: CHAMBERLAIN, E. J.; GILMAN, S. *Degeneration: The Dark Side of Progress*. Nova York: Columbia University Press, 1985.

WA THIONG'O, N. *The River Between*. Portsmouth: Heinemann, 1965.

WALKER, A. *Warrior Marks: Female Genital Mutilation and the Sexual Blinding of Women*. San Diego: Harcourt Brace, 1993.

WALKER, A. *Possessing the Secret of Joy*. Nova York: Pocket, 1992.

WALKER, A. *In Search of Our Mother's Gardens: Womanist Prose*. San Diego: Harcourt Brace Jovanovich, 1983.

WEST, C. *Race Matters*. Boston: Beacon, 1992.

WILLIAMS, P. J. *The Alchemy of Race and Rights: Diary of a Law Professor*. Cambridge: Harvard University Press, 1991.

7

POSSUINDO A VOZ DO OUTRO

Mulheres africanas e a "crise de representação" na obra Possessing the Secret of Joy, de Alice Walker

Nontsasa Nako

> [...] o fato de ser biológica ou culturalmente uma pessoa africana não garante nem necessariamente permite qualquer tipo de leitura "africana" autêntica, em relação de total unidade com seu texto ou com a própria África [...]. A questão torna-se assim uma tarefa prática, a de estabelecer diretrizes para uma leitura que permita ao Outro falar sem a pretensão de possuir a voz do Outro (Miller, 1987, p. 282).

Eu começo com essa citação de Christopher Miller porque ela destaca uma das questões que afligem a política feminista hoje: a de falar sobre, em nome de ou para o Outro. Isso acontece porque, ainda que o feminismo requeira que algumas mulheres falem em nome de outras, esses atos de representação estão repletos de problemas, pois quem são o sujeito e o objeto da fala depende muito de outras categorias, como poder, raça, classe e sexualidade. De fato, muito do que foi escrito sobre o privilégio, no feminismo dominante, das experiências de mulheres brancas de classe média como a experiência de todas as mulheres – e as suas suposições a respeito de todas as mulheres que não são brancas e de classe média – tem a ver com representação; é assim que as feministas dominantes, muitas vezes homogeneizadas como feministas ocidentais, representam a si mesmas e às Outras. Com efeito, algumas teóricas autointituladas do Terceiro Mundo – como Chandra Mohanty, Uma Narayan, Cherríe Moraga e Gloria Anzaldúa[83] – enfatizaram a importância de reconhecer as diversidades etnográficas das diferentes realidades das mulheres, na medida em que as intersecções de raça, classe, poder e sexualidade continuam a criar problemas para a categorização de gênero. Elas também apontaram os perigos de ignorar os contextos históricos, culturais e políticos ao formular teorias sobre as mulheres. Mas, ainda que pareça que essas críticas às omissões do feminismo dominante tenham se esgotado e a política da solidariedade persista no feminismo, a necessidade de institucionalizar a diferença ainda existe.

Em seu artigo intitulado "The Problem of Speaking for Others" (1994), Linda Alcoff identifica duas afirmações amplamente aceitas em relação a falar pelos outros. A primeira diz respeito à relação entre lugar e fala; ao fato de que a posição de onde alguém fala afeta o significado de seu discurso. Portanto o lugar de onde se fala "tem um impacto epistêmico significativo nos argumentos de quem fala e pode servir para autorizar ou desautorizar o seu discurso" (Alcoff, 1994, p. 287). Talvez essa seja a razão pela qual a maioria das pessoas que são comentaristas tenha a tendência a deixar claros sua identidade e seu lugar de fala. Um exemplo é Chandra Mohanty em sua introdução a uma coletânea de artigos escritos por mulheres do Terceiro Mundo, em que ela escreve: "Eu [também] escrevo do meu próprio lugar político, histórico e intelectual particular como uma feminista do Terceiro Mundo formada nos Estados Unidos, interessada em questões de cultura, produção de conhecimento e ativismo em um contexto internacional" (Mohanty, 1991, p. 3).

---

83. Cf., p. ex., o ensaio clássico "Under western eyes" (Mohanty, 1991); *Dislocating Cultures* (Narayan, 1997); e *This Bridge Called my Back*: *Radical Writings by Radical Women of Color* (Anzaldua; Moraga, 1983).

Se esses atos de autoidentificação são sempre possíveis é algo passível de discussão, já que agora entende-se que as identidades são fluidas e sempre mutantes. Mas está claro que esses atos são necessários porque, por exemplo, no caso de Mohanty, ao colocar em primeiro plano a sua posição na categoria de mulheres do Terceiro Mundo, ela assegura que o significado do que diz não está separado das condições que o produziram. Ela também reconhece a diferença entre as mulheres do Terceiro Mundo, o que antecipa a sua definição das mulheres do Terceiro Mundo como "comunidades imaginadas de mulheres com histórias e posições sociais divergentes" (Mohanty, 1991, p. 4).

A segunda afirmação que Alcoff identifica é a de que as relações de poder tornam perigoso para uma pessoa privilegiada falar em nome das menos privilegiadas, porque isso, muitas vezes, reforça a sua opressão, dado que a pessoa privilegiada tem mais chances de ser ouvida. Quando uma pessoa privilegiada fala em nome das menos privilegiadas, ela está pressupondo que o Outro não pode fazê-lo ou que ela é capaz de dar legitimidade à sua posição. E esses atos "não fazem nada para desestabilizar as hierarquias discursivas que operam nos espaços públicos" (Alcoff, 1994, p. 287). A maior parte das críticas contra o feminismo dominante gira em torno dessas duas afirmações. Em primeiro lugar, quando as mulheres ocidentais falam simplesmente como mulheres, sem especificar o seu lugar de fala (mulheres brancas de classe média), o significado do que elas dizem é, muitas vezes, mal interpretado e retirado de seu contexto como se representasse todas as mulheres. Em segundo lugar, quando as feministas ocidentais abraçam a causa das mulheres do Terceiro Mundo, elas reforçam a subordinação das mulheres do Terceiro Mundo, negando-lhes o direito de articular seus próprios problemas.

De fato, essas duas alegações informam o ataque de Alice Walker ao feminismo em seu artigo mulherista bastante citado, "One Child of One's Own". Nesse artigo, o argumento de Walker é que, ao excluir as mulheres negras e continuar a falar em seu nome, as mulheres brancas submetem as mulheres negras ao mesmo tipo de chauvinismo que elas condenam nas estruturas patriarcais. Ela faz uma crítica mordaz à apropriação do termo "mulher" pelas mulheres brancas e aponta que, como agora elas estão reivindicando para si mesmas o nome de mulher, "então, as mulheres negras devem forçosamente ser outra coisa" (Walker 1983, p. 376). E essa apropriação não se esgota apenas no nome, mas vai além, incluindo os corpos das mulheres negras. Ela afirma: "As feministas brancas, não menos do que as mulheres brancas em geral, não conseguem imaginar que as mulheres negras tenham vaginas. Ou, quando conseguem, sua imaginação as leva longe demais" (Walker , 1983, p. 372). No mesmo artigo, ela critica Patricia Meyer Spacks por não incluir textos de mulheres negras em seu livro *The Female Imagination*, alegando que Spacks, assim como Phyllis Chesler, é "relutante e incapaz de construir teorias sobre experiências que [ela] não teve" (Walker , 1983, p. 372). A rejeição de Walker a esse argumento implica que as mulheres brancas podem e devem representar as negras:

> Talvez seja a prole das mulheres negras de quem a mulher branca – tendo mais a oferecer a sua própria prole [...] – se ressente [...]. Ela teme saber que as mulheres negras querem o melhor para sua prole, assim como ela. Melhor do que negar que a mulher negra tem vagina (Walker, 1983, p. 374).

Fica claro, então, que esses atos de representação têm consequências perigosas para quem é representado, não apenas pelas imagens que circulam a seu respeito, mas também pelo papel que esses atos desempenham na preservação do *status quo*. Assim, como aponta Walker, ao falar de "imaginação feminina" em vez de "imaginação feminina branca", Spacks exclui a imaginação feminina negra e invalida as experiências das mulheres negras.

Contudo, ironicamente, a crítica que Walker faz a Spacks e às intelectuais feministas brancas é praticamente a mesma que foi feita a ela, por seu romance *Possessing the Secret of Joy*. A principal acusação contra Walker é a de imperialismo cultural, que a sua representação da África e dos povos africanos está atrelada à sua herança ocidental hegemônica como uma mulher norte-americana, e não ao eu africano que ela professa no romance[84]. Pode-se argumentar que sua resposta a essas críticas é tão desonesta quanto a de Spacks, a ligação tênue do passado com o presente. Se Spacks evoca as irmãs Brontë, Walker evoca sua "tataravó" escravizada[85]. Mais uma vez, o problema com as representações de ambas é o seu lugar de fala, em que elas se situam em relação ao Outro que buscam retratar. Mas, voltando a Walker, a acusação de imperialismo cultural se relaciona com suas duas posições mutuamente exclusivas: a de "possuir a voz do Outro" e, ao mesmo tempo, de se colocar como o veículo por meio do qual o Outro ganha voz. A primeira alegação obscurece a formação ideológica de Walker, permitindo que ela julgue e moralize o que entende como cultura africana, de uma posição interna. E a segunda a apresenta como uma figura ocidental filantrópica que intervém em nome do Outro.

Walker emprega três estratégias para lidar com essa contradição. A primeira é deslocar sua leitura imperialista para outro texto. O romance realça seu aspecto político por meio do uso da autobiografia de Mirella Ricciardi, *African Saga*. O romance de Walker deriva seu título do seguinte trecho do texto de Ricciardi:

> Com a experiência adicional dos meus safáris anteriores, comecei a entender o código de "nascimento, copulação e morte" em função do qual [os povos africanos] viviam. As pessoas negras são naturais, elas

---

84. Cf., p. ex., neste volume, "Alice na terra-mãe: uma leitura de Alice Walker sobre a África e uma análise da cor 'preta'", de Oyèrónkẹ́ Oyěwùmí. Cf. tb. Bass (1994).

85. Cf. a contestação de Walker de que "Spacks nunca viveu na Yorkshire do século XIX, então por que teorizar sobre os Brontë?" (Walker, 1983, p. 372) e sua afirmação de que a escravidão lhe dá o direito de representar as mulheres africanas, porque ela fala por sua "tataravó que veio aqui [para a América] com toda essa dor em seu corpo", em *Alice Walker's Appeal*, uma entrevista com Paula Giddings (1992, p. 60).

> possuem o segredo da alegria, e é por isso que elas são capazes de sobreviver ao sofrimento e à humilhação infligidos a elas (Ricciardi, 1981, p. 147).

A inclusão das palavras da autora de *African Saga*, como se fossem da autora, na epígrafe que abre o livro – "Há quem acredite que os povos negros possuem o segredo da alegria e que é isso que os permitirá suportar qualquer devastação espiritual, moral ou física" (Walker, 1993, p. ii) –, prepara o cenário para a apropriação e a confrontação textual, exigindo que as pessoas leiam os textos de Walker como um contraponto a textos como os de Mirella Ricciardi. A ironia implícita nas palavras de Walker coloca em primeiro plano a leitura que a autora faz do texto de Ricciardi e deixa clara a sua intenção de questionar o discurso da autora de *African Saga* e, parafraseando Mikhail Bakhtin, povoá-lo com sua intenção. Com efeito, em outro momento, Tashi e Mbati, as personagens africanas do livro, leem o romance de Ricciardi, estabelecendo uma *mise en abyme* na qual quem lê reflete sobre o romance e seus personagens que refletem sobre um romance. O fato de as personagens lerem *African Saga* quase no final do romance enfatiza a sua denúncia ao texto de Mirella Ricciardi. Após testemunharem os acontecimentos que as personagens vivenciam em *Possessing the Secret of Joy*, as pessoas são levadas pelo texto a questionar, junto com as personagens, as palavras de Ricciardi.

> Mbati olha para mim atônita. Eu olho para ela também.
> "Mas o que *é isso*?", eu pergunto. Esse segredo da alegria sobre o qual ela escreve. Você é negra, eu também sou. Então ela está falando de nós. Mas nós não sabemos (Walker, 1993, p. 255).

Esse tipo de leitura serve para autorizar a fala de Walker, para situá-la claramente ao lado do colonizado. A pessoa que lê é convidada a se juntar a Walker na tentativa de enxergar além dos textos como o de Mirella Ricciardi, a questionar junto com as personagens a motivação da difusão dessas imagens sobre os povos africanos. Tashi pergunta:

> Por que eles simplesmente não roubam nossa terra, mineram nosso ouro, derrubam nossas florestas, poluem nossos rios, nos escravizam para trabalhar em suas fazendas, nos fodem, devoram nossa carne e nos deixam em paz? Por que precisam escrever sobre quanta alegria possuímos? (Walker, 1993, p. 256).

Cabe a quem lê, de maneira corajosa, reconhecer nesse lamento os vestígios de uma declaração semelhante do crítico mais confiável do colonialismo, Franz Fanon, quando ele afirma: "O colonialismo não se contenta apenas em manter as pessoas sob seu domínio e esvaziar o cérebro nativo de toda forma e conteúdo. Por meio de uma lógica pervertida, ele se volta para o passado dos povos oprimidos e o distorce, desfigura e destrói" (Fanon, 1995, p. 154).

E talvez a pessoa que lê atribua a mesma credibilidade a Walker. Em oposição à leitura colonialista branca de Ricciardi, as credenciais de Alice Walker estão postas. Mas, apesar de Walker reconhecer a posição colonialista de Mirella Ricciardi, ela também sucumbe ao mesmo discurso colonialista, na medida em que a sua representação dos povos africanos, assim como a de Ricciardi e de outras autoras e autores colonialistas, evidencia suas obsessões e suas patologias como sujeito representativo, e não as pessoas africanas que ela diz representar. O que ela nos diz sobre a África e os povos africanos está relacionado com suas experiências, seus "diversos safáris". Sua leitura das mulheres africanas e de seus corpos revela o mesmo tipo de etnocentrismo que ela denuncia nas pesquisadoras feministas brancas. Em sua representação do corpo da mulher africana, ela não dá conta dos diversos significados que diferentes culturas atribuem ao corpo. A leitura que ela faz dos corpos das mulheres africanas é informada por sua cultura ocidental e pelo privilégio que ela confere ao corpo.

Assim, a posição de Walker quando ela interpreta a circuncisão feminina[86] como mutilação genital é a que Uma Narayan chamou de postura colonialista, na medida em que ela "reproduz uma tendência ocidental de retratar os contextos do Terceiro Mundo como dominados pelo jugo de 'práticas tradicionais' que isolam esses contextos dos efeitos da mudança histórica" (Narayan, 1997, p. 49). Esse tipo de representação destaca o papel do ocidental esclarecido na salvação dos povos africanos. Como Trinh T. Minh-ha nos lembra: "A invenção das necessidades sempre anda de mãos dadas com a compulsão de ajudar quem precisa, uma tarefa nobre e gratificante que também torna o serviço de ajudante indispensável. O papel de salvador precisa ser exercido enquanto durar a crença no problema das espécies ameaçadas" (Minh-ha, 1989, p. 89). Assim, Walker cria uma posição de poder para si mesma, da qual ela pode salvar as mulheres africanas ignorantes delas mesmas.

A segunda estratégia de Walker é a dupla conscientização. A autora emprega o que parece ser uma das estratégias narrativas mais democráticas ao incorporar em seu texto o maior número de vozes possível. O romance é um texto polifônico composto de histórias de diferentes personagens na forma de lembranças, cartas e talvez anotações de diário. As narrativas das diferentes personagens pretendem complementar-se, completar-se e, por vezes, contradizer-se, permitindo o maior número possível de percepções a respeito da circuncisão feminina. Assim, a leitura do romance exige que a pessoa que lê participe da narrativa completando algumas das histórias e decidindo quais narradores são confiáveis e quais não são. No entanto, a multiplicidade de vozes

---

86. Uso o termo "circuncisão feminina" em vez de "mutilação genital feminina" – o termo preferido de quem se opõe a essa prática – porque ele é carregado de juízos de valor. Também não uso o termo "cirurgias genitais", que considero muito clínico e omite o *pathos* da maioridade associado a essa prática. E finalmente porque, como demonstraram os muitos casos de mortes e mutilações penianas na África do Sul, a circuncisão masculina nem sempre é "só a remoção de um pedacinho de pele" (Walker, 1982, p. 202).

é um recurso estilístico e não oferece perspectivas divergentes; embora a narrativa seja fragmentada, a história é tematicamente monolítica. As personagens nunca se contradizem realmente; ao contrário, se movem em direção a uma visão mais integrada.

Mas o texto mantém uma voz dupla, simbolizada pelo biculturalismo de Tashi; porém, como a voz dupla do texto é estrutural e não temática, ela não afeta ou abala a postura colonial do texto. O biculturalismo de Tashi a debilita em vez de favorecê-la. As duas identidades existem no mesmo texto, mas uma está submetida à visão de mundo da outra. A visão de mundo ocidental é o padrão de medida de todas as coisas. Tomemos, por exemplo, a cena do romance destacada pela maioria das críticas. Olivia tenta dissuadir Tashi de se submeter à circuncisão feminina, e Tashi pergunta a ela: "Quem é você e seu povo para nunca nos aceitar como somos? Nunca imitar nenhum dos nossos costumes? Somos sempre nós que temos que mudar" (Walker, 1993, p. 21). A maioria das críticas ignora ou não percebe a natureza retórica das perguntas de Tashi e interpreta nessa cena mais do que realmente existe – por exemplo, que o romance defende a autonomia cultural (cf. Turner, 1992). Se for esse o caso, então o argumento é muito fraco; por exemplo, todo esse trecho da narrativa está carregado de ironia. Não há dúvidas de que Tashi, que agora relembra esse evento, reconhece o erro de seus modos, pois ela é capaz de dizer coisas como "eu tinha na cabeça uma imagem estranha e exagerada de mim mesma" ou "eu estava louca, por isso não consegui olhar para ela" (Walker, 1993, p. 20-21). A lembrança de Tashi sobre o evento antecipa a sua rejeição dos sentimentos que ela expressa. Tashi finalmente se afasta da imagem "estranha" de si mesma e abraça a imagem que Olivia tem dela.

A dupla conscientização do texto também permite a Walker explorar a consciência das personagens, ainda que seletivamente. Assim, M'lissa, a personagem mais difamada do romance, recebe seu rótulo de "circuncisadora", mas precisamos nos questionar se é M'lissa ou sua autora quem pergunta: "Mas quem somos nós senão pessoas que torturam crianças?" (Walker, 1993, p. 210). Ao tentar incluir duas visões opostas em uma única narrativa, a autora consegue apenas submeter uma visão de mundo à outra. Isso acontece porque ela utiliza a linguagem, o discurso e os modos epistêmicos da cultura ocidental para anular até a possibilidade de existência dessas coisas na África. A África que ela cria – como a África dos colonialistas – não tem língua, nem povo, nem ideologia, e é, ao contrário, o que Achebe chama de "um lugar de negações" (Achebe, 1988, p. 2). A falta de um quadro de referência para as mulheres africanas é um dos aspectos mais limitantes do romance.

Por exemplo, em seu artigo clássico, "Can the Subaltern Speak", Gayatri Spivak enfatiza o papel da idcologia na constituição do sujeito. Assim, privadas de qualquer forma de representarem a si mesmas, mulheres africanas como Tashi dependem totalmente de Walker para sua salvação. No entanto, a autora interpreta a circuncisão feminina a partir de sua cultura ocidental e se opõe a ela, assim como fazem outras feministas ocidentais. Sua motivação, como Fran P. Hosken, Mary Daly e Hanny Lightfoot-Klein, é salvar as mulheres africanas de "atrocidades ritualizadas" (Daly, 1978, p. 155). E, assim como elas, Walker quer nomear o que acredita ser um tabu. Ela se apoia nessas autoras para construir a linguagem e o discurso com os quais representa essas mulheres. Mas, ao contrário dessas autoras, Walker se alinha com as mulheres que ela espera resgatar em sua ficção e, no processo, omite o fato de que falar em nome das mulheres africanas a fortalece como afro-americana. Ao falar sobre e em nome das mulheres africanas, Walker não faz nada para desestabilizar as hierarquias hegemônicas. Pelo contrário, ela as reforça, na medida em que atua como uma presença legitimadora que facilita o discurso sobre um assunto tabu. Além disso, um elemento central no *corpus* de Alice Walker é a luta das mulheres negras [leia-se, afro-americanas] pela autodefinição contra os males do sexismo, do classismo e do racismo. Como Barbara Christian sugere em *Black Feminist Criticism* (1985), a luta de Walker se concentra na "luta para que o povo negro, especialmente as mulheres negras, assuma o controle de suas vidas". Christian caracteriza essa luta como uma forma de revolta:

> Sua vontade de desafiar a crença da moda atual, de reexaminá-la à luz de suas próprias experiências dos princípios conquistados a muito custo que ela havia questionado e absorvido anteriormente. Em certo sentido, o "proibido" na sociedade é abordado de forma consistente por Walker como uma rota possível para a verdade (Christian, 1985, p. 82-83).

Possessing é a continuação dessa luta. A África e os povos africanos servem apenas como um pano de fundo, um meio conveniente para ela encenar sua contrariedade e confrontar o proibido em sua sociedade.

Por fim, a terceira estratégia que Walker emprega em seu romance é o essencialismo. Ela se baseia em uma distinção essencialista entre pessoas africanas e afro-americanas. Tashi é uma mulher africana que sofre traumas emocionais e psicológicos em consequência do que Walker chama de mutilação genital. Tashi é retratada como uma mulher africana "verdadeira" ou autêntica que, ao final do romance, alcança a identidade híbrida de uma afro-americana. Ela se torna uma forasteira em Olinka depois de assassinar M'lissa e continua sendo uma forasteira na América mesmo após se casar com Adam, por causa de seu vínculo remanescente com a África, simbolizado por sua "mutilação". A autenticidade de Tashi é contraposta à identidade muito mais complexa de Olivia como uma afro-americana crescendo na África. Com as duas caracterizações, a noção de identidade irredutível e fixa é afirmada porque, apesar de crescerem em Olinka e aprenderem a cultura olinka, Olivia e Adam são "essencialmente" norte-americanos. O mesmo acontece com Tashi, que cresceu em torno de missionárias e missionários norte-americanos, mas preserva [em seu detrimento, Walker nos faria acreditar] sua "essência". É somente depois que Tashi parte para a América que ela descobre a natureza de sua subordinação. Embora esse argumento dependa da noção essencialista de identidade, de que um eu africano verdadeiro possa ser recuperado, as duas construções da condição da mulher negra nunca se reconciliam no romance. As mulheres afro-americanas e as mulheres africanas são representadas como diferentes, e todos os estereótipos negativos da condição da mulher negra são projetados nas mulheres africanas. As mulheres afro-americanas, como Raye e Olivia, são retratadas como fortes, assertivas e independentes. Por sua vez, as mulheres africanas, como M'lissa e Nafa/Catherine, são mulheres escravizadas tímidas e sobrecarregadas no caso das últimas, ou bruxas que não passam "de torturadoras de crianças" no caso da primeira.

Para concluir, diria que não posso chegar a conclusões totais sobre as experiências comuns das mulheres negras. Espero que, com minha leitura de Alice Walker, eu tenha demonstrado que, se nossas preocupações continuarem a ser prescritas para nós, dificilmente conseguiremos fazer alguma coisa. Com efeito, o fato de eu me preocupar com o texto de Walker, suas omissões e suas interpretações equivocadas, em vez de me dedicar à tarefa urgente de definir para mim mesma quem sou eu e qual é o meu propósito, é uma prova das relações desiguais de poder que buscamos enfrentar. Assim, o lamento incessante de Walker sobre a vulva inocente distrai a maioria de nós do trabalho que precisamos fazer. Infelizmente, não podemos nos dar ao luxo de ignorá-lo na esperança de que ele desapareça, temos que enfrentá-lo para que ele não abafe tudo o que temos a dizer como mulheres africanas e negras.

Obras citadas

ALCOFF, L. The problem of Speaking for Others. *In*: WEISSER, S. O.; FLEISCHNER, J (ed.). *Feminist Nightmares: Women at Odds: Feminism and the Problem of Sisterhood*. New York; Londres: New York University Press, 1994.

ACHEBE, C. *Hopes and Impediments: Selected Essays 1965-1987*. Portsmouth: Heinemann, 1988.

ANZALDÚA, G.; MORAGA, C. (ed.). *This Bridge Called my Back: Radical Writings by Women of Color*. Nova York: Kitchen Table: Women of Color, 1983.

BASS, M. K. Alice's "Secret". *CLA Journal*, vol. 38, No. 1, p. 1-10, September 1994.

CHRISTIAN, B. *Black Feminist Criticism: Perspectives on Black Women Writers*. Nova York: Pergamon, 1985.

DALY, M. *Gyn/ecology: the Metaethics of Radical Feminism*. Boston: Beacon, 1978.

FANON, F. On National Culture. *In*: ASHCROFT, B.; GRIFFITHS, G. (ed.). *Postcolonial Studies: A Reader*. Londres: Routledge, 1995.

GIDDINGS, P. Alice Walker's Appeal. *Essence*, 23.3, p. 60, 1992.

LIGHTFOOT-KLEIN, H. *Prisoners of Ritual: an odyssey into female genital circumcision in Africa*. Nova York: Haworth, 1989.

MILLER, C. Theory of the Africans: The Question of Literary Anthropology. *In*: GATES JR., H. L. (ed.). *Race, Writing And Difference*. Chicago: University of Chicago Press, 1987.

MINH-HA, T. T. *Woman, Native, Other: writing postcoloniality and feminism*. Bloomington: Indiana University Press, 1989.

MOHANTY, C. T. Cartographies of Struggle: Third World and the Politics of Feminism. *In*: MOHANTY, C.; TRUSSO, A; TORRES, L. (ed.). *Third World Women and The Politics of Feminism*. Bloomington: University Press, 1991. p. 1-47.

MOHANTY, C. T. Under Western Eyes. *In*: MOHANTY, C.; TRUSSO, A.; TORRES, L. (ed.). *Third World Women and The Politics of Feminism*. Bloomington: University Press, 1991.

NARAYAN, U. *Dislocating Cultures: Identities, Traditions, and Third World Feminism*. New York And Londres: Routledge, 1997.

RICCIARDI, M. *African Saga*. Londres: Collins, 1981.

SPIVAK, G. French Feminism in an international Frame. *In*: SPIVAK, G. *In Other Worlds: Essays in Cultural Politics*. Nova York: Methueh, 1987.

SPIVAK, G. Can the Subaltern Speak? *In*: NELSON, C.; GROSSBERG, L. (eds.). *Marxism and the Interpretation of Culture*. Londres: Macmillan, 1988.

WALKER, A. One child of one's own. *In*: WALKER, A. *In Search of Our Mother's Gardens: Womanist Prose*. Nova York: Harcourt Brace Jovanovich, 1983.

WALKER, A. *Possessing the Secret of Joy*. Nova York: Vintage, 1993.

WALKER, A. *The Color Purple*. Nova York: Harcourt Brace Jovanovich, 1982.

8

As raposinhas que destroem a vinha

Revisitando a crítica feminista da circuncisão feminina[87]

L. Amede Obiora

O título, "As raposinhas que destroem a vinha", é uma justaposição bíblica de imagens de beleza e destruição. A imagem do título expressa como estratégias mal concebidas para erradicar a circuncisão feminina podem prejudicar – em vez de promover – os objetivos feministas. Mais precisamente, ela é invocada pela autora para capturar as implicações negativas insidiosas e abrangentes dos esforços bem-intencionados de abolir a prática. Em um contexto histórico e sociológico mais amplo, o artigo retrata o surgimento da campanha feminista ocidental contra a circuncisão feminina, de modo a iluminar as limitações da sua abordagem reducionista de um fenômeno cultural profundamente enraizado. Baseado principalmente no romance *best-seller* de Alice Walker, *Possessing the Secret of Joy*, a crítica enfatiza os perigos subversivos do sensacionalismo letrado. Ao enunciar as virtudes da análise contextualizada e das soluções de baixo para cima, derivadas da colaboração com iniciativas de base (não da sua alienação), o artigo chama a atenção para a necessidade de conexões entre percepções reformuladas, empoderamento material e mudança social.

---

[87]. Sou grata a Kofi Agawu, Nitya Iyer, Martha Jackman, Jesus, Ron Krotoszynski, Yuri Kuwahara, Obioma Nnaemeka e Oyèrónkẹ Oyěwùmí por seus respectivos papéis na elaboração deste artigo.

Ugoye ganhou fama como carpideira profissional. Por ocasião da morte de Okoye, ela chegou preparada, ciente de que o cadáver importante atrairia uma comitiva de dignitários. Sua atuação no funeral foi tão espetacular que toda a atenção foi desviada para ela. Com efeito, algumas pessoas presentes no velório a confundiram com a principal enlutada e buscaram consolá-la. Embora, na sua cabeça, Ugoye estivesse apenas cumprindo seu papel, sua atuação criou uma espécie de confusão e ofuscou o propósito de sua presença ali. Não fosse sua intenção equivocada, a participação de Ugoye poderia ter sido muito bem-vinda e enriquecedora. Em vez disso, porém, ela conseguiu apenas exacerbar a dor dos familiares enlutados. E, por gerações, a lenda da famosa carpideira passou a ser uma lição de moderação e discrição.

Recentemente, a questão da circuncisão feminina recebeu grande publicidade negativa no Ocidente. Devido à suposta prevalência da prática na África, esforços abrangentes foram orquestrados para combatê-la sob o pretexto de resgatar a integridade da mulher africana. Em seus aspectos materiais, a controvérsia em torno dessa prática espelha a lenda da famosa carpideira descrita anteriormente. A primeira vez que me deparei com o tom escandalizado e com o exagero que envolve o discurso ocidental sobre a circuncisão feminina foi quando uma participante de um seminário de educação jurídica na Universidade de Stanford, em 1990, se referiu à prática. Minha reação inicial de vergonha à acusação de mutilação rapidamente se transformou em raiva. Embora eu tenha nascido e crescido na África, era muito difícil para mim acreditar no que ouvi nessa conferência e, assim, fiz uma pesquisa preliminar que confirmou que a "mutilação genital" não era um fruto da imaginação. Perplexa e aflita, li e refleti, sofri e me envolvi em longas discussões sobre a prática. Por fim, minha reação se metamorfoseou de suspeitas como "o Ocidente está tramando de novo" e "esses homens africanos!" para perguntas como "qual é a evidência?" e "o que está em jogo?". Por meio da minha pesquisa, entendi que parte do meu desconforto deriva dos termos problemáticos do discurso e da ideologia de exclusão resplandecente em seu tom vanguardista, bem como do foco na criminalização como estratégia principal para a erradicação da prática.

Neste artigo – que se baseia em uma pesquisa panorâmica de uma torrente de literatura sobre a circuncisão feminina na África –, faço uma crítica às limitações de certos protestos feministas ocidentais contra a prática. Para ilustrar os equívocos dessa literatura, foco na obra de Alice Walker sobre o tema, especialmente em seu romance *Possessing the Secret of Joy*, aclamado pela crítica e que retrata a vida de uma menina chamada Tashi, que teria sido traída por sua mãe e por uma cultura que a submeteu à "mutilação genital" (Walker, 1992)[88]. Embora este artigo explore e critique aspectos da campanha contra a circuncisão, meu objetivo não é negar a visão feminista subjacente e o propósito da campanha; fazer isso seria equivalente a "jogar fora o bebê junto com a água do banho".

A primeira parte do artigo delineia alguns aspectos da epistemologia e da práxis do feminismo ocidental que ajudam a conceber o problema em análise. Na segunda parte, analiso as obras de Walker, utilizando-as para ilustrar os problemas da campanha contra a circuncisão feminina. Na parte final do artigo, concentro-me em como reorientar os discursos sobre a circuncisão feminina de forma a atenuar essa postura problemática. Argumento que a circuncisão feminina não é simplesmente um problema a ser resolvido, ela é também um ato crítico complexo e culturalmente enraizado que representa continuidade e sentido e expressa valores sociais fundamentais. Portanto é preciso reconsiderar as formas convencionais de abordar a questão. Nesse sentido, argumento

---

[88]. Discuto também a obra *Warrior Marks: Female Genital Mutilation and the Sexual Blinding of Women* (1993), de Alice Walker e Pratibha Parmar, e o documentário homônimo de Parmar.

que os fatos, as circunstâncias e as configurações peculiares da prática exigem uma estratégia multifacetada que deve envolver um compromisso internacional e, ao mesmo tempo, dar centralidade às iniciativas locais.

Antecedentes

Graças ao feminismo, o mundo se tornou mais sensível aos problemas que afligem as mulheres. Antes do surgimento das atividades feministas organizadas, os problemas das mulheres eram marginalizados e obstruídos devido à força absoluta do preconceito patriarcal. Com o objetivo de corrigir esse viés, a teoria e a prática feministas dão centralidade às experiências, às consciências e às perspectivas das mulheres. O feminismo surgiu em oposição à política condescendente e paternalista baseada em equívocos falocêntricos acerca da "natureza" e dos "melhores interesses" das mulheres (cf. Hawkesworth, 1989). A crítica feminista procura resgatar as vozes e as realidades das mulheres do seu ofuscamento pelos discursos e pelas instituições sociais controlados pelos homens (cf. Cixous, 1980; Du Bois, 1985; Fox-Genovese, 1979-1980; Jagger, 1983; Jagger; Bordo, 1989; Payton, 1985; Polan, 1982). Ao defender que nenhuma comunidade de normas é perspicaz o suficiente para sobrepujar os valores e os padrões diversos da experiência humana, as feministas argumentam que o ideal masculino oprime, enfraquece e invisibiliza o "outro" (cf. Martin, 1985; Bartlett, 1990). Para combater a pressão para que as mulheres adotem os padrões masculinos de forma acrítica, o feminismo legitima a importância, a força, os valores e as funções positivas das experiências e das percepções das mulheres. Na medida em que ele se alimenta da experiência e da consciência diretas, o feminismo enfatiza o contexto e a importância de identificar a experiência pessoal e reivindicá-la como sua (cf. Minow, 1988; Rhode, 1989). Como modo de análise, o feminismo rejeita o elitismo e o vanguardismo, reconhecendo que as pessoas são dotadas de capacidades transformadoras e estão mais bem situadas para lutar por suas próprias revoluções (cf. Hartsock, 1975).

No entanto, seja por arrogância ou por medo de rachar sua base de mobilização, o feminismo às vezes manifesta uma tendência que denuncia a parcialidade de suas artífices. Desse modo, ele alimenta uma linha partidária que amordaça as vozes que não ecoam a posição dominante. Ao pressupor que as mulheres são um grupo definido com interesses e desejos idênticos aos de suas "primas-donas", a evocação outrora inspiradora do questionamento feminista para libertar uma realidade equilibrada corre o risco de se arruinar na supressão da diferença e reencarnar o mesmo mal que combate no patriarcado (cf. Griffin, 1982; Spelman, 1982, 1988). Mesmo que sinceras, certas estratégias feministas revelam a hipocrisia inerente em defender princípios pomposos de sororidade global e a política da experiência, ao mesmo tempo em que estabelecem um duplo padrão que restaura o próprio silenciamento e a estigmatização das mulheres que o feminismo deveria combater.

Dada a sua atração por categorias essencializadoras, seu apego inconsciente a estereótipos e sua participação em uma cultura na qual o poder é reforçado pelo domínio sobre definições e afirmações de verdade, essas feministas renegam as principais ideias que animam suas iniciativas: ideias acerca dos problemas com referências implícitas e de como o privilégio de uma experiência particular obscurece a diferença e os contextos locais (cf. Carden, 1974; Minow, 1988). Embora o questionamento dos paradigmas patriarcais de poder e conhecimento seja um elemento-chave na agenda feminista, as ações dessas feministas comprometem a *raison d'etre* do feminismo quando, em seu nome, elas traem as realidades básicas das mulheres e restauram processos que penhoram os interesses reais das mulheres sob o pretexto de protegê-las. Na medida em que elas reproduzem transgressões que tradicionalmente identificam como patriarcais, essas feministas encarnam o paradoxo de que nenhuma política permanece inocente daquilo a que se opõe (cf. Lasch, 1978; Spelman, 1982; Minow, 1988; Allen, 1964; Fox-Genovese, 1979-1980; Rich, 1979, p. 306).

Várias mulheres de cor manifestaram sentimentos que servem como um corretivo para as inclinações feministas questionáveis de estruturar as relações de poder nos termos de uma fonte unilateral e indiferenciada (lida como masculina) e uma reação cumulativa ao poder (lida como feminina). Ao contrário das definições dominantes das diferenças de gênero como fixas e essenciais, essas mulheres de cor, dentre outras, reconhecem o gênero como um fenômeno social multifacetado e dinâmico que constitui e é constituído pelas experiências de raça, classe, cultura e outros atributos da identidade subjetiva. Embora no interesse da mobilização, da estratégia c da retórica políticas possa ser conveniente minimizar a divergência dessas experiências, elas não podem ser subsumidas a um grande esquema. Em muitos casos, as semelhanças entre mulheres de diferentes origens são discerníveis apenas na medida em que são definidas em relação aos homens. Após essa comparação preliminar, no entanto, a heterogeneidade complexa de suas realidades objetivas torna-se óbvia e urgente[89].

Audre Lorde captura de forma pungente o gravame da questão em um de seus textos. Aludindo à distribuição desigual dos benefícios e dos fardos do patriarcado, Lorde explica que insinuar que todas as mulheres sofrem a mesma opressão simplesmente porque são mulheres "é perder de vista a multiplicidade de ferramentas do patriarcado. É ignorar como essas ferramentas são usadas por mulheres, sem consciência, umas contra as outras" (Lorde, 1984, p. 66)[90]. bell hooks (1984) é mais direta ao afirmar que a ideia de uma "opressão comum" é uma plataforma corrupta que disfarça e mistifica o fato de que as mulheres são divididas por atitudes

---

89. Comparar com Frantz Fanon (1963, p. 174).
90. Lorde é espelhada por Jane Flax, que observa que, se o gênero não for reconhecido como uma relação social, é difícil identificar as variedades e as limitações dos diferentes poderes e opressões das mulheres (cf. Bartlett, 1990, p. 876).

sexistas, racismo, privilégio de classe e uma série de outros preconceitos[91]. Justapondo a apresentação/representação das mulheres do Terceiro Mundo como vítimas ignorantes de práticas sexuais bárbaras com a autorrepresentação discursiva (não necessariamente a realidade material) das mulheres ocidentais como esclarecidas e liberadas, outras comentaristas apontam os papéis e os interesses imperialistas de certas elites feministas ocidentais (cf. Mohanty, 1991; Amadiume, 1987; Sadawi, 1980; Minh-ha, 1989; Patterson; Gilliam, 1983). Em direção semelhante, mas com referência particular às definições acadêmicas da condição feminina africana, Filomina Steady (1986) vai além das ações "especializadas" e da manipulação de dados por algumas dessas feministas para enfatizar seu argumento de que a exploração da África não se restringe à extração histórica de recursos naturais e humanos[92].

As feministas relacionais argumentam de forma enérgica que, em comparação com os homens, as mulheres são mais sintonizadas com as especificidades contextuais e mais avessas a universalizações indevidas, ou que são mais propensas a resistir à tentação de sobrepujar os aspectos práticos da vida cotidiana na busca por uma justiça abstrata[93]. A história mostra, no entanto, que nem sempre é esse o caso. Algumas ativistas feministas não são isentas

---

91. Concentrando-se na dimensão racial, hooks observa que as mulheres brancas que exercem diariamente o privilégio racial podem não ter uma compreensão consciente da ideologia da supremacia branca e de como ela molda seu comportamento e suas atitudes em relação a mulheres diferentes delas (cf. Hooks, 1984, p. 54).

92. A política de publicação e de exploração do poder que ecoam na crítica de Steady lembram a história de uma criança que, após ler sobre várias expedições em que o caçador ganhava do leão, perguntou ao pai por que o caçador sempre vencia. O pai respondeu que será sempre assim até que o leão aprenda a escrever (cf. Steady, 1986).

93. Tradicionalmente, o feminismo expôs e criticou a tendência de representar a realidade em termos excludentes e absolutos como a característica definidora e a fortaleza da ordem patriarcal (cf. Minow; Spelman, 1988, p. 53; Bartlett, 1990, p. 849; Belenky *et al.*, 1986).

de propagandismo exagerado nem de paternalismo deliberado[94]. Especialmente em situações de desigualdade de poder, muitas dessas ativistas (aparentemente convencidas de que são indispensáveis e irrepreensíveis) fizeram ouvidos moucos às críticas construtivas de suas percepções e abordagens (cf. Griffin, 1982, p. 273). Armadas com um dogma inverificável e exalando uma paixão insensível reminiscente do poder patriarcal que elas condenam, não é incomum que essas feministas arroguem para si mesmas direitos prescritivos. Em vez de explorarem como transcender as limitações inerentes de suas prescrições predefinidas, elas preferem desviar o ímpeto para campanhas que, em última instância, podem ser prematuras ao "pregar para o coro"[95]. Enquanto as ações dessas ativistas reproduzirem algumas das falhas fundamentais do "patriarcado", elas comprometem e tornam a ideologia feminista ostensiva.

No nível dos princípios feministas fundamentais, é desnecessário dizer que a oposição veemente a qualquer prática que seja prejudicial aos interesses das mulheres é válida, desde que haja evidência confiável para estabelecer a existência e os danos de tal prática. Portanto, onde for demonstrado que formas severas de circuncisão feminina põem em risco a saúde de meninas e mulheres, há um caso evidente para reforma. No entanto, vale ressaltar que a força relativa do argumento contra a circuncisão feminina pode ser prejudicada por campanhas radicais niilistas e etnocêntricas. Essas campanhas são arquitetadas por ativistas que cedem a exageros imperdoáveis, desqualificam outros pontos de vista

---

94. Essas feministas se recusam a revigorar o pensamento feminista e passam a impressão de que apenas o grupo de jogadores – não o jogo ou a sua dinâmica – mudou (cf. Spelman, 1988) para uma crônica de exemplos de suposições feministas de um padrão único, homogeneizador e definido das "experiências femininas". Cf. tb. hooks (1984); Harris (1991), para críticas incisivas à promessa quebrada do método feminista.

95. A metáfora do coro descreve aqui uma plateia de elites morais que são condicionadas ao espetacular e que estão alinhadas com expoentes do argumento em questão (cf. Carden, 1974, p. 46).

legítimos e cooptam ou insistem em posturas controversas. Embora a circuncisão feminina seja uma prática social com consequências para a saúde, para retratá-la como indefensável, a maioria dessas ativistas recorre a representações descontextualizadas que não conseguem iluminar as dimensões sociais da prática. Muitos dos estudos sobre a circuncisão em que elas se apoiam não cumprem os padrões da pesquisa feminista e científica. Eles estão repletos de generalizações amplas, análises pobres, evidências escassas e uma série de outras limitações que os tornam questionáveis (cf. Obiora, 1996)[96].

A circuncisão feminina é um conjunto diverso de práticas. As mulheres são circuncidadas em idades diferentes, dependendo do lugar. Algumas mulheres – como Tashi, no romance de Alice Walker – se apropriam da prática como uma forma de autoafirmação; outras podem ser circuncidadas quando ainda são menores de idade e relativamente desatentas às implicações da prática. Em alguns casos, a circuncisão pode envolver apenas um *piercing* simbólico ou a remoção do capuz do prepúcio do clitóris; em outros casos, a circuncisão pode significar a excisão completa do clitóris. Dificilmente se tem uma ideia dessas diferenças lendo os relatos feministas populares sobre a prática. As diversas formas de circuncisão e as gradações de seus danos são confundidas como "mutilação"; todo o continente africano, apesar de sua heterogeneidade complexa, é reduzido a um único local de pesquisa. Além disso, a ênfase está nas crianças, como se fossem as únicas submetidas à prática, enquanto, na realidade, as idades das mulheres circuncidadas variam de lugar para lugar[97].

---

[96]. Fran P. Hosken, autora de uma série intitulada *The Hosken Report* – que tem sido a "bíblia" para alguns *jihads* contra a circuncisão –, foi criticada por isso. Cf. Nnaemeka, O. *Reporting Fran Hosken* (trabalho em andamento discutido com a autora).

[97]. Essa cegueira geral em relação à circuncisão feminina é comparável a uma propaganda das Olimpíadas em 1993, em que apareciam representantes de países *específicos* do Ocidente e um africano, resumindo um continente em um único país.

Em vez de análises rigorosas, sistemáticas e fundamentadas, muitos dos estudos questionáveis sobre a circuncisão feminina na África se contentam com boatos anedóticos adornados com comentários especulativos e instigantes. Geralmente, as anedotas captam apenas os piores cenários; elas também obscurecem as diferentes formas e motivações para a prática. Na década de 1970, quando a campanha internacional contra a circuncisão feminina apenas começava a ganhar força, algumas patronas feministas francesas emergentes se apoiaram no desespero anedótico de uma criança de dez anos como sua prova determinante (cf. Russell; Van de Ven, 1976, p. 151)[98]. A dependência de evidências anedóticas é compreensível, dada a reserva e a clandestinidade em torno da prática em alguns lugares. No entanto, isso não justifica a manipulação arbitrária e o desfile de anedotas apimentadas apresentadas como fato absoluto. Fazer generalizações a partir dessas anedotas para toda a população de mulheres submetidas ao procedimento é semelhante a estimar ou prever a incidência de estreptococos no consultório de um pediatra a partir do número de crianças que chegam se queixando de dor de garganta.

A tacanhez de grande parte desses trabalhos sobre a circuncisão é exemplificada pelo nível de ignorância demonstrado por Pratibha Parmar ao identificar Ngũgĩ wa Thiong'o como nigeriana (cf. Walker; Parmar, 1993, p. 214). Ironicamente, tanto Ngũgĩ – um ícone da literatura e do ativismo africanos – quanto Parmar nasceram no Quênia, e a identidade queniana de Parmar tende a ser invocada de modo a enfatizar sua familiaridade com a África. O erro de Pratibha Parmar ocorreu em seu relato sobre a produção de *Warrior Marks*, um documentário baseado, em grande medida (se não exclusivamente), em informantes e voluntárias recrutadas e remuneradas. A representatividade e a confiabilidade das informações derivadas de uma amostra ínfima e claramente encenada

---

98. Também é interessante que o mapa da África Ocidental reproduzido na capa interna da edição de 1996 de *Warrior Marks*, da Harvest Book, esteja incorreto. Por exemplo, ele omite a Nigéria, a nação mais populosa da África.

de entrevistadas, com agendas políticas e interesses econômicos evidentes, são questionáveis. Até mesmo Parmar ficou incomodada com o tom mercenário da empreitada[99]. Nesse sentido, ela se queixou que nunca havia dependido tanto dos contatos e dos compromissos de "pessoas cujas motivações nem sempre [a deixam] confortável" para seus outros filmes[100]. No entanto, ela continuou se apoiando nas informações não comprovadas das próprias personagens que ela havia criticado como suspeitas. Para complicar as coisas, parece que Parmar, como no ditado "quem paga, manda", inibiu a franqueza e predeterminou a estrutura e o resultado do diálogo, ao mesmo tempo em que cumpria, da boca para fora, o objetivo de promover reflexões sinceras sobre a circuncisão (cf. Walker; Parmar, 1993, p. 96)[101].

Arquitetura social, imperialismo cultural ou estética literária?

> O furor nos Estados Unidos em torno da circuncisão feminina, onde ela assumiu a

---

99. Reclamando da arenga de sua assessora local, Bilaela, que queria saber quanto receberia por sua ajuda na marcação de entrevistas e nas visitas às aldeias, Parmar escreve: "Imediatamente, senti que havia algo de errado com Bilaela" (Walker; Parmar, 1993, p. 162/167). Foi essa mesma Bilaela que recebeu uma pessoa que trabalhava como agente de televisão de Nova York e que já havia recrutado sua ajuda e a remunerado por seu depoimento contra a circuncisão. Conforme relatado por Parmar, "Stephanie, de alguma forma, descobriu que Bilaela estava trabalhando com outra equipe de filmagem em um filme sobre mutilação genital feminina e que eles estavam pressionando Bilaela a não cooperar conosco. Ouvimos Bilaela dizer que não havia dado exclusividade à equipe americana e que, portanto, se sentia à vontade para trabalhar conosco" (Walker; Parmar, 1993, p. 162).

100. Parmar fica escandalizada com o que ela observa como o impulso capitalista de seus contatos, como se tal impulso fosse algo anormal e sem parar para refletir sobre o que suas ações dizem sobre suas realidades materiais ou sobre a possível contaminação das informações que eles ofereciam.

101. Em diversas ocasiões, Parmar expressou sua aversão pela prática a suas informantes pagas. Ao fazer isso, ela prestou um desserviço ao protagonismo das vozes de raiva, da análise, da resistência e da autodeterminação das mulheres africanas, que ela afirmava ser um de seus princípios fundamentais (cf. Walker; Parmar, 1993, p. 109).

> proeminência de uma causa célebre, não surpreende. Há sempre uma coisa ou outra que as mulheres norte-americanas se sentem obrigadas a assumir em nome das mulheres em todo o mundo, da mesma forma que seu governo se enxerga como a polícia do mundo (Charles, 1994, p. 1138).
>
> As mulheres do Terceiro Mundo se tornaram objeto de muitos projetos literários e artísticos. Nossas culturas nativas tradicionais são exibidas como artefatos de povos "primitivos" e somos tratadas como uma questão política, e não como seres humanos de carne e osso (Smith, 1980, p. 48)[102].
>
> Como uma mulher afro-americana no patriarcado branco, estou acostumada a ter minha experiência arquetípica distorcida e banalizada, mas é terrivelmente doloroso sentir isso sendo feito por uma mulher (Lorde, 1984, p. 67-68)[103].
>
> Quando o machado entrou na floresta, as árvores disseram que o cabo era um de nós[104].

Muito já foi escrito sobre as reservas conceituais e ideológicas das mulheres do Terceiro Mundo e das mulheres de cor contra as abordagens e as prioridades políticas das feministas ocidentais brancas. A literatura que problematiza as tendências e modalidades imperialistas das feministas ocidentais, de todas as origens raciais e étnicas, é especialmente pertinente para minha análise. Em particular, a definição do feminismo ocidental como uma mentalidade que

---

102. O equilíbrio de poder, que está relacionado à divisão econômica mundial, confere às pessoas ocidentais o privilégio discursivo de agir como teóricas ou produtoras de conhecimento. Cf. Houtondji (1992, p. 344); Thornton (1983, p. 502).

103. Lorde escreveu essa passagem lamentando a história dos erros das mulheres brancas que são incapazes de ouvir as palavras de mulheres negras, ou de manter um diálogo com elas. Ela observa que as mulheres identificadas como mulheres não podem se dar ao luxo de repetir esses mesmos velhos erros, destrutivos e ineficazes, de reconhecimento (cf. Lorde, 1984, p. 69).

104. Isso está no prefácio do livro de Walker (1992).

não é nem racial nem geograficamente específica, mas instrutiva. As obras de Alice Walker – especialmente *Possessing the Secret of Joy* – ilustram esse argumento.

Walker afirma que ela não escreve apenas para contar histórias, porque seu trabalho é, ao mesmo tempo, político e pessoal. Mas *Possessing the Secret of Joy* levanta questões e inquietações políticas que Walker não aborda (cf. Tilzey, 1992; Joseph, 1992). Para começar, é difícil conciliar sua suposta motivação humanitária com sua construção monolítica e com o enquadramento da circuncisão feminina em seu próprio contexto pessoal e cultural. Suas projeções carregadas de valores são de relevância ecológica duvidosa. Analisando as ramificações literais da postura propagandista de Walker, Max Davidson observa que, infelizmente, Walker pontuou o seu argumento de forma um pouco diligente demais para o bem da história (cf. Davidson, 1992, p. H2). De modo similar, Carol Anshaw afirma que Walker, a serviço de sua agenda sensacionalista, impõe a própria voz em suas personagens e deixa pouco espaço para a imaginação de quem a lê (cf. Anshaw, 1992, p. C3). De modo pragmático, vale ressaltar que ser uma rebelde com uma causa – por mais louvável que seja – não justifica incitar uma rebelião cuja represália potencial recairia exclusivamente na vida de outras pessoas.

Embora Walker justifique o envolvimento na campanha contra a circuncisão feminina com base em seu amor pelas próprias raízes africanas, seu trabalho é salpicado de comentários pejorativos sobre as coisas africanas[105]. Mais preocupante é o fato de que seu ângulo de visão e seus preconceitos tácitos reforçam os impulsos imperialistas que reificam a África como a antítese moralmente falida do Ocidente[106]. Qualquer pessoa com uma noção das

---

[105]. Claramente, a autora não tem escrúpulos ao manipular e alterar identidades que ela interpreta conforme sua conveniência. Cf., neste volume, o artigo de Chikwenye Okonjo Ogunyemi intitulado "Ectomias: um tesouro de ficção pelas filhas da África".

[106]. Vários artigos neste volume se baseiam na intervenção missionária de Walker para destacar os paralelos racistas explícitos e subliminares entre os discursos

imagens da África na mídia ocidental conhece a representação deturpada do continente como uma selva habitada por seres humanos que pouco se diferenciam dos animais[107]. No século XIX, Henry Stanley afirmou que os africanos eram o "elo procurado entre a humanidade moderna padrão e seus progenitores darwinianos, certamente merecedores de serem classificados como um tipo de humanidade extremamente baixo, degradado, quase bestial" (Stanley, 1913, p. 274-275)[108]. Quando Walker apresenta a heroína de seu romance, Tashi, e sua tribo africana fictícia, ela se alimenta deliberadamente de objetificações truncadas e opressivamente racistas, descrevendo-a como tendo mãos de macaco (cf. Walker e Parmar, 1993, p. 3)[109].

Em uma das muitas resenhas do romance, Jennifer Mitton (1992, p. H11) observa que seu erro mais grosseiro é que os olinka fictícios de Walker, criados para representar os povos africanos em geral, acabam sendo diferentes de todos, em todos os lugares, e oferecem a quem lê uma visão vaga e estereotipada da África atual. Essa visão é reiterada por outra autora que observou que "[um] norte-americano de ascendência europeia, fazendo-se passar por especialista em Europa, provavelmente não vai inventar uma língua pan-europeia e misturar Alemanha, França, Rússia, Espanha e

---

contemporâneo e colonialista sobre a África. Cf. o artigo de Chikwenye Okonjo Ogunyemi intitulado "Ectomias: um tesouro de ficção pelas filhas da África".

107. As imagens estereotipadas da África vão desde a "África feliz", um lugar onde nobres selvagens brincam livremente, até um continente escuro de selvageria desenfreada. As imagens inerentes à campanha contra a circuncisão são inspiradas nesse último modelo.

108. Mary Kingsley (1897, p. 458) caracterizou as pessoas africanas como seres na "fronteira que separa o homem dos macacos antropoides".

109. A cumplicidade de Walker na produção e na perpetuação de estereótipos racistas contradiz o objetivo expresso por sua parceira no filme, Pratibha Parmar: "Como posso criar uma representação sensível e respeitosa de um povo e de um continente que, historicamente, foram deturpados de forma grosseira? Como *Warrior Marks* pode contribuir para o questionamento do imaginário cultural imperialista sobre a África e os povos africanos, perpetuado em filmes de Hollywood como *Out of Africa* [*Entre dois amores*]?" (Walker; Parmar, 1993, p. 94).

Albânia em um só país. Mas Walker não sabe o suficiente para ter a mínima noção de sua fraude como africanista" (Grenier, 1992, p. G64)[110]. Além disso, ao retratar o Petit Pierre, fruto parcial do sangue branco, como a fonte do conhecimento e um modelo de virtude, enquanto retrata a criança negra como tola, Alice Walker ressuscita a premissa desgastada e superada de que a raça é o principal determinante das capacidades humanas (cf. Curtin, 1964, p. 29; Darwin, 1874)[111]. Outro exemplo interessante é o fato de Walker não explorar a possibilidade de qualquer conexão entre o sofrimento mental de Tashi e a infidelidade de seu marido. Ela atribui a decadência de Tashi em um estado psicótico apenas à sua circuncisão, deixando de fora a possibilidade de que a infidelidade de seu marido tenha sido um fator contribuinte. Ao reduzir a complexidade das causalidades a um único fator, ela tolera a infidelidade. Curiosamente, por outro lado, ela condena a poligamia.

Em sua descrição da irmã de Tashi, Dura, que morreu prematuramente durante a circuncisão, Walker escreve que, quando Dura era criança, ela pegou um galho em chamas que se projetava da fogueira e tentou colocá-lo na boca. Ele grudou no seu lábio e "ela chorava copiosamente, sacudindo os braços, pedindo ajuda com o galho, pálida, até que ele finalmente caiu, após queimar a pele. Mas [a] mãe ou alguma coesposa correu para pegar a criança chorando em seus braços?" É plausível que atender ao grito comovente de uma criança ferida seja um reflexo instintivo espontâneo para grande parte da sociedade humana. Além do mais, ninguém que saiba da importância das crianças na visão de mundo africana questionaria se a criança foi ou não acudida.

---

110. Até mesmo o *tsunga* tende a ser uma linguagem de terapia moldada pelo diálogo ocidental contemporâneo, com sua metáfora central da criança interior perdida (cf. Jersild, 1992).

111. Cf. tb. Miller (1990, p. 295). Comparar com as alegações revisionistas de que os "mestiços" não são tão inferiores quanto os "negros não cruzados" (cf. Knox, 1850, p. 190).

Embora Walker a defina como africana, Tashi é totalmente eurocêntrica. Por causa de seus vínculos precários em um choque de religiões e culturas, ela se torna propensa a transtornos psicossociais. Com efeito, tem-se a impressão de que ela recorreu ao procedimento da circuncisão para tentar resolver essa questão. Sua crise se agrava quando ela "apaga seu eu africano ao aceitar como as pessoas norte-americanas a julgam, cheiram, veem e tratam, metamorfoseando-se em uma afro-americana multiconsciente, devastada por sua diferença"[112]. (Des)localizada no Ocidente sugestivamente imaculado, ela é compelida a aceitar sua vida explorando a razão e a memória por meio da introspecção e da análise (cf. Jersild, 1992). Contudo, as evidências empíricas inequívocas da segurança emocional que predomina entre muitas crianças africanas sugerem que, se Tashi tivesse permanecido em sua cultura nativa, ela poderia ter encontrado um mínimo de afirmação e sanidade que se perderam totalmente no individualismo, no narcisismo e no racismo do Ocidente[113]. De particular relevância são as descobertas de Hanny Lightfoot-Klein, que, por acaso, é uma das poucas referências que a senhora Walker cita. Ao ler o estudo de Lightfoot-Klein a respeito da unanimidade entre os psiquiatras locais sobre o apoio incondicional às crianças, é impossível não pensar que a alienação de Tashi de sua cultura foi um fator determinante de sua tristeza (cf. Boddy, 1989). Depois de um estudo longo sobre a circuncisão feminina no Sudão, Lightfoot-Klein (1989, p. 149), perplexa, observou "a aura geral de serenidade e equilíbrio que [as africanas que ela encontrou] exalam com muito mais frequência do que muitas mulheres ocidentais"[114].

---

112. Segundo Ogunyemi (cf. o artigo intitulado "Ectomias: um tesouro de ficção pelas filhas da África", neste volume), Tashi é um exemplo da "mulher, nativa, outra", título da obra de Trinh Minh-ha (1989).
113. Comparar com Lasch (1978). Toubia (1994, p. 714), dentre outras, aponta que as consequências psicológicas da prática entre imigrantes diferem das comunidades nativas em que a prática prevalece. Cf. tb. Poivoir (1992).
114. Para Lightfoot-Klein (1989), os africanos (sudaneses, para ser precisa) são um povo muito pacífico, solidário, generoso e profundamente devoto,

Apesar de todo o seu investimento em simbolismo, a obsessão de Walker com um entendimento único da circuncisão feminina obscurece suas outras dimensões[115]. Sugerindo que a prática é uma experiência sádica amplamente apreciada por um público privilegiado, Walker declara: "É insuportável para mim pensar que há meninas na África hoje sendo seguradas por suas mães e tias, privadas de partes do corpo que elas nem sequer sabiam que tinham, com papai orgulhoso sentado do lado de fora" (apud Holt, 1992). Considerando que a prática é suscetível ao abuso flagrante, é plausível pensar que fatores como o poder relativo do coletivo de mulheres, as crenças e os sistemas de valores, e a multiplicidade e a interdependência das relações sociais impeçam significativamente a extensão do abuso. Provavelmente, o costume se consolidou como uma prática instrumental que se presta à expressão de valores sociais relativos à sexualidade, à fecundidade, à maturidade e à solidariedade[116]. Insinuações de uma intenção premeditada e misógina de ferir, mutilar e prejudicar deliberadamente a criança ou a mulher circuncidada simplificam demais a questão e correm o risco de

---

inexplicavelmente feliz em sua terra tão desesperadamente pobre, monótona e estéril, dura, árida e desoladora.

115. Em sua opinião, a prática tem "tudo a ver com controle, com reprimir a sexualidade das mulheres desde cedo e mantê-las dóceis e pouco exigentes" (apud Holt, 1992). Em outro lugar, ela registra sua surpresa e curiosidade ao ver mulheres de uma "cultura mutiladora" girando em "[danças] exageradamente eróticas, mostrando a língua e revirando os olhos, supostamente em êxtase". Além disso, uma de suas entrevistadas, "*big* Mary", disse a ela de forma seca: "Minha vida sexual é perfeitamente satisfatória, muito obrigada!" (cf. Walker; Parmer, 1993, p. 71/44). No entanto, Walker é incapaz de repensar ou modificar sua afirmação "genérica" de que as mulheres circuncidadas são privadas de sexualidade. A resposta da entrevistada é corroborada por vários estudos, incluindo Lightfoot-Klein, que relata uma resposta igualmente contundente por parte de uma mulher sudanesa infibulada. Nas palavras da mulher, "*um corpo é um corpo*, e nenhuma circuncisão pode mudar isso!" (Lightfoot-Klein, 1989, p. 25).

116. Em diferentes comunidades, a circuncisão feminina pode ser praticada por motivos diversos, inclusive como um elemento central de ritos de passagem, como preparação para o parto, para contracepção ou fertilidade, para estética ou socialização, para purificação e sacrifício ou para reforçar os laços comunitários (cf. Obiora, 1996).

frustrar os esforços de mudança (cf. Boulware-Miller, 1985)[117]. Uma coisa é culpar uma mãe pela situação de sua filha; outra coisa é investigar o motivo de sua aparente "conivência". Pesquisadoras menos estridentes, menos dispostas a fazer afirmações categóricas sobre questões complexas, que realmente levam em consideração as motivações da mãe comum cuja filha é circuncidada, descobrem que ela é tipicamente uma mulher amorosa e bem-intencionada, que adere à prática por preocupação com sua filha e na crença sincera de seus benefícios e sua necessidade (cf. Assaad, 1982)[118]. Como Boulware-Miller (1985) aponta, insistir apenas nos riscos envolvidos na circuncisão negligencia a contrapartida de seus benefícios psicológicos, sociais e econômicos[119]. Em *Warrior Marks*, uma Walker mais sensível admite que as mulheres circuncidam suas filhas porque querem garantir seu bem-estar no futuro ou sua capacidade de "se casar e pelo menos ter comida e um teto sobre sua cabeça" (Walker; Parmar, 1993, p. 227)[120].

---

117. Comparar com Thelma Awori (1975). Aparentemente, quanto mais próxima a mulher africana está da tradição, mais a sério ela leva a responsabilidade por sua prole. A maternidade a leva cegamente a fazer todos os sacrifícios por ela.

118. Essas mulheres são caracterizadas erroneamente como "prisioneiras do ritual" por suas escolhas racionais (cf. Lightfoot-Klein, 1992).

119. Boulware-Miller (1985) relata que, em uma tentativa de poupar suas filhas amadas do estigma e do "ostracismo social" ligados ao inconformismo e à diferença, as mães fazem um corte superficial quando pressionadas por suas filhas (cf. tb. Slack, 1988). Badri (1984) encontrou um caso inesperado de estudantes do ensino médio afirmando que elas forçaram seus pais para que fossem circuncidadas.

120. Walker contradiz ou refuta a própria premissa de que os homens não se casam com mulheres não circuncidadas. Ela observa que a circuncisão é praticada em países estrangeiros como Países Baixos, Grã-Bretanha e Estados Unidos, onde as mulheres não são obrigadas a se casar com homens que defendem a circuncisão (cf. Walker; Parmar, 1993, p. 229). A alegação também é incorreta na medida em que ela postula que, nas culturas que praticam a circuncisão, as mulheres são economicamente dependentes de seus maridos. O casamento costuma ser mais uma necessidade de afirmação e de aceitação sociocultural do que uma segurança financeira. Não há uma correlação definitiva entre a circuncisão e o baixo *status* das mulheres (cf. Obiora, 1996). Dada a disponibilidade de dados históricos que sugerem que o patriarcado e o colonialismo europeus corroeram o poder tradicional e a autonomia das

Apesar das alusões fugazes à coragem e à agência das mulheres africanas, de como elas constroem sua vida do nada, Walker faz um grande esforço para retratá-las como sujeitos passivos das ações masculinas[121]. Em *Warrior Marks*, ela afirma que as mulheres africanas são perseguidas de forma rotineira, agredidas verbalmente e assediadas na rua por homens que olham para seus corpos como se fossem comida, e que as mulheres parecem tão tristes e oprimidas, com os olhos baixos e a postura rígida, e sofrem abusos frequentes de pais, irmãos e maridos (cf. Walker; Parmar, 1993, p. 53/69). Elaborando o tema, ela escreve: "Não posso deixar de associar esse comportamento à mutilação genital: a aceitação da dominação, a ausência de um senso forte de identidade que se vê entre as mulheres aqui" (Walker; Parmar, 1993, p. 53-54). A tendência de Walker para a generalização e a amnésia seletiva é evidente quando contrapomos essa observação com a lembrança de Pratibha Parmar: "Foi a própria imagem [das mulheres africanas orgulhosas, que se portam com uma nobre majestade e que falam da sua determinação e esperança] que Alice descreveu quando ela disse que queria ser filmada com mulheres africanas celebrando sua força" (Walker; Parmar, 1993, p. 144/185). Essa é a mesma Alice Walker que compara a mulher africana passiva da sua imaginação com a ocasional "mulher impetuosa e extremamente barulhenta, como aquela que nos pressionou para comprar seus produtos com tanto vigor que nos expulsou de sua barraca. Essas são as mulheres cuja raiva reprimida parece um barril de pólvora" (Walker; Parmar, 1993,

---

mulheres africanas, o *status* relativamente baixo das mulheres na sociedade contemporânea não pode ser simplesmente atribuído à circuncisão (cf. Boserup, 1970; Etienne; Leacock, 1980).

121. Seguindo a pergunta de Joan Smith (1992) sobre por que "Alice Walker, tão comovida com a história de Tashi, é incapaz de retratá-la como algo mais do que uma marionete sofrida?", seria possível responder que um retrato mais empático requer sutileza e perspicácia não muito evidentes em uma autora que dedica seu livro "com ternura e respeito, à vulva inocente" e sacrifica a personagem e o enredo pelos imperativos da polêmica.

p. 53-54). Na mesma canetada, ela deprecia tanto a mulher assertiva quanto a supostamente passiva. Ao que parece, para ela, as mulheres africanas são condenadas pelo que fazem e pelo que deixam de fazer.

Em uma entrevista, Paula Giddings (1992, p. 59) antecipou as principais críticas contra Alice Walker e procurou estimulá-la a articular as bases de sua intervenção como ocidental na causa das mulheres africanas. Walker replicou que foi a escravidão que interveio e que ela estava falando por sua tataravó, "que veio para a América com toda essa dor em seu corpo" (Giddings, 1992, p. 60). Ela disse: "Quando as pessoas africanas têm problemas, elas apelam a todo mundo" e que "elas não têm argumentos, então é melhor não mexerem [com ela]" (Giddings, 1992, p. 60). Sobre a questão da sexualidade, ela afirmou que a mutilação genital, como ela chama, a faz pensar sobre "tudo [que ela] aprendeu sobre as mulheres africanas, que elas são 'quentes' e 'lascivas'" (Giddings, 1992, p. 62/102). De forma mais lúcida, ela depois menciona a realidade da interdependência humana, mas, em vez de desenvolver esse pensamento contundente, ela divagou para uma fantasia em que compara seu romance a um dispositivo psicanalítico de cura ou a um espelho que ilumina áreas que não são prontamente observáveis, como as costas de um fiscal (Giddings, 1992, p. 102). Finalmente, em seu discurso padrão sobre a própria mutilação visual e sua infância miserável (que muitas vezes a fazia correr para a floresta em busca de consolo), ela afirma que, embora seja muito difícil para as mulheres culpar as próprias mães, elas devem começar a confrontar a cumplicidade de suas mães com sua angústia (Giddings, 1992, p. 62)[122].

Em seu comentário sobre a dependência africana, Walker mencionou, mas perdeu a oportunidade de situar e abordar a dinâmica

---

122. Walker enfatiza com frequência as semelhanças entre a prática da circuncisão e sua mutilação visual, que tornou sua infância solitária e miserável. Em *Warrior Marks*, ela fala sobre como encontrava conforto ao correr para a floresta (cf. Walker; Parmar, 1993, p. 16-19/267).

de poder subjacente à própria intervenção[123]. Sua observação sobre a lascívia das mulheres africanas é claramente gratuita. O apoio proporcionado pela orientação familiar e comunitária africana é bem documentado e contraria a correlação que Walker faz entre suas fugas pessoais para a floresta e suas percepções da situação difícil das crianças africanas (cf. Walker; Parmar, 1993, p. 42-43). Ao exaltar de forma reducionista a culpa e a "abordagem do divã" (cf. Hughes, 1993; Bloom, 1987), ela ignora a possibilidade de que esses possam ser métodos culturalmente específicos, e não métodos universais de resolução de conflitos. Talvez algumas culturas (não ocidentais) sejam mais orientadas para a compreensão conciliatória e menos obcecadas em apontar o dedo. Com efeito, na terra igbo, uma forma de instilar nas crianças o valor estimado da conciliação é dramatizar a ironia de apontar o dedo. A ironia reside no fato de que, ao apontar o dedo, apenas o polegar e/ou o dedo indicador apontam para a acusada; os três dedos restantes estão dobrados em direção à acusadora, como um aviso para que ela reconheça sua cumplicidade.

Na entrevista de Giddings (1992) com Walker, o questionamento de "como essa norte-americana ousa nos julgar" – que Giddings toma como o cerne da crítica contra Walker – não é sem razão. No entanto, ele perde importância à luz de outras críticas. A autoridade questionável de Walker em sua própria representação é periférica à questão da *deturpação* real que, por exemplo, se manifesta em seu desrespeito grosseiro pelo mundo e pela vida das mulheres africanas. Respeito e sensibilidade não necessariamente valorizam os recursos sociais dos sujeitos de um projeto acadêmico ou literário: eles são apenas indicadores de um mínimo de boa vontade. Em outras palavras, demonstrar respeito pelas mulheres africanas que ela escolheu estudar seria mais

---

123. Identificar uma dependência não constitui prova da falta de valor intrínseco da pessoa supostamente dependente. O fracasso de Walker em fazer essa distinção parece levá-la a reproduzir a negação imperiosa dos atributos de humanidade de seus objetos de pesquisa.

útil para revelar as boas intenções de Walker do que para alterar as condições materiais das mulheres. No entanto esse respeito e essa sensibilidade estão ausentes em muitos aspectos de seu trabalho[124].

Além disso, a afirmação de Walker de estar reivindicando suas raízes africanas, duplamente vitimadas pela circuncisão e pelo tráfico transatlântico de escravos, é especulativa (cf. Giddings, 1992, p. 58). Mas, no caso da afirmação da psicanalista fictícia de Tashi, que levantou a hipótese de que as mulheres africanas escravizadas apresentaram a circuncisão aos médicos ocidentais, há poucas evidências sobre a mutilação dos órgãos genitais de mulheres escravizadas. Mulheres escravizadas eram compradas para fins de reprodução, entre outros. Dada a intensidade do racismo no período anterior à Guerra Civil nos Estados Unidos e os anseios dos traficantes de escravos de incriminar o exótico, é improvável que uma "anomalia" que debilitasse as capacidades reprodutivas e produtivas das mulheres escravizadas e, assim, interferisse no investimento feito pelos senhores de escravos passasse sem registros pela história[125]. Apesar do estupro institucionalizado de mulheres africanas na escravidão das plantações no Novo Mundo.

Walker pressupõe que a circuncisão feminina antecedeu o tráfico de escravos, que ela era praticada na localidade específica de onde veio sua suposta antepassada e que essa antepassada havia

---

124. Também fiquei pensando sobre o papel da comida, principalmente dos "doces", na vida da mulher africana. Talvez tantas mulheres ainda estejam dando "doces" para a criança interior assustada e desonrada, em um esforço de "recompensá-la" por sua perda e fazê-la esquecer. De repente, eu me lembrei da minha mãe, que, depois de eu levar um tiro e delirar de dor e febre, cozinhou um frango inteiro só para mim.

125. Para uma discussão intrigante sobre a fetichização dos órgãos sexuais das mulheres africanas, focada em Saartjie Baartman, o "avental dos hotentotes" (cf. Oyěwùmí, "Alice na terra-mãe: uma leitura de Alice Walker sobre a África e uma análise da cor 'preta'", neste volume). Diz-se que as pessoas que exploram outras tendem a enfatizar os aspectos animais em vez dos aspectos humanos de suas vítimas, porque isso alivia suas consciências (cf. Ohaegbulam, 1990, p. 4). Comparar com Montesquieu: "É impossível supormos que tais seres sejam homens, pois, se os consideramos homens, começaríamos a acreditar que não somos cristãos" (Montesquieu, 1989).

sido submetida à forma severa da operação. Na verdade, a data de origem da prática é desconhecida, e a sua incidência, no que se refere à forma e à localização geográfica, permanece em grande medida ignorada e requer mais investigação[126]. Além disso, é impossível supor que a antepassada de Walker, caso fosse circuncidada, entendesse a circuncisão como a manifestação quintessencial da opressão patriarcal mais merecedora de protesto, em oposição à infinidade de humilhações e à desumanização fundamental da escravidão (cf. WALKER; PARMAR, 1993, p. 48)[127].

Nesse sentido, o fato de Walker isolar a circuncisão como uma causa célebre é análogo a uma lenda que provém da aldeia de Ugoye, a famosa carpideira cuja gafe apareceu no prefácio desta crítica. Segundo a tradição oral, durante o período colonial, a Igreja Católica estabeleceu sua presença na aldeia. Em um dia seco de harmatão, um incêndio florestal destruiu a missão. O padre residente – que, segundo a descrição popular, era muito parecido com Sigmund Freud – foi gravemente queimado e morreu pouco depois. Durante seu ofício, esse padre conquistou o coração de todas as crianças da aldeia. Em particular, as crianças adoravam o que elas viam como a barba imponente do sábio, até a altura do umbigo. Quando elas souberam da notícia da devastação e da morte, elas ficaram em choque. A única criança que conseguiu se recompor olhou o mensageiro no rosto e sussurrou: "Eu ouvi você dizer que o padre foi queimado até a morte? Ewoo-o-o, a barba dele também queimou?" Claramente, a criança parecia mais preocupada com a barba do padre do que com os danos graves às pessoas. A priorização e a fixação da criança com a barba do padre são semelhantes à preocupação de Walker com a conjectura de

---

126. O ritual é um processo; longe de ser uma essência atemporal imutável, ele evolui com o tempo. O que permanece muito mais constante é o conteúdo simbólico e ideológico do ritual (cf. Turner, 1967).

127. Com sua tendência à leviandade, Walker também brinca com o arrepio que ela sentiu ao pensar que, "para muitas mulheres africanas, esse ritual de circuncisão é o único elo real que elas têm com sua antiga herança afro-e-gípcia" (Walker; Parmar, 1993, p. 48).

que sua tataravó não tinha o clitóris quando ela desembarcou de um navio negreiro na costa da América.

Implicações do respeito por uma arquitetura social significativa

Há muitas pessoas que consideram os habitantes [do Terceiro Mundo] marginais, intrinsecamente perversos e inferiores. Essa atitude maniqueísta está na origem do impulso de "salvar" o Terceiro Mundo "possuído pelo demônio", "educando-o" e corrigindo seu pensamento de acordo com os próprios critérios [do salvador]. [O salvador] não pode nunca se relacionar com o Terceiro Mundo como parceiros, pois a parceria pressupõe igualdade, por mais diferentes que sejam as partes iguais. Assim, a "salvação" do Terceiro Mundo pelo [salvador] só pode significar sua dominação (Freire, 1970, p. 213).

Fomos advertidas mais de uma vez pelas palestrantes africanas para evitar a insensibilidade e arrogância [da] "operação da Tempestade no Deserto". [Perguntaram a uma mulher branca que direito ela tinha de estar no painel.] Ela explicou que, catorze anos atrás, enquanto passeava pelo Egito, descobriu a prática da mutilação genital e, de repente, encontrou seu "propósito de vida" (Eichman, 1992, p. 48).

A esmagadora maioria das [pessoas] acredita que o objetivo secreto de quem ataca esse costume secular é desintegrar a sua ordem social (Kenyatta, 1965, p. 263).

Aconselho você a abordar esse problema com muito cuidado. De geração em geração, os costumes tendem a desaparecer. Eu mesma escureci meus lábios, mas nossas filhas se recusam categoricamente a fazer isso, e estou convencida de que a mesma coisa acontecerá com a circuncisão (Walvker; Parmar, 1993, p. 330).

A circuncisão feminina tem sido uma fonte permanente de conflito entre o Ocidente e a África. Evidências amplas de que os esforços anteriores de erradicação não alteraram muito a situação servem como um corretivo inescapável para as projeções ilusórias de paradigmas e modalidades estrangeiros de mudança. A plataforma da Conferência Mundial das Nações Unidas sobre Mulheres, realizada em Pequim em 1995, colocou a circuncisão feminina ao lado de uma série de outras práticas condenadas por impedir o avanço das mulheres. A iniciativa de Pequim aumentou a pressão sobre os governos para enfrentar a questão. No entanto, em face da ignorância contínua acerca de por que a prática persiste em lugares como Burkina Faso, Quênia, Sudão, Grã-Bretanha, Suécia, França, Suíça e Itália, onde ela foi criminalizada, esforços legislativos em outras jurisdições tenderão ao mesmo destino frustrado[128]. Diversas abordagens não criminalizantes também foram adotadas. Por exemplo, embora os padrões médicos e éticos tradicionais proíbam a remoção desnecessária de tecido dos órgãos genitais femininos, em algumas jurisdições, médicas e médicos realizam versões menos invasivas do procedimento[129]. Em 1993, o Canadá se tornou o país pioneiro a reconhecer a perseguição de gênero como justificativa para asilo. Contudo, desde então, apenas algumas mulheres conseguiram obter o asilo com base na circuncisão feminina (cf. Gunning, 1994-1995; Reuben, 1996; Farnsworth, 1994; Thompson, 1994). Os possíveis equívocos dessas abordagens não serão descobertos, e elas tampouco terão sucesso, até que a prática da circuncisão feminina seja compreendida em toda a sua complexidade.

---

128. Em um artigo complementar, analisei os desafios de várias prescrições contra a circuncisão feminina (cf. Obiora, 1996). Em 1995, houve uma proposta na Câmara dos Comuns do Canadá de alteração do Código Penal para tipificar e criminalizar a prática (cf. Gold, 1995). Essa proposta não teve o apoio unânime das feministas canadenses.

129. O Colégio de Médicos e Cirurgiões elaborou uma política que proíbe os médicos de Ontário de auxiliar no procedimento (cf. College of Physicians and Surgeons, 1992).

Por razões históricas, a maioria das pessoas africanas é avessa a prioridades definidas e impostas por outras pessoas ou a padrões de chauvinismo cultural que se mascaram como um senso de responsabilidade moral que pessoas esclarecidas têm para salvar as ignorantes[130]. Repletos de ofensas, tensões e contradições triviais, os esforços de algumas feministas ocidentais radicais contra a circuncisão são propícios à repetição de erros do passado. Esses esforços não apenas correm o risco de ter sua legitimidade e eficácia prejudicadas; eles também podem tragicamente erguer muros entre as mulheres e mesmo queimar pontes transculturais emergentes[131]. Em vez de situar sua campanha contra a circuncisão como parte de um avanço das lutas nativas contra a prática[132],

---

130. Essa aversão não se deve apenas ao nacionalismo e ao tradicionalismo. Ela também está relacionada ao fato de que muitas pessoas africanas são testemunhas de várias promessas quebradas e falsas profecias decorrentes dos "complexos de salvador" intervencionistas e estão em piores condições por isso. Essa aversão fomentou o desenvolvimento de uma longa e difundida tradição de resistência à insurgência imperialista que remonta à época do encontro inaugural. O fato de uma espécie de grama particularmente selvagem e dominante ter sido chamada pelos oguta igbo de Eliza, em homenagem à Rainha Elizabeth II, é uma prova dessa atitude de cautela, ceticismo e oposição.

131. É irônico que, no esforço para implementar sua visão de transformação social, algumas feministas acabem agravando os mesmos problemas que tentam erradicar (cf. Carden, 1974). Ao condenar uma equipe de televisão de Nova York que pagou por uma circuncisão para ter uma gravação ao vivo do procedimento, Pratibha Parmar admitiu que é fácil para cineastas se tornarem parte do problema, mesmo quando buscam resolvê-lo (cf. Walker; Parmar, 1993, p. 162). Parmar claramente não tinha consciência do próprio erro.

132. Ativistas e pesquisadoras africanas estão fazendo esforços conjuntos para abordar os problemas derivados da circuncisão feminina. As estratégias de algumas delas envolvem ataques frontais semelhantes à abordagem de Walker. Outras, mesmo ao defenderem a proibição imediata, são menos hostis. Por mais de uma década, uma ONG liderada por africanas chamada Comitê Interafricano sobre Práticas Tradicionais que Afetam a Saúde de Mulheres e Crianças (IAC, na sigla em inglês) tem promovido campanhas de informação elaboradas, dirigidas a profissionais de saúde e parteiras tradicionais, agentes do governo, especialistas dos meios de comunicação e lideranças comunitárias (cf. Welch, 1995, p. 87-88). No entanto, sem nenhuma dúvida, as heroínas desconhecidas do movimento nativo comprometido com a erradicação da circuncisão e da pobreza entre as mulheres vêm de localidades rurais, e elas desafiam todas as probabilidades, rejeitam formalidades e visibilidade, e seguem sua luta com determinação e diligência. Moradoras locais, elas são capazes de

as defensoras desses esforços problemáticos tendem a arrogar a si mesmas prerrogativas paternalistas que desviam a atenção da realidade em questão[133].

A usurpação das iniciativas africanas é um retrocesso às visões missionárias e eurocêntricas que interpretam eventos e desenvolvimentos apenas em relação a um quadro de referência externo (cf. Boahen, 1987, p. 62)[134]. Um exemplo disso se manifesta quando a crítica à circuncisão é atribuída à frustração da elite africana educada no exterior. A consciência dos perigos representados por algumas formas de circuncisão para a saúde das mulheres não é exclusiva à elite letrada. Se os estudos sobre a circuncisão tiverem um mínimo de credibilidade, seria plausível pensar que uma proporção razoável das mulheres afetadas não é alheia à sua própria condição[135]. Mesmo as criaturas mais elementares são capazes de perceber o perigo. Se a autopreservação é um instinto básico, é

---

evitar posturas alienantes e polarizações e, em vez disso, dedicam seus esforços a ampliar sua base de apoio, organizando atividades em torno de questões que refletem as necessidades básicas das mulheres e os interesses mais amplos de suas comunidades. As agentes dessas localidades são o suporte vital dos programas de conscientização pública que tornaram famosas organizações como o IAC. Pratibha Parmar admitiu que estava errada ao pensar que as africanas não faziam nada em relação à circuncisão feminina, antes de sua visita à África para filmar *Warrior Marks* (cf. Walker; Parmar, 1993, p. 242).

133. Nesse sentido, vale destacar o argumento de bell hooks (1984) de que as feministas brancas ainda não estão livres do tipo de paternalismo endêmico da ideologia da supremacia branca quando elas se colocam no papel de fornecer às mulheres negras "a" análise e "o" programa de libertação.

134. O absurdo desse eurocentrismo é mais aparente em Alice Walker, que inclusive nega à natureza o crédito por suas dádivas. Narrando a paisagem de Ougadougou, capital de Burkina Faso, ela escreve que "os franceses plantaram muitas árvores que sombreiam as avenidas largas" (Walker; Parmar, 1993, p. 81).

135. O reforço para esse argumento vem de uma fonte improvável: *Possessing the Secret of Joy*, de Alice Walker. No romance, a irmã de Tashi, Dura, sangrou até a morte. Ciente disso, Tashi tinha reações fortes ao ver sangue. Quando criança, "ela brincava de forma a não correr riscos e até aprendeu a costurar com cuidado excessivo, usando dois dedais" (Walker, 1992, p. 8-9). Se uma morte causa tal impressão em uma criança, que dirá as incalculáveis privações e mortes supostamente decorrentes da circuncisão em uma aldeia.

lógico supor que o valor e a utilidade associados à circuncisão se baseiam no fato de seus ônus não excederem seus benefícios. Assim como os seres humanos têm um limite de tolerância à dor, uma cultura não pode se dar ao luxo de adotar e manter uma prática que ameaça a própria existência; fazê-lo seria criar as condições para sua própria extinção.

Apesar de seus excessos e sua pobreza, certamente há alguns méritos em aspectos da campanha contra a circuncisão feminina. Onde houver evidências *bem fundamentadas* de que a prática causa danos, o costume deve ser questionado (cf. Wasserstrom, 1971)[136]. A questão passa a ser como identificar e fazer cumprir as responsabilidades das comunidades envolvidas para atenuar o risco de danos[137]. Outras questões derivadas giram em torno da logística da mudança. Uma reflexão incômoda se refere ao papel de pessoas estrangeiras no comando da mudança. Isso levanta uma série de questões: O que é melhor para a população de mulheres afetadas?

---

136. A evidência de danos justifica ataques paternalistas generalizados? Diversas críticas argumentam que, ao contrário de uma pessoa adulta, uma criança não tem a capacidade de dar um consentimento informado (cf. McLean; Graham, 1980, p. 10). Geralmente, o consentimento dos pais é um pré-requisito para procedimentos cirúrgicos realizados em menores. No entanto, há quem defenda a visão de que o consentimento dos pais não é absoluto, mas se limita a tratamentos em que há um elemento comprovável de benefício para a criança (cf. Gunning, 1992; Hayter, 1984). Praticantes da circuncisão feminina acreditam em seus benefícios. Além disso, como revela Boulware-Miller (1985, p. 155), invocações polarizadas dos direitos das crianças entram em conflito com os desejos dos pais de criarem seus filhos de acordo com suas percepções culturalmente moldadas acerca do que é "o melhor para a criança".

137. É importante ressaltar que a noção de dano é relativa. Para uma visão geral do debate entre universalistas e relativistas, cf. Renteln (1990); Schwab (1979); Howard (1986); e Weinstein (1983, p. 173). A relatividade das culturas é enfatizada por Gloria Steinem ao afirmar, durante um debate em Nova York, que "[assim] como os patriarcas africanos criaram uma prática brutal para assegurar a virgindade de suas noivas, os 'regimes tirânicos da dominação masculina' no Ocidente privam as mulheres seus 'direitos reprodutivos' ao criminalizar o aborto" (cf. Eichman, 1992). É bem possível que o aborto seja tão hediondo para uma mulher com uma forte convicção pró-natalista quanto a circuncisão é para a Sra. Steinem. Na verdade, algumas mulheres praticam a circuncisão para aumentar sua fecundidade.

Quem decide o que é "melhor"? Quem decide isso? Ademais, o "melhor" é tão óbvio e simples quanto parece ou há consequências latentes e não intencionais da mudança? Uma pessoa estrangeira pode ser tão arrogante a ponto de pensar que ela é onisciente ou onipotente o bastante para, de forma unilateral, se apropriar de um papel de liderança e articular uma agenda de reforma viável?

No caso da comunidade feminista, a relevância dessas questões é acentuada pelos discursos feministas que geram grande ceticismo sobre a capacidade de um grupo seleto de "saber" o que é do interesse das outras (cf. Spelman, 1988; Lugones; Spelman, 1983; King, 1989; Hawkesworth, 1989). Uma leitura atenta dessa literatura revela a hipocrisia por trás da retórica da sororidade global, que não tem fundamento na prática consistente. Por exemplo, o conceito feminista de sororidade ignora a hierarquia e sugere a existência de uma aliança forjada ativamente, não apenas teorizada ou pressuposta. Além disso, o entendimento do conceito sugere que apenas uma pessoa com interesses pessoais no *status quo* pensaria ser capaz de definir, de cima para baixo, um curso de ação para alguém considerado subordinado[138]. Uma estrangeira sem escrúpulos pode explorar a desigualdade de poder e violar a vida das mulheres ao recusar-se a entender suas realidades e, em vez disso, impor suas definições de realidade específicas e culturalmente mediadas ao grupo que ela pretende "salvar". Mas é muito improvável que isso a ajude na resolução do problema em questão. Um argumento contundente sobre a inadequação dessa postura é oferecido por bell hooks (1984). Defendendo que as estruturas e as dinâmicas da dominação raras vezes castram quem é supostamente subordinado, hooks expõe a resiliência da sua agência e a sua forte recusa em engolir acriticamente a definição da própria realidade

---

138. As críticas teóricas demonstram que o domínio do discurso é um meio eficaz de exercer, proteger e perpetuar os privilégios do poder: quem tem poder, fala; quem não tem poder, deve ouvir (cf. Obiora, 1996). De modo similar, Carol Gilligan observa que, "se você tem poder, pode optar por não ouvir. E fazer isso impunemente" (Du Bois *et al.*, 1985, p. 62).

difundida pela visão dominante (cf. Hooks, 1984, p. 90/93)[139]. Com efeito, nem Alice Walker ignora a agência e a resiliência das mulheres[140]. Há cerca de vinte anos, ela fez um discurso em Radcliffe chamado "In search of our mothers' gardens", louvando as mães que perseveram na vida, apesar dos muitos obstáculos que ameaçam sufocar e destruir sua criatividade (cf. Walker; Parmar, 1993, p. 20)[141]. Ignorar as tradições ancestrais de agência, poder e força entre as mulheres africanas é arriscar impedir o progresso e o diálogo construtivo em relação à circuncisão feminina[142].

Entre os ewe de Gana, um provérbio afirma que "só porque uma estrangeira tem olhos grandes não significa que ela vê tudo". Os chineses, por sua vez, rebatem que a distância empresta encantamento à vista. Essas visões de mundo aparentemente opostas são reconciliadas por Richard Wright (1971, p. 333/341), que aponta que, se a pessoa que observa um tema muito de perto pode ter uma visão distorcida, aquela que está longe pode ter o benefício do distanciamento, mas corre o risco de negligenciar questões importantes (cf. tb. Nnaemeka, 1994, p. 301). O comentário de Wright não apenas articula a essência de uma perspectiva equilibrada; ele também exalta de forma sutil as virtudes da complementaridade e da

---

139. Elizabeth Janeway (1980) designa o fenômeno como o poder da desconfiança. Segundo a autora, o exercício desse poder pessoal é um ato de resistência e força.

140. A resiliência das vítimas – ou melhor, de vencedoras e vencedores – da dominação evidente também ecoa na canção de Labi Siffre, *(Something Inside) So Strong* (Empire Music/Xavier Music, 1986), especialmente na estrofe que começa: "*[t]he higher you build your barrier, the taller I become*" ["quanto mais alta você constrói sua barreira, maior eu me torno"]. Curiosamente, a música de Siffre foi a trilha final do filme *Warrior Marks*. Cf. tb. Walker e Parmar (1993, p. 186).

141. No entanto, Walker contrapõe essas mães carinhosas e criativas com a mãe africana traidora, conivente "com a destruição literal do lado externo mais importante da condição feminina de sua [filha]: sua própria vulva" (WALKER; PARMAR, 1993, p. 21).

142. Para Lorde (1984), a união das mulheres africanas representa a síntese do amor e da solidariedade feminina. Cf. tb. o prefácio de Rich (1995), em que ela afirma que a maioria de nós primeiro conhece o amor, a ternura e o poder na figura de uma mulher.

cooperação. Na organização para a mudança, para que seja eficaz, ela deve ser, de fato, percebida como necessária pelas pessoas na base[143]. O valor da mudança que visa melhorar sua vida deve ser julgado, em grande medida, de seu próprio ponto de vista (cf. Galt; Smith, 1976; Lee, 1959). Por estarem mais familiarizadas com a dinâmica e com as condições para uma mudança significativa do que especialistas vindas de fora, elas estão mais aptas para planejar e liderar reformas duradouras.

A relevância dessa discussão para a circuncisão feminina é porque não há substitutos para o envolvimento das mulheres que dão impulso à prática. Consequentemente, cabe às cruzadas feministas evitar o dogma absolutista em favor de esquemas e estratégias mais colaborativas[144]. Um elemento crucial nessa abordagem é o desenvolvimento de conexões com a população afetada, explorando as perspectivas nativas sobre os ritmos da mudança e concedendo às mulheres locais o direito de liderarem a identificação de suas necessidades e a formulação de suas soluções. Se a circuncisão feminina é parte da realidade cotidiana dessas mulheres, é inconcebível que possa ser erradicada sem que elas participem. Abordagens radicais que rejeitam essas mulheres, explícita ou implicitamente, são um mau presságio para as mudanças duradouras e reduzem os esforços reformistas a pouco mais do que masturbação intelectual[145].

---

143. Até mesmo Awa Thiam, supostamente familiarizada com o iconoclasmo provocativo, foi forçada a interagir com a ordem existente pelas frustrações que sofreu ao não fazê-lo. Cf. Walker e Parmar (1993, p. 286).

144. Os autores de um artigo recente observam que a intervenção efetiva ocorre em uma teia comunicativa complexa e que a intervenção culturalmente responsiva se dá em uma voz que inclui o "Outro" como um interlocutor igual. Argumentando que as intervenções são afirmações de legitimidade (que ações são apropriadas), de posição (quem tem o *status* apropriado para conduzir a intervenção) e de autoridade (quem tem o poder de intervir), eles concluem que esforços culturalmente responsivos para enfrentar práticas problemáticas implicam, necessariamente, que a análise e a intervenção subsequente sejam construídas de maneira ao mesmo tempo honesta e respeitosa (cf. Lane; Rubinstine, 1996).

145. Em *Possessing the Secret of Joy*, Tashi se abre com Carl Jung, uma terapeuta afro-americana, e com o filho nascido da amante francesa de seu

Para que os discursos de reforma sejam relevantes para as realidades cotidianas das mulheres nas culturas que praticam a circuncisão, as bases materiais da prática da circuncisão, bem como as consequências do esforço de erradicação, devem ser abordadas. Expressões superficiais de solidariedade e conceitualizações reducionistas que não se dispõem a abordar a questão no contexto da alocação secundária de recursos para a educação das mulheres, a participação econômica, a assistência médica etc., perdem de vista a necessidade de uma resposta que compreenda a questão em sua totalidade. A análise aprofundada da prática da circuncisão feminina por pesquisadoras feministas que situam a prática em um contexto de desenvolvimento mais amplo é um passo louvável na direção correta. As observações de Achola Pala sobre os problemas colocados por processos de pesquisa equivocados, inconsistentes com as dimensões estruturais das próprias realidades que pretendem abordar, são perspicazes. Ela escreve:

> Visitei aldeias onde, enquanto as mulheres locais pediam melhor infraestrutura de saúde e queda na mortalidade infantil [água encanada e acesso a crédito rural], elas recebiam questionários sobre circuncisão feminina. Não há como negar que algumas relações estatísticas podem ser estabelecidas entre essas variáveis [...]. [No entanto], uma relação estatística em si mesma, que pode ser estabelecida como um exercício acadêmico, não constitui necessariamente uma informação relevante ou uma prioridade do ponto de vista daquelas que são tomadas como os objetos da pesquisa (Pala, 1977, p. 10-11).

Um exemplo da abordagem infeliz que Pala identifica é Alice Walker, que relata como a circuncisão feminina é realizada com navalhas enferrujadas, tampas de latas, pedaços compartilhados de vidro sujo ou uma ponta de pedra afiada. No entanto – e apesar

---

marido para aliviar a psicose associada à sua clitoridectomia. No entanto, é a sua própria ação – a nêmesis de M'Lissa, a circuncisadora – que precipita sua recuperação final. Cf. Ansa (1992).

de sua fama de fazer perguntas difíceis (cf. Ansa, 1992) – ela ignora as questões elementares sobre por que esses instrumentos toscos são utilizados e por que as taxas de infecção do procedimento grotesco que ela descreve não atingem proporções assustadoramente dizimadoras. É provável que sua expectativa seja a de que os detalhes gráficos que ela revela falem por si mesmos. Eles até falam, mas o que dizem é uma questão de interpretação e, para algumas pessoas, terreno para opiniões carregadas de juízos de valor (cf. Obiora, 1996). O que está claro, no entanto, é que a circuncisão feminina é um procedimento delicado e cheio de riscos. Apesar das descrições da operação feitas por pesquisadoras, a saber, que esse procedimento delicado pode ser realizado por uma mulher idosa com visão turva e que as condições insalubres podem contribuir para a propagação da aids e de outras doenças transmissíveis, muitas feministas se opõem veementemente à clinicalização. Para Walker e outras que não aceitam nada menos do que a proibição, "no hospital" não é a resposta[146]. No entanto a clinicalização, embora não isenta de seus próprios riscos, pode ter o apoio de muitas mulheres nas culturas que praticam a circuncisão feminina, pelo menos na medida em que a mudança de foro diminui os riscos de mutilação, morbidade e mortalidade, dentre outros[147].

---

146. Os efeitos adversos das formas menos extensas de circuncisão feminina, da *sunna* ritualística e da excisão são geralmente menos graves; contudo, podem faltar a habilidade exigida, as ferramentas cirúrgicas e o conhecimento de anatomia necessários para realizar a operação com um mínimo de dor. Dados médicos indicam que a *sunna* é relativamente segura se realizada sob condições adequadas (cf. Ismail, 1984, p. 21).

147. Na Somália, por exemplo, o Comitê Nacional de Circuncisão Feminina recomendou que a circuncisão *sunna* fosse encorajada e realizada em hospitais. Outras autoridades africanas fizeram recomendações semelhantes. Nos Países Baixos, as mulheres somalis geralmente recorrem primeiro ao atendimento médico e de bem-estar social holandês. Em caso de recusa, elas mesmas fazem a circuncisão, muitas vezes de maneira muito anti-higiênica e perigosa (cf. Boas, 1992). Alguns esforços para instituir uma mudança de foro não foram totalmente bem-sucedidos em convencer algumas mulheres comprometidas com a infibulação a adotar formas modificadas da prática. Há também indícios de que algumas pessoas que trabalham no ambiente médico, motivadas por interesses econômicos egoístas, acomodam-se às

Walker pode ter reconhecido as prioridades conflitantes de ativistas estrangeiras e nativas quando se deu conta de que não seria possível exibir seu filme de aldeia em aldeia, como planejado, porque muitas delas não tinham "absolutamente nenhuma infraestrutura audiovisual; às vezes, sequer água potável" (Walker; Parmar, 1993, p. 82)[148]. Mas a descrição mais vívida desse conflito está na passagem em que ela escreve:

> No meio disso tudo, fiquei surpresa ao ouvir Madame Fall, nossa anfitriã, me pedir para comprar um caminhão refrigerado para elas. Depois de ver algumas das hortas esplêndidas que as mulheres têm, eu me dei conta de que é exatamente isso o que elas precisam para levar seus produtos ao mercado; contudo, afirmei a ela que um caminhão refrigerado inteiro está um pouco fora do meu alcance e do orçamento do filme. Talvez eu pudesse contribuir com alguns pneus? (Walker; Parmar, 1993, p. 73).

Sua incapacidade de responder com sensibilidade a esse pedido denuncia a sua falta de entendimento da correlação entre a circuncisão e as estruturas do subdesenvolvimento. Seu isolamento engenhoso, mas provinciano, de um único aspecto de um problema complexo muitas vezes a levou a conclusões inconsistentes e irônicas. Embora ela aluda com frequência às realidades socioeconômicas das mulheres[149], ela não explora as implicações

---

preferências dessas mulheres, em vez de se esforçarem para sensibilizá-las e convencê-las a aceitar procedimentos menos severos. Cf. o relatório do Seminário das Nações Unidas sobre práticas tradicionais que afetam a saúde de mulheres e crianças e o estudo sobre práticas tradicionais que afetam mulheres e crianças, relatório final da Relatora Especial, Sra. Halima Embarek Warzazi (ambos os documentos do Conselho Econômico e Social das Nações Unidas – Ecosoc, 1991).

148. Em seguida, inacreditavelmente, ela acrescenta: "Nada que nós, pessoas estrangeiras, conseguíssemos beber. É a pobreza da África que carrego comigo, junto com o espírito brilhante das crianças africanas" (Walker; Parmar, 1993, p. 82).

149. Por exemplo, na entrevista com Giddings (1992), Walker declara que, "à noite, todas as mulheres se recolhem, como as galinhas. Não há janelas, elas

socioeconômicas da mudança que ela propõe, e oferece pouca ou nenhuma orientação em relação ao processo real de implementação da mudança[150].

A circuncisão feminina está em um *continuum* junto a uma série de cerimônias que iluminam e preservam princípios, papéis e continuidade sociais (cf. La Fontaine, 1972). Embora a prática esteja profundamente enraizada na matriz social, ela não é imutável[151]. Pesquisadoras descobriram que costumes como a circuncisão expressam uma contradição fundamental: embora sejam instituições retrógradas e conservadoras que extraem sua força da real ou suposta antiguidade e sacralidade da tradição, elas oferecem, ao mesmo tempo, alguma flexibilidade e se acomodam às circunstâncias sociais em constante mudança (cf. La Fontaine, 1972; Obiora, 1996). No entanto, uma campanha de reforma mal concebida corre o risco de cair no jogo dos nacionalistas radicais (cf. Fanon, 1963, p. 180; Kenyatta, 1965). Quando um povo empreende uma luta contra um ataque imperialista, o significado da tradição pode mudar (cf. Fanon, 1963, p. 191). A adesão intransigente ao costume questionado,

---

trancam a porta – praticamente a cerram com pregos. Não há ventilação. É assim que elas dormem. Acabou comigo ver mulheres no Quênia e em outros lugares que realmente têm marcas na testa por carregarem fardos pesados".

150. Parmar foi igualmente omissa. Ela comentou: "Era difícil acreditar que Banjul é a capital da Gâmbia. Existem poucas ruas pavimentadas; logo, tudo é empoeirado. Muitas pessoas vivem nas ruas" (Walker; Parmar, 1993, p. 166). No entanto ela não analisa essa conexão nem fornece um contexto estrutural para seu documentário. Ironicamente, ela está mais preocupada que ninguém pare para refletir sobre a realidade (da circuncisão) por trás "das habituais imagens etnográficas estereotipadas de mulheres africanas com os seios nus olhando para as lentes do fotógrafo, imagens que criam o exótico, imagens de disponibilidade para o homem branco turista" (Walker; Parmar, 1993, p. 199), sem perceber como ela mesma reproduz esses estereótipos.

151. Por trás da aparência de aprisionamento à tradição, fervilha um movimento ativo e uma disposição favorável a outros conceitos da existência e das potencialidades humanas. As mudanças na base, nas atitudes e nos padrões sociais; o desgaste de cerimoniais rígidos; e a fragilidade da estrutura de poder e da autoridade da tradição que emprestava força à prática representam uma ameaça real à sua manutenção e perpetuação.

independentemente de seus riscos para partes da população, passa a ser interpretada e glorificada como fidelidade ao espírito da nação e como recusa à submissão (cf. Obiora, 1996; 1994, p. 217). Além disso, se a prática for culturalmente significativa, a proibição indiscriminada provavelmente a banirá para a clandestinidade, de forma muito semelhante à proibição do aborto (cf. Obiora, 1994). No caso da circuncisão, os obstáculos ao cumprimento efetivo, como a falta de vontade na sua execução e a ausência de estruturas de implementação apropriadas, são agravados pelo enraizamento cultural da prática e pelo fato de ela estar, como afirma Pratibha Parmar, profundamente fossilizada na psique das mulheres[152]. A característica distintiva do simbolismo legal, nesse caso, é o potencial evidente e concreto de perda de vidas. As lições dos esforços proibicionistas do passado nos impelem a agir com cautela e a refletir criticamente sobre outras alternativas (cf. Obiora, 1994).

Obras citadas

ALLEN, C. K. *Law in the Making*. 7. ed. Oxford: Clarendon, 1964.

AMADIUME, I. *Male Daughters, Female Husbands: Gender and Sex in an African Society*. Londres: Zed, 1987.

ANSA, T. Taboo Territory. *Los Angeles Times Book Review*, 4, July 15, 1992.

ASSAAD, M. B. Female Circumcision in Egypt: Current Research and Social Implications. *In*: *Seminar on Traditional Practices Affecting the Health of Women and Children in Africa*. Alexandria: WHO/EMRO Technical Publication, 1982.

---

152. O precedente de absolvição por "circunstâncias atenuantes" foi estabelecido em uma decisão recente do tribunal francês, que anulou a sentença de pais condenados por circuncidar suas filhas. Se um tribunal tão distante geográfica e ideologicamente da África está disposto a ser transigente, pode-se imaginar a atitude dos tribunais africanos. Cf. a discussão extensa sobre esse caso em Lionnet (1995, p. 154).

ANSHAW, C. The Practice of Cruelty Alice Walker Inveighs Against Ritual "Circumcision" of African Women. *Chicago Tribune*, June 21, 1992.

AWORI, T. Women's Fear? For African Women Equal Rights Are not Enough. *Unesco Courier*, March 1975.

BADRI, A. E. *Female Circumcision in the Sudan: Change and Continuity*. Omduran: Ahfad University College for Women, 1984.

BARTLETT, K. T. Feminist Legal Methods. *Harvard Law Review*, 103:4, 1990.

BELENKY, M. F. et al. *Women's Ways of Knowing: the Development of Self, Voice, and Mind*. Nova York: Basic, 1986.

BOAHEN, A. A. *African Perspectives on Colonialism*. Baltimore: Johns Hopkins University Press, 1987.

BOAS, H. Problem of Female Circumcisions in Holland. *The Jerusalem Post*, May 10, 1992. Features; "Women: Dutch Government Ends Debate on Circumcision Proposal" *International Press Service*, November 1992.

BODDY, J. *Wombs and Alien Spirits: Women, Men, and the Zar Culture in Northern Sudan*. Madison: University of Wisconsin Press, 1989.

BLOOM, A. D. *The Closing of the American Mind*. Nova York: Simon and Schuster, 1987.

BOSERUP, E. *Women's Role in Economic Development*. Londres: Allen and Unwin, 1970.

BOULWARE-MILLER, K. Female Circumcision: Challenges to the Practice as a Human Rights Violation. *Harvard Women's Law Journal*, 8, 1985.

CARDEN, M. L. *The New Feminist Movement*. Nova York: Russell Sage Foundation, 1974.

CHARLES, M. An Open Wound. *West Africa*, June 27-July 3, 1994.

COLLEGE OF PHYSICIANS AND SURGEONS. Canada: Policy on Female Genital Mutilation. *WIN News*, 18:2, 1992.

CIXOUS, H. Sorties. *In*: MARKS, E.; COURTIVRON, I. de (ed.). *New French Feminisms: An Anthology*. Amherst: University of Massachusetts Press, 1980.

CURTIN, P. D. *The Image of Africa; British Ideas and Action, 1780-1850*. Madison: University of Wisconsin Press, 1964.

DARWIN, C. *The Descent of Man and Selection in Relation to Sex*. Nova York: D. Appleton, 1874.

DAVIDSON, M. Genital Interest Defines a Rising New Genre – The Below the Belt Story. *Sunday Telegraph*, October 18, 1992.

DU BOIS, E. C. *et al.* Feminist Discourse, Moral Values and the Law: A Conversation (The 1984 James McCormick Mitchell Lecture). *Buffalo Law Review*, 34, 1985.

ECOSOC. Report of the United Nations Seminar on Traditional Practices Affecting the Health of Women and Children, Quagadougou, Burkina Faso, April 29-May 3, 1991. E/CM.4/sub.2/1991/48, June 12, 1991.

ECOSOC. Study on Traditional Practices Affecting Women and Children: Final Report by the Special Rapporteur, Mrs. Halima Embarek Warzazi. E/CN.4/sub.2/1991/6, July 5, 1991.

EICHMAN, E. The Cutting Edge: Alice Walker's New York, New York Book Party. *The National Review*, 45:15, August 3, 1992.

ETIENNE, M.; LEACOCK, E. (ed.). *Women and Colonization: Anthropological Perspectives*. Nova York: Praeger, 1980.

FANON, F. *The Wretched of the Earth*. Nova York: Grove, 1963.

FARNSWORTH, C. H. Canada Gives a Somali Refuge from a Genital Rite. *New York Times*, July 21, 1994.

FOX-GENOVESE, E. The Personal is Not Political Enough. *Marxist Perspectives*, 98, Winter 1979-1980.

FREIRE, P. The Adult Literacy Process as Cultural Action for Freedom. *Harvard Educational Review*, 40:2, 1970.

GALT, A. H.; SMITH, L. J. *Models and the Study of Social Change*. Cambridge: Schenkman Pub. Co., 1976.

GIDDINGS, P. Alice Walker's Appeal. *Essence*, 23:3, July 1992.

GOLD, W. Women's Concerns on March. *Calgary Herald*, August 11, 1995.

GRENIER, R. No "Joy" for the Reader. *The Washington Times*, July 29, 1992.

GRIFFIN, S. The Way of All Ideology. *In*: KEOHANE, N. O.; ROSALDO, M. Z.; GELPI, B. C. (ed.). *Feminist Theory: A Critique of Ideology*. Chicago: University of Chicago Press, 1982.

GUNNING, I. R. Arrogant Perception, World-Travelling and Multicultural Feminism: The Case of Genital Surgeries. *Columbia Human Rights Law Review*, 23:2, 1992.

GUNNING, I. Female Genital Surgeries and Multicultural Feminism: The Ties that Bind; the Differences that Distance. *Third World Legal Studies*, 17 (1994-1995) 37; *In re Fuziya Kasinga*, 35 I.L.M. 1145, 1996.

HARRIS, A. P. Race and Essentialism in Feminist Legal Theory. *In*: BARDETT, K. T.; KENNEDY, R. (ed.). *Feminist Legal Theory: Readings in Law and Gender*. Boulder: Westview, 1991.

HARTSOCK, N. Fundamental Feminism: Process and Perspective. *Quest: A Feminist Quarterly*, 2:2, Fall 1975.

HAWKESWORTH, M. E. Knowers, Knowing, Known: Feminist Theory and Claims of Truth. *Signs: Journal of Women in Culture and Society*, 14:3, Spring 1989.

HAYTER, K. Female Circumcision – Is There a Legal Solution? *J. Soc. Welfare and Family Law*, 1984.

HOLT, P. Scars of a Beloved Culture. *The San Francisco Chronicle*, June 21, 1992.

hooks, b. *Feminist Theory: From Margin to Center*. Boston: South End, 1984.

HOUTONDJI, P. Daily Life in Black Africa: Elements for a Critique. *In*: MUDIMBE, V. Y. (ed.). *The Surreptitious Speech: Presence Africaine and the Politics of Otherness 1947-1987*, Chicago: University of Chicago Press, 1992.

HOWARD, R. E. *Human Rights in Commonwealth Africa*. Totowa: Rowman & Littlefield: Totowa, 1986.

HUGHES, R. *Culture of Complaint: The Fraying of America*. Nova York: New York Public Library, 1993.

ISMAIL, E. A. Statement on the Practice of Infibulation. *In*: *Seminar on Traditional Practices Affecting the Health of Women and Children in Africa*. Alexandria: WHO/EMRO Technical Publication, 1984.

JAGGER, A. M. *Feminist Politics and Human Nature*. Totowa: Rowman and Allanheld, 1983.

JAGGER, A. M.; BORDO, S. R. *Gender/Body/Knowledge: Feminist Reconstructions of Being and Knowing*. New Brunswick: Rutgers University Press, 1989.

JANEWAY, E. *Powers of the Weak*. Nova York: Knopf, 1980.

JERSILD, D. Walker: Baring a Terrible "Secret". *USA Today*, July 17, 1992.

JOSEPH, T. Y. Alice Walker the "Womanist" Says Joy Lies in Universal Healing. *The Atlanta Journal and Constitution*, June 10, 1992.

KENYATTA, J. *Facing Mount Kenya: The Tribal Life of the Gikuyu*. Nova York: Vintage, 1965.

KING, D. Multiple Jeopardy, Multiple Consciousness in the Context of a Black Feminist Ideology. *Signs: Journal of Women in Culture and Society*, 14:1, 1989.

KINGSLEY, M. H. *Travels in West Africa, Congo Francois, Corisco and Cameroons*. Nova York: The Macmillian Company, 1897.

KNOX, R. *The Races of Men*. Londres: British Library, 1850.

LA FONTAINE, J. S. (ed.). *The Interpretation of Ritual: Essays in Honour of I. A. Richards*. Londres: Tavistock, 1972.

LANE, S. D.; RUBINSTINE, R. A. Judging the Other: Responding to Traditional Female Genital Surgeries. *The Hastings Center Report*, 26:3, 1996.

LASCH, C. *The Culture of Narcissism: American Life in an Age of Diminishing Expectations*. New York, 1978.

LEE, D. *Freedom and Culture*. Englewood Cliffs: Prentice-Hall, 1959.

LIGHTFOOT-KLEIN, H. *Prisoners of Ritual: An Odyssey into Female Genital Circumcision in Africa*. Nova York: Harrington Park, 1989.

LIONNET, F. *Postcolonial Representations*. Ithaca: Cornell University Press, 1995.

LORDE, A. An Open Letter to Mary Daly. *In*: LORDE, A. *Sister Outsider: Essays and Speeches*. Trumansburg: Crossing, 1984.

LUGONES, M. C.; SPELMAN, E. V. Have We Got a Theory for You! Feminist Theory, Cultural Imperialism and the Demand for "The Woman's Voice". *Women's Studies International Forum*, 6:6, 1983.

MARTIN, J. R. *Reclaiming a Conversation: The Ideal of the Educated Woman*. New Haven: Yale University Press, 1985.

MCLEAN, S.; GRAHAM, S. E. Female Circumcision, Excision and Infibulation: The Facts and Proposals for Change. *Minority Group Report*, 47:7, 1980.

MILLER, C. L. *Theories of Africans: Francophone Literature and Anthropology in Africa*. Chicago: University of Chicago Press, 1990.

MINH-HA, T. T. *Woman, Native, Other: Writing Postcoloniality and Feminism*. Bloomington: Indiana University Press, 1989.

MINOW, M. Feminist Reason: Getting It and Losing It. *Journal of Legal Education*, 38:1-2, 1988.

MINOW, M.; SPELMAN, E. V. Passion for Justice. *Cardozo Law Review*, p. 37-76, November 1988.

MITTON, J. The Fundamental Question: Why is the Child Crying. *The Toronto Star*, August 1992.

MOHANTY, C. T. Under Western Eyes. *In*: MOHANTY, C.; RUSSO, A.; TORRES, L. (ed.). *Third World Women and the Politics of Feminism*. Bloomington: Indiana University Press, 1991.

MONTESQUIEU. *The Spirit of Laws*. Anne M. Cohen, Basia Carolyn Miller, and Harold Samuel Stone (ed.). Cambridge: Cambridge University Press, 1989.

NNAEMEKA, O. Bringing African Women into the Classroom? Rethinking Pedagogy and Epistemology. *In*: HIGONNET, M. (ed.). *Borderwork: Feminist Engagements with Comparative Literature*. Ithaca: Cornell University Press, 1994.

OHAEGBULAM, U. *Towards an Understanding of the African Experience from Historical and Contemporary Perspectives*. Lanham: University Press of Americal, 1990.

OBIORA. L. A. Bridges and Barricades: Rethinking Polemics and Intransigence in the Campaign Against Female Circumcision. *Casewestern Law Review*, 46, 1996 (forthcoming).

OBIORA, L. A. Of the Female in American Legal Education. *Law and Social Inquiry*, 21, 1996.

OBIORA, L. A. Reconsidering African Customary Law. *Legal Studies Forum*, 17:3, 1994.

PALA, A. O. Definitions of Women and Development: An African Perspective. *Signs: Journal of Women in Culture and Society*, 3:1, 1977.

PATTERSON, T. R.; GILLIAM, A. M. Out of Egypt: A Talk with Nawal el. Sadawi. *Freedomways*, 23:3, 1983.

PAYTON, S. Releasing Excellence: Erasing Gender Zoning From the Legal Mind. *Indiana Law Review*, 18:3, 1985.

POIVOIR, S. Alice Walker Tackles Challenging Task in "Possessing". *Houston Chronicle*, June 21, 1992.

POLAN, D. Toward a Theory of Law and Patriarchy. *In*: KAIRYS, D. (ed.). *The Politics of Law: A Progressive Critique*. Nova York: Pantheon, 1982.

RENTELN, A. D. *International Human Rights: Universalism Versus Relativism*. Newbury Park: Sage, 1990.

REUBEN, R. C. New Ground for Asylum: Threatened Female Genital Mutilation is Persecution. *A. B. A. J.*, 36:1, 1996.

RHODE, D. L. *Justice and Gender: Sex Discrimination and the Law*. Cambridge: Harvard University Press, 1989.

RICH, A. *Of Woman Born: Motherhood as Experience and Institution*. Nova York: W. W. Norton, 1995.

RICH, A. C. *On Lies, Secrets, and Silence: Selected Prose, 1966-1978*. Nova York: Norton, 1979.

RUSSELL, D. E. H.; VAN DE VEN, N. (ed.). *The Proceedings of the International Tribunal on Crimes Against Women*. Millbrae: Le Femmes Pub., 1976.

SADAWI, N. *The Hidden Face of Eve: Women in the Arab World*. Londres: Zed, 1980.

SCHWAB, P. (ed.). *Human Rights: Cultural and Ideological Perspectives*. Nova York: Praeger, 1979.

SIFFRE, L. *Song: (Something Inside) So Strong*. Empire Music/Xavier Music, 1986.

SLACK, A. T. Female Circumcision: A Critical Appraisal. *Human Rights Quarterly*, 10:4, 1988.

SMITH, B. Racism and Women's Studies. *Frontiers*, 5:1, 1980.

SMITH, J. Genitally Does It. *The Independent*, October 18, 1992.

SPELMAN, E. *Inessential Woman: Problems of Exclusion in Feminist Thought*. Boston: Beacon, 1988.

SPELMAN, E. Theories of Race and Gender: The Erasure of Black Women. *Quest: A Feminist Quarterly*, 5:4, 1982.

STANLEY, H. M. *In Darkest Africa or the Quest, Rescue, Retreat of Emin, Governor of Equatoria*. Nova York: Scribner, 1913 [cl 890].

STEADY, F. C. Research Methodology and Investigative Framework for Social Change: The Case for African Women. *In*: ASSOCIATION OF AFRICAN WOMEN FOR RESEARCH DEVELOPMENT. *Seminar on African Women: What Type of Methodology*. Darkar: Senegal, 1986.

THOMPSON, A. Genital Mutilation Illegal, Copps Says. *Toronto Star*, October 4, 1994.

THORNTON, R. Narrative Ethnography in Africa, 1850-1920: The Creation and Capture of an Appropriate Domain for Anthropology. *Man*, 18:3, September 1983.

TILZEY, P. All the Marks of an Identity Crisis. *The Independent*, October 31, 1992.

TOUBIA, N. Female Circumcision as a Public Health Issue. *New England Journal of Medicine*, 331:11, p. 712-716, 1994.

TURNER, V. W. *The Forest Symbols: Aspects of Ndembu Ritual*, 1967.

WALKER, A. *Possessing the Secret of Joy*. Nova York: Harcourt Brace Jovanovich, 1992.

WALKER, A.; PARMAR, P. *Warrior Marks: Female Genital Mutilation and the Sexual Blinding of Women*. Nova York: Harcourt Brace Jovanovich, 1993.

WASSERSTROM, R. A. (ed.). *Morality and the Law*. Belmont: Wadsworth Pub. Co., 1971.

WEINSTEIN, W. Human Rights and Development in Africa: Dilemmas and Options. *Daedalus*, 112:4, 1983.

WELCH, C. *Protecting Human Rights in Africa: Roles and Strategies of Non-Governmental Organizations*. Filadélfia: University of Pennsylvania Press, 1995.

WRIGHT, R. Introduction: Blueprint for Negro Writing. *In*: GAYLE JR., A. (ed.). *The Black Aesthetics*. Garden City: Doubleday, 1971.

9

Ectomias

Um tesouro de ficção pelas filhas da África

Chikwenye Okonjo Ogunyemi

Ife di okugaju oyi
O que está quente irá esfriar
(Provérbio igbo).

Igi a run 'we
Da árvore [cortada] brotarão novas folhas
(Provérbio iorubá).

Algumas mulheres ocidentais gostam de construir e promover suas carreiras indo para o Terceiro Mundo, fazendo pesquisas e tornando-se acadêmicas [...]. Esse tipo de neocolonialismo em nome do feminismo tem que acabar (Patterson; Gilliam, 1983).

No que me diz respeito, falo pela minha tataravó que veio para cá com toda essa dor em seu corpo [...]. Além de seus filhos terem sido vendidos, de ela ter sido estuprada [...], ela pode ter sido mutilada genitalmente. Eu não suporto isso! Eu enlouqueceria se essa parte de sua história não fosse considerada. Imagine se os homens viessem da África com seus pênis removidos. Com certeza, teríamos muitas histórias sobre isso (Giddings, 1992).

Existem muitas mulheres africanas na linha de frente da batalha contra a circuncisão feminina, mas muitas se ressentem do que elas consideram ser o caráter sensacionalista da campanha de muitas feministas do Primeiro Mundo (Johnson-Odim, 1991).

Aparando arestas

Ectomia, *verbum horribile*[153], é convencionalmente ceifada para constar apenas como um sufixo no dicionário, como forma de amenizar seu temido poder. Meu objetivo é contestar essa subordinação, restaurando-a à sua posição original como uma palavra grega, para dar início ao processo de cura paradoxalmente associado à cirurgia. Seja a ectomia realizada sob parâmetros estéticos ou não, para medidas paliativas ou controle, ela é peça fundamental nas guerras culturais e de gênero atuais. Literal, figurativa ou psicológica, a ectomia está na vanguarda da teorização da opressão, particularmente nos discursos coloniais, pós-coloniais e feministas.

Em minha leitura do mundo literário africano, focarei as implicações teóricas e políticas da ectomia. Por ectomia, quero dizer excisão – em particular a circuncisão feminina: a forma mais branda é a clitoridectomia, e a eliminação mais radical do clitóris com sutura é a infibulação. Dois romances africanos – *Efuru* (1966), de Flora Nwapa, da Nigéria; e *Woman at Point Zero* (1975), de Nawal El Saadawi, do Egito – e um conto – intitulado "The Collector of Treasures" (1977), de Bessie Head, da África do Sul/Botsuana – fornecerão a base para um discurso vaginal. Eles apresentam a luta silenciosa das mulheres africanas contra a opressão como uma luta contínua em várias frentes, tanto locais quanto internacionais. Dois textos norte-americanos que retratam o mundo africano – o romance de Alice Walker chamado *Possessing the Secret of Joy* (1992) e o relato de Hanny Lightfoot-Klein sobre a infibulação no Sudão, intitulado *Prisoners*

---

153. Uma abertura instigante permite ritualisticamente à *griotte*, uma contadora de histórias profissional, seguir desvendando mistérios verbais para garantir (trans)formações eficazes. Com inspiração semelhante, busco reflexões interpretativas e possibilidades de empoderamento na negociação de um terreno perigoso, mas de cura.

of Ritual: An Odyssey into Female Genital Circumcision in Africa (1989) – representarão um discurso clitoriano. Essas duas obras servem como contraponto aos textos africanos anteriores, ambas impregnadas de um impulso missionário. Embora ambos os lados estejam focados em erradicar essas cirurgias desnecessárias, seus métodos e suas agendas políticas são divergentes, gerando certo rancor que nos faz perder de vista o objetivo comum. Muitas mulheres do Norte são vistas por algumas pesquisadoras africanas como agentes externas anacronicamente autoritárias, que tentam controlar suas meias-irmãs menos privilegiadas do Sul para impor mudanças de comportamento. Silenciosas e silenciadas, em grande medida, as mulheres do Sul ainda não são ouvidas. A insistência em supor que pensamos e lutamos da mesma forma – apesar das diferenças culturais, políticas e econômicas – gera um impasse que complica as posições teóricas feministas e pós-coloniais.

Com o reconhecimento crescente de *Efuru*, o campo de batalha ficou mais sangrento. Como o primeiro romance internacional africano escrito em inglês por uma mulher, *Efuru* representa um avanço histórico; Nwapa internacionaliza de forma cautelosa a crítica local à clitoridectomia, legitimando a questão no discurso de gênero e gerando, assim, muitas histórias sobre o tema. Ao abordar a noção de que a circuncisão feminina está no centro da economia reprodutiva, ela desconstrói os mitos pré-coloniais acerca da clitoridectomia como uma prática biologicamente essencial para prevenir a infertilidade e fazer melhorias estéticas para o casamento. Desenvolvendo-se nas circunstâncias limitadas das mulheres sob o colonialismo, sua protagonista, Efuru, confronta as mulheres mais velhas, cuja cumplicidade na reprodução do patriarcado, ao organizar e realizar as clitoridectomias, institucionaliza o procedimento de forma perturbadora. A primeira mulher na ficção a se ressentir de passar pelo procedimento e a provar sua inutilidade, Efuru heroicamente "enfrenta" sua clitoridectomia, indo além da maternidade e do papel de esposa para construir uma carreira renomada como comerciante. Dotada de autoridade e dignidade cultural e espiritual, ela serve de modelo para as "novas" mulheres que trabalham de forma interna ao sistema, e não de fora dele, determinadas a transformá-lo por dentro. Elas resistem ao patriarcado africano pós-colonial, o qual reproduz a herança colonial excludente que desarticulou alguns arranjos pré-coloniais de gênero equitativos.

No embate em curso, metaforicamente, a ectomia representa o ostracismo das mulheres – em particular, a relutância em incluir seus romances nos currículos africanos. A ficção serve como um lugar importante para o discurso crítico, mas a marginalização sociopolítica e econômica das mulheres africanas – especificamente a castração feminina – impede que a maioria das mulheres fale abertamente sobre sexualidade e hegemonia. De modo figurativo, a ectomia mimetiza os campos discursivos em que o homem é contraposto à mulher. Além do gênero, as mulheres mais velhas controlam as mais jovens, criando, assim, um conflito geracional que legitima a autoridade profissional do médico/da médica e da parteira sobre as mulheres. Algumas delas oprimem a maioria, supostamente para beneficiar os filhos homens, garantir a castidade das mulheres e controlar a reprodução.

Na arena global, a ectomia simboliza o esforço implacável das mulheres do Norte em determinar a agenda de todas as mulheres. Invariavelmente, elas evitam as questões cruciais da economia global que empobrecem as mulheres do Sul e as mantêm subjugadas, transformando as audaciosas em nômades internacionais indesejadas. Vale notar como muitas feministas ocultam as consequências da crise da dívida (excisões ordenadas por programas de ajuste estrutural que as mulheres do Terceiro Mundo acham mais incapacitantes do que as circuncisões) e a corrupção em larga escala, institucionalizada por muitos líderes africanos apoiados e encorajados pelo Norte em seu benefício[154]. Essa omissão irrita

---

154. Reconheço o trabalho de grupos como o Jubileu 2000, que luta pelo cancelamento das dívidas dos países mais pobres para que eles possam se unir

muitas pesquisadoras africanas que veem a pobreza como fator fundamental do agravamento de muitos problemas na África, incluindo a circuncisão feminina, física e mental.

Como a clitoridectomia e a versão mais severa – às vezes chamada de infibulação faraônica – são rituais tradicionalmente envoltos em segredo, estamos decifrando o mundo africano no escuro. O que está claro é que o procedimento cristaliza transformações e exclusões, tornando-se uma metáfora poderosa na ficção. Essa ficção deriva de lendas antigas de um imaginário cultural que associa os destinos inconstantes de animais e divindades com os mundos humanos em metamorfose. A ficção e a ectomia fazem parte do discurso crítico de libertação pós-colonial. Nesse sentido, a ectomia representa uma ferida, uma cicatriz ou um vazio ocultos, sendo gradualmente expostos, daí os silêncios e as lacunas na narrativa das escritoras africanas. Kronik (1992, p. 9) nos relembra: "Hoje, as lacunas falam tão alto quanto as presenças, e nenhuma história está completa sem sua ausência".

As mulheres se submetem à ectomia por vários motivos: para garantir uma base econômica sólida para o casamento; para ganhar a vida por meio do trabalho sexual, como na prostituição e no trabalho de modelo (cf. Overall, 1992, p. 709); para realçar a beleza; para melhorar a saúde e a higiene; para garantir a castidade; e para efetuar o controle. A ectomia envolve abrir, expor, cortar, tornar vulnerável, deixar uma cicatriz física e emocional

---

às celebrações do milênio. Seu argumento é que dívidas incobráveis geralmente são perdoadas pelos bancos; além disso, embora a população pobre nos países devedores não seja signatária dos empréstimos – muitas vezes desviados para uso pessoal por seus líderes, como no caso do Zaire, do Quênia ou da Nigéria –, ela sofre as consequências dos acordos orçamentários que sempre privilegiam os pagamentos da dívida em detrimento da educação, da saúde etc. Quem quiser combater a questão da corrupção e sua conexão com o Norte (por exemplo, as práticas bancárias suíças), favor escrever uma carta de protesto pedindo a restituição do dinheiro ilícito para os países africanos endereçada para: Sr. Cotti – Ministro de Relações Exteriores, Bundeshaus West – Berna 2003, Suíça.

na mulher. Como estratégia de sobrevivência, algumas mulheres imitam os homens, expondo-os também à castração.

Reconhecer sua ferida ou sua cicatriz marca uma virada na trajetória de uma mulher. A intervenção cirúrgica – seja a infibulação africana, os pés de lótus asiáticos ou as versões anestesiadas do Ocidente – faz com que as mulheres titubeiem. Esse desvio da norma é semelhante à prevaricação (etimologicamente, *praevaricatus* significa transgredir), ou seja, buscar refúgio na mentira. Submissas aos homens, as mulheres submetidas à ectomia não conseguem ou não têm vontade de fugir. Para lidar com sua situação insuportável, muitas podem negar sua dor, enquanto outras podem sentir prazer na dor ou, em um contexto teórico, adotar uma postura defensiva por razões políticas e ideológicas. Nesse ambiente, as relações heterossexuais e feministas globais se tornam invasivas, abrindo velhas feridas africanas. Em consequência, o celibato e a incapacidade ou a recusa da reprodução surgem na ficção como formas de resistência, especialmente porque algumas dessas mulheres, como Efuru e Firdaus, produzem textos em vez dos filhos mais desejados.

O determinismo cultural, portanto, torna-se o ponto focal da política da ectomia: cortar ou não cortar? A mente se aturde com as intervenções da cultura médica ocidental nos corpos das mulheres: histerectomias, ooforectomias ou ovariectomias, salpingectomias, episiotomias, mastectomias, implantes ou reduções mamárias, abortos, cesáreas e as inúmeras cirurgias cosméticas – embora muitas vezes prejudiciais – que incluem "*lifting* facial, reconstruções de nariz, abdominoplastia, lipoaspiração, *peelings* de pele" (Balsamo, 1992, p. 214). O vocabulário é assustador. Anne Balsamo conclui que, "para algumas mulheres e para algumas estudiosas feministas, a cirurgia plástica representa uma colonização tecnológica dos corpos das mulheres; para outras, uma tecnologia que as mulheres podem usar para seus próprios fins" (Balsamo, 1992, p. 226).

Um problema transcultural surge dessa colonização tecnológica. Curiosamente, em *Possessing the Secret of Joy*, de Walker, a afro-americana Olivia mente para a africana Tashi, que está determinada a se submeter à cirurgia estética de infibulação olinka por razões ideológicas. Olivia afirma: "Eu disse a ela que ninguém na América ou na Europa corta pedaços de si mesma" (Walker, 1992, p. ix). Essa mentira ainda é contada e difundida no Ocidente, enquanto Walker denuncia as ectomias africanas em sua agenda política atual. Seu foco voyeurístico na infibulação – que ela criminaliza na frase "mutilada genitalmente"[155], fetichiza e, talvez involuntariamente, apresenta, assim como a já superexposta África, como Outra – é desconcertante. Igualmente perturbadoras são as perguntas invasivas que Hanny Lightfoot-Klein faz (por intermédio de intérpretes) às informantes sobre sua sexualidade, em sua jornada antropológica pelo Sudão em *Prisoners of Ritual* (1989). Vale recordar que muitas mulheres africanas relutam em falar sobre sua sexualidade, considerada um tabu. Essa situação é ainda mais complicada pelo constrangimento de ter uma conversa proibida com uma estrangeira por meio de uma pessoa que atue como intérprete mediadora. O resultado, um texto relutante, atropela as barreiras raciais, culturais, religiosas e linguísticas e carece de intimidade, comprometendo sua autenticidade.

Foucault (1978, p. 11) adverte sobre a representação abstrata da sexualidade, insistindo que "o que está em questão […] é o 'fato discursivo' geral, a maneira como o sexo é 'inserido no discurso'". Com seu tom condescendente e a curiosidade ávida norte-americana a respeito da sexualidade africana, a campanha aberta de Walker para acabar com a infibulação na "África" apenas evoca os fantasmas do imperialismo, particularmente porque muitas das porta-vozes africanas navegam pelas águas perigosas desse assunto tabu, abordando-o de forma indireta. Ademais, muitas prefeririam enfrentar a questão mais difusa do capitalismo internacional pós-

---

155. Essa frase pesada, bem como a abreviatura MGF (Mutilação Genital Feminina), ganharam popularidade e são usadas no lugar da expressão "circuncisão feminina", menos controversa. Isso contribui para a criminalização do procedimento, gerando emoções intensas em todos os lados.

-colonial nocivo que causa a pobreza abjeta das mulheres com reações em cadeia, impedindo o desenvolvimento em todas as partes da África. As mulheres pobres se apegam de maneira tenaz aos poucos lugares de poder que ainda podem chamar de seus; a infibulação estranhamente se transforma em uma prerrogativa.

Enquanto continuamos com nossas discussões intelectuais longe das complexidades da África, silenciamos a voz das sobreviventes, ou falhamos em aprender com uma crítica de seu texto – ou, como Ngũgĩ wa Thiong'o aponta de modo tão dramático, chafurdamos no absurdo de nossas ficções de um "campesinato africano de língua inglesa" (Wa Thiong'o, 1986, p. 22) –, e o problema da política de representação permanece sem solução. Analisando um dilema pós-colonial semelhante, Gayatri Chakravorty Spivak (1990) problematiza a questão da representação de pessoas subalternas:

> Realmente, eu não acho que vamos resolver o problema hoje, conversando entre nós; mas, por outro lado, acho que isso precisa ser mantido vivo como um problema. Não é uma solução, a ideia das pessoas marginalizadas falando por si mesmas, ou das críticas radicais falando em seu nome; essa questão da representação, da autorrepresentação, da representação dos outros, é um problema. Por outro lado, não podemos empurrá-lo para debaixo do tapete com demandas por vozes autênticas; precisamos nos lembrar de que, ao fazermos isso, podemos agravar o problema mesmo ao tentar resolvê-lo. E é preciso uma crítica constante das ações tomadas, para que não se atole tudo nessa homogeneização; construir o Outro simplesmente como um objeto de conhecimento, deixando de fora os verdadeiros Outros em função de quem tem acesso a lugares públicos por essas ondas de benevolência, e assim por diante. Acredito que, na medida em que nos mantivermos cientes de que esse é um campo muito problemático, há alguma esperança (Spivak, 1990, p. 63).

Sem sinais claros acerca do que fazer, as ectomias – literais, figurativas e psicológicas – proliferam. A escrita com sangue e a escrita sanguinária são traços distintivos de uma herança colonial e pós-colonial violenta. Codificada em mitos, lendas, "estórias" e na história da África, há outra herança violenta importante para a teorização da ectomia no discurso crítico pós-colonial.

Em um contexto diferente, o que Spivak diz sobre a prática do *sati* é útil aqui para refletir sobre a circuncisão feminina:

> Obviamente, não estou defendendo a indiferença das viúvas [...]. No caso da autoimolação da viúva, o ritual não está sendo redefinido como superstição, mas como *crime*. A gravidade do *sati* era o fato de a prática ser ideologicamente catequizada como "recompensa", assim como a gravidade do imperialismo era o fato de ele ser ideologicamente catequizado como "missão social". A interpretação de [Edward] Thompson do *sati* como "punição" está, portanto, muito distante da realidade [...] (Spivak, 1988, p. 301).

Em alguns contextos africanos, a circuncisão feminina é catequizada como um "ritual religioso" e, no contexto feminista, como uma amputação selvagem, com a interpretação equivocada e grosseira de Walker, que a compara ao ferimento em seu olho causado por um parente. Essa leitura dicotômica nos remete às posições oitocentistas entre a África e o Ocidente. Em uma possível reação a isso, em junho de 1997, a Assembleia Legislativa do Egito reafirmou a legitimidade da circuncisão feminina, supostamente para coibir o ataque violento do Norte contra o islã. Assim como algumas mulheres africanas temiam que houvesse uma reação negativa após as manobras agressivas e alienantes de Walker e elas, portanto, se opusessem ao seu estilo não africano, era esperado que perdêssemos algum terreno conquistado tacitamente pelas mulheres africanas.

Vejo a ectomia como uma metáfora para expressar essa perda e a excisão, o corte, a exclusão, inerentes ao destino da mulher. Além disso, a clitoridectomia/infibulação feita por mulheres sadomasoquistas, representando de forma literal e simbólica o estupro da mulher, destaca a complexidade da política feminista, ao mesmo tempo em que expressa os limites variados de tolerância à dor das mulheres (cf. Lightfoot-Klein, 1989, p. 140-141) e os usos possíveis do sofrimento. Como Saadawi, uma psiquiatra, coloca:

> O masoquismo, ou o prazer da dor, era assim um dispositivo de proteção, por meio do qual o ser humano tentava se livrar de um sentimento de culpa avassalador, afirmando: "Sim, ao fazer sexo, sou culpado de pecado, mas expio meu pecado experimentando essa dor quase intolerável, na qual encontro até algum prazer" (Saadawi, 1982, p. 150).

Operações radicais no corpo masculino revelam a tentativa de algumas mulheres de estender a dor para além das linhas de gênero, chamando a atenção para as "clitoridectomias simbólicas" reversas. Spivak (1981, p. 181; 1990, p. 10) utiliza bem esse termo para captar a natureza universal do problema da subordinação das mulheres. A expressão enfatiza o fracasso das mulheres em "enfrentar" e "compreender" a verdadeira natureza das posições de gênero para mudar as tradições que as mantêm subjugadas (cf. Spivak, 1990, p. 41).

Em uma abordagem diferente, Paula Bennett analisa as tradições literárias em seu artigo intitulado "Critical Clitoridectomy: Female Sexual Imagery and Feminist Psychoanalytic Theory" (1993). Meu trabalho sobre uma tradição contrastante complementa o dela ao abordar a eliminação do clitóris na ficção de mulheres negras, uma área que ela não cobre. A luta para restituir o clitóris à sua primazia na literatura é um projeto ocidental, conforme delineado de forma convincente no repúdio de Bennett às teorias restritivas freudianas e lacanianas que negam o clitóris. Naomi Schor (1981, p. 213) questiona distinções parecidas quando pergunta: "[Como] é possível alguém distinguir entre as escolas 'vaginal' e 'clitoriana' da teoria feminista? E o que se ganha adotando essa distinção?", concluindo que as feministas francesas "tendem a valorizar a forma vaginal de gozo" (Schor, 1981, p. 215) e as norte-americanas, o clitóris. O apagamento do clitóris como uma construção colonial ou pós-colonial é uma lacuna no quebra-cabeça teórico.

A ectomia opera transformações físicas e mentais, enfatizando o sofrimento ao mesmo tempo em que estrutura a vivência de uma vida difícil. Ela assegura mudanças de comportamento, minúsculas e consideráveis, com um modo arraigado de lidar com a realidade brutal. Meu objetivo, portanto, é contextualizar e historicizar a ectomia, mergulhando nos mitos e nas histórias africanas. Também examino os usos figurativos da linguagem e os três textos africanos e, em seguida, analiso a obra de Walker, para ver como as mulheres dão significado a suas vidas, imersas na dor e na falta de sentido da exclusão seletiva. Os poderes transformadores da ectomia ajudam a lidar com cenários negativos; eles encorajam a sobrevivente e sua rede de apoio a refletir sobre uma situação terrível e atribuir outro significado, gerando, assim, um novo texto que permite às mulheres não apenas protestar, mas, em última instância, *agir* em seu interesse próprio.

Histórias desmembradas e geografias dolorosas

Ísis, a deusa egípcia da natureza, resolve de maneira sábia a relação curiosa que tem com o irmão-esposo, o deus dos mortos, Osíris. Claramente egoísta – apesar de sua devoção fraternal e seu conhecimento cirúrgico –, ela junta de maneira meticulosa as partes desmembradas do corpo de Osíris, apenas para descobrir que seu tesouro, a parte geralmente coberta, está faltando. Essa ausência anula o aspecto conjugal do relacionamento, deslocando-a da "posição missionária" subordinada, como diria Spivak (1990, p. 41), para a posição superior de curandeira celibatária e mãe prolífica. A *penectomia* primordial ajudou a estabelecer um tesouro verbal escondido, parte do discurso sobre excisões.

Em sua interpretação da sexualidade, Freud insiste que "a criança do sexo feminino se torna uma mulher quando seu clitóris age como uma lasca de madeira de pinho, utilizada para atear fogo na madeira mais dura" (Mernissi, 1987, p. 39). Essa imagem do apagamento das partes íntimas pelo fogo, com seu toque de pedofilia, talvez seja defensável na fria Europa vitoriana. A Nigéria tropical oferece uma alternativa.

Um mito iorubá narra como Olure, a primeira mulher, sentou-se com as pernas abertas enquanto o macho tecnocrata Ogum, o orixá desbravador, cortava uma árvore caída que a impedia de continuar sua jornada primordial em direção à Terra. Uma lasca de madeira atingiu sua parte íntima, causando-lhe desconforto. Ao pedir que Ogum a retirasse, ele o fez prontamente, após pedir a mão dela em casamento. A cirurgia que ele fez deixou uma cicatriz de circuncisão. Durante a relação sexual, o impaciente Ogum cortou a ponta de seu pênis para acelerar a disseminação de sua semente (cf. Beier, 1980, p. 36). A circuncisão e uma camaradagem na dor tornaram-se, assim, mutuamente ritualizadas como uma necessidade conjugal que favorece a concepção.

É evidente que Olure não tinha nenhuma conselheira maternal para ensiná-la que uma mulher nunca deve se sentar com as pernas abertas. Inevitavelmente, ela aprende essa lição elementar de forma dolorosa por meio da circuncisão, e suas pernas a unem a Ogum. O clitóris passou, então, a ser considerado uma parte desnecessária, que deve removida cirurgicamente por questões de saúde e até mesmo estéticas. A clitoridectomia se torna uma marca de feminilidade, eliminando qualquer coisa que diminua a beleza e a saúde da mulher ou o desempenho de seu papel tradicionalmente definido como esposa e futura mãe. Como a beleza está nos olhos de quem vê – e a mulher nunca vê essa parte de seu corpo, exceto pela mediação do espelho –, esse tesouro passa a ser considerado lixo.

Além disso, a narrativa maliana do século XIII sobre o lendário Sundiata e seus inimigos, popularizada pelos griôs, está profundamente gravada na psique da África Ocidental:

> "Nunca conte tudo a uma mulher,
> A uma mulher de uma noite! [...]
> A mulher não é confiável, Sumamuru" [...].
> Sumamuru saltou em direção à sua mãe [...]
> E agarrou sua mãe [...].

> E cortou seus seios com uma faca, *magasi*! [...]
> Ela pegou o velho pano menstrual [...].
> "Ah! Sumamuru!", ela jurou [...].
> "Se é que algum dia seu nascimento foi real,
> Eu cortei seu velho pano menstrual!" (Okpewho, 1992, p. 297-298).

Sumamuru, o usurpador Susu do trono de Sundiata, é previsivelmente arruinado pela "mulher de uma noite", depois que sua mãe, a rainha-mãe, corta seu pano menstrual, a fonte do poderoso juju* que ela usava para manter o filho no trono. A mastectomia feita com raiva no seio que amamentou o agressor é imperdoável e passível de punição. Nesse *ménage B trois*, é melhor acatar a mãe e renunciar à intimidade com "uma mulher de uma noite".

Essa frase capta a provisoriedade e as inseguranças da condição de esposa, ecoadas em uma canção popular calipso de Lord Kitchener, de Trinidad e Tobago, que prefere salvar a mãe que está se afogando do que a esposa, muito mais fácil de substituir. O afogamento comum implícito de mulheres ilhoas – que, inexplicavelmente, não sabem nadar para se salvar – reflete de maneira profunda a percepção de dependência das mulheres. Os filhos egoístas e masculinistas salvarão suas mães cúmplices, enquanto as esposas podem afundar.

Convicções profundamente arraigadas são difíceis de mudar. Nesses mundos dos povos africanos, os sistemas domésticos com suas intrigas, contradições e também misoginia abrem uma Caixa de Pandora com implicações figurativas que requerem investigação.

Usos figurativos da linguagem

Embora a vagina e o útero sempre tenham estado no centro das transações sexuais entre homens e mulheres, essas partes

---

* Segundo o dicionário Houaiss: "entre certos povos da África ocidental, fetiche, amuleto ou encantamento, ou o poder mágico a ele atribuído ou associado" [N.E.].

anatômicas raramente são mencionadas no discurso das mulheres africanas. Nesse contexto, este artigo seria considerado extremamente grosseiro. No entanto, a sabedoria popular reconhece que quase todo mundo chega nesse mundo beijando a vagina da mãe. O subtexto na ficção feminina deriva desse ponto. Figurativamente, a África, com seus chifres somalis, é representada como um útero, dilacerada pela prole que dela surgiu, isolada do mundo progressista e consumida pela falta de itens básicos que ela aprende a prescindir. Letrados e analfabetos são parte da polarização criada pelo colonialismo. Essa e outras formas de divisão permitem que grupos elitistas locais perpetuem a estrutura de poder colonial exploradora para seu benefício pessoal. O pós-colonialismo (interno e externo) é, portanto, ectômico; ele gera atrofia, favorecendo instituições locais e instigando relações* no mundo subjugado. Com seu poderio militar e a conivência internacional, ele controla a oposição e, assim, aprofunda a dependência e o empobrecimento dos mundos africanos. As ectomias físicas e psicológicas resultantes do tráfico de escravizados e de seus frutos – o colonialismo e o pós-colonialismo –, infelizmente, permanecem ignoradas, enquanto a África segue à deriva.

Em uma tentativa de abordar essas questões de maneira internacional e possibilitar a recuperação da África Ocidental, Nwapa se compromete a desabonar a circuncisão feminina, mostrando como ela é dolorosa e desnecessária. Ao abordar a política, a economia e a biologia dessa cirurgia, ela apresenta *Efuru* (1966) como uma alegoria das relações anglo-africanas e da incapacidade de ler com astúcia e ingressar na modernidade. No entanto, essa capacidade de interpretar com inteligência as narrativas políticas da clitoridectomia – que Nwapa chama, de forma diplomática, de "banho" – é claramente demonstrada por Efuru e sua outra mãe, Ajanupu. "Banho" remete ao original igbo, enfatizando os aspectos

---

* No original, "*intercourse*", que, embora tenha o sentido mais amplo de "relações, trocas, intercâmbio", em seu uso mais comum, faz referência a relações sexuais [N.T.].

"higiênicos" e "embelezadores" nos preparativos nupciais da mulher (cf. tb., Zainaba, 1990, p. 67) em uma atmosfera claramente opressiva. Aos poucos, Efuru compreende os desdobramentos e os refúgios da zona de batalha do casamento que espelha uma união colonial. De forma sagaz, ela abraça a divindade da água, Uhamiri, o princípio espiritual feminino tradicional que garante a independência emocional, política e econômica.

O desenvolvimento de Efuru é admonitório. Ainda que as mulheres mais velhas neguem a dor do banho, Efuru sente, expressa seu desconforto, e então passa a entender suas ironias e sua função simbólica. O banho é um momento político decisivo para Efuru como mulher, uma vez que as mulheres mais velhas a informam que a excisão é o destino de toda mulher. O banho se torna um símbolo do sofrimento feminino, uma metáfora para a dor do casamento, enquanto o clitóris, como um objeto imundo, se transforma em metonímia para a mulher. O banho prepara a mulher para o seu papel, atuando como um calmante no casamento e um lubrificante no ato sexual, facilitando a jornada do homem para conquistar seu prazer. Limpeza, lubrificação e prazer são os aspectos do banho utilizados para expressar a percepção de Nwapa (1966) da complexidade conjugal e do papel da mulher, que progressivamente a escraviza[156]. O subtexto colonial é claro: Efuru não consegue se beneficiar de seus dois casamentos, e sua vida se torna a prova viva de que a circuncisão feminina é nula, pois não facilita a geração de filhos[157]. Ela conquista sua independência

---

156. Trata-se de uma observação sobre a natureza sexista desse arranjo de casamento em que não existe um ritual recíproco para preparar um homem para ser um bom marido e pai. A grande maioria dos homens se apropria e coloniza os corpos de suas mulheres.

157. Em seu último romance, *The Lake Goddess* (2023), Nwapa desmascara a crença comum de que a circuncisão garante a fecundidade e a virtude. Contrariando essa expectativa, sua personagem incircuncidada não apenas gera filhos, mas também abandona a eles e a seu marido para levar uma vida celibatária, adorando a deusa do lago e servindo à comunidade como sacerdotisa.

pelo apoio feminino, o vínculo sororal que conecta esse romance a *Woman at Point Zero* (cf. Saadawi, 1975).

Circuncisões femininas e orgasmos subversivos

Economia, psicologia e ética aparecem na abordagem de Saadawi da circuncisão feminina, em *Woman at Point Zero* (1975). Esse romance (auto)biográfico explora as clitoridectomias, físicas e psicológicas, de duas mulheres profissionais – uma, prostituta condenada (a narradora oral, Firdaus); a outra, médica e autora privilegiada (Saadawi/seu *alter ego*, a narradora textual). Firdaus é circuncidada quando se torna sexualmente curiosa, questionando sua mãe sobre sua paternidade e explorando sua sexualidade com um menino. Numa perversão da maternidade aos olhos da criança, a mãe organiza a circuncisão, realizada por mulheres. Embora a intenção seja manter a pureza feminina, Saadawi sabota o corpo político ao transformar a circuncidada Firdaus em uma prostituta que se refere à vida de esposa como prostituição não remunerada. Como um "corpo máquina" (Saadawi, 1975, p. 94), a prostituta caminha pelas ruas, em constante movimento. A cama, o centro invisível e inominável do harém, torna-se um local de trabalho público e agitado.

Firdaus experimenta uma forma subversiva de prazer ao desafiar a sociedade. Com suas sensibilidades aguçadas, ela experimenta sensações orgásticas com eventos mundanos, como comer sem que um homem a observe com olhar crítico. Ela sente um prazer profundo na independência financeira de rasgar dinheiro como papel e em enfiar uma faca em seu cafetão. Como a sociedade controla uma mulher circuncidada cujos orgasmos foram transferidos para outros lugares? Essa afronta é resolvida com a prisão e a execução de Firdaus. Jamais derrotada, Saadawi a faz falar o que pensa, se recusar a implorar por seu corpo, e ela é executada e vai para um paraíso muçulmano, fiel ao seu nome.

Assim, a narração oral de sua história é inspiradora e culminante, fecundando metaforicamente a autora Saadawi, que reproduz um corpo textual. Em uma reciclagem do corpo, o desaparecimento pós-morte de Firdaus é anulado por Saadawi, um receptáculo para a história seminal de Firdaus, cuja "disseminação" está fora do controle de Firdaus (Busia, 1992, p. 98). Após a gestação, ela dá à luz (em texto) a falecida Firdaus – uma reaparição pós-parto na escrita da narração. Embora o corpo narrativo seja geralmente sucinto, nesse romance, a escrita transforma os dois corpos narrativos em corpos textualizados. O corpo de Firdaus é um lugar colonizado, ocupado pelo patriarcado e seus aliados, mas também é transgressor, lutando por independência. Inevitavelmente, há vítimas de ambos os lados. Essas vítimas textuais existem no mundo objetivo? Em compensação, Saadawi interpõe a cultura fúnebre com o imaginário do nascimento; numa narrativa estruturada como bonecas russas, a prisão-tumba se transforma em um útero vivificante[158].

Ao privilegiar a palavra falada, *Woman at Point Zero* ridiculariza o processo de leitura, muito embora a narrativa oral da protagonista seja escrita por sua nova mãe, Saadawi. Firdaus carrega consigo seu diploma, realmente inútil, pois ninguém se dá ao trabalho de lê-lo para empregá-la, passo que poderia tê-la poupado do trabalho sexual humilhante como esposa ou prostituta. Antes, ela tenta decifrar o texto implícito no olhar de sua mãe traidora que, sem cerimônia, organiza sua clitoridectomia na tentativa de silenciá-la e impedi-la de conhecer e de ser conhecida. Ironicamente, em uma confusão ética, Firdaus teve relações sexuais antes de sua clitoridectomia, a despeito da qual ela passa a conhecer e a ser conhecida, em vingança, como esposa e prostituta.

A filha circuncidada constata a cessação de um determinado tipo de prazer sexual, ao ser lançada peremptoriamente à idade adulta. A dor e o prazer, agora transferidos para outros lugares, se misturam com as memórias à medida que os afazeres da vida adulta se impõem implacavelmente. Firdaus vê a si mesma refletida

---

158. Não é preciso dizer que o árabe dela está fora do meu alcance, pois o texto ganha vida para mim em uma tradução para o inglês.

nos olhos das pessoas – a insignificância, o nada, os olhares que não significam nada de bom para uma mulher. Ela reflete sobre os segredos masculinos. Como uma anti-heroína, ela segue sua jornada incansável, escapando de uma forma de opressão apenas para cair em outra, acumulando conhecimento pelos labirintos da condição feminina. Ela soluciona um enigma ao, gradativamente, se dar conta de que a mulher pode alterar leis inexoráveis, inclusive as da matemática e da condição feminina/colonial.

Tendo sobrevivido, os sinais *negativos* da opressão feminina proliferam; o esfaqueamento múltiplo e simbólico de seu cafetão a leva à prisão, estática, o ponto zero mediano em que ela conhece Saadawi. Embora exausta da batalha, Firdaus não pode descansar; ela precisa se aventurar no *positivo*, à esquerda do zero, ainda em meio ao turbilhão. A folha em branco em que ela não consegue escrever demonstra que, embora ela tenha vontade de contar sua história, escrever não é o seu caminho.

Saadawi insere a circuncisão feminina em um contexto psiquiátrico, destacando a falta do clitóris como uma ruptura – emocional, sensual e política. Ao psicologizar a situação, ela a insere em um contexto africano, transformando o encontro entre mulheres não em uma relação médica/analista-analisada, mas em uma sessão de esvaziamento da mente com uma narradora viva e uma ouvinte que age como um marabuto, ambas sentadas no chão, solidamente ancoradas (cf. Mernissi, 1996, p. 21-31). Em um esforço colaborativo que resolve de forma hábil o problema da representação colocado por Spivak, Firdaus, como uma sobrevivente, ganha voz, ainda que desencarnada. Sua oratura se metamorfoseia em literatura por meio da intervenção de uma *ghostwriter*, enfatizando a necessidade de união e compreensão entre as mulheres em face de forças hostis: o onipresente "elas". Enquanto Firdaus está na prisão, ambas produzem o que Henry Louis Gates classifica como um "livro falado"; Firdaus e Saadawi evocam um símbolo uterino da prisão como um vazio. Firdaus é ressuscitada quando o livro nasce após sua execução.

Esse romance narra o funcionamento de uma agência que garante a sobrevivência, a esperança subversiva, a transformação, o potencial e o elemento surreal que anula a marginalização. A autora se assemelha à curandeira, desencadeando de forma catalizadora a destreza verbal para cativar quem a lê. Como ficção, o texto é concebido como uma oração fervorosa, enunciando uma vida amarga, uma cura e uma grande expectativa, sendo ele mesmo a grande expectativa.

Vanguardismo ou o casamento descartável

A alfabetização também desempenha um papel importante em "The Collector of Treasure" (1977), de Head: Como educamos a próxima geração? O que ela deve ler? Uma resposta aqui é a *penectomia*, a remoção do pênis pela mulher, não mais como o falo, signo da dádiva da natureza, mas signo da irresponsabilidade e da opressão sexual. Aquele horror que Walker apenas imagina, Head já havia transmutado em um texto para o filho jovem da história decifrar.

A celibatária Dikeledi, a ex-esposa que sofre de clitoridectomia psicológica, se revigora para realizar uma cirurgia fatal em seu marido, Garesego, com o objetivo de curar a próxima geração. Essa extrema-unção é desencadeada pela recusa de Garesego em pagar a escola do filho e a insistência humilhante em seus direitos conjugais, embora ele houvesse abandonado a família há muito tempo. Depois de se lavar e se alimentar à custa da esposa, ele cai em um sono profundo, nu e com as pernas bem abertas, fugindo de seus deveres como pai e marido. Dikeledi, transformada em sacerdotisa, cirurgiã e parteira, silenciosamente realiza seu ritual. Como assassina de homens e autora, ela interpreta calmamente a cena sangrenta que criou com o golpe de uma faca, transformando o "tesouro" de seu marido em lixo. Então ela pede ao filho que chame a polícia para que vejam essa releitura do antigo texto da desavença conjugal, com a esposa desempenhando um papel abjeto. Uma vez na colônia penal, Dikeledi se dedica ao tricô, produzindo roupas de valor inestimável, ao mesmo tempo em que reúne as mulheres em uma comunidade coesa, paradoxalmente mantida pelos homens. Com o marido morto, as vizinhas cuidam de sua prole no ambiente mais favorável que ela ajudou a criar.

Nesses três textos africanos, o colonialismo, com suas fases/faces mutantes, claramente é mantido por guerras de guerrilha. A mulher, agindo à beira da morte, combate a excisão do clitóris com a *penectomia*; combate a exclusão das mulheres com o ostracismo dos homens; combate a destruição psicológica das mulheres com a castração e o assassinato dos homens; combate a marginalização, o isolamento e o aprisionamento das mulheres com comunhão, colaboração e liberdade de criação. Trata-se de uma anulação sistemática, reproduzindo mulheres inteiras. Os textos resultantes são declarações silenciosas de emancipação das mulheres que, assim como os países pelos quais elas viajam continuamente, conquistaram sua independência a um preço altíssimo. Suas histórias refletem discursos feministas e pós-coloniais.

Para esclarecer a metáfora africana no contexto contemporâneo, a clitoridectomia significa misoginia; ela representa, metonimicamente, a condição feminina deslocada que exige reparação. Cada uma das mulheres luta para mudar sua situação sem priorizar a clitoridectomia, pois, em termos diagnósticos e mitológicos, ela é apenas um sintoma de uma perda acelerada da posição e do lugar da mulher. Para as três protagonistas, a educação é central para promover mudanças de comportamento; para que sejam eficazes, elas devem partir da agência feminina individual, e não ter uma agência imposta de fora. Em sentido terapêutico, é vital que cada mulher afetada, por meio da ação – por menor que seja –, diga não à sua situação deplorável para que uma cura se inicie.

Uma resposta norte-americana

Walker inverte o discurso em *Possessing* ao privilegiar a infibulação ou a "mutilação genital" como o problema das mulheres.

Ela politiza a condição feminina ao desnudar uma vulva africana supostamente representativa, colocando-a em destaque para uma leitura explícita, em vez de implícita. Sua posição como uma escritora norte-americana de sucesso permite que ela revele impunemente algo que pessoas africanas consideram tabu. Assim, ela lança um projeto paraimperialista[159] para erradicar a infibulação, abordando o público norte-americano com um problema africano, miniaturizando a África para tornar seu trabalho viável.

Por que os governos do Mali e do Sudão, dois países que ainda praticam a infibulação faraônica (cf. Lightfoot-Klein, 1989), não conseguiram erradicá-la, embora ela seja ilegal? Por que as delegadas da Década das Nações Unidas para as Mulheres e de outras agências feministas foram incapazes de detê-la? Por que as mulheres praticam a infibulação e se submetem a ela? Por que algumas feministas norte-americanas fetichizam a infibulação? Para uma autora que ultrapassa os limites da ficção para incluir o ativismo, essas questões urgentes precisam ser abordadas. Como Linda Alcoff e Laura Gray (1993, p. 269) explicam ao discutir as táticas de sobreviventes de agressão sexual, "o ponto-chave aqui é que a revelação e a repressão se reforçam mutuamente,

---

159. Uso essa palavra de forma deliberada. A imagem das mulheres infibuladas em *Possessing* e *Bailey's Cafe*, de Gloria Naylor, como loucas, ingênuas ou mentalmente retardadas é uma extensão do estereótipo da África como uma criança, incapaz de falar por si mesma ou de se defender sozinha. Em vez de se concentrar apenas nos aspectos da vida africana que atrasam o progresso, será mais profundo abordar os fatores internos e externos intrinsecamente conectados que mantêm a África atrasada, especialmente na medida em que a África tem a riqueza potencial para se desenvolver. A interferência internacional, a incapacidade de resistir a ela e objetivos mal definidos explicam, em parte, o seu subdesenvolvimento. Sem dúvida, os objetivos de Walker e de Naylor são política e esteticamente diferentes. Suas obras pertencem a um gênero norte-americano caracterizado pelas críticas, às vezes sensacionalistas, de países do Terceiro Mundo por filhos de imigrantes nos Estados Unidos. Exemplos recentes são as obras de Paule Marshall e Maxine Hong Kingston e os filmes *Como água para chocolate* e *O clube da felicidade e da sorte*, por exemplo. Essas críticas não apenas representam o corte dos laços umbilicais com o lugar de origem, mas também definem o pertencimento das autoras como norte-americanas autênticas.

constituindo uma única economia do discurso". Em outras palavras, os contos taciturnos de resistência das mulheres africanas engendram contos ocidentais mais explícitos que tendem a ser missionários.

De modo significativo, embora a norte-americana branca Lightfoot-Klein deseje que a infibulação seja erradicada no Sudão, ela comenta:

> O que mais me surpreendeu [...] não é o grau de patologia mental que elas [as mulheres] manifestam, mas a aura geral de serenidade e equilíbrio que exalam com muito mais frequência, especialmente nas áreas periféricas. Elas parecem ser muito mais equilibradas e emocionalmente saudáveis do que muitas mulheres ocidentais (Lightfoot-Klein, 1989, p. 149).

Quais são, então, as implicações do empreendimento missionário de erradicar a infibulação sem abordar suas causas? Transformar as mulheres africanas "serenas" em paranoicas para satisfazer a ideologia ocidental? Ou, numa época em que uma criança pode se divorciar de seus pais irresponsáveis, manter a relação colonial entre pai-filho que prejudica o desenvolvimento da África? Com os desdobramentos da tragédia da experiência colonial e o mal absoluto de muitas interferências pós-coloniais, o Ocidente perdeu o direito moral de criticar a África e precisa se empenhar para recuperar o tempo perdido, ou de tentar impor, a essa altura, mudanças bem-intencionadas que só podem ser mal interpretadas como hegemônicas.

Apesar de ser negra, o projeto "humanista" de Walker inevitavelmente opera nesse contexto imperialista. Lançado com alarde da mídia, *Possessing* foi ignorado como um romance, na medida em que as partes mais íntimas da África eram reveladas a um público norte-americano atônito. Essas táticas são transgressoras e potencialmente subversivas – em especial, num momento em que os Estados Unidos levavam a cabo, de forma ambivalente, uma missão de caridade em uma Somália que precisava dela, mas não queria recebê-la dos norte-americanos. Uma resposta iorubá à conduta verbal de Walker seria *"Ko m' oro so"* (Ele/ela não sabe falar), isto é, em um contexto africano; ou *"O la 'ro mo 'le"* (Ele/ela golpeou a palavra no chão), problematizando a diferença cultural, a política do discurso, a leitura equivocada, a falta de comunicação e o momento inadequado. Porém, obviamente, não há sabedoria alguma em recuar para o silêncio, em ignorar os ataques violentos que Walker descreve como "afetuosos" (cf. McHenry, 1992, p. 10).

Em consonância desconcertante com aspectos da Teoria da Curva do Sino que, mais tarde, geraram furor em alguns círculos intelectuais, Walker apresenta sua protagonista, Tashi, como a mulher infibulada por excelência – uma louca, estúpida, sem raízes, ociosa, malcheirosa e manca, com uma prole mentalmente retardada; ela depende totalmente de norte-americanos e europeus para o básico da existência. Essa imagem da mulher negra como vítima pode ser um truque para arrancar algum poder do público branco carregado de culpa, pois o imperialismo que destruiu a comunidade de Tashi é a principal causa de sua situação terrível. A estratégia difere dos métodos de sobrevivência que amparam as mulheres na África diante de séculos de opressão implacável. Embora a intenção de Walker seja acabar com o costume "selvagem" de impor o discurso pós-colonial, involuntariamente, a crítica tem as conotações imperiosas que a África conhece muito bem. O Ocidente, como sempre, determina o plano de ação porque controla o dinheiro. O ressentimento que isso gera é evidente na reação egípcia, que já mencionei, e em um poema oral ewe que ridiculariza a noção de dependência colonial:

> Um bebê é um europeu
> *ele se preocupa muito pouco com os outros:*
> ele impõe sua vontade aos pais.
> Um bebê é um europeu
> *ele é sempre muito sensível:*
> o menor arranhão em sua pele causa uma úlcera
> (Chinweizu, 1988, p. xxiii).

Esse poema leva Chinweizu, em seu projeto de descolonização da literatura africana, a concluir que ele "zomba discretamente do comportamento soberbo e distante dos colonizadores europeus na África. Embora [...] informado pela observação precisa das partes contrastadas, e embora sutil e habilmente apresente seu ponto de vista, não há esperanças de uma avaliação artística imparcial de acadêmicos eurocêntricos e filiados à branquitude" (Chinweizu, 1988, p. xxvi). Tashi emerge dessa longa disputa: com sua sensibilidade euro-americana adquirida e seu estranhamento, ela é mutilada em todas as frentes e proporciona uma leitura excitante da "África" para um público norte-americano insaciável.

Ao descobrir a vulva, ironicamente, durante as comemorações do quinto centenário de Colombo, Walker a coloca no mapa geoliterário, teorizando sobre a interpretação, recusando-se a interpretar, interpretando mal e associando isso com o que ela percebe como os "olhos mortos" das mulheres africanas, sua hesitação e seu andar arrastado habituais. Arrastar-se pela infibulação, o estupro, o sexo insatisfatório, a depressão, as lesões na perna, as correntes visíveis e invisíveis nos tornozelos da escravidão, da prisão, do casamento, dos asilos psiquiátricos e de profissões insatisfatórias parece ser, cada vez mais, o destino da mulher negra. A consequência disso é não acompanhar o ritmo de outras que viajam com liberdade, um ponto que ironiza a "odisseia" de Lightfoot-Klein (1989) pelo Sudão, estudando e incorporando as narrativas de mulheres infibuladas que – é possível inferir – não podem caminhar livremente e jamais poderiam estudá-la. O andar arrastado revela a lentidão deliberada no cumprimento do dever imposto, a necessidade de estar conectada com a solidez da terra, o cuidado com os desníveis do terreno a ser percorrido, a hesitação diante das escolhas escassas nas en*cruz*ilhadas enfeitiçadas. Apesar dessas limitações, as fábulas sobre a lendária e lenta tartaruga levam a crer que tudo ficará bem; quem corre rápido e quem caminha lento, ambos chegarão ao seu destino. Essa esperança induz muitas delas a agir de forma positiva, mesmo diante da morte, pois a morte não é necessariamente o pior destino[160].

Enquanto as mulheres nos três textos africanos agem de forma radical e conseguem se livrar de seus opressores masculinos, Tashi, assim como a Fahtma de Lightfoot-Klein (1989, p. 132-136), permanece eternamente desorientada. Em um movimento matrofóbico, ela elimina a velha M'Lissa, cuja agência, embora sadomasoquista e mantida à custa de outras mulheres, não é a causa do sofrimento das mulheres em Olinka. Essa reviravolta na trama para colocar a mulher como opressora, embora fascinante, deixa impunes imperialistas racistas; olinka sexistas; seu marido adúltero, Adam; e obstetras voyeuristas dos Estados Unidos, fontes significativas da dor física e emocional de Tashi-Evelyn.

Como uma mãe negra, protetora de sua filha fictícia africana e violentada, Walker exerce sua prerrogativa autoral e depois cai em um excesso de propaganda. Ao examinar as pessoas africanas interpretando sua cultura, ela, involuntariamente, desempenha o papel da antropóloga, a quem Trinh T. Minh-ha (1989, p. 67-68) descreve fofocando sobre pessoas nativas. A história de Tashi não é africana, mas ocidental, com sua base judaico-cristã, e Tashi-Evelyn serve como um exemplo da "mulher, nativa, outra" de Minh-ha. Caindo no paradigma de Du Bois, que prioriza as questões de cor, Tashi apaga seu eu africano ao aceitar como pessoas dos Estados Unidos a julgam, cheiram, veem e tratam,

---

160. A manqueira pronunciada das personagens femininas nos romances de mulheres afro-americanas não é, entretanto, resultado da infibulação, mas é uma infibulação. Uma perna que é amputada em *Sula*, o pé arqueado e o estupro infantil em *The Bluest Eye*, e os pés inchados e o infanticídio em *Beloved*, obras de Toni Morrison; a histerectomia em *Corregidora* e a penectomia em *Eva's Man*, de Gayl Jones; o aborto e a salpingectomia em *Meridian* e a ameaça de penectomia em *The Third Life of Grange Copeland*, de Alice Walker; os sadomasoquismos em *Bailey's Cafe* e o estupro coletivo em *The Women of Brewster Place*, de Gloria Naylor – apenas para citar alguns exemplos –, comparam-se em violência com sua contraparte africana. A marginalização eventualmente gera uma resposta morrisoniana, viole(n)ta e necrófila de mulheres que resistem a ela.

metamorfoseando-se em uma afro-americana multiconsciente, devastada por sua diferença.

Agora aprisionada na cultura norte-americana, Tashi-Evelyn parece sofrer um destino idêntico ao parcialmente tolerado pelas personagens femininas africanas. Efuru vive muito tempo na prisão da tradição conjugal, mas rompe suas limitações para abraçar uma sororidade espiritual. Dikeledi escapa da prisão do casamento patriarcal apenas para passar o resto de sua vida produtiva presa, embora continue a resistir produzindo roupas e tricotando uma audaciosa comunidade prisional feminina. Firdaus abandona seu casamento e, após uma existência pícara, vive na prisão, em uma solitária projetada para fazer sucumbir qualquer pessoa criminosa insensível e desesperada por comunicação; ela subverte isso contando sua história. Tashi, excluída das sociedades norte-americana e Olinka por questões ideológicas, termina na prisão, em uma visão apocalíptica do vasto continente africano como uma prisão distópica povoada por pessoas "criminosas" e pacientes com aids esperando a morte. Para Lightfoot-Klein (1989), as mulheres são prisioneiras do ritual; ironicamente, isso inclui ela mesma, Walker e a fictícia Tashi.

As prisões (e os tribunais) sempre foram um bastião colonial e pós-colonial para conter os dissidentes. Em *Possessing* (1992) – assim como em *The Man Died* (1972), de Soyinka –, a pessoa que o lê, diante das complexidades políticas, é forçada a ler e a *escrever* nas entrelinhas, dialogando com textos passados ao rabiscar entre as páginas, em uma visão renovada da colaboração de autoria-leitura. As quarenta e três páginas em branco[161] intercaladas nas numerosas seções de *Possessing* não são simplesmente um desperdício de papel (um ato que parece hostil à floresta nessa era de consciência ambiental), mas um

---

161. Essas páginas em branco também podem ser vistas como virginais, um anseio pelo passado, pausas na narração, lacunas no texto da analisanda, silêncios em sua fala, a marca de um novo começo.

lembrete dessa reaproximação entre autora-leitoras/leitores e seu compromisso com o ativismo de, pelo menos, debater a história.

Ciente disso, Walker foca a natureza da recepção ao lidar com cartas escritas ou recebidas com atraso, sem resposta ou respondidas ignorando as questões críticas levantadas por quem as enviou. Essas complicações simbolizam a falta de comunicação ou a comunicação perdida ou desperdiçada entre quem escreve e quem lê, entre pessoas africanas e afro-americanas, entre mulheres brancas e negras, entre mulheres e homens.

O feminismo global, deleitando-se ao sol e ao luar de uma reconciliação internacional incipiente, identifica a opressão na forma de uma mulher que manca. Em *Possessing*, M'Lissa, batizada em homenagem à divindade andrógina de Daomé, Mawu (parte feminina e lua) e Lissá (parte masculina e sol) (Herskovits, 1967, p. 101), é maior do que uma mulher. Analfabeta, mas perspicaz, um homem poderoso com sua faca, mas uma mulher impotente com sua perna coxa, uma força na gerontocracia local, mas desamparada com as limitações da velhice, M'Lissa legitima as contradições inerentes ao poder feminino africano, exumadas por meio desse horror mítico maternal (reprimido), ou melhor, enterradas nos jardins de nossas mães.

A amargura de pessoas afro-americanas contra as africanas por terem participado do tráfico de escravizados, misturada com a alegria pelo resultado bem-sucedido de sua permanência na América, lembra a estadia auspiciosa do José bíblico no Egito. Isso gera uma dinâmica de amor e ódio. Alguns escritores influentes da América infligem excisões à África, sempre negada no discurso ocidental. Alguns dos versos ambivalentes de Phillis Wheatley e Countee Cullen; *Black Power*, de Richard Wright, que ridiculariza Kwame Nkrumah; e as tentativas da Costa do Ouro de estabelecer a independência de Gana ecoam em *Possessing*. A mais recente adição a essa tradição hostil é o relato polêmico de Keith Richburg sobre suas viagens em *Out of America: a Black Man Confronts Africa* (1997). A fictícia Tashi reproduz as ações desses gigantes literários: uma africana que se torna afro-americana retorna à África para vingar os erros do passado – no lado errado.

Walker não estabelece, deliberadamente, uma contradição no discurso crítico do pensamento feminista pós-colonial, ao ouvir suas irmãs enquanto argumenta contra elas? Ela não age, talvez involuntariamente, como imperialista? Sem nenhuma dúvida, "a postura coercitiva de que a pessoa deve falar, deve participar de um grupo de apoio ou deve fazer terapia merece com justiça a crítica que Foucault faz de como a exigência de falar envolve um poder de dominação e uma estrutura teórica imperialista [...] [cf. Foucault, 1978, p. 61]. Esse é [...] duplamente o caso quando se trata de uma especialista terapeuta, ou uma estrangeira 'bem-intencionada', que exige da sobrevivente que ela fale" (Alcoff; Gray, 1993, p. 281) – em uma voz alheia. Essa contradição no discurso crítico feminista circuncida psicologicamente muitas africanas que resistem.

Discursos complementares

Em resposta a uma pergunta feita por Lightfoot-Klein (1989, p. 25-26) a uma mulher infibulada – "Você consegue ter prazer nas relações sexuais?" –, ela declara categoricamente: "*Um corpo é um corpo*, e nenhuma circuncisão pode mudar isso! Não importa o que cortem de você – não podem mudar isso". Essa resposta enigmática nos leva à filosofia difundida de neutralizar crises, de adaptabilidade, sobrevivência e até mesmo de ter prazer diante da dor.

Bennett (1993, p. 238) corrobora a resposta da informante em termos teóricos: "Como essas e outras pessoas que teorizam [...] insistem, a sexualidade feminina, assim como o prazer feminino, tem múltiplos lugares. Ela pode, portanto, ser construída – bem como vivenciada – de múltiplas maneiras pelas mulheres individualmente". O clitoricentrismo norte-americano complementa a inflexão africana para o vaginal e o uterino; todos revelam múltiplas formas de conhecer e de vivenciar a sexualidade. O clitoricentrismo privilegia o aborto ou a matrofobia para promover o crescimento pessoal, ao passo que o vaginal e o uterino gravitam em torno de múltiplas fontes maternas de cuidado com a comunidade. Em outras palavras, a madona pós-colonial, com ou sem prole, está preocupada com a construção da nação, como enunciado na crítica de muitas escritoras africanas à política de sempre. A aparente obsessão com a maternidade em alguns textos africanos indica o desejo das mulheres de sair da periferia carente para participar de um centro movimentado, às vezes indiretamente por meio de sua prole, da reconstrução da nação e, assim, compartilhar o poder comunitário. Marianne Hirsch (1989, p. 34) oferece uma explicação psicanalítica para uma trama semelhante: "As tentativas das escritoras de imaginar para suas heroínas vidas que sejam diferentes das de suas mães tornam imperativo que as mães fiquem mudas ou ausentes em seus textos, que elas permaneçam na pré-história da trama, fixadas tanto como objetos de desejo quanto como exemplos a não seguir". Matricídio, mães ausentes, sogras ofensivas e a cumplicidade das mulheres mais velhas são indicadores de uma relação traumática entre mãe e filha e da desvalorização das mulheres em sociedades dominadas pelos homens.

Não obstante, o projeto literário de Saadawi é retratado como um trabalho de parto para dar à luz Firdaus; o desejo de Dikeledi de dar educação a seu filho induz ao crime como análogo ao sacrifício; Efuru se dedica à sua própria espiritualidade e a de sua comunidade. Trata-se de projetos comunitários, não individuais, que envolvem sacrifícios por parte das mulheres. Portanto o policiamento das mulheres de si mesmas, em benefício da comunidade, tem conotações de martírio. Walker desconstrói essa questão, referindo-se a ela como uma "circuncisão psicológica", pois os homens têm uma interpretação equivocada das táticas de sobrevivência das mulheres (cf. a crítica a Freud e Aqqad em Mernissi, 1987, p. 33). Em suma, o fato de algumas mulheres africanas se verem como extensões da mãe terra[162] em seu papel de construção da nação aflige a política de gênero, na medida em que elas sacrificam o próprio prazer.

A posição de Walker é semelhante à leitura de Bennett da simbologia do clitóris na poesia de mulheres brancas do século XIX. A proliferação de pequenos objetos duros nessa poesia celebra sua insistência subversiva no prazer sexual individual. Isso difere muito da simbologia vaginal das escritoras africanas em análise. Os cursos de água predominantes (o símbolo fálico do Níger marrom fluindo para o lago azul em *Efuru*, as ruas intermináveis e o Nilo verde em *Woman at Point Zero*), com as protagonistas peregrinando por eles ou perto deles em momentos cruciais de suas crises, marcam essa diferença. As vias fluviais são produtivas, uterinas, labirínticas, purificadoras, curativas. A movimentação constante de Firdaus e Efuru – uma como prostituta; a outra como comerciante – reflete a vida dos rios.

A jornada de Dikeledi até a prisão pelos terrenos desérticos de Botsuana também é longa, apesar de monótona. Engajada na recuperação nacional para combater sua clitoridectomia psicológica, ela possibilita que as pessoas adquiram tesouros que ajudam a melhorar sua qualidade de vida: como construtora de casas, ela está construindo a nação; como costureira, ela cria ao furar, cortar e costurar tecidos como o cirurgião ou a parteira que incisa para curar.

Em direção oposta, a clitoricêntrica Evelyn (Tashi norte-americanizada) se preocupa com o túnel assustador e o cupinzeiro, o galo e a galinha, um sistema binário que define sua ambivalência. Ela joga pedras em seu enteado, Pierre (pênis), que a lembra da remoção de seu clitóris. Em resposta à pergunta de M'Lissa sobre a aparência de uma norte-americana, Evelyn responde de forma reveladora: "Uma norte-americana parece uma pessoa

---

162. A divindade da terra geralmente é feminina; o abuso que a terra sofre de muitos homens reflete os maus-tratos das mulheres.

machucada, cuja ferida está escondida dos outros e, às vezes, dela mesma. Uma norte-americana se parece comigo" (Walker, 1992, p 208). Como norte-americana, Evelyn tergiversa sobre sua situação, mas sabe que está tergiversando, criando a necessidade de um ou uma analista, profissional ocidental que muitas pessoas africanas não utilizam.

Como exemplo, a clitoridectomia psicológica vivenciada por Efuru abarca o espaço de dois casamentos. Seu primeiro marido a desrespeita abertamente quando ele não comparece ao luto comunitário pela morte de sua filha, Ogonim, que era muito estimada por ser filha única. Ele abandona Efuru por uma mulher menos competente. O insulto final é o seu silêncio. Efuru se recupera ao se casar novamente, e seu novo marido, Eneberi, parece mais estável do que o primeiro. No entanto, a euforia dura pouco, pois Eneberi estabelece uma família polígama para gerar a prole que a "estéril" Efuru não pode. Sem qualquer explicação, ele também não comparece a um funeral importante – dessa vez, do pai de Efuru. Embora ele esteja preso por um crime não revelado, Efuru o apoia. Pouco depois, Eneberi acusa falsamente a doente Efuru de adultério; sua mãe substituta, Ajanupu, o golpeia com o pilão e o hospitaliza. Essa violência liberta Efuru. Usar o instrumento que escraviza e pulveriza sementes para fins culinários para libertar é fascinante. Uhamiri, a deusa da água, restaura o poder feminino de Efuru, que os homens querem destruir ao infligir feridas psíquicas profundas.

Head também explora uma noção similar. "The Collector of Treasures" (1977), como a maioria de suas obras, tem alguns toques autobiográficos. A autora foca a ferida psíquica de Dikeledi causada pela ausência masculina em sua vida. Recebendo seu nome por ter nascido após a morte de seu pai, Dikeledi significa lágrimas; e, assim como Head – que nasceu depois do desaparecimento de seu pai –, ela está sobrecarregada com um marido lascivo. Para a autora, a indiferença de Garesego com sua família representa a irresponsabilidade pós-colonial. Para restaurar um mínimo de ordem, Dikeledi empreende uma guerra de guerrilha, realizando uma *penectomia* letal que dá a ela alguma dignidade e, à sua prole, um novo sopro de vida.

Assim como suas duas contemporâneas africanas, mesmo na desolação da clitoridectomia psicológica, Saadawi ainda se apega a alguma esperança. Enfrentando sistemas de opressão complexos, ela transcende a insignificância apenas para fazer dela um ponto de partida para o enquadramento do livro. Uma relação umbilical é mantida nessa história batida – um texto falante, emoldurado por uma introdução de uma escritora-psiquiatra egocêntrica que logo se tornará encantadoramente altruísta nas páginas finais do texto. Saadawi vai além das excisões, precipitando em direção à cura emocional da escritora e contadora de histórias, de quem lê e de quem ouve, nesse conto pungente de exploração sexual.

Da mesma forma, a ideia de "circuncisão psicológica" capta de forma incisiva os efeitos devastadores do isolamento das mulheres negras na sociedade norte-americana. O estigma de manca e malcheirosa marca a diferença da mulher afro-americana. Recordatórios das reações racistas contra os negros e das respostas negativas a mulheres "sujas", o odor e a diferença anatômica de Tashi a diferenciam. Como se estivesse exposta em um bloco de leilão de escravizados, o ponto alto da imigração de Tashi para os Estados Unidos tem lugar na sala de parto, onde ela se transforma em uma anomalia, examinada pelo olhar clínico e curioso. A objetificação precipita um nascimento – o desmembramento de Tashi em pelo menos seis personalidades, as diferentes faces da Eva negra na América. Lynne Tatlock (1992, p. 757) capta a essência do dilema da mulher ocidental na sala de parto, assim como o de Tashi: "O espéculo vaginal marca literalmente a fissura nessas proibições tradicionais, rasgadas pela intrusão dos primeiros médicos modernos na sala de parto; simbolicamente, ele serve também para legitimar o olhar médico masculino, o direito dos médicos homens de examinar o interior do corpo feminino e, assim, saber de coisas que a própria paciente não sabe". A situação se agrava durante o trabalho de parto tecnológico de Tashi, quando os instrumentos sofisticados danificam o cérebro de seu filho, causando o retardo de Benny.

Benny não chega aos pés de Petit Pierre, filho bastardo de Adam com a francesa Lisette. Ao contrário de Benny, Pierre nasceu nos braços amorosos das parteiras da família, que ajudaram Lisette a ter um parto orgástico, nos termos de Kristeva. Pierre se torna um afro-americano de pele clara, muito inteligente, formado em Harvard, duplamente consciente, andrógino, nos moldes de Du Bois. Tashi-Evelyn enfrenta uma batalha perdida, recebendo Pierre em sua casa com pedras, pois Pierre/Peter simboliza seu fracasso sexual.

Além disso, a rejeição de Tashi por parte de Adam[163], marcada por sua preferência pela não infibulada Lisette, com suas implicações raciais, sexuais, políticas e intelectuais, agrava a inadequação de Tashi-Evelyn. Misturada no conceito de Tashi/Tashi-Evelyn, há uma leitura da condição das mulheres negras na África, nos Estados Unidos e na Europa. A personagem, deliberadamente desamparada por razões políticas, teve que nascer na África, depois se metamorfosear em uma figura mítica para vivenciar todas as adversidades contra as mulheres negras em todos os lugares. As palavras de Achebe (1964, p. 32), em um contexto diferente, descrevem Tashi em sua solidão: "A mosca que não tem ninguém para aconselhá-la segue o cadáver até o túmulo"; Tashi mata M'Lissa e segue com ela até o túmulo.

Por causa das escolhas aparentemente limitadas de Evelyn, o tio de sua rival, em uma reviravolta incrível na trama, torna-se seu analista. Ela desenha um pênis enorme na parede dele. O pênis destaca o atrofiamento das emoções conjugais, ressaltando

---

[163]. De muitas maneiras, pela forma como ele trata Tashi como mulher, Adam é realmente filho de seu pai biológico, se posso tomar a liberdade de voltar ao livro *The Color Purple* (Walker, 1982). O erro de Tashi é pior que o de Celie, pois condena essa africana à execução.

a discórdia de gênero entre pessoas afro-americanas com um estereótipo sexual. Adam, constrangido, interpreta o desenho na parede: a sexualidade dos homens negros é tão problemática no mundo ocidental quanto na África. A importância desse pênis, um contraste enorme com a remoção do clitóris, está profundamente gravada entre as marcas no rosto de Adam. Como uma mulher feiticeira, Evelyn o desnuda, trocando insultos[164], colocando-o em seu lugar, expondo de forma monstruosa seu tesouro.

Contudo Tashi (Evelyn) vem de uma herança de dor. Assim como sua mãe, Catherine, batizada em homenagem a Santa Catarina de Alexandria – mártir cristã do século IV –, ela continua a sofrer no hostil ambiente ocidental. Por sua vez, Lisette, cujo nome remete à flor-de-lis em forma de vulva, aquele "lugar protegido cercado por um monte circular" (*Webster's New International Dictionary*) da antiguidade irlandesa, dá à luz seu amado Petit Pierre, comprometendo, assim, a solidariedade internacional entre as mulheres. Ao servir como a "fortaleza das fadas" de Adam, protegendo-o de uma enervante zona de guerra conjugal, Lisette, a mulher branca, contribui para o sofrimento psicológico da mulher afro-americana. Quando Tashi reconhece tardiamente a falecida Lisette, uma relação simbiótica se desenvolve entre elas – na morte.

A análise de Walker sobre a poligamia, em todos os seus romances, atinge um clímax em *Possessing* com essa descrição do trauma que causa à mulher. Evelyn resiste com o aborto, recusando-se a sustentar o patriarcado dando à luz mais futuros patriarcas ou mulheres para procriar e manter o sistema funcionando. Ela retorna à África, a origem, para corrigir os erros como a pantera vingativa da fábula que marca sua história. Assim como Lara, o leopardo rejeitado de outro conto, sua tentativa suicida de retificação, embora narcisista, precipita uma mudança quando uma multidão de

---

164. Essa cena remete a *Their Eyes Were Watching God*, de Hurston, quando Janie castra Jody, feminilizando-o diante de um grande público ao referir-se a ele como a mudança de vida. Palavras e desenhos claramente realizam penectomias.

mulheres se reúne fora dos muros da prisão para apoiá-la. As lutas incansáveis de Tashi dramatizam a dor eterna sofrida pela mulher negra sob o patriarcado, o imperialismo e o racismo.

Por um processo de cura

Sentimentos contra a mãe, hostilidade evidente em relação às mulheres mais velhas, indiferença ou a canibalização da mãe predominam nas histórias africanas produzidas no novo mundo. Arrancadas de uma África empobrecida e definhando subjugadas a uma madrasta má (Grã-Bretanha/Europa/América), muitas mulheres escritoras na diáspora africana buscam compreensivelmente por uma mãe ansiada para preencher o vácuo emocional criado pelo fantasma da mãe rejeitada e destruída. A alienação concomitante ao exílio e à posição de enteada é parte da dinâmica complexa da "civilização rebarbarizante", como Brian Shaffer (1993) cunha o conceito. Esse contragolpe engendra um feitiço no coração do qual a África por vezes serve como saco de pancadas. *Possessing* ilustra de forma parcial esse processo, que podemos considerar como parte de um diálogo protelado, fatalmente atolado em hostilidade dados os séculos de repressão e negação[165].

Para muitas escritoras africanas, embora a mãe África seja impotente diante dos colonialismos, ela ainda as alimenta, mesmo que mal. Não surpreende que *Efuru*, *Woman at Point Zero* e "The Collector of Treasures" tenham uma reviravolta inspiradora. Assim como nos eventos de libertação em diferentes partes da África, as ectomias – físicas e psicológicas – terão um fim na África quando um determinado grupo de africanas (talvez apoiadas por estrangeiras) decidir enfrentá-las. Uma vez que a legislação não foi capaz de erradicá-las, alguns textos feministas podem ser lidos como o início da guerra de guerrilha para combatê-las. A

---

[165]. Por exemplo, a recepção africana hostil dos romances de Maryse Conde baseados na África e a sua angústia com essa virulência fazem parte desse diálogo contínuo, embora às vezes exaustivo.

reavaliação, nas línguas locais, dos aspectos religiosos, sanitários, biológicos e culturais que envolvem as ectomias tem tido algum sucesso em conseguir que algumas mulheres modifiquem atitudes conservadoras (cf. Zainaba, 1990). Pouco a pouco, algumas mulheres estão começando a ver a circuncisão feminina como uma inconveniência, assim como a bandagem chinesa dos pés; está saindo de moda, como a tatuagem facial em muitas partes da Nigéria. Como a educação moderna limita a formação de parteiras tradicionais, o fim pode estar próximo. Mais e mais meninas e suas mães se darão conta de que algumas ectomias são desnecessárias. Nessa fase difícil, o que é necessário é o apoio internacional às africanas na África que lutam contra esses procedimentos, não a raiva explícita, o desprezo, a fetichização, o voyeurismo ou o desejo de controlar as africanas em benefício próprio. Por mais bem-intencionado que seja o clamor internacional, ao ser teoricamente idealista, ele deve se resguardar contra as "três armadilhas já bem demarcadas por teóricas e pesquisadoras feministas – o essencialismo, o a-historicismo e a falsa generalização" (Martin, 1996, p. 585).

Este ensaio sobre ectomias inevitavelmente envolve *exclusões*. Como uma forma de infibulação textual, ele suprime os textos originais, mantendo meros vestígios para produzir uma leitura que, por sua vez, será dissecada. Cortar e colar – ou melhor, costurar, para manter a imagem da costureira/cirurgiã –, ou, nesta era da informática, excluir e inserir, fazem parte do processo de produção dos discursos literários. O projeto criativo – com suas "mentiras", seus exageros ou suas lacunas – também envolve uma cirurgia, de modo a gerar um texto completo. Na medida em que toda escritora/todo escritor desvia, manipula ou se apropria do texto de alguém que a/o antecedeu, ela/ele opera sobre a leitora/o leitor, que, por sua vez, reage. E, assim, o discurso prossegue. *Verbum mirabile*, ectomia!

Obras citadas

ACHEBE, C. *Arrow of God*. Londres: Heinemann, 1964.

ALCOFF, L.; GRAY, L. Survivor Discourse: Transgression or Recuperation? *Signs: Journal of Women in Culture and Society*, 18, n. 2, p. 260-290, 1993.

BALSAMO, A. On the Cutting Edge: Cosmetic Surgery and the Technological Production of the Gendered Body. *Camera Obscura*, 28, p. 206-237, 1992.

BEIER, U. *Yoruba Myths*. Cambridge: Cambridge University Press, 1980.

BENNETT, P. Critical Clitoridectomy: Female Sexual Imagery and Feminist Psychoanalytic Theory. *Signs: Journal of Women in Culture and Society*, 18, n. 2, p. 235-259, 1993.

BUSIA, A. P. A. Rebellious Women: Fictional Biographies – Nawal el Sa'adawi's "Woman at Point Zero" and Mariama Ba's "So Long a Letter". *In*: NASTA, S. (ed.). *Motherlands: Black Women's Writing from Africa, the Caribbean and South Asia*. New Brunswick: Rutgers University Press, 1992. p. 88-98.

CHINWEIZU. Introduction: Redrawing the Map of African Literature. *Voices from Twentieth-Century Africa: Griots and Towncriers, XVII-XXXIX*. Londres: Faber and Faber, 1988.

FOUCAULT, M. *The History of Sexuality: Volume 1: An Introduction*. Trans. Robert Hurley. Nova York: Pantheon, 1978.

GIDDINGS, P. Alice Walker's Appeal. *Essence*, 23, n. 3, p. 58-60/62/102, 1992.

HEAD, B. The Collector of Treasures. *The Collector of Treasures and Other Botswana Village Tales*. Londres: Heinemann, 1977. p. 87-103.

HERSKOVITS, M. J. *Dahomey: An Ancient West African Kingdom, Vol. II*. Evanston: Northwestern University Press, 1967.

HIRSCH, M. *The Mother/Daughter Plot: Narrative, Psychoanalysis, Feminism*. Bloomington; Indianapolis: Indiana University Press, 1989.

JOHNSON-ODIM, C. Common Themes, Different Contexts: Third World Women and Feminism. *In*: MOHANTY, C. T.; RUSSO, A.; TORRES, L. (ed.). *Third World Women and the Politics of Femi-*

nism. Bloomington; Indianapolis: Indiana University Press, 1991. p. 314-327.

KRONIK, J. W. Editor's Column. *PMLA*, 107.1, p. 9-12, 1992.

LIGHTFOOT-KLEIN, H. *Prisoners of Ritual: An Odyssey into Female Genital Circumcision in Africa*. Nova York: Harrington Park, 1989.

MCHENRY, S. A Dialogue with Alice Walker. *Emerge*, p. 9-10, September 1992.

MARTIN, J. R. Aerial Distance, Esotericism, and Other Closely Related Traps. *Signs: Journal of Women in Culture and Society*, 21, n. 3, p. 584-614, 1996.

MERNISSI, F. *Beyond the Veil: Male-Female Dynamics in Modern Muslim Society*. Bloomington: Indiana University Press, 1987.

MERNISSI, F. *Women's Rebellion and Islamic Memory*. Londres: Zed, 1996.

MINH-HA, T. T. *Woman, Native, Other: Writing Postcoloniality and Feminism*. Bloomington; Indianapolis: Indiana University Press, 1989.

NWAPA, F. *Efuru*. Londres: Heinemann, 1966.

NWAPA, F. *The Lake Goddess*. Londres: Abibiman, 2023.

OKPEWHO, I. *African Oral Literature: Backgrounds, Character, and Continuity*. Bloomington; Indianapolis: Indiana University Press, 1992.

OVERALL, C. What's Wrong with Prostitution? Evaluating Sex Work. *Signs: Journal of Women in Culture and Society*, 17, n. 4, p. 705-724, 1992.

PATTERSON, T. R.; GILLIAM, A. M. Out of Egypt: A Talk with Nawal El Saadawi. *Freedomways*, p. 186-194, Third Quarter 1983.

RICHBURG, K. B. *Out of America: A Black Man Confronts Africa*. Nova York: Basic, 1997.

SAADAWI, N. E. *The Hidden Face of Eve: Women in the Arab World*. Boston: Beacon, 1982.

SAADAWI, N. E. *Woman at Point Zero*. Trans. Sherif Hetata. Londres: Zed, 1975.

SCHOR, N. Female Paranoia: The Case for Psychoanalytic Feminist Criticism. *Yale French Studies*, 62, p. 204-219, 1981.

SHAFFER, B. W. "Rebarbarizing Civilization": Conrad's African Fiction and Spencerian Sociology. *PMLA*, 108, n. 1, p. 45-58, 1993.

SOYINKA, W. *The Man Died*. Nova York: Penguin, 1972.

SPIVAK, G. C. French Feminism in an International Frame. *Yale French Studies*, 62, p. 154-184, 1981.

SPIVAK, G. C. Can the Subaltern Speak? *In*: ELSON, C.; GROSSBERG, L. (ed.). *Marxism and the Interpretation of Culture*. Urbana; Chicago: University of Illinois, 1988. p. 271-313.

SPIVAK, G. C. *The Post-colonial Critic: Interviews, Strategies, Dialogues*. Ed. Sarah Harasym. Nova York: Routledge, 1990.

TATLOCK, L. Speculum Feminarum: Gendered Perspectives on Obstetrics and Gynecology in Early Modern Germany. *Signs: journal of Women in Culture and Society*, 17, n. 4, p. 725-760, 1992.

WA THIONG'O, N. *Decolonizing the Mind: The Politics of Language in African Literature*. Londres: James Currey; Nairobi: Heinemann Kenya; Portsmouth: Heinemann, Harare: Zimbabwe Publishing House, 1986.

WALKER, A. *Possessing the Secret of Joy*. Nova York: Harcourt Brace Jovanovich, 1992.

ZAINABA. Lecture on Clitoridectomy to the Midwives of Touil. *In*: BADRAN, M.; COOKE, M. (ed.). *Opening the Gates: A Century of Arab Feminist Writing*. Bloomington; Indianapolis: Indiana University Press, 1990. p. 63-71.

10

Em busca de correntes sem ferro

A sororidade, a história e a política do lugar[166]

Abena Busia

Estou muito honrada de estar aqui. Para todas nós que fomos convidadas, este local é particularmente especial. Desde a sua criação, o Café da Manhã da Convenção de Mulheres tem sido, para muitas de nós, um ponto alto da reunião da Associação de Estudos Africanos. O momento que todas esperamos para ouvir uma das nossas – a quem respeitamos – falar sobre os assuntos que nos preocupam como mulheres, como africanas, como africanistas. Nunca pensei que estaria na posição de oradora, em vez de ouvinte, mas aqui estou.

Desde que eu soube que estaria aqui, fiquei pensando no que diria. Isso não é exatamente verdade. Eu sabia o que queria dizer; no entanto, hesitava em relação à linguagem com a qual diria. Hoje quero falar sobre alianças: o que as torna possíveis, o que as torna difíceis.

Por que estamos aqui? Por que somos uma comunidade? O que faz uma convenção de mulheres? Que sentimento de sororidade é esse que nos une ou que nos opõe? Como muitos movimentos descobriram, as alianças são mais fortes em sua definição negati-

---

166. Este artigo é a transcrição de uma palestra proferida na Convenção de Mulheres da Associação de Estudos Africanos, de novembro de 1993.

va. Sabemos o que nos une quando concordamos acerca do que combatemos, não apenas a opressão em geral, mas esse punho branco específico, esse rosto negro particular; a história vivencial da exclusão praticada por esse órgão nomeado ao qual pertencemos.

Como geração, somos nós que estamos à frente da batalha para sermos beneficiárias de séculos de luta de mulheres, em todo o mundo, para reivindicar nosso lugar nas histórias institucionais de todos os tempos. Lidamos com um mundo que resiste à ideia de ter de mudar e se reavaliar sempre e onde quer que entremos.

A referência é clara. Em seu estudo clássico, Paula Giddings (1984) nos lembrou do lugar que as antepassadas negras abriram para nós, para nos fortalecer e continuar seu trabalho. Falando aqui como uma feminista africana, reconheço primeiro aquelas mulheres cuja vida, cujo trabalho e cuja obra tornaram possíveis as minhas palavras: Ama Ata Aidoo, Flora Nwapa, Filomena Steady e Molara Ogundipe. Seus legados continuam sendo, fundamentalmente, a construção de alianças e coalizões.

Essa é sempre uma tarefa árdua, especialmente porque, muitas vezes, confundimos não os nossos objetivos, mas o caminho a seguir. Grande parte da dificuldade, da dor que nós, como mulheres em um ambiente político, suportamos é porque, como Bernice Johnson Reagon (1983) nos lembra, confundimos "família" com política de coalizão. Esse é um ponto importante. Apesar do fato de *todas* termos irmãs, nós nos comportamos como se a construção de relações fraternas fosse um trabalho fácil e automático, em vez do processo permanente de compromisso que ela é. Queremos sempre ter um sentimento de aliança que também esteja constantemente repleto de uma sensação de conforto e bem-estar. E se alguma coisa acontecer que abale a fé nessa equanimidade, nós rompemos, e a "revolução" para. Uma das coisas mais difíceis de aceitar é o fato de que, para trabalhar por um objetivo comum, não somos obrigadas a escolher uma à outra como parceiras de dança, companheiras ou qualquer outro tipo de par. Não somos obrigadas a compartilhar o pão, embora isso seja sempre reconfortante. Mas, para trabalhar juntas, é preciso um respeito profundo e duradouro baseado na aceitação de nossas humanidades mútuas. Porém essa compaixão só pode existir se demonstrarmos solidariedade umas com as outras, e isso requer um enfrentamento da história.

Contudo, muitas vezes, enfrentar a história é ser forçada a reconhecer uma história de horrores, de traições evidentes. E o que às vezes é ainda mais difícil do que enfrentá-la é encarar não apenas a extensão em que fomos traídos, mas também a extensão em que traímos outras pessoas ou fomos cúmplices de suas violações contínuas.

O que estou considerando agora é resultado direto de ter ouvido Obioma Nnaemeka discursar aqui neste fórum em 1993, quando ela falou sobre a confusão na conferência na Nigéria dezoito meses antes, causada por mulheres afro-americanas. Na minha opinião, havia três pontos centrais no relato de Nnaemeka sobre o incidente: as mulheres afro-americanas contestaram de forma enérgica o papel proeminente que as mulheres europeias e euro-americanas se sentiam *no direito* de desempenhar; a manifestação dessas objeções, da forma como foi feita, gerou desconforto em suas anfitriãs nigerianas; e a organizadora da conferência, em sua versão da história, expressou impaciência com a atitude das mulheres afro-americanas.

Vou comentar esses pontos contando outra história. Antes, quero deixar claro que estou tratando a história do que aconteceu na Nigéria, na versão contada por Nnaemeka, como emblemática. Ela poderia ser substituída por uma infinidade de outras histórias semelhantes. Essa história é uma boa referência, porque ela aconteceu *conosco*. Algumas de nós estavam presentes; outras foram oficialmente informadas sobre o que aconteceu, embora não estivéssemos lá. Eu não estava lá, e isso é, de fato, parte do meu argumento. Além disso, fui envolvida na história, assim como todas que a ouvimos no ano passado, pelo fato de ela ter sido contada publicamente, neste mesmo fórum, no Café da Manhã da Convenção de Mulheres da Associação de Estudos Africanos, pela própria Obioma Nnaemeka.

Todas as histórias carregam a marca de quem narra, todas as histórias estão sujeitas a interpretação, e todas nós já ouvimos tantas versões do que aconteceu na Nigéria quanto existem pessoas para contá-las. Também ouvimos tantas versões da história, tal como ela nos foi contada, quanto havia pessoas naquela sala no ano passado. Meu objetivo não é constatar, explicar, justificar essa história nem julgar ninguém, mas sim usá-la para levantar questões sobre como ela contribui para a nossa compreensão das intersecções entre história e lugares, poder e deslocamentos, que tornam a busca pela sororidade tão exaustiva.

A história de Obioma Nnaemeka é a história de um momento – um momento dramático congelado no tempo, quando um gesto foi feito e palavras foram ditas que exigiram uma reação imediata. E a palavra então foi transmitida ou gravada de várias formas, por muitas pessoas. A minha intenção é refletir sobre o que esses gestos duplos – do acontecimento e da sua historicização – podem nos ensinar. Para isso, quero contar uma história.

Algum tempo atrás, ouvi Carole Boyce Davies falando sobre migrações do sujeito, no capítulo intitulado "Migrations of the Subject" (1994), introdução de seu livro homônimo. Nesse artigo, ela apresenta uma série de "histórias migratórias de horror" que me assombram desde então. Eram histórias de horror precisamente por causa da natureza invisível das contradições da existência que nos pegam de surpresa e revelam, expõem e manifestam padrões duradouros de poder e deslocamento. Desde então, essa palestra me instigou a compilar meus próprios conjuntos de histórias – e as que conto aqui não são sobre migrações, mas sobre o que chamo de "desalianças".

Quando cheguei aos Estados Unidos em 1980, pouco antes do fim de semana do Dia do Trabalhador, para lecionar em Yale, minha primeira casa foi um quarto alugado no grande apartamento sublocado pelo filho de velhos conhecidos da minha família, um casal norte-americano que conhecia meus pais desde o início dos anos 1950, quando eram jovens no *campus* da Universidade de Gana, em Legon.

Aquele ano em Yale foi um período doloroso, e essa história é uma das razões. Ao chegar à universidade, fui nomeada pesquisadora bolsista de uma das faculdades e, por isso, era convidada para os eventos sociais de lá, aos quais comparecia com prazer. Embora eu ainda fosse, na minha cabeça, amigável e extrovertida como sempre, pela primeira vez na vida em um novo lugar, fiz poucos amigos. As alunas e os alunos na pós-graduação me evitavam, e o corpo docente mais jovem tinha pouco tempo para mim. Um dia, obcecada por esse sentimento de alienação, meu colega de quarto ofereceu uma explicação.

Para compreender de fato o que estava acontecendo, é preciso saber, caso vocês ainda não tenham imaginado, que trata-se de um homem branco. Nós não éramos amantes. Ele tem um relacionamento com uma mulher afro-americana, também da pós-graduação, que foi uma das poucas pessoas que se esforçou para ser amigável comigo. Ela tinha a resposta para o mistério, pois havia dito – ou foi isso que ele me contou –, que as pessoas negras que cursavam a pós-graduação "simplesmente não conseguiam entender como eu podia ir àquelas festas e conversar com aquelas pessoas brancas do jeito que eu fazia".

Fiquei perplexa. Era um homem branco, dormindo com uma mulher negra, que o mandou dizer a mim – outra mulher negra – que ela e seus amigos não entendiam como eu podia ser tão sociável com pessoas brancas?

Quando desci do muro, eu me mudei daquele apartamento. Então, olhei ao meu redor, e olhei bem. Eu me dei conta de que, de fato, nessas festas, a comunicação social tendia, pelo menos no nível da pós-graduação e do corpo docente mais jovem, a ter uma distinção claramente racial. A exceção parecia estar entre as professoras e os professores veteranos ou renomados. Então lá estava eu, essa pessoa sem *status* nenhum, cometendo gafes e me comportando como John Blassingame e Robert Farris Thompson. Havia uma linha muito sutil de convenção social, e eu a transgredi.

A verdadeira lição que tirei disso foi ter de aceitar minha própria cegueira sobre o meu direito de transgredir esse limite. Não estou dizendo que esse limite deveria existir. Na verdade, tenho absoluta convicção de que não deveria. Estou apenas dizendo que, uma vez que ele existe, eu deveria tê-lo notado. E a forma como deixei de ver isso foi uma expressão de ingenuidade nascida do senso de direito absoluto. Aceitar meu próprio senso de privilégio, meu próprio senso – como uma ganense independente – de que eu poderia dizer o que quisesse, a quem quisesse, quando quisesse, independentemente da raça, do *status* e do perigo, tocou fundo o cerne da questão. Era uma atitude de segurança nascida de uma desatenção a histórias diferentes.

Assim, dez anos depois, ao ouvir uma história sobre o poder potencialmente disruptivo de mulheres afro-americanas – embora eu ainda fosse uma ganense bastante antiquada, constrangida por noções rígidas de hospitalidade com pessoas desconhecidas, para ficar envergonhada com o episódio e com a natureza transgressora de seu comportamento de acordo com os relatos –, eu estava definitivamente do lado das afro-americanas. Dez anos antes, eu não estaria. Não admitiria e não admitia que elas pudessem ter alguma razão. O que havia causado essa mudança em mim?

Muitas de vocês nesta sala já me ouviram dizer isso várias vezes, mas eu não costumava pensar em mim mesma como "negra". Sempre soube que sou africana, mas não sabia que era negra até vir morar nos Estados Unidos, uma década e meia atrás, e isso pode significar toda a diferença do mundo.

Há uma parte de mim que sente falta da jovem que podia circular pelas festas em Yale totalmente inconsciente do fato de que, mesmo naquele ambiente, ela era negra, jovem e mulher – nessa ordem. Essa é uma lição que nenhuma de nós deveria ser obrigada a aprender. Contudo, quando se nasce uma pessoa negra nos Estados Unidos, não há escolha. Isso vem até você pelo leite da sua mãe, por assim dizer.

As experiências de vida me levaram a encarar a diferença entre ser uma pessoa africana, afro-britânica ou afro-americana e, portanto, a diferença entre as formas como pessoas britânicas, em casa e no exterior, e norte-americanas, em casa e no exterior, interagem conosco – em casa ou no exterior – e como todas essas dinâmicas mudam, seja lá o que chamemos de casa e onde quer que seja o exterior. A seguir, conto mais duas histórias.

A primeira, chamo de "Compras com CC". Essa história também se passa durante aquele ano transformador em Yale. Alguns meses depois, quando eu já havia feito contatos e amizades duradouras, fui fazer compras em uma das duas grandes lojas de departamentos no centro de New Haven com um grupo de irmãs. Estávamos descontraídas e nos divertíamos tentando encontrar uma roupa para uma de nós; todas elas eram afro-americanas ou afro-caribenhas. Eu era a única africana, a única recém-chegada. Eu falava pouco e não havia me dirigido a ninguém que trabalhava na loja. Então, em um determinado momento, vimos algo que gostamos. Eu mesma queria experimentar, mas não tinha o meu tamanho, e queria que uma de minhas amigas experimentasse em uma cor diferente. Fui pedir o que queríamos.

Até então, em grande medida, havíamos sido tratadas com a indiferença atenta a que muitas mulheres negras estão acostumadas quando fazem compras juntas neste país. Atenta porque você pode sentir que estão esperando que você furte ou estrague alguma coisa, indiferença porque, quando solicitamos atendimento, o que recebemos dificilmente pode ser chamado assim; até que eu abri a boca. A reação ao que os atores chamam, educadamente, de minha voz de "inglês tradicional"* do sul da Inglaterra foi instantânea. Por razões que ainda me deixam perplexa, o atendimento tornou-se

---

* No original, *"received pronunciation"*. A expressão faz referência à norma culta e à pronúncia padrão do inglês britânico, sobretudo na Inglaterra [N.T.].

solícito, rápido, eficiente e amigável – obviamente, ser uma negra exótica é mais aceitável do que ser uma negra local.

A reação da atendente foi uma institucionalização informal de uma história mitológica que me separava de minha irmã. Todas nós sabemos que a África é o continente mais negro e que seus povos são os nativos mais atrasados – exceto, ao que parece, quando chegam a essas margens; então, de muitas maneiras sutis, um espaço é aberto para nos privilegiar sobre "eles". Como nos lembra Gayatri Spivak, devemos estar sempre atentas aos momentos em que corremos o risco de ser cooptadas, seja como Calibã, seja como Ariel.

Minha próxima história é intitulada "Compras com Sarah" (Como vocês podem ver, as compras são parte importante do tecido social da minha vida). Tenho uma amiga muito próxima, nascida e criada no condado de Westchester, que conheci quando começamos a pós-graduação juntas no mesmo ano, em Oxford. Há muitos anos, pouco depois do nascimento de seu segundo filho, ela precisou comparecer a um evento social ligado ao trabalho do marido. Ela não estava com muita vontade de ir, estava farta dos banqueiros de Wall Street e, enfim, sofria de depressão pós-parto. Decidimos comprar um vestido de festa novo para a ocasião – e levamos as crianças conosco.

Estávamos comprando várias outras coisas naquele dia, e ela fazia a maior parte da busca, enquanto eu cuidava das crianças. Toda vez que ela comprava alguma coisa, as pessoas que trabalhavam como balconistas, sem pensar duas vezes, cobravam o item, devolviam o cartão para ela e me entregavam o pacote! Essa mulher é uma das minhas amigas mais próximas, cuja casa é meu porto seguro, cujos filhos são meus primogênitos. Somos amigas muito íntimas, mas as outras pessoas naquele ambiente pareciam não ser capazes de olhar para nós e considerar essa possibilidade. Ao fazer compras com ela, como duas garotas juntas no condado de Westchester, não havia como a institucionalização informal do racismo histórico conceber um espaço social para a natureza da nossa amizade. Na história das relações entre mulheres negras e mulheres brancas na construção de alianças, o ponto de partida sempre foi desigual.

É difícil falar sobre isso. De certa forma, eu preferiria ficar calada. Estou resistindo à necessidade de me desculpar, de me dirigir às mulheres euro-americanas presentes, como vocês sabem, algumas de vocês são minhas amigas mais próximas; ou minhas amigas e confidentes mais antigas são todas mulheres brancas; ou o primeiro homem com quem eu quase me casei era branco. E vocês conseguem ouvir a si mesmas em situações semelhantes, "algumas das minhas melhores amigas são negras ou judias", ou qualquer coisa do tipo. Precisamos ouvir nossos próprios medos, nossas próprias dores.

Estou tentando falar sobre o fardo das histórias coletivas e estou com medo de que as mulheres brancas, minhas amigas íntimas por décadas, se sintam traídas. De qualquer forma, articular esses medos, nomeá-los, ajudará a curar as fontes do nosso desconforto ou aprofundará as feridas e nos machucará ainda mais? Morar nos Estados Unidos me tornou – quem diria – dolorosamente consciente da raça. No entanto, falo porque precisamos desesperadamente encontrar um lugar para ver com clareza todos esses gestos simples e interpretá-los com o legado de nossas histórias, para que o significado de atos simples e de ações dramáticas não se perca na encenação ou nas diferentes versões contadas.

Adrienne Rich (1984), no que é para mim um de seus textos mais pungentes e poderosos – "Notes Toward a Politics of Location" –, ao falar sobre como ela constrói sua própria identidade, articula a terrível verdade de que, em virtude de ter nascido cidadã dos Estados Unidos, numa época de segregação oficial, foi classificada como branca antes de nascer mulher. O que ela buscava reconhecer era o fato de que todas as suas alianças posteriores foram, portanto, construídas sobre essa presunção de privilégio e que foi um processo longo e lento aprender a questioná-lo.

Mas, para construir as alianças, ela teve de questionar. "Reconhecer a ignorância é força. Ignorar o conhecimento é doentio." Conheço Lao Tzu por meio de Trinh T. Minh-ha. Podemos suportar ouvir a nossa dor?

Eu dei o título a esta palestra de "Em busca de correntes sem ferro" em reconhecimento a uma esperança; de que a sororidade é o laço kente que nos une. Contudo como podemos celebrá-las quando as marcas de ferro ainda estão doloridas em nossos pulsos e tornozelos? Ainda não saímos da sombra, da longuíssima sombra projetada pelos senhores imperiais e pelos senhores das plantações, em uma paisagem geográfica que carrega as cicatrizes do tempo.

Precisamos negociar nosso caminho, não desviando, mas atravessando as longas sombras de nossas histórias. Essas são histórias de separação, de fragmentação, que foram necessariamente construídas dessa forma. E, falando como uma mulher africana, é doloroso reconhecer o "sucesso" dessas estratégias. Como irmãs de origem africana, nessas construções de poder, somos sempre definidas como fragmentadas – ou monolíticas –, apenas de modo a nos enfraquecer. E às vezes, de fato, somos muito fragmentadas.

No campo da política identitária, as histórias imperiais e coloniais ainda têm força. Houve um tempo em que era impensável para uma mulher das Índias Ocidentais se casar com um africano ocidental, primeiro porque nunca mais se ouviria falar dela; ou ela teria de ir para casa e lidar com todas aquelas outras esposas antiquadas, e assim por diante. Ou, para algumas de nós de pele escura e cabelos crespos, há muitas "Miss Negra" disso ou daquilo que se parecem mais com a Cinderela do que... com quem? Que heroínas culturais belas nossas filhas têm? Não estou dizendo que todas nós desejamos ser a Cinderela, estou apenas apontando a ausência de uma referência social popular, até mesmo de um nome, para substituir o que ela representa.

Mas, na natureza das alianças políticas, isso também tem seu reverso. Devemos reconhecer isso também como parte do mesmo legado que conecta com mais força um jamaicano a um ganense do que a alguém dos Estados Unidos, apesar de sua distância menor. E esse vínculo estaria baseado no impacto profundo e contínuo, por exemplo, derivado de uma educação britânica ou, mais importante, de um sistema mercantil. Um triunfo da história sobre a geografia.

Vou contar mais uma história. Alguns anos atrás, uma de minhas colegas da Rutgers ofereceu um jantar em homenagem a um pesquisador britânico visitante. Ela própria, nascida e criada em Hong Kong, veio para este país para fazer pós-graduação. Os outros convidados eram: um indiano cuja família foi deslocada para o Paquistão na época da partição; um casal, formado por uma colega euro-americana e seu marido britânico; dois outros colegas euro-americanos e eu, nascida em Gana, criada na Inglaterra e, como todas as pessoas à mesa, trabalhando nos Estados Unidos. A diferença de idade entre nós era de quase vinte anos.

Durante a noite, a conversa se voltou para o serviço mundial da BBC e, daí, para o Alistair Cook e outras exportações britânicas. Uma coisa extraordinária aconteceu. Aqueles de nós dos "portos distantes" do antigo Império Britânico descobrimos que tínhamos algo notável em comum. Apesar da diferença de idade e da dispersão geográfica – Inglaterra, Paquistão, Gana e Hong Kong –, todos nós crescemos não apenas comendo Marmite, mas engolindo óleo de fígado de bacalhau Seven Seas, comendo biscoitos Huntley e Palmer e balas de frutas Rountrees e sendo esfregados com o unguento Sloan, e podíamos cantar os mesmos *jingles* publicitários do Blue Star Omo e do sabonete Palmolive. E as marcas eram importantes; desenterramos os nomes e as melodias de nossas memórias individuais e coletivas enquanto as pessoas norte-americanas nos ouviam espantadas. E nós chorávamos de tanto rir.

No entanto, por outro lado, uma mulher de Trinidad não é apenas parte de um passado ligado à Grã-Bretanha, ela também é parte de um presente ligado aos Estados Unidos de uma forma que poderia afastá-la não apenas de Gana, mas de sua própria irmã na Grã-Bretanha ocupada construindo alianças com ganenses e paquistanesas, e assim por diante. Voltando a um ponto que mencionei logo no início, na Grã-Bretanha, sempre foi mais fácil formar coalizões entre grupos raciais e étnicos não brancos. "Éramos nós, pessoas pretas juntas", por assim dizer – todas nós, como Meiling Jin nos lembraria, "estranhas em uma paisagem hostil", sem "nenhum lugar para ser alguém".

É esse "lugar para ser alguém" que está no centro daquele encontro narrado por Obioma Nnaemeka. Devemos reconhecer que a agressão das afro-americanas, seja qual for a fonte, foi considerada uma violação. E nesse impasse entre mulheres afro-americanas e euro-americanas, atadas em seu abraço incestuoso contínuo, como as mulheres africanas podem se sentir em casa, mesmo em sua própria casa?

No entanto, em uma conferência no continente africano sobre mulheres negras na diáspora, quem precisava se sentir segura o suficiente para falar sobre suas experiências? Quem estava voltando para casa, afinal? E se as mulheres afro-americanas não podiam reivindicar suas vozes lá, há algum lugar na terra onde elas possam reivindicá-las?

Mais uma vez, foram as mais marginalizadas, pensando que finalmente haviam chegado a um lugar acolhedor para uma conversa, que estavam sendo convidadas a despir-se de seu fardo antes que alguém sequer reconhecesse o fardo pesado que elas carregavam por tanto tempo. Talvez apenas aquelas pessoas com um verdadeiro senso de direito, não importa de onde ele venha, possam tratar com igual magnanimidade a quem se aproxima, venha de onde vier. E são sempre as pessoas que nunca tiveram esse direito que devem lutar por formas de instituí-lo, custe o que custar.

Agora, vou contar uma última história. Cerca de vinte anos atrás, viajei de Oxford a Londres para assistir a um *show*. Era o concerto beneficente da Anistia Internacional para Evita. Eu estava com várias amigas, todas brancas, embora uma delas tivesse sido criada em Gana e em outras partes da África Ocidental, e a outra – cuja mãe era meio japonesa – tivesse sido criada na Jamaica e no Paquistão.

Isso não transparecia em seus rostos. Enquanto estávamos sentadas em um bar do outro lado da rua esperando os portões se abrirem, um homem bêbado (ironicamente, nesse contexto, irlandês) veio até mim e começou a me xingar por minha mera presença ali, não apenas no bar, mas no país – invocando a plenos pulmões o nome de Enoch Powell e fazendo declarações sobre o número de negros no seguro-desemprego e como a África do Sul tinha razão. Todas as minhas amigas permaneceram em silêncio.

Dez anos depois, a amiga de quem sou mais próxima me pediu desculpas. Desde então, aquela visão de si mesma em silêncio a assombrava. E isso a forçou a fazer o que Adrienne Rich havia feito e o que todas devemos fazer: indagar em que momento ela, como mulher branca, se privaria dessa segurança e simplesmente interviria, questionar nossas próprias posicionalidades e o poder de nossos próprios privilégios.

Meu desejo é criar um mundo em que isso seja possível. Abrir espaços para questionar esses momentos em segurança. Se somos irmãs desiguais, devemos primeiro abordar essa desigualdade antes de podermos presumir que a sororidade sobreviverá. A menos que cada uma de nós assuma a responsabilidade por esses pequenos momentos ou gestos dramáticos para compreendê-los, compreendê-los de fato na profundidade de sua ressonância histórica, estaremos construindo alianças em areia movediça, e não em solo firme. É preciso muito trabalho duro para promover a mudança. E, acima de tudo, precisamos de respeito.

Respeito, de fato, por aquelas de nós que encararam a história e com cujas lutas podemos aprender. Para mim, como africana, como ganense, reconhecer a sabedoria do trabalho feito por nossas anciãs; de Ama Ata Aidoo, cujo *Dilemma of a Ghost* – publicado em 1965 – continua sendo uma das investigações mais emocionalmente reveladoras e politicamente sagazes em nossa literatura sobre os múltiplos aspectos do que Carol Boyce Davies chama de nossos "desconhecimentos transculturais"; de Molara Ogundipe Leslie, uma guerreira nas trincheiras por tanto tempo, que só agora encontra um lugar para respirar; e das ancestrais, Flora Nwapa, que esteve aqui conosco no ano anterior e cuja morte nos privou de seu exemplo brilhante e tranquilo, nem tanto com suas obras, mas com sua vida. Nossa lista é longa, e a história não é culpa de ninguém, mas responsabilidade de todas:

> Somos todas mães,
> e temos esse fogo dentro de nós,
> das mulheres poderosas
> cujos espíritos estão tão furiosos
> podemos dar beleza à vida com nosso riso
> e ainda fazer você provar
> as lágrimas salgadas do nosso conhecimento.
> Pois não somos torturadas
> não mais;
> enxergamos além de suas mentiras e seus disfarces,
> e *nós* dominamos a linguagem das palavras,
> dominamos a fala.
> E sim,
> nós também enxergamos a nós mesmas.
> Nós nos despojamos de tudo
> pedaço por pedaço, até nossa carne ficar esfolada
> com sangue em nossas *próprias* mãos.
> Que coisa terrível você pode nos fazer
> que ainda não fizemos a nós mesmas?
> Que história você pode nos contar
> com a qual não nos iludimos
> há muito tempo?
> Você não sabe quanto tempo choramos
> até rirmos
> dos cacos quebrados de nossos sonhos.
> A ignorância
> nos estilhaçou em fragmentos
> tivemos que nos desenterrar pedaço por pedaço,
> para descobrir com nossas próprias mãos essas relíquias inesperadas
> até nos perguntamos
> como poderíamos guardar tal tesouro.
> E sim, nós concebemos
> para impor nossas esperanças mutiladas
> na substância dos sonhos

além da sua imaginação
para declarar por meio da dor a nossa libertação:
Então nem pergunte,
não pergunte o que estamos fazendo *desta* vez;
Quem sonha lembra dos seus sonhos
quando eles são conturbados –
E você não há de escapar
do que *iremos* fazer
com os cacos quebrados de nossas vidas
(Busia, 1990).

Obras citadas

BUSIA, A. P. A. Liberation. In: BUSIA, A. P. A. *Testimonies of Exile*. Trenton: Africa World, 1990. p. 35-36.

DAVIES, C. B. *Migrations of the Subject: Black Women Writing and Identity*. Nova York: Routledge, 1994.

GIDDINGS, P. *When and Where I Enter… The Impact of Black Women on Race and Sex in America*. Nova York: William & Morrow, 1984.

REAGON, B. J. Coaltion Politics: Turning the Century. *In*: SMITH, B. (ed.). *Home Girls: A Black Feminist Anthology*. Nova York: Kitchen Table: Women of Color, 1983.

RICH, A. Notes Toward a Politics of Location. *In*: RICH, A. *Blood, Bread and Poetry: Selected Prose 1979-1985*. Nova York: Norton, 1994. p. 210-231.

COM AS CONTRIBUIÇÕES DE

Abena Busia, professora associada no Departamento de Literaturas em Língua Inglesa na Rutgers – The State University, em Nova Jersey. Ela é coeditora de *Theorizing Black Feminisms: The Visionary Pragmatism of Black Women* (1993), com Stanlie James, e de *Beyond Survival: African Literature & the Search for New Life: Proceedings of the African Literature Association Conference* (1998), com Kofi Anyidoho e Anne Adams. Ela também coordena, com Tuzyline Jita Allen e Florence Howe, da Feminist Press, o *Women Writing Africa*, um projeto editorial em vários volumes de reconstrução cultural em todo o continente.

Nontsasa Nako, estudante de pós-graduação no Departamento de Literatura da Universidade da Cidade do Cabo, na África do Sul.

Nkiru Nzegwu, professora associada no Departamento de Estudos Africanos e no Programa de Pós-Graduação em Filosofia, Interpretação e Cultura da Universidade de Binghamton, em Nova York. Ela tem diversos trabalhos publicados em história da arte, feminismo e estudos culturais.

Leslye Amede Obiora, professora associada na Faculdade de Direito da Universidade do Arizona, em Tucson. Ela tem uma obra extensa sobre direitos humanos, equidade de gênero, desenvolvimento e jurisprudência. Concluiu residência acadêmica no Instituto de Estudos Avançados, em Princeton, e no Centro de Estudos Rockefeller em Bellagio, Itália.

Chikwenye Okonjo Ogunyemi, professora de Literatura Africana, Afro-Americana e Caribenha no Sarah Lawrence College, em Bronxville, Nova York. Seu interesse, em particular, são as obras de mulheres negras da diáspora. Autora do livro *Africa Wo/Man Palava: the Nigerian Novel by Women* (1996).

Mojúbàolú Olúfúnké Okome, professora associada do Departamento de Ciência Política da Brooklyn College. Ela foi pesquisadora de pós-doutorado e professora visitante no Departamento de Estudos Africanos e Afro-Americanos da Universidade Fordham, em 1996-1997. Seus interesses de pesquisa incluem política africana, mulheres africanas, globalização, democracia e desenvolvimento, e imigração africana para os Estados Unidos. É autora de *A Sapped Democracy: The Political Economy of the Structural Adjustment Program and Political Transition in Nigeria, 1983-1993* (1998). Ela também é coeditora de um periódico *on-line* chamado *Jenda: Journal of African Culture and Women's Studies* (www.jendajournal.com).

Oyèrónkẹ́ Oyěwùmí, professora associada no Departamento de Sociologia da Universidade do Estado de Nova York, em Stony Brook. As suas áreas de interesse incluem epistemologias africanas, teoria social crítica, globalização, desigualdades sociais e cultura ocidental. É autora do premiado livro *The Invention of Women: Making an African Sense of Western Gender Discourses* (1997).

Olúfémi Táíwò, professor associado de Filosofia e Estudos Africanos e Afro-Americanos na Universidade de Seattle, em Seattle, Washington. No ano acadêmico de 2000/2001, foi pesquisador visitante de pós-doutorado da Fundação Ford e professor bolsista no Instituto Carter G. Woodson de Estudos Afro-Americanos e Africanos da Universidade da Virgínia, em Charlottesville, Virgínia, Estados Unidos. Táíwò também foi pesquisador visitante de uma bolsa para minorias na Universidade de Wisconsin em Eau Claire, Wisconsin, Estados Unidos. Atuou como professor visitante no Instituto de Estudos Africanos, na Universidade de Bayreuth, na Alemanha. Seu livro *Legal Naturalism: a Marxist Theory of Law* foi publicado em 1996. Publicou, em 2010, um livro intitulado *How Colonialism Preempted Modernity in Africa*. Os interesses de Táíwò incluem filosofia do direito, filosofia política, filosofia africana, mulheres e política, e filosofia da história.

ÍNDICE

!Kung 52, 53, 55

A

Achebe, Chinua 45, 178, 180, 185, 196, 206, 231, 268, 288, 369

Afonja, Simi 88, 89, 95, 99, 101

Ahmed, Leila 87, 88, 89

Ake, Claude 128, 129

Alavi, Hamza 128

Alcoff, Linda 280, 281, 357, 364

Amadiume, Ifi 11, 31, 60, 64, 69, 174, 175, 177

Anshaw, Carol 305

Awe, Bolanle 85, 135, 136, 163

B

Baartman, Saartjie (Vênus Hotentote) 241, 245, 247

Babalola, Adeboye 181, 186, 196, 224

Barber, Karin 145

Banco Mundial 11, 130

Beneria, Lourdes e Gita Sen 80

Bennett, Paula 346, 364, 366

Boahen, Adu 118, 167, 193, 207

Boserup, Ester 61, 80, 82, 84

Brett-Smith, Sarah 183, 184, 185, 209, 211, 212

Buchanan, Enid 131, 132, 136, 137

Busia, Abena 40, 353, 393

C

Chinweizu 206, 224, 359, 360

Christian, Barbara 197, 289

Cockcroft, Eva 213

Collins, Patricia Hill 16, 142

Conferência das Mulheres de Pequim 85, 86

Coquery-Vidrovitch, Catherine 115, 116, 118, 145

Crehan, Kate 81, 82, 89, 92, 93, 94, 95, 96

Curtin, Philip 46, 51, 62

D

Davidson, Basil 52, 118, 268

Davidson, Max 305

Década das Nações Unidas para as Mulheres 56
Deckard, Barbara 82, 95
Du Bois, W. E. B. 260, 268, 269, 274
Duley e Edwards 53, 54

E

Ekejiuba, Felicia 31, 66
Engel, Barbara Alpern 101
Engels, Frederick 48
Enwonwu, Ben 181, 205, 219
Evans-Pritchard, E. E. 32

F

Fadipe, N. A. 32, 33, 84
Fair, E. F. 176
Falade, Solange 57
Fanon, Frantz 90, 108, 109, 118, 146, 147, 285, 327
Fatton, Robert 129
Firestone, Shulamith 77
Folbre, Nancy 58, 59
Fundo Monetário Internacional (FMI) 130

G

Garfinkel, Harold 204
Gates, Henry Louis 260, 269, 272, 273, 354
Gelb, Joyce 122, 132
Giddings, Paula 312, 313, 314, 337, 378
Gilman, Sander 63, 241, 245, 246
Giorgis, Belkis Wolde 123, 124

Guyer, Jane 60, 61

H

Hammond, Dorothy e Alta Jablow 45, 46, 47, 54, 62
Harris, Angela 226, 227
Hartmann, Heidi 77, 78, 89
Head, Bessie 338, 355, 367
Henn, Jean 58, 88, 89
Heroic Figures 151, 166
Herskovitts, Melville 31
Hicks, Ester 107, 137
Hoffman, Rachel 151, 164-166, 169-173, 177-183, 187-192, 196, 198-213, 218-219
hooks, bell 13, 60, 144, 298, 321
Hoskens Report, The 110

I

Ilhas da Geórgia 23

J

Jaggar, Alison 50
Jordan, Winthrop 46

K

Kettel, Bonnie 126-127
Kingsley, Mary 23
Kone, Kassim 183-184, 209, 212

L

Larson, Barbara K. 88
Lasebikan, E. L. 180, 186, 196
Leacock, Eleanor 53, 100

Leavitt, Ruby R. 81, 82
Lewis, Jill 19
Lightfoot-Klein, Hanny 111-114, 141, 147, 338, 343-346, 357-358, 360-364
Lorde, Audre 13, 29, 144, 264, 272, 298, 304
Lugones, María 8, 33-34

M

MacKinnon, Catharine 227
MaComère 16
macoum 16
Mama, Amina 62, 90
McPherson, C. B. 193
Meeker, Jeffrey e Dominique Meekers 96
Miller, Christopher 46, 279
Minh-ha, Trinh T. 69, 194, 286, 361
Mitton, Jennifer 306
Moghissi, Haiddeh 153, 156, 179
Mohanty, Chandra 69, 174, 280-281
Monture, Patricia 228-231
Morrison, Toni 268
Movimento dos Direitos Civis 20, 160, 254
Mudimbe, V. Y. 105, 107, 119, 121, 125
Mutilação Genital Feminina (MGF) 106, 144, 240, 372

N

Nações Unidas 11, 317
Narayan, Uma 280, 286
Nnaemeka, Obioma 379-380
Nooter, Mary 220
Nzegwu, Nkiru 7, 12, 38

O

Obiora, L. Amede 39, 393
Ogunyemi, Chikwenye 40, 308, 394
Okome, Mojúbàolú Olúfúnké 37, 394
omoya 24-27
Onwudiwe, Ebere 177-178
Oppong, Christine 58
Ottenberg, Simon 185-186
Owusu, Maxwell 183-184, 189, 208-211
Oyěwùmí, Oyèrónké 9, 36, 37-39, 394

P

p'Bitek, Okot 181
Pala, Achola 85, 89-91, 100-101, 324
Poudjougou, Ibrahim 192, 196, 210-211

R

Reagon, Bernice 36, 378
Ricciardi, Mirellia 283-285
Robertson, Claire e Iris Berger 125-129
Rosaldo, Michele e Louise Lamphere 48, 53

Rosenthal, A. M. 131
Rothenberg, Paula 50
Rozelle, Pat Alake 20

S

Saadawi, Nawal El 338, 346, 352-355, 365-368
Sacks, Karen 49
Said, Edward 51-52
Schattschneider, Elmer Eric 121
Segura, Denise 16
Shostak, Sharon 53-55
"sororarquia" 12, 155, 164, 175
Soyinka, Wole 67, 362
Spacks, Patricia Meyer 282-283
Spivak, Gayatri 54, 288, 344-347, 354, 384
Stanley, Henry 306
Steady, Filomena 10, 299, 378
Stepan, Nancy 246
Stichter, Sharon 63
Sudarkasa, Niara 33-34
Sullivan, Ben 23

T

Táíwò, Olúfémi 37, 394
Teoria dos Sistemas Duais 77
Thompson, Robert Farris 185, 382

W

Wekker, Gloria 31
West, Cornel 261, 266
Williams, Patricia 267

Y

Yu, May 153

Conecte-se conosco:

 facebook.com/editoravozes

 @editoravozes

 @editora_vozes

 youtube.com/editoravozes

 +55 24 2233-9033

www.vozes.com.br

Conheça nossas lojas:

www.livrariavozes.com.br

Belo Horizonte – Brasília – Campinas – Cuiabá – Curitiba
Fortaleza – Juiz de Fora – Petrópolis – Recife – São Paulo

  Vozes de Bolso

EDITORA VOZES LTDA.
Rua Frei Luís, 100 – Centro – Cep 25689-900 – Petrópolis, RJ
Tel.: (24) 2233-9000 – E-mail: vendas@vozes.com.br